现代行政领导学

Leadership in Contemporary Public Administration

现代行政领导学

Leadership in Contemporary Public Administration

李成言 著

北京大学出版社
PEKING UNIVERSITY PRESS

图书在版编目(CIP)数据

现代行政领导学/李成言著. —北京：北京大学出版社，2002.8
ISBN 978 -7 -301 -05903 -6

Ⅰ.现…　Ⅱ.李…　Ⅲ.行政学：领导学　Ⅳ.①C933 ②D035

中国版本图书馆 CIP 数据核字(2002)第 078036 号

书　　名　现代行政领导学
XIANDAI XINGZHENG LINGDAOXUE
著作责任者　李成言　著
责任编辑　陈　莉　倪宇洁
标准书号　ISBN 978 -7 -301 -05903 -6/D·0658
出版发行　北京大学出版社
地　　址　北京市海淀区成府路 205 号　100871
网　　址　http://www.pup.cn
电子信箱　ss@pup.pku.edu.cn
新浪微博　@北京大学出版社　@未名社科-北大图书
电　　话　邮购部 010 -62752015　发行部 010 -62750672　编辑部 010 -62765016
印 刷 者　北京虎彩文化传播有限公司
经 销 者　新华书店
730 毫米×980 毫米　16 开本　24 印张　457 千字
2002 年 8 月第 1 版　2022 年 1 月第 13 次印刷
定　　价　56.00 元

序　言

目前的中国正处在转型期,由原来计划经济体制下的高度集权转向市场经济体制下的适度宏观调控,在这一转轨过程中,必将有一个适应的过程,同时,与成熟的市场经济国家相比,政府依旧起着主导作用。如何把握机遇,迎接挑战,兴利除弊,抓紧时间,发展自己,以在新世纪新格局中占据有利的地位,这是对中国各级政府提出的新问题与新要求。

身处新世纪的中国各级政府肩负着重大的历史责任和人民的殷切重托。政府作为上层建筑的重要组成部分之一,为促进社会生产力的发展,要在提高自我管理能力的前提下,出色地对国家和社会进行综合治理,进一步发展和完善改革开放的国策,这一切重任的完成与实现,首要地依赖于各级政府领导素质的提高,组织结构的优化以及领导过程的科学化等。历览古今中外,治国之道,治吏为要。因此,对行政领导科学的研究,同时具有很大的历史继承性和现实针对性。

行政领导科学作为一门新兴的独立学科,其产生与发展是历史与时代的必然要求,并伴随历史的进步与时代的发展,使得这一领域的研究结出了丰硕的成果。本书作为作者多年教学经验的总结以及潜心研究的积累,可谓是这一领域研究成果中独具特色的,并为这一学科的发展作出了一定的贡献,这主要表现在以下几个方面:

首先,在本书的研究内容上,做到了全面性、现实性与前瞻性的统一。它以行政领导权力这一行政领导活动过程的核心内容为出发点,成辐射状分别研究了行政领导活动的主体、结构与过程并对其未来的发展趋势进行了分析与展望。在行政领导活动的主体部分,主要研究了行政领导的个体素质与群体结构;在行政领导活动的结构部分,主要研究了行政领导活动借以展开的体制与环境以及相应的领导关系问题;在行政领导活动的过程部分,主要研究了行政领导的决策与选才用人以及贯穿这两种活动过程的方法与艺术;在对行政领导研究进行分析与展望的部分,主要研究了行政领导效能与发展以及行政领导与电子政务等。总体观之,本书对以上各部分内容的研究,既相互独立又具有紧密的逻辑关系,体现了借鉴历史,立足现实,展望未来的特点。

其次,在本书的研究方法上,做到了综合性、交叉性与科学性的统一。本书坚持以马克思主义、毛泽东思想与邓小平理论为指导,坚持解放思想、实事求是的思想路线,冲破传统观念和各种条条框框的束缚,综合并交叉运用实证研究方法、历史研究方法、比较研究方法、案例研究方法、系统研究方法、生理研究方法、心理研究方法、行为研究方法以及量化研究方法等，分别对不同的研究内容采取相应的研究方法，做到了具体问题具体分析，因此也体现了科学性。

最后，在本书的文字阐述上，体现了严谨性、逻辑性与生动性的统一。在概念界定与对基础知识与理论的介绍上，做到准确、简练、清晰。而在对相关理论与现象的具体而深入的分析上，又体现了鲜明的特色，比如对行政领导权力、行政领导环境与文化、行政领导关系以及行政领导艺术的美学分析方面，其文字表达都是比较生动的，体现了学术性与可读性的统一。

当然，任何事物都是一个矛盾的对立统一体，本书除具备以上特色或称之为优点外，也不可避免地存在一些不足之处，比如体例安排还可以进一步创新，某些理论还有待于深入探讨等。

在本书即将付梓印刷之际，以此为序，谨表衷心的祝贺以及对其后续佳作的期待。

陈庆云

2002 年 7 月于北京大学

目录

导 论

领导及其活动是一种与人类社会历史和生活相伴始终的现象,在漫长的人类历史中,人们也执著地对这一普遍现象进行日益深入与系统的理论总结与实践经验的积累。然而,真正意义上的领导科学的形成却是现代化大生产与社会大分工的产物。行政领导学作为领导科学的一个分支学科,是领导科学的重要组成部分,其存在与发展同社会的政治、经济、思想文化等诸种复杂的因素紧密相关。它以探索和研究行政领导活动的一般规律为根本任务,系统地总结了行政领导活动的经验与教训,集中阐明了行政领导活动的基本理论问题,是现代行政领导工作的理论指南。行政领导学的专业化、科学化与现代化,不仅具有重要的理论价值,同时也具有宝贵的实践意义。

第一节 行政领导学的产生与发展

领导是一种活动,是人类社会群体活动中重要的、不可分割的一部分。领导科学是人类领导活动长期发展的理论产物。在这个漫长的过程中,人类领导活动的内容和形式经历了很大的变化。为了深刻地认识和理解行政领导学的产生与发展,有必要首先回顾一下领导理论的发展概况。

一、西方领导理论概说

西方学者对领导和领导科学的研究表现为一系列与时俱进的领导理论的形成及其逐渐发展与完善,试图通过实证研究和逻辑推理,得出一些普遍性的结论是西方领导理论研究的一个重要特色。

(一) 西方领导理论的研究遵循一条基本线索

即由价值中立理论向非价值中立理论发展。价值中立是指只要能掌握一定的权力,占据一定的地位,能够有效地指挥下属实现组织目标,就被认为是领导者,不论这个人物对历史与社会的作用是进步与非进步。非价值中立则是指领导不仅应注重权力的拥有与组织目标的达成,更应注重对社会的进步意义以及公民在道德上的提高与升华,并强调领导者与权力滥用者和暴君是不相容的。这种在研究过程中由价值中立理论向非价值中立理论的发展,说明西方的领导理论研究伴随社会的发展与进步,经历了一个日益丰富化与科学化的过程。

（二）西方领导理论尤其是美国领导理论的研究大致有两个方向

一是从研究领导者（leader）入手来研究领导理论，二是从研究领导活动（lead）入手来研究领导理论。总起来说，研究领导者的时间长，学者多，成果多，影响大。对领导活动的研究是近20年来逐渐兴起的，但两者有不断融合，相互渗透的趋势。因为研究领导者离不开领导活动，但是领导者的思维与行为、能力与素质、权力与权威以及方法与艺术等，不仅构成了领导理论的传统内容，而且也是理论不断创新的生长点所在，同时更是领导活动得以进行的依托。

（三）西方领导理论的研究主要涉及三个领域

一是政治与行政领导领域，这主要体现为对政府首脑或领袖素质与行为的研究，代表作有被称为"领导学大师"的华伦·丹尼士的《领袖：领导的策略》和《潜意识的阴谋：为什么领导者不能领导》，罗伯特·塔克的《政治领导论》，劳斯托的《哲学家和国王：领导研究》等。二是企业领导领域，这一领域的领导理论可谓声势浩大，战果繁多，影响也更为广泛，主要代表作有被称为"管理大师"的彼得·德鲁克的《有效的管理者》和《管理实践》，兰斯登的《有效的经理》，西蒙的《管理决策科学》和《管理行为》等。三是军事领导领域，这主要体现为战争中的领导艺术的研究，代表作有戴高乐的《战争回忆录》，蒙哥马利的《领导艺术之路》以及普里的《十九颗星——对美国四位名将的研究》等。

（四）西方领导理论的研究迄今为止走过四个阶段

1. 特质论阶段（20世纪30—40年代）

这一理论的创始人是阿尔波特，代表人物有斯托格蒂尔、吉伯和穆恩。他们以领导特质为对象研究领导现象和活动，探究和解释领导现象的发生与变化。这一理论的基本假设是领导者是天生的。它研究具备什么样的特有素质才能适合或胜任领导职位，谋求使领导特质为主观自觉地追求成功的领导者所用。领导性格特质等是其研究的核心内容。这一理论虽然开辟了对领导主体及其内在构成和原因进行研究的新领域，但却没能构架出领导理论的完整体系，特别是因为在研究方向与方法上存在很大问题而最终以失败告终。

2. 行为论阶段（20世纪40—60年代）

这一理论的主要代表人物有斯多基尔、莱温、利克特、坦南鲍姆、布莱克和莫顿等。他们以领导行为为对象对领导活动进行动态的研究。认为领导的本质是一种影响力，它是在领导者与被领导者之间的互相作用中形成的，领导者借助这种相互作用来引导被领导者的思想与行为以最终实现组织目标。主要研究领导者的领导行为与领导风格对组织行为及领导绩效的影响。这一阶段的主要成果有：领导行为四分图理论，三种领导方式理论，领导"连续带"模式，四制度领导模式，管理方格图理论等。

3. 权威论阶段(20 世纪 40—60 年代)

这一理论基本上与行为论并行,其主要代表人物是美国社会学家雷芬。他们认为领导不是一种权势的运用,而是一种影响力,谁能产生较大的影响力,谁便是领导者,而不一定是在机关组织中居于正式权力地位的人。这一理论主要研究领导权威的构成、行使、作用以及提升等内容。

4. 权变论阶段(20 世纪 60—90 年代)

这一理论又称情景理论、情境理论或者情势理论,其主要代表人物是菲德勒等。这一理论认为单纯依靠领导者的特质或行为并不能导致成功的领导,而应将这二者与特定的环境因素相结合,进行系统性与互动性的研究,才能找出领导活动成功的关键所在。这一理论的主要成果有:权变领导模型,路径—目标理论,领导者—参与模式等。其主要贡献在于使领导具有更强的艺术化色彩,并且使得人们对领导的判断不再局限于道德标准。

由上观之,西方领导理论是丰富多彩,日益完善的。在步入经济全球化与信息化、知识化时代的新世纪,更呈现出蓬勃的发展趋势,目前其关注的重点有领导与管理的区别,领导模式的变化,领导角色的转变以及新的领导观念如无边界领导观、隐性领导观、柔性领导观、互动领导观的形成等。

二、中国领导理论概说

(一) 中国古代领导思想

历史是现实的一面镜子,国家治乱兴衰的客观规律、领导活动得失成败的经验教训尽在其中。中华民族自古以来就有善于总结和借鉴历史经验,重视研究领导的优良传统。中国古代领导思想源远流长,博大精深,其发轫之早、造诣之深、影响之广,在世界上都少有匹敌者。它不仅是中华民族的宝贵财富,而且是全人类的文明成果。我们今天对这一丰厚的历史遗产进行科学的总结、提炼和概括,对于丰富和发展有中国特色的领导科学,提高广大领导者的领导水平和执政水平,具有重要的意义。

1. 中国古代领导思想的主要流派

中国古代领导思想的主要流派有以下四种:

一是儒家。中国古代领导思想对世界影响最大的当首推儒家。早在二百多年前,欧洲就掀起过研究儒家文化的热潮,儒家的治国之道影响了 18 世纪欧洲的政治和社会思想。1731 年,英国学者巴杰尔说:“由伟大的孔子所整理、条理化和加以评论的政治原理”,使“中国人在政治术上超过了其他民族”。1988 年,七十五位世界诺贝尔奖获得者在巴黎集会并发表宣言说:“人类要在 21 世纪生存下去,必须要从二千五百年前孔夫子那里去寻找智慧。”在亚洲国家,如新加坡与日本等,儒家伦理政治思想中的仁义礼智信等内容,也居于其社会思想领域中的主导地位。

二是道家。道家的无为而治思想对古代领导思想影响很大,许多政治家和思想家提倡垂拱而治,逸而有成,反对事必躬亲,勤而无功。道家的无为而治思想在国外也很受重视。20世纪长期担任美国政府高级职务的哈林·克里夫兰极为推崇老子的“功成事遂,百姓皆谓我自然”,他认为这是“领导人的座右铭”,而且“二千五百年来仍无出其右者”。日本企业则将老子的思想用于企业管理,他们认为,在当前世界经济竞争激烈的情况下,采用老子以柔克刚演化而来的柔化管理思想与方法,有助于企业巧妙周旋,迂回取胜。

三是法家。与儒家相反,法家主张“法治”、刑治、霸道。其核心是依靠严刑峻法,以力服人。其代表人物韩非强调必须用暴力进行威慑,“峭其法而严其刑”,“罚莫如重,使民畏之”。最后达到“以刑止刑”,天下大治。并且提倡法律面前人人平等,“君臣、上下、贵贱皆从大法”以及“刑无等级”等,反对以权侵法、以情乱法、以功压法。同时也非常重视对法制队伍的建设,认为“吏不良,有法而莫守”,“奉法者强则国强,奉法者弱则国弱”。法家的政治思想在历史上产生了很大影响,并与儒家思想相结合,逐渐形成了“外儒内法”“阳儒阴法”礼法结合,王霸相杂、宽猛相济的领导之道。

四是兵家。兵家以谋略著称,《孙子兵法》被称为“世界古代第一兵书”,“东方兵学鼻祖”,以及“兵学圣典”等。它已被译成日、英、法等十余种文字,出版了数千种相关专著。欧、美、日等国家的企业更是将其中的谋略用于经商,并且取得了很大成绩,同时也对其进行了丰富与发展。

2. 中国古代领导思想的主要内容

中国古代领导思想具有丰富多彩的内容,在此结合当今实际,主要介绍以下三方面的内容:

一是民本思想。民本即以民为邦本,正确看待民众的地位与作用,正确认识和处理执政者与民众、国家与民众的关系。儒家的“君以民为本”,“民贵君轻论”是这一思想的典型代表。民本思想主要包括以下内容:首先是信民,这主要包括两方面内容,一方面是执政者首先要信任民众,另一方面是执政者更要取信于民,即执政者要作风正派,以身作则,公正廉洁,行事令人信服;要开诚布公,以诚待民,无伪诈之心;政策稳定,不能朝令夕改等。其次是富民,认为民众既然是国家的基础和根本,那么使民众富裕起来就是执政者的主要职责。只有富民,才能更好地发展生产力,才能富国安邦。富民的手段则主要包括体恤民众疾苦,兴利民之举及制定富民之策等。最后是教民,儒家认为,有无教化是区别人与动物的根本标准,而且良好的教化可以改善执政者与民众的关系,从而赢得民心,即“善政不如善教之得民也。善政民畏之,善教民爱之;善政得民财,善教得民心。”教化的核心内容是仁、义、礼、智、信、忠、孝、廉、耻等道德行为规范;教化的主要目标是端正人心,淳化风俗;教化的主要途径与措施有:执政者正己教人,以期上行下效;振兴教育,繁荣文化;强调家庭宗族教育,发挥乡规民约作用;实行奖惩,重视舆论影响等等。

二是谋断分离的思想。我国古代关于谋的思想和实践,以及谋和断分离的意识是对管理和领导思想的一大贡献。其主要内容包括:首先,重视谋的作用。在两千多年前列国争雄百家争鸣的春秋战国时代,稍有作为的统治者都意识到决策的正确与否是性命攸关的事情,因此需要广招贤才,礼贤下士,来为自己出谋划策。战国时代,由尊贤重士进而形成养士之风。这些谋士尽管也有滥竽充数之徒,发生过鸡鸣狗盗之事,但总的来说还是起到了富国强兵的作用。《孙子兵法》中的《计篇》《谋攻篇》专门论述了谋的地位与作用,《战国策》《史记》《资治通鉴》和元、明、清的史学著作无不记载历代政治家、军事家如何使用谋士,借助外脑为己服务的思想与事迹。其次,重视纳谏。重谋与纳谏是不可分割的,如不能纳谏,则重谋就变成了毫无意义的空话,同时,纳谏也是政治清明的标准之一。唐太宗之所以能够创建封建盛世的"贞观之治",很大一部分是得力于"主纳忠谏,臣进直言"的政治环境。更可贵的是,唐太宗不仅重谋纳谏,而且还进行了谋与断的分工,历史上传为美谈的"房谋杜断"便是这一分工的有力证明。总之,历代的统治者或者为了争权夺利、建立统治,或者为了沽名钓誉、装饰门面,或者为了富国强兵、巩固统治,无不以礼贤下士,重谋纳谏为美德。最后,提倡民谋。民谋是相对于官谋而言的,即民间庶人也可以出谋划策。在古代,虽然提倡民谋可谓是凤毛麟角,但它却具有宝贵的超前意义。传说中的尧、舜二帝,为鼓励民间百姓提意见,在道旁立牌、设鼓。西周的邵公根据"防民之口甚于防川",认为应"为川者决之使导,为民者宣之使言"。齐威王则布告天下,凡群臣、吏民"有面刺寡人之过者"受上赏,"书面进谏者"受中赏,"谤击于市闻于寡人者"受下赏。民谋发展到清代,则成为一门学问,各级官员大量吸收文人谋士为自己的私人参谋、顾问,并组成幕府,流传至今的《幕学举要》则是有关这一现象的学术作品。

三是人本思想。重视人才,善于发现、培养和使用人才,是中华民族的传统美德,也是古代领导思想的核心内容之一。古代的人本思想包括一系列用人的原理、原则和方式,主要表现为:首先,提倡为政在人。早在两千多年前,我国就提出了用人决定国家命运、民族兴衰以及事业成败的思想。《诗经》中就有"得人者兴,失人者崩"的句子。墨子则提出"尚贤者为政之本"。孔子则进一步提出"人存政举,人亡政息"的名言。而秦之兴、汉之盛、唐之取代隋,无不与统治者善于用人有密切的关系。其次,重视选贤任能,知人善任。这包括两方面的内容,一方面是用什么人的问题,这个问题是由宋代的司马光解决的,他提出了德才兼备的用人标准,认为"才者德之资也,德者才之帅也",这一思想至今也是完全正确的。另一方面是如何用人的问题,古代领导思想认为在用人时应扬长避短,职能相称,诚信不疑,奖惩分明,用得其时等。

总之,我国古代的领导思想是极其丰富的,其在理论与实践中都取得了很大的成就,至今仍有着旺盛的生命力,即使在今天的经济全球化与社会信息化时代,依旧具有不可磨灭的价值。

(二) 中国共产党的领导思想

中国共产党在借鉴马列主义思想的基础上,在长期的领导中国革命和建设的实践中,积累并形成了丰富的领导思想,概括地说,中国共产党的领导思想主要包括以下内容:

一方面,在宏观全局中坚持解放思想,实事求是的思想路线,反对教条主义和本本主义。把马列主义的普遍真理与中国革命和建设的具体实际相结合,不照搬别国模式,走中国式的革命和发展道路。

另一方面,在具体的领导思想与实践方面,主要有以下贡献:

首先是决策与执行分工的思想。毛泽东早在民主革命时期就明确提出了决策与执行的社会分工以及领导与管理相分离的思想,他在著作《中国共产党在民族解放战争中的地位》一文中明确说道:"领导者的责任,归结起来,主要的是出主意、用干部两件事。"并且说:"一切计划、决议、命令、指示等等,都属于'出主意'一类。使一切主意见之实行,必须团结干部,推动他们去做,属于'用干部'一类。"①这段话包含了三个极为重要而又相互联系的思想:一是决策与执行的纵向分工,二是领导的职责是制定决策和推动决策的执行,三是管理的职责是贯彻实施决策即执行决策。它不仅科学揭示了现代社会决策与执行的纵向分工,而且揭示了领导的职能与本质,并且划清了领导与管理的界限,为现代领导学与管理学这两门各自独立的学科提供了可靠的依据,为领导思想的成熟与完善做出了巨大的贡献。

其次是群众路线的领导方法。毛泽东把马克思主义认识论和群众是历史创造者的唯物史观相结合运用到领导活动中,明确提出"从群众中集中起来又到群众中坚持下去,以形成正确的领导意见,这是基本的领导方法"②的思想。"从群众中来"包括调查研究和发扬民主,拟定各种可能的备选方案两个不同的步骤;然后对来自群众的"分散的无系统的意见",经过比较鉴别,综合分析,权衡利弊,最后择优决断。"到群众中去"是指最后将决断了的方案再拿到群众实践中去检验。这样,就将决策过程划分为调查研究、拟定备选方案、方案决断和最后检验四个步骤。这既有利于实现决策的科学化与民主化,同时也有利于正确

① 《毛泽东选集》第2卷,人民出版社1991年版,第577页。
② 《毛泽东选集》第3卷,人民出版社1991年版,第900页。

处理与人民群众的关系。

最后是注重领导作风与素质的思想。正确的路线、方针与政策确定之后，干部就是决定的因素。领导干部的素质与作风如何直接决定着领导的质量与成败，决定着领导者的威信和干群关系。因此，中国共产党始终坚持不懈地进行领导者的组织建设、民主监督和法制建设，坚决地惩治腐败，自觉提高自身素质，优化行为作风，以实现由经验领导向科学领导的转变。

三、行政领导学的产生和发展

任何一门学科的产生都不是偶然的。恩格斯说，科学的发生和发展从一开始就是由生产决定的。又说，社会一旦需要，它会比十所大学更能推动科学的进步。总体来说，行政领导学的产生是由直接的社会生活和生产劳动引起的，是在生产力发展的基础上社会分工的产物。正如马克思所认为的：一切规模较大的直接社会劳动或共同劳动，都或多或少地需要指挥，以协调个人的活动，并执行生产总体的运动……一个卓越的琴手是自己在指挥自己，一个乐队就需要有一个乐队指挥。科学是从社会生产与发展的实践中升华出来的，其命运归根结底决定于它是否来源于客观实践，能否满足时代的需要并推动社会的前进。行政领导学的产生也是如此：它是同现代化大生产和现代社会的分工以及科学技术发展的客观需要紧密联系在一起的，是同我国社会主义现代化建设和改革开放以及迎接新世纪的机遇与挑战的客观需要息息相关的。

（一）社会化大生产是行政领导学产生的客观要求

行政领导工作虽然自古有之，但只有在现代科学技术、经济文化高度发展的今天，它才能够成其为一门科学。其根本原因就在于现代社会与以往社会相比有着质的变化，现代社会活动主要有以下三大特点：

首先，现代社会活动日益复杂。现代社会生产是社会化大生产，它与小生产有着显著的不同。小生产规模较小，主要依靠技艺和经验就可以维持并且发展。而社会化大生产却出现了大科学、大工程、大企业，它们共同的特点是：规模宏大，结构复杂，信息巨量，因素众多。面对如此高度综合的系统，单凭个人的经验与智慧是无法胜任领导的，领导者必须有一套科学的原理与方法作为领导的依据与媒介。

其次，现代社会活动瞬息万变。小生产的特点就是整个社会节奏缓慢，所以可以按常规办事。然而现代社会的变化速度却越来越快。尤其是电子计算机在生产中的广泛应用以及机电一体化的发展，使生产方式发生了新的革命性变革。在多变的社会活动中，要求领导者能够统观全局，审时度势，果断而准确地进行决策。而这单凭个人的经验与智慧是远远不够的，必须借助于科学的领导原理与方法。

最后,现代社会活动覆盖面广,影响大。小生产方式的主要特点是自给自足,规模较小,影响也小,即使犯错误也容易改正。而现代社会化大生产是建立在整体化、综合化和科学化的基础之上,规模大,影响也大。一旦出现问题,对社会各个领域都会产生巨大影响。因此,无论从联系的广泛性还是从后果的严重性来看,现代的领导者都不能不重视科学的方法和态度。同时,他们也必须依靠智囊与群众,建立适应现代化与新世纪需要的领导集体与领导体制,以最终发挥整体的高效能。

（二）现代社会纵向分工的发展是行政领导学产生的客观基础

社会分工是生产发展、科学发展的重要因素,也是整个社会发展的重要杠杆。社会分工有两个发展方向:一个是按照劳动部门的不同进行的横向分工;另一个是按照劳动过程的不同阶段进行的纵向分工。人类历史上最早发生的是农业与畜牧业,以及后来的农业与手工业、体力与脑力劳动相分离的横向分工。这些分工,正如恩格斯所说,在带来社会大分裂的同时,也带来社会文明的大发展。而社会的纵向分工相对来说产生的要晚,发展也比较缓慢,人们对它的认识与研究就更少。曾有学者将现代社会的三大分工表述为决策与执行的分工、决策与咨询的分工及决策与监督的分工,其中决策与执行的分工是导致领导与管理分离的直接社会根源,是行政领导学产生的客观基础。

尽管决策与执行是任何人类实践或劳动都存在的两个过程,但对二者进行真正意义上的纵向社会分工却是近现代社会才产生的历史现象。

首先,原始社会中不存在这种分工。原始社会中群体的共同劳动虽然也有人决策、有人执行,但是这只是偶然的、暂时的,不是劳动部门的专门化与固定化。而社会分工的实质却正是劳动部门的专门化与固定化,正如马克思与恩格斯所说:“当分工一出现之后,每个人都有了自己一定的特殊的活动范围”,“每个人都可以只从事他最拿手的工作。”①显然,在原始社会不存在这种分工。

其次,奴隶社会和封建社会也不存在社会的纵向分工。在小生产时代的私有制社会里,无论在政治上、经济上还是思想文化上都是实行高度集权的专制主义,以封建君主为代表的生产资料占有者集决策、执行、反馈等一切权力于一身,自己决策、自己执行并且自己监督自己。这是小生产时代中领导与管理二位一体的根本原因。在这种情形下,当然不存在决策与执行的分工,也更谈不上领导与管理的分离。

最后,在资本主义早期仍然沿袭家长制。马克思说,资本家他们所以成为工业司令官,因为他们是资本家。他们一身兼任立法者、审判官和执行吏。决策、执行和评价监督,一切由资本家一人说了算。所以那时的资本主义管理就其形

① 《马克思恩格斯全集》第3卷,人民出版社1957年版,第37页。

式来说是专制的。

决策与执行的纵向分工开始于19世纪资本主义大生产时代。这种分工首先发生在军事领域，即司令部和参谋部的分设，帅才与将才的分离，也就是军事上决策与执行、领导与管理在组织机构与人才方面的固定分工。其次发生在经济领域，这开始于19世纪中期的雇用经理制。美国通用汽车公司总裁，被称为“现代组织之父”的斯隆所建立的“集中决策、分散管理”的事业部制，把决策与执行以及领导与管理的分工，以组织机构的法定形式固定了下来。最后发生在科技领域。科技领域的这种分工要晚一些，产生于20世纪的大科学时代。政治领域的这种分工则要早得多，可以追溯到资本主义国家立法机构与行政机构的分设。

20世纪中期，决策与执行的纵向分工发展到新的阶段，那就是决策与执行的固定分工，发展到决策内部再分工，执行内部再分工的新阶段，即决策内部谋与断的分工，执行内部组织与操作的分工。软专家集团制就是这种分工的组织形式。

总之，决策与执行是人类实践活动内在的客观过程，而两者的分工却是历史的产物。决策与执行的纵向分工是历史的必然，也是历史的进步。由此而产生的领导（决策专门化）与管理（执行专门化）的分离，以及行政领导学的产生与发展，也是历史的必然与历史的进步。

（三）科学技术的发展为行政领导学的产生提供了现实条件

行政领导学的创立，是现代科学发展的必然结果。二战以后，自然科学的发展进入了一个新的阶段，出现了电子、半导体、激光、原子能、计算机和空间技术，呈现出高度分化和高度综合的新趋势，这种趋势主要表现在以下两方面：一方面是各门科学分类越来越细，分支越来越多；另一方面是各种学科彼此渗透，相互联结，高度综合，产生了许多边缘科学、综合科学以及交叉科学。特别是当代生物研究、工程自动控制技术、通信网络系统的发展，产生了系统论、控制论和信息论等新兴学科，为行政领导的科学化提供了基础理论和方法论手段。电子计算机以及各种智能机器系统的出现，人们可以根据数学模型进行行政领导的“模拟试验”。A. 西蒙提出了决策程序与原则的“开创性研究”。所有这些理论和技术手段的发展，无疑都是行政领导活动从经验上升到科学的必要条件，对于行政领导学的建立起到了积极的推动作用。

（四）行政领导学是行政领导经验与艺术的积累、总结与升华

所谓行政领导艺术，就是领导的技巧、风格、经验、意志、气质和创造力的总体表现，体现行政领导者的创新精神，是以经验认识为基础的个人才能。

在人类社会长期的历史发展中，历代统治者都积累了丰富的行政领导经验与艺术，这些经验与艺术散见于历代思想、政治典籍中。例如，孔子编选的《尚

书》记载了商、周时期奴隶主的政治和行政统治的经验;《春秋》三传、《国语》以及《战国策》中所反映的行政领导经验与思想,迄今对后人仍有启示;北宋司马光编撰的《资治通鉴》更是一部关于治国安邦经验与事例汇总的巨著。这些著作都已涉及行政领导的经验和思想观点,在人类领导思想史上占有着重要的地位。然而由于小生产方式的历史局限,决定了他们不可能创建行政领导学的科学理论体系,所记载的行政领导经验与艺术也仅是凭借行政领导者的个人阅历、个人智慧和个人经验。

到了近代,随着生产的社会化和科学技术的迅速发展,使人类社会的行政领导艺术升华到一个新的阶段。一方面,由于资本主义的生产方式突破了小生产方式的狭隘界限,世界市场的开拓、企业规模的扩大、跨国企业集团的诞生,使生产管理日益科学化,现代管理学应运而生。另一方面,随着欧美各国工业的迅速发展,人口集中了,城市扩大了,国际的经济交往与文化交流频繁了,导致政府管理职能增加、管理责任加重、管理方式复杂,整个社会越来越要求管理科学化。现实生活的需要推动着行政管理学的诞生,正是在现代管理学与行政管理学的理论沃土中,行政领导学得以产生。

此外,现代史上波澜壮阔的无产阶级革命运动的发展,也为行政领导经验与艺术的升华提供了必不可少的实践与理论来源。马克思和恩格斯在领导第一国际的革命运动中,列宁和斯大林在领导俄国社会主义革命和建设中,以毛泽东同志为代表的老一辈无产阶级革命家在领导中国革命与建设的实践中,都积累了许多宝贵的领导经验,显示了精湛的领导艺术,这些都极大地丰富了人类行政领导艺术的宝库,为行政领导学的产生与发展做出了巨大的贡献,并为社会主义行政领导学的产生与发展奠定了坚实的基础。

综上所述,行政领导学是适应社会化大生产的客观要求,在吸取了古今中外领导思想中的合理成分并借助于现代科学技术的飞速发展的基础上产生的,同时在现实的行政领导实践中不断丰富发展起来的。

第二节　行政领导学的基本原理

行政领导学作为一门交叉学科与应用学科,有其自身独特的理论体系与方法论范畴,因此,在对其进行系统而深入的理论研究之前,明确其基本的原理是必要的,这主要包括行政领导的含义、属性、本质、特点、类型与功能等。

一、行政领导的含义与属性

(一) 行政领导的含义

行政领导作为一个复合词组,是由“行政”与“领导”组成的,因此,要理解何为行政领导，就必须首先明确何为“行政”与“领导”。

1. 行政的含义

在历史上对行政概念的诸多表述中，代表性的观点主要有以下几种：

威尔逊在《行政学之研究》一书中认为，行政是一切国家所共有的相似性很强的工作，是行动中的政府，是政府在执行和操作方面最显眼的部分，政治是政府在重大而且带普遍性事项方面的国家活动，而行政是政府在个别、细致而且带有技术方面的国家活动，是合法的而且系统的执行活动。

古德诺在《政治与行政》中认为，在所有的政府体制中都存在着两种主要的或基本的政府功能，即国家意志的表达功能和国家意志的执行功能。政府的这两种功能可以分别称做“政治”和“行政”。

怀特在《政治学导论》中认为，行政是完成或实现一个权力机关所宣布的政策而采取的一切运作，即对其部属所采取的指挥、协调和控制活动。

古利克在《行政科学论文集》中认为，从工作着眼，行政就是 POSDCORB，即计划、组织、人事、指挥、协调、报告、预算七种职能。

费富纳在《公共行政》中说，行政就是一些人为完成政府任务所作的协调努力，是集体努力与合作的艺术。

魏劳毕在《行政学原理》中认为，行政就是政府组织中行政机关所管辖的事务。

西蒙等人所著的《行政学原理》认为，行政就是为达到共同目的时合作的集体行动。

综上所述，行政可以理解为政府公共行政过程中政务的研究与推行，是政府目的的动态实现过程。

2. 领导的含义

斯道戈迪尔和巴纳德在其编辑的领导学手册中，在总括各种学派及其观点的基础上，对领导一词进行了如下十一种界定：(1) 领导意味着群体过程的中心；(2) 领导意味着人格及其影响；(3) 领导意味着以德服人的艺术；(4) 领导意味着影响力的运用；(5) 领导意味着一种行动或行为；(6) 领导意味着一种说服的形式；(7) 领导意味着一种权力关系；(8) 领导意味着一种互动中逐渐形成的效果；(9) 领导意味着一种分化而来的角色；(10) 领导意味着结构的创始；(11) 领导意味着一种实现目标的手段。

以上十一种界定基本上是从以下四个角度探讨领导这一概念的：第一，领导者中心说，即领导就是领导者依靠由权力和人格所构成的影响力去指导下属实现符合领导者意图的目标。第二，互动说，即任何领导活动都是在领导者和被领导者之间的互动过程中共同实现符合他们双方追求的目标。第三，结构说，即领导是在一定组织结构中展开的一种特殊活动。第四，目标说，即领导活动的主旨在于实现一个符合群体需要的公共目标。

综上所述,我们认为领导就是某一具体社会系统中的领导主体根据领导环境和领导客体的实际情况确定本系统的目标和任务,并通过示范、说服、命令、竞争和合作等途径,获取和动用各种资源,制动和致变领导客体,达到既定目标,完成该系统共同事业的强效社会工具和行为互动过程。这一概念包括了领导活动的四个基本因素。

3. 行政领导的含义与本质

(1) 行政领导的含义

在对“行政”与“领导”进行明确而科学的界定的基础上,我们认为,所谓行政领导,就是政府公共行政过程中即国家行政管理过程中的领导,是各级国家行政机关的行政首长及其领导集体,为实现政府制定的各种目标,依法行使国家权力,组织和管理国家事务和公共事务而实施的决策、指挥、控制、协调、监督等行政活动及其过程的统称。从我国现行的行政领导发展情况来看,我国的行政领导还包括企事业单位行政管理系统中的领导组织和管理各单位的行政事务的过程。这一含义主要包括以下五种要素:

一是行政领导环境。行政领导作为一种创造性活动,是在具体的社会系统环境中展开的,这既包括宏观意义上的国际环境、国内政治、经济、文化环境等,也包括行政领导机关内部的组织环境等。要充分地发挥行政领导的主观能动性,实施科学而有效的领导,就需要行政领导者准确地把握并适度地利用和改造行政领导环境。

二是行政领导主体。行政领导活动的主体是由行政组织中担任决策、指挥、协调和监督等职责的人员,包括行政领导个体和群体组成的,是行政领导活动得以展开并取得成功的核心力量。

三是行政领导客体。主要包括行政领导者的部属和行政领导的部分对象。行政领导主体是行政领导活动的发动者与组织者,行政领导客体则是行政领导活动的执行者与作用对象,只有二者形成良性互动,才有利于行政领导目标的顺利实现。

四是行政领导手段。领导手段是指行政领导者适应、利用并改造环境以及调动和激励下属的方式与方法。只有综合运用多种方法,如示范、说服、命令、竞争与合作等,将科学与艺术结合起来,才有利于本系统目标的实现及在更大系统中竞争力的提高。

五是行政领导目标。目标是行政领导活动的归宿,一个没有目标的领导活动不仅是没有成效的,而且也会迷失方向。

简而言之,行政领导活动是行政领导环境、行政领导主体、行政领导客体、行政领导手段与行政领导目标这五个基本要素相互作用的活动过程,我们只有深刻地认识每个要素的客观特征,并在其相互结合中寻求规律,才能发现行政领导的本质并提高行政领导的绩效。

(2) 行政领导的本质

行政领导的本质就是那种构成行政领导活动本身并因而区别于其他活动的内在规定性,这就是行政领导活动独特的内在矛盾。这种内在矛盾首先表现为行政领导活动自身独特的结构关系,"领导者—群众—目标"的关系,就是行政领导活动自身特有的结构性关系和矛盾。

这个特殊矛盾规定了行政领导的本质,也是把行政领导活动与其他社会活动区别开来的根据,行政领导活动是那种为了公共目的的共同活动,其本质体现为公共使命的承担。因此,从行政领导活动的价值取向与精神归宿来说,行政领导本质上是一种服务,并且是全心全意为集体为人民为社会服务。

(二) 行政领导的属性

行政领导活动是人类社会普遍存在的现象,因为一旦出现国家与政府,就必然会产生行政领导。但是,人类的社会实践活动是不断发展的,不同时代的行政领导活动又有着本质的区别。因此,行政领导的属性主要包括自然属性与社会属性两个方面。

1. 行政领导的自然属性

行政领导的自然属性产生于社会整体活动的自然需要,是由人们社会集体实践活动中的客观规律所决定的。国家与社会的公共事务,需要由行政领导者去组织、指挥和协调,才能形成整体性的力量。否则群龙无首,一盘散沙,就只能导致失败。

行政领导自然属性的一般标志,就是统一的意志和一定的权力,即无论任何社会与时代的行政领导都必须具有这种共同的标志。因为行政领导活动是在一定的客观环境中进行的有目的的实践活动,表现为以行政领导者的意志来统一指挥其所属的人们的思想与行动。而要将这种统一的意志真正地贯彻和执行下去,就必须依靠一定的权力或者权威来使被领导者服从这种意志。因此,权力是行政领导的重要标志,权力和服从是行政领导关系的永恒属性。

2. 行政领导的社会属性

行政领导不仅具有自然属性,更具有社会属性。人们之间的政治关系与经济关系渗透于行政领导活动之中,并规定着它们的社会性质,这就是行政领导的社会属性。在行政领导的双重属性中,社会属性占据着主导地位,决定甚至改变自然属性,使其发生某种形式上的变化。这是因为,虽然一切行政领导都以统一的意志和一定的权力为标志,但不同的社会经济关系与政治关系却使其具有不同形式:或以与被领导者对立的意志实行统一,以强制和欺骗来维持权力;或以代表被领导者的意志来实行统一,使权力和服从建立在民主自愿的基础之上。

行政领导的双重属性是指同一领导活动的两个方面，世界上不存在只有单一属性的行政领导，我们只有在二重性的统一中才能把握特定社会的行政领导关系。正确认识与理解行政领导的双重属性具有重要意义。一方面，如果看不到行政领导的自然属性，就无法考察行政领导活动的一般特点与规律，就会否认一切行政领导关系的共同之处，导致忽视或者拒绝吸收以往社会中积累下来的优秀领导经验。另一方面，如果看不到行政领导的社会属性，则容易将各种性质不同的行政领导活动混为一谈，抹杀它们之间的原则界限，从而很难立足实际来发展自己的特色。

二、行政领导的类型与特点

（一）行政领导的类型

根据不同的标准，可以将行政领导划分为不同的类型：

首先，按照行政隶属关系的不同，可以将行政领导划分为中央行政领导和地方行政领导。

其次，按照行政职能权限的不同，可以将行政领导划分为政务类行政领导和业务类行政领导，即一般权限的行政领导和专门权限的行政领导。政务类行政领导是指从中央到地方国家各级人民政府的领导，其主体是各级政府及其所属部门的正职领导者，客体是行政辖区内的政务和社会事务。政务类行政领导的主要职能是依法决策、制定规划；组织用人，提供服务；全面协调，检查监督。其在整个行政领导过程中起主导作用，具有全面性、综合性，有很强的政治性。业务类行政领导，是指政府职能部门和业务部门的领导活动，其主体是行政机关中除政务类行政领导之外的其他行政领导。业务类行政领导的主要职能是负责贯彻执行上级和政府的决议、决定和指示，负责组织、领导和管理某一方面的行政事务或在业务上领导下属行政部门的工作。其工作带有局部性、专门性，但对象范围广、门类多、业务性较强。

最后，按照行政领导方式的不同，可以将行政领导划分为自决型（集权型）领导、部属参与型（分权型）领导和放任型（放手型）领导。

（二）行政领导的特点

行政领导作为上层建筑的一部分，其性质由社会经济基础的性质所决定。我国行政领导活动的经济基础是生产资料的社会主义公有制。因此，我国行政领导活动的出发点是代表广大人民群众的利益和意志，其根本使命是完善我国的社会主义生产关系，促进社会生产力的发展。与其他一般社会组织的领导相比，行政领导具有如下特点：

一是政治性。行政领导作为国家各级行政机关及其人员的领导，属于政治上层建筑的范畴，履行的是统治阶级的使命和国家的职能，因而势必带有强烈的政治性。国家性质不同,行政领导的根本宗旨也不同。社会主义国家的行政机关是人民的政府,行政领导者的根本宗旨是为人民服务,这是社会主义国家的行政领导者同一切剥削阶级的行政领导者的本质区别。

二是强制性。行政领导以国家的名义开展活动,并以国家的强制力为后盾而作用于社会,因而具有强制性。行政领导的强制性是以法律赋予的权力作为支撑的,行政领导运用法律赋予的权力来组织和管理社会公共事务,这就决定了依法行政的必要性与重要性。此外,行政工作需要及时、利落、准确、协调一致地进行,这就需要以完整的规范性与严格的纪律性作为保证,而规范和纪律却都是带有强制性的。

三是执行性。在国家政权体系中,行政机关从属于权力机关,是权力机关的执行机关。我国宪法明确规定:"中华人民共和国国务院,即中央人民政府,是最高国家权力机关的执行机关,是最高国家行政机关。""地方各级人民政府,是地方各级国家权力机关的执行机关,是地方各级行政机关。"因而,行政机关在实施行政领导的过程中,必须以执行执政党和国家权力机关制定的路线、方针和政策为前提,向权力机关负责并报告工作,同时要受国家权力机关的监督和控制。

四是综合性。行政管理内容的广泛性决定了行政领导的综合性。行政领导涉及国家政治、经济、文化的各个领域和社会生活的各个方面。随着社会经济和科学技术的不断发展,国家行政管理的范围呈现出日益扩大的趋势,其管理事项也呈现出日益复杂的特点。现代行政领导面临着日益复杂和广泛的行政事务,其活动内容体现出政治领导、经济领导、文化领导和技术领导等综合性特点。

五是效率性。效率是行政领导的出发点和归宿,行政领导的一切活动,归根结底都是为了提高行政效率。所谓行政效率,是指行政领导根据当时当地科学技术发展的水平,以最小的代价(包括人、财、物与时间的消耗),最优化的质量,更理想地完成相同的工作任务。所以,效率是检查行政领导工作成绩的一个重要标志。在现代社会,行政领导工作更加繁杂,任务更加沉重,因此,讲究时效性是必须的。

三、行政领导的功能

(一) 历史上有代表性的相关研究

在行政学的发展历程中,对行政领导功能的研究由来已久,并且形成了观点各不相同的学派,其代表理论主要有以下几种:

1. 美国俄亥俄州立大学通过对行政领导理论的研究,认为行政领导有三大基本功能:一是保持团体关系,包括领导者与部属之间关系的建立,进而在部属之间树立权威,受到部属的爱戴。二是达成团体目标,即领导者的基本责任不仅在于制定团体目标,并且要使部属了解此目标,进而鼓励与督促部属达成团体目标。三是增进部属的交互行为,即领导者应尽力增进组织成员之间良好、有效的交互行为。①

2. 美国行政学家L.D.怀特认为行政领导的功能是:决定重要的决策;发布必要的命令和指示;协调组织的内部;授权下级处理一般事务;控制财务的运用;部属的任免;监督、控制并考核工作的执行;处理对外的公共关系。②

3. 美国管理学家P.F.德鲁克认为,行政领导的基本功能是:创造让部属发挥其才华的机会;使部属的潜能得以发展;消除管理过程中的障碍;鼓舞部属的情绪,给予部属晋升的机会;提供部属工作的明确导向。③

4. 我国台湾学者认为行政领导的基本功能主要包括以下内容:一是协调,即把组织内部部属之间的相互冲突的权益融合在一起,并引导这些部属达成共同的目标;二是团结,因为组织内部部属的目标不尽相同,所以领导者应设法使各种目标趋于一致,使部属具有一种团体意识,以提高工作绩效;三是激励,这是领导的基本功能之一,效率是领导者追求的重要目标之一,而提高工作效率不能单纯依靠命令和强迫,必须了解部属的需要并设法尽量满足,以激发他们的积极性、主动性与创造性;四是计划,领导者应制定工作计划、工作标准,以及本组织追求的行政目标;五是授权,领导者应根据部属职位的高低与能力的强弱以及工作环境与性质的不同,进行科学而合理的授权,这样不仅可以减轻自身的负荷,同时也可以鼓舞部属的工作情绪;六是指导,领导的功能是在成事而不在做事,故领导者要适当地接近部属,以发挥指导作用;七是沟通,沟通在于进一步深入地了解情况,以便制定合理的决策,而一个成功的领导者,就是沟通网络的中心点;八是管制,当工作计划与工作标准决定以后,领导者尚需对执行工作计划的单位以及个人加以监督与考核,视其是否按照原定计划实施,有无完成原定的进度,而后再检查效果,评估得失,进行奖惩;九是公共关系,行政组织既然是一个开放系统,与外在环境存在互动关系,则领导者自应注意公共关系的运用,以期外在环境对组织产生有益的影响。

5. 我国大陆学者根据行政领导作用领域的不同,将行政领导的功能分为以下几个方面:一是政治功能,即从政治上说,行政领导是依据法律,运用国家赋予的权力来组织与管理行政事务的。从这个意义上讲,它是权力的象征与法律的体现。这种形象应该是与高度的责任、良好的素质以及勤恳的服务统一起来的。如果两者之间不协调,甚至南辕北辙,这不仅仅是领导者个人在人民群众中暗淡

---

① 参见C.L.沙特尔:《行政行为和领导》,普伦蒂斯—霍尔出版公司1956年英文版,第106页。
② 参见L.D.怀特:《行政学导论》,麦格罗—希尔图书公司1947年英文版,第53页。
③ 参见蔡麟笔:《参与式的领导行为和行政绩效之研究》,台湾幼狮文化事业公司1973年版,第137页。

无光,以至渎职犯罪的问题,而且会导致广大人民对国家政权引起怀疑,对法律失去信心,甚至产生对抗行为。二是经济功能,即从经济上说,行政领导的重要职能之一是组织和管理经济。经济是社会发展的基础,行政领导在制定与实施经济政策的过程中,无疑对于社会经济的发展具有举足轻重的作用。作为上层建筑一部分的行政领导,肩负着适应并能动地反作用于国家经济建设的重大职责。至于说到整个国家的财政管理,以至于某个行政机关的财务管理,亦是被认为赋予行政领导"载舟"或"覆舟"之柄的重要因素。三是思想功能,从思想方面来说,行政工作的特点之一是它的强制性。自觉与强制是一对辩证统一的矛盾,然而,如果强制的行为其正确性与合理性程度越高,则人们自觉的程度也会相应地大幅度提高。这不仅仅是为了减少思想政治工作的难度与压力,更重要的是它能用事实教育人们,使全民的思想文化素质得以提高,促进精神文明的建设。行政领导的作用,正是通过它的业绩来加速这方面的建设的。

(二)现代行政领导的功能

以上关于行政领导功能的各家之言,都是站在不同的立场,结合不同的实际,从不同的角度对这一问题进行论述的,都具有一定的价值与意义。对以上各种理论进行总结、提炼与发展,我们认为,行政领导的功能主要有以下几个方面:

1. 行政领导的宏观功能。即行政领导作为上层建筑的重要组成部分之一,在国家与社会范围内,具有维持社会稳定,政治清明;搞好现代化建设,促进经济发展,增强国家总体上的竞争力;倡导并建设健康向上的精神文明的功能。

2. 行政领导的微观功能。这是指行政领导在所属的行政组织内部的具体功能,主要包括以下几点:

一是行政指挥功能。即国家行政机关及其领导者运用法律及行政组织赋予的职权,通过下达指令、命令,引导、调度和率领下属组织人员与群众向既定目标前进,努力完成各项任务的活动过程。行政指挥的作用在于它是保证行政管理活动协调开展的重要手段,是完成行政决策目标的重要保证。

二是行政控制功能。即在行政领导活动中,对执行领导决策、指令与指导过程中的各项活动所进行的监控。其具体过程是:将实施决策方案的效果,反馈给决策机关或指挥中心,以便决策指挥者能够及时对决策的行政措施进行调整、修改、丰富和更新,以减少决策失误,保证行政领导机制有效地运转。行政控制有强制性与非强制性两种方式:政权、法律、纪律等是强制性的行政控制;习俗、道德和宗教等是非强制性的行政控制。有效的行政控制是这两种方式的合理结合。

三是行政维持功能。即在行政领导活动中,对行政组织的完整性与工作纪律的严格性进行的保持与维护。一方面,由于业务的专业分工发展以及监督方面受管理幅度的限制,故行政组织内部必须划分层次与部门,以利于业务的处理及所属机关的管理，但其结果却难免产生本位主义并发生冲突，进而影响组织内部的安定团结。因此领导者要加强各层级与部门之间的意见沟通与行动协调，以维持行政组织的完整统一。同时，作为行政领导者，要建立良好的工作守则和习惯，并使之形成严格的工作纪律，以便工作能够顺利展开，这也是行政领导最重要的功能之一。

四是行政激励功能。即在行政领导活动中，行政领导者鼓舞部属奋进向上的精神情绪，充分调动其主动性、积极性与创造性，以同心协力圆满地完成组织目标。激励的方法则主要包括：首先，尽量向部属说明工作任务的重大与性质的重要，使部属认识到他所承担的工作的意义与价值，从而能够振奋精神，欣然而为，而避免了强迫部属盲目地做工作。其次，要以身作则，和部属同甘苦共患难，相互信任，以共赴事功。再次，要讲究工作效率，提倡工作竞赛，鼓励发明创造。最后，要尊重部属的人格，给予部属陈述意见和提供建议的机会，对于消极的情绪和意见争执，要及时消除。

五是环境适应功能。即在行政领导活动中，为了追求行政组织的发展与完善，就要谋求与多变的社会环境的适应，以保持二者之间的动态平衡与协调发展。由于社会的进步，使构成社会的各个部分之间的关系日趋密切，互相依赖，互相依存，任何一个部分的重大变动，对其他各部分都会发生影响。行政组织是社会的一个部分，并且与社会环境产生交互作用，因此，社会环境的多变性经常会对行政组织发生影响。行政组织要谋求与社会环境的相互适应，就必须保持组织的高度弹性，并根据社会环境的变化调整组织目标与内部结构。

（三）行政领导工作在行政管理中的地位

行政领导工作在国家行政管理工作中的地位，可以从量的分布与质的作用两方面表现出来：

首先，从量的分布来看，马克思主义关于国家学说的理论认为，官僚集团是“国家机器”的两大支柱之一。尽管官僚集团在不同的社会制度下有本质的区别，但是，从“国家机器”的支柱这一意义上来说，其作用是共同的。而行政领导在这一支柱当中，或者说是在国家管理的整个体系之中，其数量是最多的，分布是最广泛的，活动是全方位的。行政领导贯穿于整个国家与社会管理的各个层次、各个方面和全部过程的始终。凡是有行政管理的地方，就需要有行政领导的工作。

其次，从质的规定来看，如果说行政管理是一种决定“国家机器”运转的动力的话；则可以认为，行政领导是维持与推动“国家机器”正常运转的主动力。它直接关系到国家的兴衰、前途与命运，这主要是因为：

第一，行政领导工作能更深刻地反映行政管理的本质。既然行政管理是国家政务的管理活动，就必须坚持为人民服务的原则。而行政领导则是依据法律，运用国家赋予的权力来组织与管理行政事务的。从这个意义上讲,它是权力的象征与法律的体现,必须和人民的利益保持一致。其形象理所当然地应该是和高度的责任、良好的素质以及勤恳的服务统一起来的。如果两者之间不协调,甚至南辕北辙,这不仅仅是行政领导者个人在群众中暗淡无光,以致渎职犯罪的问题;而且会导致广大人民对国家管理活动引起的怀疑,对法律失去信心,甚至产生对抗行为。

第二,行政领导工作能更直接反映行政管理的目的。从一定意义上说,行政管理的目的是实现科学地管理国家,这种科学管理国家的效果主要通过科学的决策表现出来。行政管理工作中的行政体制、行政组织,以至行政执行和行政监督等,都是为了保证科学的行政决策的形成和贯彻的。行政决策好像足球比赛中的射门一样,是行政活动目的的集中体现。而行政决策却是由行政领导来制定和推动实施的。因此,行政领导在行政决策全过程中属于主导地位。由此可以推论出,行政领导在整个行政管理活动中也居于重要地位。

第三,行政领导工作更直接地促进科学行政管理活动的实现。我们在这里说的"领导"与"管理"都是行政工作的重要组成部分。所谓"管理",特指对人、财、物等资源的程序性操作;所谓"领导"则是专指对人的引导,从一定意义上可以理解为非程序性操作。行政领导活动方式的基本特征是强制性,如前所述,自觉性和强制性似乎是一对矛盾。然而,如果强制的行为其正确性、合理性程度越高,则人们自觉的程度就有可能会大大提高。从这个意义上说,正确实施行政领导,就会提高人们在行政管理过程中依法行政的自觉性,保证行政管理科学化与法制化的全面实现。

第三节 行政领导的科学化

在这里,行政领导的科学化主要是指行政领导学的学科建设,即要将行政领导学建设成为一门系统、科学而现代的学科,就必须确立界限分明的研究领域,明确而系统的研究对象与内容,并且运用科学而现代的研究方法。

一、行政领导学的含义与特点

行政领导学作为一门新兴学科,是研究行政管理活动中有关行政领导工作规律及其方法的科学。这一学科具备自身独特的特点,主要表现为:

一是社会性。行政领导活动同任何领导活动一样,也是一种社会活动。行政领导者的职能、素质、作风以及行政领导的组织结构与活动方式等都是社会活动的产物。在阶级社会里,行政领导比企业领导等业务领域的领导具有更鲜明的阶级性。因为行政领导作为上层建筑的一部分,行政领导者必然代表统治阶级的意志与利益,行政领导的规律也必然同统治阶级巩固其统治地位的要求紧密相关,所以,行政领导学的理论也必然打上阶级与社会的烙印。因此,我们在建立与发展有中国特色的社会主义行政领导学的过程中,既要有选择地批判继承历史上的已有成果,又要立足于中国的国情与实际,探索我国现代化建设中行政领导活动的规律及其方法。

二是综合性。之所以说行政领导学具有综合性的特点,是因为行政领导活动本身是一种高度综合的实践活动,它要解决的问题,几乎都是综合性的问题。在现代社会大生产、大经济的条件下,这种综合性的表现就更加突出了。同时,行政领导活动涉及到众多的因素,包括行政领导者与被领导者,行政领导活动的客观环境,行政领导活动的目标与手段等。此外,行政领导活动的方法也同样是综合性的方法,既有理论方法,又有实践方法;既有定量方法,又有定性方法等等。

三是交叉性。行政领导学作为一门分支学科与交叉学科,不可避免地具有交叉性的特点。行政领导学不仅涉及到社会科学的诸多学科,如马列主义理论科学、政治学、教育学、史学、心理学、社会学与法学等;还涉及到自然科学的诸多领域,例如数学、物理学、化学、地理学、生物学与生理学等;同时还要涉及到管理科学与领导科学的相关理论与方法。总之,行政领导学在创立与完善的过程中,就是交叉运用这些学科的理论与方法的。

四是应用性。之所以说行政领导学具有应用性的特点,是相对于基础理论科学而言的。行政领导学是和行政领导实践紧密相连的,其所有的理论内容都是从行政领导实践中提炼、总结、概括和升华出来的。而这些理论与方法一经产生,又反过来应用于行政领导实践,对其产生能动的指导作用。此外,因为行政领导活动既有规律性的一面,还有其不确定的、随机的一面。而要处理这些随机性的问题,就需要行政领导者具备高超的领导艺术,这也决定行政领导学具有很强的应用性。

二、行政领导学的研究对象与内容

同任何一门科学一样,行政领导学有着明确而严格的研究对象。从一般意义上说,行政领导学的研究对象是行政领导活动特有的矛盾、特点与规律。其主要内容包括行政领导活动的主体,行政领导活动的结构与行政领导活动的过程。具体表现为:

(一) 行政领导活动的主体

所谓行政领导活动的主体,也就是指各级各类行政领导者。行政领导学研究行政领导活动的主体时,侧重研究下列问题:一是行政领导者的本质。这种本质是由行政领导者在一定社会中所处的经济地位与政治地位所决定的。在社会发展的不同历史时期，尽管行政领导者的某些"自然属性"相同，但是其社会历史属性却是经常变化的。分清每一个历史时期行政领导者的本质，有助于准确把握各个时代行政领导活动的矛盾、特点与规律。二是行政领导者的个体素质与群体结构，这主要包括行政领导者的个体素质与群体结构的内容、特点与功能等；以及新世纪对行政领导者的个体素质与群体结构的挑战与要求，提高行政领导者的个体素质与优化行政领导者的群体结构等。

（二）行政领导活动的结构

行政领导活动的结构在这里是指一个系统性的概念，主要包括对以下问题的研究：一是行政领导活动赖以展开的体制与组织形式。在任何社会中，行政领导活动都不是凭空进行的，总要以一定的组织结构形式为依托并通过它发挥作用，对行政领导体制的研究主要包括对行政领导体制的内涵、特点、类型、作用、理论等静态研究，与对行政领导体制的改革与完善等动态研究。二是行政领导环境与文化，主要运用比较分析的方法研究行政领导环境的含义、特点、类型、结构、功能以及其自身的发展与完善；并在文化的大背景下对行政领导文化的含义、特点、结构与功能等进行了重点分析。三是行政领导关系，主要研究行政领导关系的含义、特点、功能、分类、演变、运动形态与规律、群体行为以及领导关系与领导角色。

（三）行政领导活动的过程

行政领导活动的过程主要包括出主意与用干部两个环节，对这一过程进行研究主要包括两方面内容：一是行政领导决策，主要研究行政领导决策的含义、特点、原则、程序、方法与功能等。二是行政领导选才用人，主要研究行政领导选才用人的理论基础、原则、特点与方法等。同时因为行政领导活动的全过程都无法离开行政领导权力的运用，所以有必要对其进行专门研究，其内容主要包括行政领导权力的起源与发展，含义与特点，行使方法与行政领导权力的异化与制约等。又因为行政领导活动的全过程都是以行政领导方法与艺术为手段进行的，所以对行政领导的方法与艺术进行深入研究也是必不可少的，其内容主要包括行政领导方法与艺术的特点、作用、类型等，同时又因为行政领导艺术的独特性，所以专门对其从艺术的角度进行了美学分析。

最后，由于行政领导学是一门与时俱进，实践性很强的学科，所以在对其进行研究时，一方面有必要密切关注社会实践与时代的发展，另一方面也有必要做一些有关未来发展的趋势性探讨。有鉴于此，我们在研究过程中不仅在有关章节进行了紧密联系实际的现实分析，如 WTO 框架下行政领导体制改革与发展、行政领导素质的新要求与提高途径，在世界风云变幻的情势下对危机决策的研究等。同时更是在最后专章研究了行政领导与电子政务。其内容主要包括电子政务的内涵、特点、类型，电子政务在不同国家的发展状况以及其对中国电子政务建设的借鉴与启示,同时也关注了电子政务中的伦理问题。

以上部分既是行政领导学的研究内容,也是本书的大体框架与主要内容。我们意在通过对以上几大领域的研究,总结行政领导活动的原理,探索行政领导活动的规律。为具有中国特色的行政领导科学的建设与完善做出贡献。

三、行政领导学的研究方法与意义

(一) 行政领导学的研究方法

由于行政领导学的自身学科特点,决定行政领导学的研究方法涉及面非常广泛,且处于不断的发展变化之中;同时,随着科学技术及经济社会的发展,行政领导学的研究方法也在不断更新。总体来说,行政领导学的研究方法主要包括以下内容:

1. 行政领导学研究的方法论基础

研究行政领导学,必须坚持以马克思主义、毛泽东思想与邓小平理论为指导。这主要是因为:一是行政领导活动因社会制度不同而性质不同。我们是在社会主义制度下研究行政领导学,这种学习与研究要遵循社会主义的方向,以促进社会主义现代化建设并最终实现共产主义为目的。如果我们研究行政领导学不以马克思主义、毛泽东思想与邓小平理论为指导,则会偏离应有的目的与方向,误入歧途。二是因为马克思主义既是世界观,又是方法论。只有运用马克思主义的立场、观点、方法,才能正确而有效地运用行政领导的职能、方法与艺术,才能提高行政领导者的素质与修养。三是因为马克思主义经典作家关于领导问题的相关论述,对于我们研究行政领导学有着直接的指导意义,是我们确立马克思主义行政领导观念与方式的重要理论依据。

因此,我们必须坚持解放思想、实事求是的思想路线,冲破传统观念和各种条条框框的束缚,以我国改革开放和现代化建设的实际问题,以我们正在做的事情为中心,坚持以马克思主义、毛泽东思想与邓小平理论为指导,真正建立一门有中国特色的行政领导学。

2. 研究行政领导学的具体方法

研究行政领导学的具体方法主要包括以下几种:

一是实证研究方法,又称调查研究方法。这种方法是以实事求是的精神,通过实际的调查研究,收集大量资料,并进行定性与定量相结合的分析与研究,本着具体情况具体分析的原则,探求行政领导的特点与规律。尽量利用现代科技手段于调查研究过程中,如努力运用电子计算机做信息处理,是这种研究方法的特征。

二是历史研究方法,这种方法即是用历史的观点对行政领导活动进行观察与研究,注重考察领导和行政领导学的起源、发展与演变的过程以及这一过程对社会的影响与作用,以期以史为镜,借鉴历史经验为现代行政领导服务。

三是比较研究方法,这种方法主要通过对不同行政领导体制、模式等行政领导问题的比较分析,研究不同政府间在行政领导理念、原则、职能、体制、方式与手段等方面的差异,探寻实现行政领导的民主与高效的途径与方法。运用这种研究方法要特别注意不同对象之间的可比性与可比程度。

四是案例研究方法,这种方法的特点是以客观公正的第三者的立场与态度,通过广泛收集各种可能的资料,对已经发生的真实而典型的行政领导事件进行分析与研究,以为此后借鉴之用。该方法的关键在于资料真实、全面,能够充分反映事件全过程的各个主要因素及其相互关系。其困难在于难以获得真实而完整的第一手资料,也很难保证资料分析者价值观念的客观性、公正性以及专业训练的水平。

五是系统研究方法,系统就是由若干相互关联的要素所组成的整体。系统方法就是坚持把事物看做一个系统整体,并从该系统整体关系出发考察其中的各个组成部分。在行政领导学的研究中运用这种方法,是因为行政领导活动本身就是一个系统,即由行政领导活动的主体、结构与过程等要素组成的整体。这个系统同时又处于社会环境的大系统中,并且本身又包括次级子系统。因此只有运用系统研究方法,才能兼顾整体与局部,处理好行政领导活动的内外部关系。

以上是研究行政领导学的一些基本方法,适用于整体行政领导学的研究。此外在行政领导学的不同研究领域,还具有自身特殊的研究方法,如生理研究方法,心理研究方法,行为研究方法,量化研究方法等,在本书的具体章节将有所涉及。

(二) 行政领导学的研究意义

学习与研究行政领导学,并使之逐步走向科学化与现代化,具有重大的理论与实践意义,这主要表现在:

1. 学习与研究行政领导学,是社会历史发展的必然要求。人类社会发展到今天,行政领导工作之所以成为成千上万人从事的专业劳动,正是因为行政领导活动对社会实践具有特殊而重要的地位与作用。众所周知,行政领导知识、经验和能力是事关领导成败、百姓命运,国家存亡以及行政领导者自身命运的重要因素。因此,不学习与研究行政领导学,就无法进行领导,更无法论及领导的成功。古今中外的行政领导者无不重视对行政领导经验与知识的积累与创造。当今人类社会已经进入21世纪与经济全球化的时代,这为行政领导观念与方式带来了新的挑战。因此我们必须认真学习与研究行政领导学,以加强和改进行政领导。

2. 学习与研究行政领导学,是社会主义现代化建设的需要。当前我们正处于社会急剧变化发展的新时代,尤其是中国加入世贸组织以后,国际性的横向联系、信息交流、市场竞争、人才竞争以及法律事务等都空前复杂起来并交织在一起。因此,行政领导活动变得更加复杂,日益趋向综合化、网络化和多变化。在这种时代背景下,要全面开创社会主义现代化建设的新局面,这无疑对各级各类的行政领导干部提出了更高的要求。时代的发展与社会的进步要求行政领导者必须学习与掌握行政领导学,并将其理论转化为实践。只有这样,才能使各项行政领导活动得以顺利进行,从而最终实现社会主义现代化建设的目标。

3. 学习与研究行政领导学,是建设一支现代化的行政领导干部队伍的需要。在新的历史时期,我们党提出了实现干部队伍的革命化、年轻化、知识化与专业化的四化要求,这是具有战略意义的重大决策。然而就我国当前行政领导干部的实际状况来看,还远远达不到这种要求。尤其是我国现在正处于新老干部交替的关键阶段,就更需要建设一支现代化的行政领导干部队伍。中青年行政领导干部要想成为合格的、适应社会主义现代化建设需要的领导者,除了要继承和发扬老一辈革命家的优良传统外,还必须具备领导现代化建设所必需的观念、知识、能力和方法,而要做到这一些,就必须学习与研究行政领导学。

【思考题】

1. 行政领导学是如何产生与进一步发展的?其具备哪些特点?
2. 简述西方领导理论与中国领导理论的发展与现状。
3. 何谓行政领导?其本质与特点是什么?
4. 简述行政领导的功能。
5. 为什么说行政领导工作在行政管理中占有重要的地位?
6. 行政领导的科学化包括哪些内容?
7. 简述行政领导学研究对象与内容。

第一章 行政领导权力

行政领导权力是行政领导者实施领导的基础和前提。因此,要全面、深入地研究行政领导科学,并使其成为指导行政领导实践的有力武器,我们就必须研究行政领导权力问题。尤其是人类跨步进入新世纪之后,在社会高度组织化、现代化、一体化和全球化的今天,行政领导权力这一行政领导实践中必不可少的因素,更是对国家与社会的政治、经济与文化等各个领域,对行政领导实践的各个环节,发挥着重要而巨大的作用。在这一章,我们拟从政治学与领导科学的结合部上,从理论探索与实际应用的两者统一上,对行政领导权力这一问题进行发掘、梳理与深入研究。

第一节 行政领导权力的起源与发展

一、权力的起源

权力仿佛是一把锋利的双刃剑,它既可以给人类社会带来丰厚的利益,也可以给人类社会带来深重的灾难。善用权力,小则青史留名,大则造福社会,建立千秋万代的丰功伟业;滥用权力,小则身败名裂,大则祸国殃民,留下难以弥补的创伤与遗恨。

权力是无形无体,无影无踪的,谁也说不出它的具体样貌。然而在我们的周围,它又像阳光与空气一样实在,我们无时无刻不感觉到它的存在与巨大作用。权力具有如此之大的魅力甚至是魔力,究竟是为什么?要想弄清楚这个问题,就要从权力的起源出发。

关于权力的起源,在人类历史发展的不同社会生产力水平和领导体制下产生了不同的基本主张,其代表观点主要有:

神权论:这是一种关于权力来源的愚昧主张,认为权力来源于上帝,进而创造出"神权论"或"君权神授论",为封建专制统治辩护并服务。

德仁说:这一学说主张权力是一种来自道德教化的影响力。中国古代孔子的"德治"、孟子的"仁政"等思想,都属于此类学说。

智慧说:古希腊思想家苏格拉底、柏拉图提出了权力应该来源于知识的"哲学王"学说;近代英国思想家培根提出的"知识就是力量"及现代学者提出的"科技治国论"等主张,都属于此类学说。

暴力论:这一观点主张权力应以法律、军队等暴力工具为依托。中国古代的韩非、西方中世纪末思想家马基雅维里是该主张的重要代表。

契约论:这一观点的主要代表者为卢梭与孟德斯鸠等人。他们认为,国家是人类根据自己的需要,通过契约建立起来的,国家的权力来自人民,而人民的权力则是天赋的。人民主权学说进而成为资产阶级民主共和国制度的理论基础。

资源说:这一学说把权力的来源归结为对组织资源的拥有与控制。这里的资源包括金钱、信息、武力、社会地位、立法权、投票权等。人们只要掌握了一定的资源,便具有了影响他人的力量。

接受论:这一观点是由巴纳德第一次系统地阐述的,他认为"应从组织成员是否接受一项命令、指示或建议的角度来考察权力"。此外,在西蒙的权威论中也有接受论的主张。

从以上的介绍可以看出,关于权力来源的学说,除了"神权论"外,其他主张都有一定程度上的合理性,同时也说明权力起源于多种因素的作用与影响。总体说来,这些因素主要体现于人所具有的一些固有的本质特征:

首先,人以劳动作为自身存在的前提。人在劳动过程中制造劳动工具,支配劳动对象,和外部自然界发生关系,通过征服和改造自然来满足自己物质生活和精神生活的需要,从而使人类得以延续和发展。但是,自然界并非完全被动、消极地接受改造。相反,自然界是强有力的,它会在人类对它所进行的征服和改造过程中,制造重重的障碍并进行残酷的惩罚。因此,人类要在以劳动维系自身生存的过程中避免自然界的惩罚,就必须逐渐地认识、掌握并利用自然规律,破解神秘的自然之谜。经过日积月累,人类对自然规律的认识逐渐形成了一门科学,并把这种知识结合在一起,将其赋予某个具有崇高威信的人或组织,这个人或组织由此便拥有了由知识而产生的权力,并利用它来指挥人类的劳动过程,使劳动按照自然规律的要求进行,使人类不必都去重新认识自然规律,进而减少人类在劳动中的损失。

其次,人具有高度的社会性。劳动创造了人本身,但劳动不能孤立进行,人们在劳动中首先形成人与人之间的生产关系,在生产、分配、交换、消费的相互关系中,进一步形成了各种各样的社会关系,例如婚姻关系、道德关系、朋友关系、法律关系、政治关系等,进而构成庞大的社会关系网络系统,这个系统是客观而复杂的。为使这个系统有效并高效地运转,就需要把这个系统划分为若干个不同类型与不同级别的有序组织。组织是人类为达到某种共同目标,由必要的社会分工所形成的社会实体。而要维系组织的生存并实现组织目标,就必须赋予组织中的领导与管理人员一定的权力,用来制定组织的规章制度,解决组织中的各种矛盾,排除组织发展中的障碍。否则组织便会失序、破裂。如果说组织性、有序性与进步性是人的天性,而权力则是组织生存与发展的本质要求。

最后,人的欲望具有无限性。罗素在其名著《权力论》中描写过人类欲望的无限性,他认为:人类的某些欲望与动物的不同,是漫无边际的,而且不能获得完全的满足。动物满足于生存与繁殖,人类则还要扩张,他们在这方面的欲望仅为想象暗示的可能性所制约。假如有可能,每个人都愿意成为上帝。比如赫西斯出征雅典时,他并不缺少衣食和妻妾;牛顿成为三一学院的院士之后,物质生活得到极大的满足,然而他正是在此之后才写出《原理》一书的。而在人类无限的欲望中,居首位的是权力欲与荣誉欲。人类的无限欲望,创造了各种各样的权力动机,这些动机有些是善良的,有些是邪恶的,呈现出错综复杂的局面。

二、行政领导权力的起源与发展

(一) 行政领导权力的起源

行政领导权力作为权力的一种,从普遍意义上讲,它的起源必然具有权力起源的共性特征,甚至在此后的分析中,例如行政领导权力的变异与制约,我们仍然可以从权力的起源中找到相应的根据与依托。然而,行政领导权力作为权力的一个特有领域,其起源具有自身的鲜明特征。

从历史的角度精确地讲,行政领导权力起源于人类社会的组织分工。早在原始社会时期,人类由于生存和生产的需要,就已经出现了各种不同类型的组织,比如氏族、部落和部落联盟等。在这些组织内部,成员之间不仅存在着共同的利益,而且存在为实现这些共同利益所进行的集体行动。此类行动包括联合劳动、监督用水与宗教祭祀等活动,也包括对外战争、解决内部争端、制止个别人的越权行为等行动。凡此种种,都需要一个被赋予权威的职位。因为凡是有许多人进行分工协作的劳动,都需要一个统一意志的指挥和协调,需要人们服从于一个统一的权力。被赋予权力的原始社会时期组织中的职位,其职能的行使虽然是在全体成员的共同监督下进行的,但是,这些职位又不得不由个别成员来承担,这些成员也因此享有这些职位所包含的权力。这便是行政领导权力的最初萌芽。

随着生产力的逐步发展,人类社会分工日趋深化。畜牧业、农业、手工业和商业之间分工的出现,使得人类社会的劳动更加复杂化。随着体力劳动和脑力劳动之间分工的形成,专职的管理者开始出现,这就为行政领导权力的产生提供了现实的基础与可能性。众所周知,社会分工的发展跟私有制的产生是同步进行的,私有制的出现导致了国家权力的形成。国家权力一经出现,少数人掌握的管理权力就发生了本质的变化。它在执行社会公共职能的同时,也在行使政治统治职能。于是,这种权力也就成为国家政治权力的一个重要组成部分,即行政领导权力。也就是说,行政领导权力是伴随着国家权力的形成应运而生的。

（二）行政领导权力的发展

行政领导权力作为一种国家权力，其目的就必须体现国家统治者的意志。但是，行政领导权力在执行特定的社会职能时必然保留相对的自主性，而且这种相对自主的程度是与社会管理职能的复杂程度成正比关系的。因此，行政领导权力的发展变化与社会发展阶段是紧密相连的。

1. 传统社会时期的行政领导权力

传统社会时期的行政领导权力是指与传统农业社会相适应的行政领导权力，这种行政领导权力主要具备如下特点：

首先，传统社会时期行政领导权力的社会职能与国家政治权力的统治职能明显地交织在一起。在这一时期，行政领导权力的自主性表现得还不够充分。比如在早期的希腊城邦中，不允许有单个政府首脑统一领导下的完整行政权力。执政官任期不一，他们由公民大会或其他相应机构选出并向其负责。而在东方专制国家中，就行政领导权力自身而言，从中央到地方，一切事物的最高决定权都掌握在皇帝的手中。所谓“普天之下，莫非王土；率土之滨，莫非王臣”。不过，任何事物都具有相对性，这里所指行政领导权力的自主性表现得还不够充分，是相对而言的。例如中国古代形容宰相“一人之下，万人之上”，就说明其行政领导权力具有一定的自主性。

其次，传统社会时期行政领导权力与宗教权力或迷信权力等曾经相互结合。这种结合源自于原始社会的巫术和自然崇拜，后来广泛涉及先知、领袖、救世主和英雄等所体现出来的权力。马克斯·韦伯将这种情况概括为超自然、超凡魅力权威即“卡里斯玛”权威作用的结果。这种结合同时使传统社会时期的行政领导权力具有许多特定的形式。比如中世纪欧洲的行政领导权力就是基督教会的工具，而在东方国家中，亦存在佛教与伊斯兰教对行政领导权力的影响。在中国漫长的封建社会时期，迷信则非常盛行，占卜巫术都曾经是有专门官员承担的职能。

再次，传统社会时期行政领导权力与宗法权力等血缘关系权力也有根深蒂固的联系。表现为行政领导权力体系中人事任免的行政领导权力、组织等级权力的分配等，都与宗法制度相关。甚至连居民的管理通常也是由宗法权力进行的。因此，家长、族长也成为一种变相的行政领导权力主体，导致整个行政领导活动带有浓厚的家长式专制的特征。

最后，传统社会时期行政领导权力与经济权力有相当直接的关系。这主要表现为在传统社会时期，在社会财富和社会价值分配方面，行政领导权力与政治权力混合而起作用，以致形成“权力支配财富”的局面。在这种情况下，行政领导权力成为社会等价物，中国社会长期存在的“官本位”现象便是由此而引起的。在政治经济发展不平衡的社会里，尤其是在社会转型期，行政领导权力如果和现代经济相结合，就容易形成官僚资本、官商乃至官倒等现象，这些现象的本质就是行政领导权力支配社会财富，而行政领导权力支配社会财富又是导致以寻租为主要表现形式的行政腐败根源。

从以上的分析我们可以看出，在传统社会时期行政领导权力的结构与关系中，人的地位是非常突出的，人的权威大于组织的权威，人的作用大于制度规则的作用。因此，人存政举，人亡政息是传统社会时期的普遍现象。由于行政领导权力缺乏法治，导致行政体制建设的不完善与行政人员的素质不高，二者是互为因果的。

2．现代社会的行政领导权力

现代社会的行政领导权力是与现代工业社会相适应的行政领导权力，其与传统社会时期的行政领导权力相比，具有自身鲜明的特点：

首先，现代社会行政领导权力的社会管理职能日益突出，行政领导权力的自主性非常明显。这是工业革命所带来的社会分工日益加剧的必然结果。行政领导权力的自主性主要表现为：不仅行政领导权力在政治权力体系中的相对自主地位明显提高，而且行政领导权力也开始同宗教权力、宗法权力和迷信权力互相分离，其与经济权力的直接联系也被打破，现代社会已经形成组织家产与官员家产相分离的现象，逐渐形成所谓“没有财产的权力”。

其次，现代社会的行政领导权力不仅实现了同外部权力的分离，其内部的功能分化也日益发达。现代政府各个行政部门职责明确，相互之间按照专业化分工的原则进行配合。现代社会行政领导权力的功能分化是社会部门和职业分工复杂化的结果。随着大工业时代的发展，随着信息时代的出现和知识经济时代的到来，现代社会的行政领导权力不再是过去那种简单和片面的了，而是成为一种大规模、社会化的全面复合体，涉及社会生活和公共事物的各个领域。

最后，现代社会的行政领导权力是一种法理型的权力。行政客体的服从是以行政主体所拥有的合理合法权威为基础的。与传统社会时期的行政领导权力相比，现代社会的行政领导权力明显地表现为职位权力大于个人权力，法律的权威高于人格的权威。现代国家治理的重要特征是依法治国，行政官员的职权、责任和权利义务等，都经由法律明文规定。可见，现代社会的行政领导权力不再是任意性权力，而是规则性权力。

3．社会转型期的行政领导权力

传统社会时期的行政领导权力与现代社会的行政领导权力是一种典型意义上的划分，而现实社会的发展往往是非常复杂的。事实上，即便是在现代化的工业社会，传统社会时期的行政领导权力的痕迹也不是荡然无存了。在相当长的时期内，它还要以原有的或改变了的面貌继续存在。之所以如此，主要的原因在于行政领导权力的发展是一个长期的循序渐进的过程。

行政领导权力是随着社会政治、经济制度和政治、经济发展水平的不断变化而向前发展的。在行政领导权力发展过程中，它既有不同于政治经济制度的自身演变规律，同时又受到社会制度与经济发展水平的制约。在由农业社会向工业社会过渡的国家里，行政领导权力的发展状况就更为复杂。此时，传统社会时期的行政领导权力的特征依然部分地存在，而现代社会的行政领导权力的特征也已大量出现，但却尚未完全具备。于是，在转型期社会，行政领导权力的现代性特征与传统性特征就盘根错节地交织在一起。这种转变中社会的行政领导权力可称为转型期的行政领导权力。

把握转型期行政领导权力的特征及其发展趋势，对理解发展中国家的行政现代化是很有必要的。中国属于发展中国家，中国的行政领导权力状况也异常复杂。一方面，行政领导权力本身的现代化还不够完善，它往往受到各种传统特征的影响，以致在很多情况下不能很好地发挥作用。另一方面，由于受到现代化浪潮的冲击，类似于行政国家的现象在中国也开始出现，行政领导权力在实际运行过程中时常错位，导致贪污腐败等现象时有发生，这不得不引起我们的警惕与思索。

由以上的分析可以看出，中国行政领导权力的发展正走在一条崎岖不平的道路上，而要使其逐步地现代化、法制化与规范化，至少需要做到以下几点：第一，适应市场经济的发展，建立完善的制度化机制；第二，适应社会分化趋势，建立相应的自主性机制；第三，适应经济现代化趋势，建立有效的能力机制；第四，适应民主政治要求，增强正当性合法性机制；第五，适应法制化治理需要，建立完备的制约机制；第六，适应可持续发展目标，建立适应性的价值体系。①

第二节　行政领导权力的基本原理

一、行政领导权力的含义与本质属性

（一）行政领导权力的含义

要明确界定行政领导权力的含义，我们首先需要了解究竟何为权力？

“权力”是个十分复杂的概念，对权力的界定可谓是各持己见，莫衷一是，综合各界学者对权力的定义，大致可以归纳为以下四种：

1. 力量说。《社会学词典》认为：“权力”是一种强制性的社会力量，支配权力的主体利用这一力量驾驭客体，并迫使客体服从自己。法国著名管理学家法

① 参见张国庆主编：《当代中国行政管理体制改革论》，吉林大学出版社 1994 年版，第 186—192 页。

约尔也认为,权力是下达命令的权利和强使别人服从的力量。

2. 能力说。美国的塞尔多·韦克尔认为:“所谓权力是一种影响他人行为的能力。”托马斯·戴伊认为,权力不过是担任某种职务的人在作决定时所具有的能力或潜力,而这种决定却能影响这个社会制度中的其他一些人。马克斯·韦伯也认为:“权力是把一个人的意志强加在其他人的行为之上的能力”。《中国思想政治工作全书》也认为,权力是迫使他人或团体行为的能力。

3. 控制说。克特·W. 巴马认为,权力是在个人或团体的双方或多方之间发生权益冲突或价值冲突的形势下执行强制性的控制。汉斯·摩根索的权力定义也是“人对其他人的思想和行动的控制”。

4. 关系说。这种学说将权力定义为领导过程中的关系,认为这种关系是领导权力的轴心。如《不列颠百科全书》认为,权力是“一个人或许多人的行为使另一个人或其他许多人的行为发生改变的一种关系。”

5. 零和说。这一学说来源于博弈论。它从相排斥的意义上给权力下定义,认为权力是一个人或集团所拥有的支配他人或集团的力量。掌握权力的人或集团可以在损害、牺牲他人或集团利益的基础上,而获得自己的利益,实现自己的目标。

上述定义可谓仁者见仁、智者见智。综上所述,我们认为领导权力就是领导者为实现组织目标,在实施领导的过程之中,对下属施行的强制性影响力和制约力,它包括领导权力主体,领导权力客体和二者相互作用的中介如手段、方式和结构等三个要素。

行政领导权力作为权力的一种,它除了具备以上权力含义所包含的内容外,还有其自身独特的含义与内容。具体地说,行政领导权力就是国家行政机关依靠特定的强制手段,为有效执行国家意志而依据宪法原则对全社会进行领导与管理的一种综合性能力。这一定义大致包含以下几方面的主要内容:

第一,行政领导权力的主体必须是国家行政机关及其工作人员。至于其他国家机关或各种社会公共组织,它们为开展其业务活动,也具有负责领导与管理工作的机构。在这里,我们将这类机构及其工作人员称为“准行政领导主体”,他们所拥有的管理权力虽然与行政领导权力有诸多相似之处,但不具备行政领导权力的全部功能与特征。

第二, 行政领导权力的根本目标,是要通过贯彻执行国家法律、法令和各类政策来有效地实现国家意志。国家意志集中体现国家利益,而无论其实质上为何物,在表现形式上,它都是以公共利益的面目出现。作为公共利益,它就不简单等于某种社会集团或党派利益,也绝不是各种社会利益的简单相加,而是由各种势力集团或利益集团为追求各自利益而互相斗争与妥协的结果。在各种集团力量的对比中,强势集团总是占据优势地位,因此,国家意志主要代表的是社会强势集团或阶级的利益。

第三,行政领导权力的作用方式,主要是强制性地推行政令。行政领导权力要有效地执行国家意志,其所推行的法律、法令和各类政策等都应当是行政领导客体所能够顺利接受的。为此,行政领导权力就不仅需要合法性的基础,同时也离不开必要的强制性手段。当然,我们不排除行政领导权力作用方式中的非强制性手段。但不可否认,强制力作为行政领导与管理的一种基本依靠力量,它是自始至终且经常存在的。

第四,行政领导权力的客体包括所有的居民以及由居民所组成的不同社会组织和社会集团,囊括领土范围内的整个社会。作为国家权力的重要组成部分,行政领导权力不像政府之外其他组织中的权力那样只局限于一定的范围,这就决定了行政领导权力客体的普遍性。行政领导权力的限度只是在于,它在规范和调控社会公共事务的同时,一般不涉足具体社会组织的内部事务和社会成员的私人事务。亦即其所进行的规范和调控具有宏观和间接的性质。

从以上的分析可以看出,虽然各个地域与领域中行政领导权力的表现形式有所不同,但其实质性因素都是相同的,并有着共同的活动规律。这些规律是随着社会历史的发展进程逐渐被人们所认识的。

(二)行政领导权力的本质

首先,行政领导权力在本质上是一种社会关系,在社会关系之外是没有权力的。罗素曾经在两个人的关系比较中论述过权力,伯恩斯则明确地说"权力是人与人之间的一种关系"。当然,不同的社会形态,社会关系的本质是不同的。同一种社会形态中,社会关系的具体内容也是千差万别的。社会关系决定了行政领导权力的内容,使行政领导权力主体不能为所欲为,即使他有一定程度的自由决定权,也总是有限的。例如,在实行人民民主专政的社会主义中国,我们的行政领导在本质上是人民的公仆,为人民服务,其权力具有鲜明的人民性。

其次,行政领导权力在本质上是一种阶级关系。在阶级社会中,权力都带有一定的阶级性,反映着一定的阶级关系。简言之,权力所反应的阶级关系主要有以下两种:其中一种是阶级对立关系,即统治阶级与被统治阶级之间的关系是对抗性的,而且有时会十分尖锐;另一种是阶级合作关系,即在本阶级内部,从总体上说是团结的,一致对外的。行政领导权力作为国家权力的一种,其在本质上是代表统治阶级利益的。

最后,行政领导权力在本质上是一种利益关系。利益是驱使权力主体获得权力的动机,也是权力主体在行使权力过程中所要达到的目标。权力关系的形成是以共同的利益作为基础的,只有对权力关系范围内所有的成员都有利,权力关系才能成立。一方面,权力关系的形成必须对权力行使者有利,否则,就很难有人去行使权力了。另一方面,权力关系的形成必须对权力支配对象有利,否则谁都不会服从权力的指挥。尽管权力有强制性,但这种强制也必须建立在对服从者利益的最低满足基础之上,否则,强制也是无效的。此外,权力关系的形成必须对社会发展有利,否则社会就不会接受这种权力关系。行政领导权力作为国家权力的一种,其代表的是公共利益,同时,由于行政领导权力在本质上是一种利益关系,其行使主体具有自身的利益追求,只有平衡自身利益与公共利益两者之间的关系,才能保证行政领导权力的公正性、廉洁性与高效性。

二、行政领导权力的特征

行政领导权力作为权力的一种,首先具备权力的普遍特征,这主要表现为:

无形性。权力作为一种带有很强抽象性的社会现象,让人难以想象,难以认识。法律现象有法律规范为依托,道德现象有伦理规范为依据,经济现象有经济规律、经济模式等。然而,权力却是无规则、无规律的,是变幻莫测的。古今中外,在认识权力现象的各种努力中,还没有任何一种学说得到普遍的接受和承认。权力存在方式上的无形性增加了权力的神秘感。

依附性。权力必须依附于一定的载体才能存在,权力载体的承担者很多,通常有人、机构、团体、阶级、政党、企业、事业、金钱、地位、知识、能力、家世、血缘、职称、年龄等。因此,要认识某种权力,就必须首先认识该权力的载体。权力的载体不同,权力的性质、作用、职能便都不相同。权力的载体发生变化,权力也随之而变化。

可塑性。权力的可塑性是指权力是由人创造的,权力系统、权力结构是由人安排的。在权力面前,人可以充分发挥主观能动性。无论权力的强制性有多大,从根本上说,它都要以人的意志为转移。但这种转移与塑造是与对权力的本质与发展规律的正确认识为前提的,然而由于权力本身的无形性以及人类认识能力的有限性,决定对权力的科学性探索将是一条漫长而艰苦的路。

对象性。各种权力都有其特定的职责范围和行使界限,一旦超越这个范围和界限,权力就会失效或异化。在特定的范围和界限之内,权力可以充分发挥作用,否则就会失去其应有的效力。权力职责范围和行使界限的明确界定和合理划分,是有效地行使权力的必要条件和基本保证。

强制性。强制性是权力的天然属性,可以说,没有强制便没有权力。权力作为一种支配力量,就是使他人的意志服从自己的意志,并且这种服从是强制性的,不必征得服从者的同意。

目的性。权力的行使总是与一定的目的相联系的,运用权力进行统治和管理,其目的不在行为本身,而在于实现和维护特定的利益。这一特性也包含了权力的手段性特征,即权力是实现目的的手段,而不是目的本身。

行政领导权力除具备以上所列的权力的普遍特征外,更具有自身独特而鲜

明的特征,这主要表现为:

公共性。行政领导权力作为国家权力的一种,其在本质上属于公共权力。它的运作集中体现为公共管理和公共服务等活动,这些活动的本质属于一种集体活动。而集体性活动的目的在于提供公共物品,满足并维护公共利益。在这里,公共利益是指公众利益制度化的表现,而作为公共权力之一的行政领导权力则是实现公共利益的手段。因此,行政领导权力在运作过程中与运作目的上,不可避免地体现出公共性特征。

职位性。行政领导职位是依法律规定,按一定的程序由个人获取的。在我国,个人获得行政领导职位的途径主要是被选举、被任命或被聘任。只有占据行政领导职位的人才拥有相应的权力,同时,其权力的大小与职位的高低相关,行政领导一旦被罢免或以其他方式离职,其权力则随之被收回。由于行政领导职位是依法获取的,所以行政领导权力的职位性特征也可称之为法定性特征。

受托性。在社会主义国家中,一切权力属于人民。行政领导权力是人民赋予的,行政领导者不是行政领导权力的所有人,而是行政领导权力的执行人,是受人民的委托来掌管并使用权力的。行政领导权力的受托性特征,决定了行政领导者行使权力的过程是一个为人民服务、为人民谋利益的过程,而不是为自我牟取私利的机会。相反,行政领导者自身利益的获取与满足,是以其公正、负责并高效地行使手中的权力从而使人民的利益最大化为前提的。

自主性。行政领导权力的自主性即行政领导权力的相对独立性,这主要表现在两个方面:一方面是相对于社会权力的自主性。马克思认为由于私人利益与公共利益之间的矛盾,公共利益才以国家的姿态而采取一种和实际利益(不论是单个的还是共同的)脱离的独立形式。这也就是说,行政领导权力所代表的利益,是独立于社会上各种单个的或集体的形式存在的特殊利益之外的。另一方面是相对于政治权力的自主性,主要指行政领导权力在执行领导和管理国家事务与公共事务的过程中,必须保持社会公平,而不能偏向于某个强势集团。

一元性。行政领导权力的一元性主要表现在三个方面:一是在一个国家内,拥有和行使行政领导权力的组织系统只能是一个,如果出现其他主体的干扰,行政领导权力的强度、轨道和效能都将受到影响,以致最终影响行政组织系统目标的实现。二是在一个国家的行政系统内部,只能存在一个权力中心。"政出多门"必然带来行政客体的无所适从。三是行政领导权力的弗逆性,即运行的单向性。行政领导权力作为国家权力的输出端,其运行是从较高势能点出发的自上而下的线性运动过程,其方向是不可逆转的。

时效性。与立法权力重在公正表达公共利益,司法权力重在明确界定公共利益相比,行政领导权力则重在有效地执行国家意志,以迅速实现公共利益。所以时间就成为行政领导权力结构中重要的坐标,效率也成为行政领导权力所追求的直接目的,时效性因而成为行政领导权力的明显特征之一。但是,注重时效并不意味着单纯追求速度,而应同时注重公平与质量。在现代社会,公平与效率的矛盾通过权力分工找到了解决的途径,立法权力是达成社会公平的必要手段,而行政领导权力则是实现效率的有效途径,二者不可偏废。

膨胀性。行政领导权力的自我膨胀性根源于行政领导权力自身结构与性质以及行政领导客体的状况。行政领导权力的运动呈现自上而下的放射性,其范围便会层层扩大;同时又由于自主性的逻辑,各级权力的行使者又常常产生扩大权力的本能冲动,行政领导权力所有者的无限欲望导致行政领导权力具有无限延伸的倾向;此外,随着社会的发展,行政领导权力作用的对象也必然日益增加,行政领导权力也就随之扩大。如此三种因素相互作用,行政领导权力的膨胀也就成为不可避免的事情。行政领导权力的膨胀性表现为两种情况:一种是行政领导权力的自然增长,属于由行政领导权力本身性质与其周围客观环境所引发与决定的正常现象;一种是行政领导权力的恶性膨胀,属于由行政领导者不当使用权力所造成的异常现象。行政领导权力的恶性膨胀,必然会超出其应有的范围和界限,进而侵犯其他权力,甚至危及公民权利,即表现出一定的侵犯性。

腐蚀性。行政领导权力具有内在的矛盾性,一方面,它同整个社会的公共利益相联系;另一方面,它毕竟是由社会中的少数人所直接掌握,因而同掌权者的个人利益与其所在的集团利益相联系,又由于权力会给掌权者带来普通人所难以享有的地位、荣誉和财富,因而对掌权者具有本能的自发的腐蚀作用。

三、行政领导权力的结构

行政领导权力的结构是指行政领导权力的各种构成要素依附于一定的组织机构并进行有序性的活动过程所构成的静态结构与动态结构的总称。

(一)行政领导权力的静态结构

行政领导权力的静态结构主要包括以下几种构成要素:

1. 行政领导权力主体

行政领导权力主体是指国家行政机关的各级行政领导者,是在确定行政领导目标、履行行政领导职能、取得行政领导绩效过程中起主导作用的人或集团。其特点主要有以下几方面:

首先,在其位。行政领导权力主体必须身处一定的职位并担任一定的职务。行政领导权力主体的职位在不同的社会里具有不同的性质,同时又因行政领导层次和活动领域不同,具有不同的行政领导级别和业务性质。在社会主义社会里,行政领导职位是为人民服务的岗位,各级行政领导者都是人民的勤务员,所做的一切都是为人民服务的。

其次,负其责。行政领导权力主体负有领导责任,这是任何社会所共有的,只不过因为社会性质不同,其本质各不相同罢了。原始社会的行政领导者是对公众负责,剥削阶级社会的行政领导者是对剥削阶级及其政治代表负责,社会主义社会的行政领导者是对国家和人民负责。

最后,用其权。行政领导者在实施领导职责时,事实上主要运用两种权力:其中一种是职位权力,即由行政组织所授予的,为履行行政领导职能的需要而具有的影响和改变他人心理和行为的强制性与法定性力量。另一种是统御权力,这是区别于行政领导职位权力的另一种权力表现形式,是指行政领导者以其自身素质对他人的心理与行为施展影响的能力。行政领导者只有综合运用这两种权力才能最终实施有效领导。

2. 行政领导权力客体

行政领导权力客体是指行政领导权力作用的对象,即指行政领导活动中的被领导者。从广义上说,如前所述,行政领导权力的客体包括所有的居民以及由居民所组成的不同社会组织和社会集团,囊括领土范围内的整个社会。从狭义上说,行政领导权力的客体则专指行政组织系统内部的被领导者。总体上说,被领导者既接受行政领导者的领导,又参与行政领导的活动,监督行政领导者的工作,这就要求他们做到以下几点:

首先,服从领导。行政领导活动的客观规律决定了被领导者必须服从领导,否则就会破坏行政组织的有序结构与相应的规章制度,进而影响行政组织功能与目标的实现。当然,被领导者作为有理性与思想的个体,其服从不可能是盲目的,其前提是行政领导者制订的方针政策必须符合人民的利益,其发布的指示与命令必须合法,只有这样,被领导者才能自觉自愿地服从领导。因为,在此前提下,服从领导就等于服从真理,服从科学。

其次,支持领导。毋庸置疑,行政领导者在行政领导活动中占据主导地位,即使如此,被领导者也不是完全被动、消极的因素,而是有助于行政组织目标顺利实现的积极主动力量。被领导者对本组织的关心程度,对完成本职工作的自觉性、主动性与创造性,被领导者的自身素质与能力等,都直接关系到行政领导活动的绩效与成败。如果得不到被领导者的支持,行政领导活动可以说是寸步难行。

最后,监督领导。被领导者对行政领导者实施监督是社会主义民主的具体体现,是使行政领导者保持公仆本色的有力措施。这种监督主要体现在两个方面:一方面是监督行政领导者是否按照党和国家的方针、政策履行其职责;另一方面是对行政领导者的政绩与领导能力给予正当而公平的评价。被领导者只有着眼于组织目标的顺利实现,从而对行政领导者进行公正而严密地监督,才能防止他们独断专行、以权谋私、脱离人民群众,甚至最终危害国家和人民的利益。

3. 行政领导权力载体

行政领导权力的载体是指行政领导权力与其主客体结合以后所形成的一种网络架构,它表现为行政领导权力关系及其制度安排的总格局,是行政领导活动赖以展开的组织依托与基本框架。这种组织结构大致在纵向与横向两个方向上展开,同时这两个方向又相互交织,彼此渗透。

首先,行政领导权力载体在纵向上表现为金字塔式的层级结构,体现出行政领导权力主体在垂直方向上的差异。马克斯·韦伯将这种结构称做科层制或官僚制,并对此进行了经典论述。具体地讲,这种结构具有强制性的法规,明确的分工与责任,稳固而有秩序的上下级制度和层级制原则。

其次,行政领导权力载体在横向上表现为平行式的部门结构。行政领导权力除去垂直方向上的差异外,同时存在水平方向上的差异。这种差异主要来自于行政领导活动所需要的专业化分工,表现为管辖范围、功能、资源、信息与技术等方面的差异。

(二) 行政领导权力的动态结构

行政领导权力的动态结构是由行政领导权力作用的方向、方式、轨道、层次、时间和结果等要素结合在一起所构成的权力运行模式,这种运行模式赋予行政领导权力的静态结构生动的实际内容。这主要表现为:

1. 行政领导权力是一种矢量,其作用方向和轨道具有明显的指向。在行政领导权力运行过程中,它的作用呈现出自上而下的方向,其轨道呈伞状放射。因此,行政领导权力的势能很高,作用范围很广。

2. 行政领导权力的运行呈现明显的层次性,其中间过程存在许多中介。行政领导权力的层次性使得行政领导的主体与客体之间不能简单地发生直接作用,而是要经过若干中介的传递过程,因此,其“衰减”和“折射”就不可避免。要想合理地配置行政领导权力,就必须考虑到影响行政领导权力层次性的各种因素,主要包括:行政领导权力主体能量的大小,传递中介的作用状况,行政领导权力客体反作用力的大小,以及环境与技术等方面。

3. 时间在行政领导权力的动态结构中是一个必不可少的因素。其重要性主要表现为两个方面:一方面是行政领导者掌握权力的时间,由于人本身所具有的欲望的无限性,以及权力本身所具有的巨大的诱惑性,一般情况下,任何掌权者都不愿自动放弃对权力的占有。然而又由于当今社会的民主化潮流,使得打破行政领导任期的终身制成为必然,行政领导权力主体时间上的限任制,已成为世界潮流。然而究竟如何科学地限制行政领导权力时间,却至今没有形成定论。一般认为,行政领导权力主体时间上的限任制应分清高、中、低三个层次,并分别以两届为宜,同时要建立畅通的晋升与退出渠道。另一方面是行政领导者行使权力完成任务的时间。行政领导权力的运行必须在有效时间内发挥应有的作用,否则将失去其活动的作用。因此,行政领导效率问题便具有重要的意义,而行政领导效率与前面所论及的行政领导权力的方向性与层次性都有直接而密切的关系,亨利·法约尔提出的"跳板原则"可以认为是解决这一问题的方案。

行政领导权力的动态结构中还应该包括行政领导权力运行的结果,这主要包括两个方面的情况;一方面是行政领导权力客体服从于主体的状况,也就是说社会成员以及其所赖以生存的组织对于政府的服从情况。另一方面是行政领导运用权力达成组织目标的情况。结果如何反映行政领导权力强度的大小以及其运行状况,也是检验行政领导权力的目的与公众需求之间吻合性的重要标准。

四、行政领导权力的作用

从行政领导权力在国家政治生活和社会管理中的作用来看,它主要有以下几个方面:

(一) 巩固政治统治

这种作用主要表现在两个方面:一是政府始终是统治阶级实行政治统治的工具,因此,政府的任何行政领导权力都是为维护统治阶级的根本利益服务的。二是政府的任何行政领导权力都是从统治阶级或全体人民的"政治意志"转换而来的。对于剥削阶级的政府来说,行政领导权力源于它的职能,而这种职能是由统治阶级赋予和委托的,目的是为了让政府有权力完成统治阶级交给它的统治和管理任务。对于社会主义的国家来说,由于统治阶级的意志代表着社会各阶级、各阶层人民的根本利益,因此,其行政领导权力自然源于全体人民的"政治委托",作用于社会主义国家的政治统治。

(二) 调节政府职能的平衡

政府不仅是阶级统治的产物,在某种意义上讲也是一种社会职能分工的体现。马克思曾经说过:国家的活动既包括执行由一切社会的性质产生的各种公共事务,又包括由政府同人民大众相对立而产生的各种特殊职能。因此,政府的行政领导权力除了具有政治统治的作用外,还具有管理社会、服务社会和平衡社会职能的作用。即使是剥削阶级国家的政府,也要经常地通过制订和采取一系列服务于大众的政策、措施,从而来发挥行政权力的作用。作为社会性层面的政府行为目标与作为政治性层面的政府行为目标尽管紧密相连,但毕竟具有各自相对的独立性,这是任何社会形态下各类政府得以存在和发展的必要条件。当行政领导权力失去其实现社会职能的作用时,政府的其他职能之间也就失去了结构性平衡。如作为政府服务社会权力作用下降的连带反映,政府管理社会和平衡社会的权力作用也会随之下降。当这种下降达到一定程度,政府巩固政治统治的权力作用也就部分或全部丧失。可见,调节政府职能平衡,始终是政府行政权力其他作用赖以存在的基础。

(三) 优化行政领导权力本身结构

也就是政府运用行政领导权力对其自身的权力结构进行优先配置。这是因为政府行政权力是由各个分支权力构成的整体系统,要发挥其整体的权力作用,就必须对行政和各种单项权力不断地进行优先配置,以保证社会结构之中的不同单位有彼此沟通和相互支持。而优先配置的关键是实现政府行政权力的层次性,即政府行政权力各分支之间进行质量和数量上的区分。如要区分政府政治统治权力作用与其管理社会、服务社会和平衡社会权力作用的性质。前者的阶级性较为鲜明,而后者的社会性较为突出。从政府作为统治阶级维护其统治的工具这一根本属性而言,巩固政治统治的作用在整个政府行政权力的作用中处于中心位置。政府的政治统治权力作用的大小从本质上支配着其管理社会、服务社会和平衡社会权力作用的大小。另外,我们还应看到,政府以上这些行政权力的作用,其地位在不同的历史时期也是不同的。如在社会危机或革命时期,需要政府强化和发挥行政权力的政治统治作用,而在和平或建设时期,政府管理社会、服务社会和平衡社会的作用就特别需要,因为它直接影响到政府政治权力的发挥。因此,这时政府管理社会或服务社会或平衡社会的行政权力的作用就有可能取代政治统治的作用,处于整个政府行政权力作用的中心位置。总之,要实现权力的优先配置,离不开政府行政权力本身的作用。

(四) 解决治理社会问题和推动社会的发展

政府解决和治理社会问题,是基于它管理社会的职能,而这一职能的实现,是通过行政权力的行使来保证的,它为稳定社会的需要所决定。这是因为在一个动态的社会中,政府面临着不断出现的且带有不可避免性的种种社会问题。不管这些问题的大小以及性质如何,都将对社会的稳定带来不同程度的影响。而解决和治理这些问题,从根本上来讲,政府只有依靠行政权力的作用,才能达到这一目的。这已为我国社会的实际所证明。

政府行政权力在稳定社会中的作用,不仅表现在解决和治理社会问题上,而且还表现为在变动不居的社会状况中维持社会结构的相对稳定不变和有序变化上。这是因为一个社会的绝对稳定不变是不可能的,就是在变动缓慢的传统社会中,政府行政权力也在一个较长的时期内一直起着维持社会相对稳定的作用。但在高速发展的现代社会中,政府行政权力在稳定社会中的作用,则主要表现在如何保持社会结构和社会生活的有序变化上。这是传统社会与现代社会政府的行政权力在稳定社会中作用的不同所在。与此同时,政府行政权力还具有推动和促进社会进步的作用,这是相对于稳定社会的作用而言的。它主要指政府利用所能利用的权力资源,通过积极的行政,来推动和促进社会的进步。事实证明,一个只具有稳定社会而缺少促进社会进步作用的政府是残缺的政府。在当代社会中,社会发展的各个方面,包括经济发展、政治发展、文化发展、人的素质发展,在上述每一方面的发展过程中,政府行政权力始终起着重要的作用。这就是它可以通过组织对社会的研究和规划、社会资源的开发和利用、社会生活的(物质的、精神的)提升和推进、社会环境的改善和优化等大量的社会活动,来推动社会向前发展。政府行政权力的这种作用,已越来越引起各国的重视。正是政府行政权力在国家政治生活和管理社会中的上述作用,所以,它历来为人们所关注、所重视。传统时期的行政学者,被推为"行政天才""华盛顿政府机器直接操纵者"的汉密尔顿认为,决定行政管理是否完善的首要因素就是行政部门的强而有力,而强而有力所需要的因素是"第一,统一;第二,稳定;第三,充分的法律支持;第四,足够的权力"。所谓"足够的权力",其实就是一种行政所需要的权力,即行政权力。这种提法虽未构成理性化的行政权力的完整体系,但对行政权力在行政管理中的地位和作用,率先提出了有价值的见解。被称为美国行政学研究的开山之作的威尔逊的《行政研究》中提出:"应当有一门行政科学,它将为政府工作铺平道路,使它的事务像事务,加强和精干政府组织并赋予以责任。"虽然威尔逊在此并没有直接提出行政权力的问题,但在这里同样蕴含着这个因素,因为政府组织的责任,也就是一种行政责任,它是相对于行政权力的,行政责任与行政权力密不可分,即行政责任的承担,总是以某种行政权力的行使为前提的,这历来是行政管理中的一条基本原则。可见,行政学诞生之际,注意对政府组织行政责任与行政权力的研究,已放到重要的位置。行为科学时期,著名的学者马歇尔·狄莫克,在他的《行政学》中提出,行政学研究应包括"政府如何进行组织,如何用人、用钱,行政人员如何合作与协调,如何使行政人员负责和相互督促"等。在这里,从表面上来看,他所提出的问题,似乎只涉及行政管理的方法,其实不然。因为大量的经验事实告诉我们,任何一种方法的采用,都意味着某种权力的作用。行政主体采用何种行政方法,也同样涉及一个行政权力的使用问题。即行政的组织权、用人权、用财权和对行政人员的督促权。用好了这些具体的行政权力,一个政府的行政管理就能取得成功。否则,就会因此导致政府内部管理的混乱无序而影响行政效能的发挥。历史的事实一再证明,大凡一个国家对政府行政权力的地位和作用有充分认识,并在行政实践中能给予高度重视的,一个国家的行政管理就能充满活力,政权也就巩固,社会也就稳定,人民也就幸福。否则,就会出现政权动摇、国弱民困,就会出现社会动乱,直到走向政权的瓦解。这正是人们为什么要如此重视对政府行政权研究的原因所在。

第三节　行政领导权力的行使

行政领导权力的行使即行政领导权力主体立足于有序的组织结构,遵循特定的原则与规章制度,采取有效的方法手段对行政领导权力客体施加控制与影响从而使行政领导权力客体按照行政领导权力主体意愿采取行动,进而共同达成组织目标的过程。这一过程主要包括计划、组织、用人、指挥、执行、控制、监督与反馈等一系列具体环节。

一、行政领导权力的合理划分与配置

行政领导权力的行使是以行政领导权力的合理划分与配置为前提的,因为行政领导权力的行使必须首先立足于有序的组织机构,即所谓的在其职,谋其政。在这里,我们拟对行政领导权力的合理划分与配置这一问题进行系统性分析。

(一)从与社会大系统诸要素的互动中探索行政领导权力的合理划分与配置

社会大系统是一个庞大的系统体系,它既包括一个国家内部的经济、政治、文化、社会等各个领域,同时也包括国际环境中的各种因素。行政系统作为社会大系统的一个子系统,其内部权力的合理划分与配置必然与社会大系统及其他子系统紧密相连,息息相关。

1. 行政领导权力的合理划分与配置必须服从于国家的政治制度

国家政治制度即国家政治体制,通常是指取得政权的统治阶级采取何种形式组织政权。它包括国家的管理形式、结构形式、选举制度、人民行使政治权利的制度等。

首先,行政领导权力的合理划分与配置必须置身于一定的政体下进行,我国的政体是议行合一的人民代表大会制。我国宪法规定:“中华人民共和国的一切权力属于人民”,“人民行使国家权力的机关是全国人民代表大会和地方各级人民代表大会”。这一政治体制决定了人民代表大会对行政领导权力的合理划分与配置有着直接的影响。我国行政领导权力的产生、扩大、削弱和消失都是由国家权力机关授予和决定的,并且其运用也始终置身于国家权力机关的监督之下。从一定意义上说,人民代表大会制度的完善程度决定了行政领导权力划分与配置的合理程度。

其次,行政领导权力的合理划分与配置必须与我国实行的中国共产党领导下的多党合作的政治制度相一致。中国共产党作为执政党,是领导我国社会主义现代化建设的核心力量,在行政领导权力的合理划分与配置上,我们必须以有利于维护和加强中国共产党的领导为前提。在此前提下,我国行政领导权力的合理划分与配置也应以有利于参政党行使其咨询权、决策权和监督权为基本出发点之一。

最后,行政领导权力的划分与配置必须与司法机关权力的配置与运用相配套。在我国国家政治生活中,行政领导权与司法权分别承担着不同的功能,表现出不同的权力特征和运行规律。行政领导权以提高效率为宗旨,司法权以维护社会公正为目的。两种权力既相互独立又相互制约,行政领导权必须接受司法权的监督与制约。

2. 行政领导权力的合理划分与配置必须有利于公民权利的充分享有

我国作为实行人民代表大会制度的社会主义国家,行政领导权力作为一种公共权力,必须遵从人民群众的意愿,为实现社会上绝大多数人民的利益而运行,要利用手中的权力全心全意为人民服务。行政领导权力与公民权利是相互联系、相互促进和相互制衡的。所以,合理划分与配置行政领导权力,从而创造一个独立、民主、宽松、自主的气氛是保障公民权利充分实现的重要条件,也是社会发展现代化的必然要求。

3. 行政领导权力的合理划分与配置必须与社会经济结构相适应

马克思主义认为,物质生活的生产方式制约着整个社会生活、政治生活和精神生活的过程,社会的经济结构是国家权力结构的深层根源,行政领导权力的合理划分与配置必须与社会经济结构相适应。从历史的发展我们可以看出,各个时期的权力体制与结构无一不是与当时的经济结构相适应,否则便会带来变革甚至革命。而我国要彻底解决行政领导权力的合理划分与配置问题,就必须依靠社会生产力的快速发展。

4. 行政领导权力的合理划分与配置必须考虑民族传统文化的因素

民族传统文化主要是指一个国家或民族共同体,在长期的历史发展过程中形成的共同的政治观念、价值观念与心理倾向等。对行政领导权力的划分与配置起着长久的、潜在的、无形的与不可估量的影响。由于我国经历了两千多年的封建社会,封建传统文化对我国人民的影响是根深蒂固的,这也是高度中央集权在我国占主导地位的思想根源之一。所以,要根本改变高度中央集权的领导体制,实现行政领导权力的合理划分与配置,重要措施之一就是在全党与全国人民中广泛建立起与社会主义市场经济体制相适应的新思想、新观念。

(二) 从行政系统内部各要素的联系中寻求行政领导权力的合理划分与配置

在行政系统内部,所有的行政领导与管理活动,都是围绕着行政领导权力的合理划分与配置以及运用展开的。而行政领导权力的合理划分与配置又与行政系统内部的行政职能、行政组织与行政人员等要素密切相关。

1. 行政职能的配置是行政领导权力的合理划分与配置的基础

所谓行政职能就是行政组织依法管理国家事务和社会事务过程中所具有的职责与功能。行政职能与行政领导权力是紧密联系在一起的。其中,行政职能所要解决的是政府要管什么以及履行何种功能;行政领导权力则是根据各级政府及其各部门的职能,来合理划分和配置其职责权限范围,并通过权力的运用去保障行政职能的实现。总体来说,行政职能的强化必然带来行政领导权力的集中,以加强保障行政职能发挥的力度;反之,行政职能的弱化必然带来行政领导权力的分散即下放,以实现还权于基层与社会。因此,如果离开了行政职能,而去孤立地研究行政领导权力的合理划分与配置是不明智的与不科学的。

2. 行政组织是行政领导权力的合理划分与配置的载体

行政组织是指国家为推行政务,实现政府领导与管理职能而依法建立的领导与管理国家行政事务的组织实体。行政领导权力是行政组织建立的依据,行政组织是行政领导权力的合理划分与配置的载体。与行政领导权力在行政系统内部的纵向与横向划分相适应,行政组织也划分为纵向结构与横向结构,呈现出由垂直层级与平行部门相交叉而形成的网络状组织结构。行政组织作为行政领导权力的合理划分与配置的载体,不可避免地要对行政领导权力产生积极或消极的作用,行政组织设置的合理程度,影响着行政领导权力划分与配置的科学程度。

3. 行政人员是行政领导权力行使的主体

行政组织是由行政人员组成的,没有行政人员,行政组织与行政领导权力便全部失去了存在的意义。所谓行政人员,是指在国家各级机关中任职,依法行使国家行政权力,执行国家公务的人员,由行政领导者和一般工作人员所组成。行政领导权力的行使与行政人员的素质是密切相关的。行政领导权力的划分与配置必须与行政人员的素质水平相适应。

从以上的分析可以看出,行政领导权力的划分与配置必须与社会大系统相适应,并充分考虑行政领导系统内部的各种要素,从而把各种要素相互融合与协调,才能达到行政领导权力划分与配置的科学化与合理化。

二、行政领导权力行使的原则

行政领导权力的行使要达到自身的目的,就必须遵循一定的原则,这主要表现为:

(一)正当性原则

所谓行政领导权力行使的正当性原则是指行政领导者在特定的职权范围内尽到自己的职责,而无须顾及来自职权之外的其他因素的干扰。这主要包括两方面的内容;一是在职责范围内充分行使权力。行政领导者如不能充分行使职责范围内的权力,就是软弱失职行为;如超越职权行使权力,则是越权行为。二是必须用权为公,全心全意为人民服务,这是社会主义的领导区别于其他社会领导的本质特征。总之,恪尽职守,竭诚服务是行政领导权力行使的正当性原则的基本内涵。而行政领导者要在行使权力的实践中体现正当性原则,就要做到认清职责,坚持真理,正确处理上下级与同级以及周围环境的关系。

（二）可行性原则

所谓行政领导权力行使的可行性原则，是指行政领导者行使权力要充分注意组织内外的主客观条件，在现实基础上，在组织原则和社会道德规范内行使权力。行政领导权力行使的可行性原则包括三方面内容：一是行政领导者行使权力的目的与方向是否可行；二是群体成员对行政领导者行使权力的目的与方向是否认同并接受；三是是否具有实现行政领导者行使权力的目的与方向的条件与可能性。而要加强行政领导权力行使的可行性，就要首先加强对行政领导权力行使的可行性的预测性分析；其次要处理好行使权力过程中的各种关系，包括行使权力的目的与群体成员利益的共同性程度，成员素质与工作难易程度的关系等；最后要搞好追踪决策。

（三）民主性原则

所谓行政领导权力行使的民主性原则，是指行政领导者在行使权力的过程中，要充分发挥人民当家做主的权利，实行决策民主化和领导班子中的集体领导原则。行政领导权力行使的民主性原则主要有两点要求：一是在行使权力过程中，应把下属或员工视为同志和朋友，给予平等对待，互相学习和帮助；二是要充分相信群众，尊重群众的首创精神，善于发现群众中蕴藏的智慧，引导群众积极行动，为实现组织目标而努力。而要坚持行政领导权力行使的民主性原则，就需做到首先要树立全心全意为人民服务的思想，克服等级观念，抵制个人主义，反对阿谀奉承；其次要平易近人，和蔼可亲；最后要广开言路，依靠群众。

（四）效益性原则

所谓行政领导权力行使的效益性原则，是指行政领导者在行使权力的过程中，必须讲究取得成果的大小与快慢，即注重社会效益。这种社会效益包括政治效益、经济效益、文化效益等。行政领导者在行使权力的过程中之所以要遵循效益性原则，是因为效益性是行政领导者行使权力的目的与动力，是行政领导者行使权力正确与否的检验标准。而要实现行政领导权力行使的效益性原则，就要做到首先以组织和群众的根本利益为行使权力的前提；其次要果断决策并善于用人；最后要善于利用时间。

（五）权变性原则

所谓行政领导权力行使的权变性原则，是指行政领导者在行使权力的过程中，必须依据不同的环境和条件，审时度势，变换行使权力的方法和手段，调整行政领导权力的计划和目标。从科学的观点来看，行政领导权力行使的权变性原则实际上是一个动态规划过程，在这一过程中，行政领导者必须做好以下几方面工作：一是加强预测，提高应变能力；二是强化信息系统，以及时了解行政领导权力行使的各方面情况，并做出适时的调整；三是搞好后馈控制，以总结经验，调整并优化已有政策。

三、行政领导权力行使的方法与艺术

行政领导权力行使的方法与艺术指的是行政领导权力行使的操作性层面，主要包括前面已经涉及到的行政领导权力职位权的行使，行政领导权力的划分与配置等。在这里，我们着重分析一下行政领导授权的方法与艺术。

(一) 行政领导授权的含义与意义

随着现代社会的发展，政治、经济、思想、文化等诸方面活动都日益复杂，为有效领导与管理国家与社会事务，行政领导活动中也越来越重视授权这一重要环节。所谓授权，就是在行政组织内部，行政领导者将组织和人民赋予自己的部分职务权力授予下级行政机关或职能机构，以便下级机关能够在上级的监督下自主地行动和处理行政事务，从而为被授权者提供完成任务所必需的客观条件。因此，授权是行政领导者智慧和能力的扩展和延伸，是由行政领导活动的客观规律所决定的，是顺利完成现代行政领导任务，实现现代行政领导目标的必要环节。

行政领导授权的重要意义在于：首先，行政领导科学授权是完成行政领导任务，实现现代行政领导目标的需要。授权能够减轻行政领导者的负担，有利于其集中精力抓大事。可谓是行政领导者行之有效的“轻身术”与“分身术”。

其次，行政领导科学授权能够锻炼被领导者的能力，增强他们的责任心，调动他们的积极性、主动性与创造性，有助于下属的锻炼、提高和发展，是培养干部，进而提高整个行政组织总体水平的需要。

最后，行政领导科学授权能够改善上下级的关系，使之更为融洽，从而营造一种团结合作、奋发向上的组织气氛，有利于改善和提高整个组织的效能。

(二) 行政领导授权的特点与形式

1. 行政领导授权的特点

首先，行政领导授权在本质上是行政组织内部权力分配的特定形式。它通过上下级行政主体间在不同层次上的授权与被授权，进而形成一种新的动态权力配置体系，来不断适应公共事务和行政工作经常性的需要。

其次，行政领导授权实际上是行政领导活动的过程的一部分，其核心内容是上级领导给下属分派任务。

最后，行政领导授权是一种权责高度统一的行为。在行政领导授权过程中，上级领导给下属分派任务的同时，也将一定的职权和责任交给下级，因此导致一个权责体系的产生。

总而言之，良好的行政授权需要在分派工作任务时尽量使权威与责任也获得等量的分配。

2. 行政领导授权的形式

行政领导授权是一种带有权变色彩的行为,要因时、因地、因人制宜,人们站在不同的角度,根据不同的标准,可以将其分成不同的类型。

首先,根据在授权时所凭借的媒介的不同,可以将行政领导授权分为口头授权与书面授权。所谓口头授权,是上级行政领导利用口头语言对下属所做的工作交代,或者是上下级之间根据会议所产生的工作分配。这种授权形式一般适合于临时性与责任较轻的任务。所谓书面授权,是上级行政领导利用文字形式对下属工作的职责范围、目标任务、组织情况、等级规范、负责办法与处理规程等进行明确规定的授权形式。这种授权形式适合比较正式与长期的任务。

其次,根据授权的规范性程度的不同,可将行政领导授权分为正式授权与非正式授权。正式授权是行政领导主体根据法律规定并按照法定程序所进行的授权活动,即下属行政人员根据其合法地位获得相应职权的过程。非正式授权是指无法律特别规定、或组织体系之外的非程序性授权,带有随机性,因机遇与需要而定,往往是临时性的。

最后,根据行政工作内容的重要性程度、上下级的水平与能力等综合情况,可将行政领导授权分为充分授权、不充分授权、制约授权和弹性授权等形式。充分授权也叫一般授权,是指上级行政主体在下达任务时,允许下属自己进行决策,并能进行创造性工作。充分授权又可分为三种情况:一是柔性授权,即上级行政领导者仅对工作安排给出一个大纲或轮廓,下属可随机应变,灵活而有创造性地处理工作,这种授权要求下属精明能干。其二是模糊授权,即授权者只讲明工作所要完成的任务和达成的目标,而不明确指出工作的具体事项与范围,让被授权者自己去选择完成任务的途径。这种形式适用于任务艰巨,需要调动下属积极性与创造性的情况。三是惰性授权,即上级行政领导者将自己不愿意处理的纷乱繁琐的事务交给下属处理,其中也可能包括行政领导者本身也弄不清楚如何处理的事务。这种形式需要授权者对下属有充分的了解且下属有较强的独立工作能力。

不充分授权,也称之为特定授权或刚性授权,是指上级行政主体对于下属的工作范围、内容、应达成的目标和完成工作的具体途径都有详细规定,下级行政主体必须严格执行这些规定。在这种形式中,被授权者的职务、责任和权力等均有明确的规定。

制约授权,又叫复合授权,是指上级行政主体将某项任务的职权分解授给两个或多个子系统,使子系统之间产生互相制约的作用,以免出现疏漏。这种形式适用于工作难度较大,技术性较强而容易出现疏漏,且上级行政主体管理任务重、幅度大,或本人专业知识有限的情况。

弹性授权,又称动态授权,是指在完成任务的不同阶段采用不同的授权形式。这种形式适用于任务复杂,上级对下属的能力和水平无充分把握,环境和条件处于多变状态的情况。

由以上的分析可以看出,行政领导授权的形式是多样而灵活的,上级行政主体应根据不同的任务与不同的环境与条件采取不同的形式。

(三) 行政领导授权的程序与原则

行政领导授权是由行政领导活动的规律决定的,因此它必须遵循一定的程序与原则,只有这样,才能做到行政领导授权的科学化。

1. 行政领导授权的程序

行政领导授权的科学化程序一般情况下依次表现为以下几个步骤:

一是确定授权的工作内容。即行政领导者根据行政领导与管理的目标与任务,确定自己的工作内容与范围,而后对这些工作进行分析比较,确定哪些事务是应交由下属或下级行政机关去处理的。

二是选择授权的对象。即在确定授权的工作内容后,上级行政主体应根据分派给下级工作的性质、工作量的大小,事务的重要性与复杂程度,选择适当的授权对象,以充分发挥行政领导授权的功能。

三是正式授予权力并明确责任。正式授予权力是授权者与被授权者之间的契约或承诺的达成。授权者可以采取上述的各种形式授权,被授权者可以采取口头形式,也可以采取立军令状或签订合同等形式加以接受。在正式授予权力的同时,也必须明确被授权者的责任,这主要包括:被授权者应负责从事活动的范围与任务及应达到的目标,此外要明确规定检验下属工作的标准。

四是坚持请示汇报制度,及时检查监督。一方面要建立健全请示汇报制度,以制度来约束下属养成自觉自愿汇报的习惯。另一方面,要依据一定的标准对下属的工作进行监督检查,以及时沟通,对下属工作中存在的问题,上级行政主体要勇于承担责任,并进一步为下属工作的展开创造必要的条件,提供相应的支持。

2. 行政领导授权的原则

行政领导授权需遵循的原则主要表现为:

一是适当原则。即为达到某一目标,而通过一定程序进行的把握一定限度的授权。要视单位大小、任务轻重、业务性质以及下属的承受能力进行授权。

二是责任原则。即授权的同时明确下属的责任,也就是带责授权,这样不仅可以促使下属完成工作任务,而且还可以堵塞有权不负责或滥用权力的漏洞。

三是可控原则。授权不仅要适当,还要可控。这主要表现在两方面:一方面,行政领导者应握有主动性、灵活性,即授权的范围、时间由领导者灵活掌握,在相对稳定的情况下,根据实际需要随时调整。另一方面,行政领导者要握有检查、监督、修正权,以便及时有效地对下属的工作进行指导、检查、监督和修正。

四是信任原则。行政领导者对于将要被授权的下属一定要有充分的了解和考查,一旦授权就要信任,即“疑人不用,用人不疑”。

五是考绩原则。行政领导者授权后,就要定期对下属进行考核,对下属的用权情况给予客观的评价,并与下属的切身利益结合起来。考绩既要看近期业绩,也要看远期业绩;既要看局部业绩,也要看整体业绩。

第四节　行政领导权力的变异与制约

一、行政领导权力的变异

行政领导权力的变异从根本上说是行政领导权力主体错用、滥用权力的行为所致。但也有更深层次的政治、经济、历史、文化等方面的原因。如在政治上,权力运行的透明度、公开性差,权力缺少制约与监督;在经济上,比较落后的生产力和不发达的经济状况,使社会生产与分配关系以及供求关系的矛盾很突出,诱使权力行使者牟取私利;在历史上,我国漫长的封建专制制度推崇个人独裁专断,在行使权力时具有很大的偶然性与随意性。

行政领导权力变异的表现主要有以下几个方面:

1. 权责分离。即指领导者只讲用权,不讲责任,甚至背弃责任,滥用职权,如遇事推诿、互相扯皮、有令不行、有禁不止、明哲保身等。

2. 用权神秘化。部分领导者习惯给权力抹上一层神秘的色彩,他们的一切运作都不向公众公开,抹杀公众的知情权与参与权,结果不利于公众对权力运作的监督,不利于取得群众的配合与支持,甚至诱发抵触与反抗行为。

3. 玩弄权术。是指某些权力行使者为了满足个人的野心、权欲和私利,在获取权力、维持特权等方面采取的伎俩和手段,如弄虚作假、阳奉阴违、丧失原则、权术经营、见利忘义等。

4. 权力角逐。即指权力行使者全然不顾自己肩负的使命,把对权力的追求作为自己一切行为的主要目的,直至达到自己不能胜任的职位为止。这使部分领导者热衷于钻营拍马,不务正业,结果使领导权力的目的和手段本末倒置。

5. 权力寻租。即政府领导人用所拥有的政府的投资项目、计划物资、低息贷款,进口配额或优惠政策等权力设置租金,结果导致拉关系、走后门、行贿受贿、损公肥私等现象发生。

二、行政领导权力的制约

(一) 行政领导权力制约的含义与特点

行政领导权力制约,从一般意义上讲,就是对行政领导权力的限制与约束。

具体地说,就是权力所有者运用民主与法制的手段,通过各种有效途径,对权力行使者所形成的特定的限制与约束关系。行政领导权力制约,就其对行政领导权力的正常运行所发挥的作用而言,是一种功能,就其组织结构、运行方式和基本功能及其相互关系而言,又是一种机制。

行政领导权力制约的特点主要表现在:

1. 权力制约关系必须有两个或两个以上的权力才能形成,单独的权力无法形成制约。

2. 权力制约关系是横向的,各种权力的地位是平等的或同层次的,而不存在隶属关系。

3. 权力制约的关系是双向的,各种权力之间的限制与约束是双向的。

(二) 行政领导权力制约的本质要求

行政领导权力制约作为一种机制,之所以具有限制与约束权力的功能,是由其内在的本质要求决定的,权力制约机制建设只有符合其内在的本质要求,其运行才能达到预期的目的,否则就是有名无实,徒劳无益的,权力制约的本质要求主要体现在:

1. 权力制约主体活动的独立性。即制约主体依法独立行使制约权,不受其他任何机关、组织和个人的非法干涉,它包括组织机构依法设置的独立性,工作人员依法任命的独立性,制约活动依法进行的独立性。

2. 权力制约对象活动的公开性。即依法在一定的范围内将国家机关的政治事务和施政活动公布于众,使之广泛置于人民的关注之下,这里主要包括两方面内容:其一是国家政务公开,即国家机关制定法律,设置机构,分配权力,安排人事等事务和程序向人民公开;其二是国家人格公开,即那些接受人民委托行使国家权力的公职人员的施政活动向人民公开。

3. 权力制约关系的对等性。即对权力的赋予对应对等。如果仅仅赋予掌权者一定的权力,而不相应地赋予制约者一定的权力,权力关系就会失衡,权力制约就无从进行。制约关系对等性的另一个含义,就是对制约者的制约。即无论是政治团体,专职机构,还是公民个人对掌权者的监督制约,都必须在宪法和法律所赋予的权力与权利,所规定的形式和程序范围内进行。

4. 权力制约手段的强制性。即制约主体的制约活动具有权与法的强制力量作保证,权力总是作为一种强制力量发挥着作用,权力制约如果离开了同样的强制,就会变得软弱无力。只有以相应的强制力量为手段,才能迫使制约对象无论愿意与否都能接受制约主体的约束,才能保证制约主体不论制约对象愿意与否都能正常行使其职权。

5. 权力制约机构的协调性。即各类制约主体各尽其职、各负其责,密切配合,协调一致,从而形成制约系统的良性循环。在整个制约系统中,党纪、政纪、国法三个组成部分内部各有各自的制约对象、制约内容和制约方式,但只有相互配合,相互协调,才有利于整个制约系统发挥整体效能,实现整体目标。

(三)行政领导权力制约的基本功能

领导权力制约的基本功能是对权力正常运行的肯定和保护,是对权力偏离轨道的防范与矫正,是对权力的补充与完善。它具体表现为:

1. 权力制约的导向功能。即引导权力始终按照人民的意志运行,建立健全有效的权力制约机制,使选举制和罢免制得到普遍实施,可使掌权者充分体认到人民的力量与权威,从而引导其忠实地按照人民的意志办事,全心全意为人民服务。

2. 权力制约的保障功能。即保证社会公仆忠实地为人民服务,权力制约实现了人民意志的制度化与程序化,并将其注入到权力运行机制之中,因而较好地确保权力的合理运行。

3. 权力制约的防范功能。即预防和阻止滥用权力的行为发生发展,由于权力制约使权力与责任相结合,能够使掌权者在主观上明确,在客观上承担行使权力所产生的各种后果,促使掌权者以高度责任精神审慎地运用权力,由此达到有病治病、无病防病之效。

4. 权力制约的矫正功能。即对偏离正轨的权力行为予以及时的矫正和补救。权力制约有一套完善的监控机制,一旦失误发生,便能做出灵敏的反应,并按预定程序及时进行补救和调整。

5. 权力制约的惩戒功能。即对滥用权力的行为及其责任者予以必要的制裁,权力制约与严明的政纪、党纪与法律相适应,相配合,以达到惩前毖后,治病救人之目的。

6. 权力制约的调整功能。即使权力所有者与权力行使者之间的矛盾得到及时调解,作为联系权力行使者与权力所有者及其内部不同利益群体的枢纽,权力制约对二者之间矛盾和利益关系的协调和解决起着必不可少的作用。

权力制约的基本功能表明,要确保掌权者的行为以人民的价值取向为取向,合理界定国家各项权力的行使界限和运行轨道,使各项决策和管理更加科学合理,就必须建立健全有效的权力制约机制,由此获得最佳的经济效益和社会效益。

三、行政领导权力制约机制

孟德斯鸠在《论法的精神》一书中明确指出:“一切有权力的人都容易滥用权力,这是万古不易的一条经验。有权力的人使用权力一直到遇有界限的地方才休止。”①可以说,对于行政领导权力的制约应该是与行政领导权力同生并存

① 孟德斯鸠:《论法的精神》,张雁深译,商务印书馆1961年版,第154页。

的，是由权力自身的特性决定的。而要对行政领导权力进行有效的制约，就必须建立完善合理的制约机制。这主要体现为以下三种权力监督与制约机制：

（一）权力制约机制：以权力制约权力

这一机制的核心是分权，并使不同权力机构之间形成一种监督与被监督或相互监督的关系。监督者负有监督的权力或职责。这种职责或是专门的，或是兼职的；或是检察的，或是做出处理决定的，或兼而有之。以权力制约权力是通过两种方式实现的：一是由一种高级的权力监督低级的权力；二是平行权力层级之间的监督与制约。

这一种机制可以存在于民主社会，也可以存在于专制社会，不过在两种社会中的分权程度和保障目的有所不同。在专制社会中，最高君主的权力一般是集中而不分散的，对这种权力一般是没有有力的监督的。但是最高君主不可能事必躬亲，总揽一国所有必要的统治权力和处理所有的统治事务。他不得不让其他人参与到统治系统之中，赋予他们一定的权力，让他们处理一定的事务。但是，他又可能怀疑他们为他服务的品质和能力，于是便分散他们手中的权力，设立一定的监督机构对他们进行监督或使他们相互监督和制约。中国自秦朝以来的绝大多数朝代在权力设置时，都意识到分权和设立监察官员的必要性。皇帝以下的各级权力多有分立，如秦在中央设三公九卿。丞相掌行政，太尉掌军事，御史掌监察。秦以前御史以它职为主而以监察为次，秦御史则以监察为主而以它职为次。秦朝建立了一套监察机构，负责对自中央至地方的所有政府机构及其官员的行为进行监察、纠举、弹劾。御史大夫及其统率的监察官，都是对皇帝直接负责的，上至丞相、太尉，下至基层官吏，受其监督。当然，监察官也互相监督，以防止蒙蔽圣听擅权专断的行为发生。丞相及其他官员发现监察官违背圣命或违法作乱，可以直奏皇帝。监察制度历代不废，不过具体做法有所不同而已。

西方现代立宪政体实行的分权制衡原则就是将政府职能与权力分配给不同部门，并使各部门之间的权力相互平衡和制约。有关思想可以追溯到波里比阿和亚里士多德。亚里士多德指出：一切政体都有三个要素，作为构成的基础，一个优良的立法家在创制时必须考虑到每一要素，怎样才能适合于其所构成的政体。……三者之一为有关城邦一般公务的议事机能（部分）；其二为行政机能部分……其三为审判（司法）机能。但是亚氏尚未明确提出制衡原理。波里比阿不仅主张分权，而且主张权力系统的某一部分不应凌驾于其他部分之上，这样，任何越权的行为都必然会被制止，而且每个部门自始就得担心受到其他部门的干涉。洛克、孟德斯鸠、麦迪逊等资产阶级思想家继承古代的分权制衡思想，设计了适用于民主政体的有关机制。其基本的做法是，立法、行政、司法三权分立，分别由不同的部门或不同的人去行使，各部门之间权力大致平衡，互相制约，司法独立并具有某种形式的司法审查权力。当然,在现实中,三权是交织的,但是仍没有达到浑然一体或相互包容的程度。分权制衡是针对一个不能完全信任的政府所采取的旨在防止专制、腐败和不当行为的制度设计。这一点与专制社会下的分权制约有些类似,但是二者的区别是显然的。西方分权制衡制度是建立在资产阶级民主的基础上,并且强调最高权力的分立与相互制衡。

社会主义中国也建立了一套法定监督机制。这其中有人民代表大会及其常务委员会对行政机关、审判机关、检察机关的监督,也有审判和检察机关对行政机关及其工作人员的监督,行政机关内部还有一套监察系统对其他行政部门及其工作人员的活动进行监察。这些监督是我国法律监督体系的重要组成部分。我国的以权力制约权力的制度与西方资本主义国家有关制度不同的是:第一,它是建立在社会主义民主的基础之上的,它的目的是保证人民赋予的权力不被滥用,保护人民群众的利益不受侵害;第二,这一制度的原则是分工制约,而不是西方国家的分权制衡。我国的根本政治制度是人民代表大会制,国家权力最终统一于人民代表大会。这一制度实行民主集中制、"议行合一"的组织活动原则,行政机关、审判机关和检察机关在职权上有所分工和制约,但都是由人民代表大会产生,并向它负责,受它监督。

(二)道德制约机制:以道德制约权力

这一机制的含义是通过学习和教育的方法使社会或统治阶级对政府官员的要求内化为他们的道德信念,帮助他们树立"正确"的权力观,培养他们勤政廉政为统治利益或公共利益服务的意识和品质,使他们能够自觉地以内心的道德力量抵制外在的不良诱惑,自觉地严格地要求自己,行使好手中的权力。

通过学习和教育的方法培养统治者的良好品德和能力的思想古已有之。在西方,最著名的倡导者要数柏拉图和亚里士多德。在中国古代最为儒家人物所倡导,儒家的"德治"思想包含以道德约束统治者的要求。亚里士多德说:"在主奴关系的统治之外,另有一类自由人对自由人之间的统治,被统治者和统治者的出身相同。这类治理的方式就是我们所谓城邦政治家的治理体系(宪政);在这类体系中,统治者就须先行研习受命和服从的品德。""要明白主政的良规,必先学习服从的道理。"亚氏要求统治者需具备明哲、节制、正义、勇毅四种品德,培养这些品德的途径就是学习和教育。儒家认识到统治者也有失德和僭权的时候。例如,孔子谓季氏:"八佾舞于庭,是可忍孰不可忍也?"(《论语·八佾》)对于季孙氏超标准享受舞乐、违反礼制的行为,表示痛心疾首。儒家主张"以德行仁者王"(《孟子·公孙丑上》),"政者,正也。子帅以正,孰敢不正?"(《论语·颜渊》)要求"为政以德"(《论语·为政》),"修己以安百姓"(《论语·宪问》)。所谓"修"之道,在于"学"和"习"。"学则三代共之:皆所以明人伦也"(《孟子·滕文公上》)。"习"即在于通过内省的方式将学到的东西转化为行动。"学而时习之,不亦说乎”(《论语·学而》)。儒家主张德治,主要是针对统治者的。这种思想在我国现在依然具有一定的生命力。

与“以权力制约权力”的机制相比,“以道德制约权力”的机制侧重于事先的预防,期望将问题解决在可能出现之前。而前者侧重于事后的阻止或惩罚,以使已经出现的问题得到解决。道德制约机制的作用原理在于通过学习和教育的方式去培养政府官员内心的道德力量,增强他们抵御外部不良诱惑的能力,从而减少滥用权力的可能性,也就是通过制约灵魂而制约行动。而权力的相互制约机制的作用原理在于,恰当地配置各种权力,使得某一种权力被滥用时便会受到来自另一种权力的抑制,侧重于制约外部的行动。权力的相互制约机制往往形成各种制度,具有制度化的外观,而道德的制约机制有可能形成若干制度,例如使学习和教育成为制度性、常规性的要求,但是更多地表现为非制度化的、漫延式的、多种多样的方法和措施,如某种活动或运动,这种活动或运动可能是一个更大规划的组成部分,也可能彼此之间并不紧密相连,有着不同或不一致的要求和内容。权力的相互制约机制表现为以一种刚性的力量对付另一种刚性的力量,甚至表现为麦迪逊(或汉密尔顿)所说的“野心必须用野心来对抗”,而道德的制约机制表现为以一种柔性的力量去驯化一种刚性的力量,它期望实施者具有足够的耐心、春风化雨般的说服技术和以身作则的榜样作用。而对于被实施者,这种机制虽然有些硬性的要求,例如规定国家官员必须反复学习官方指定的政治道德读本,但是更注重提倡和鼓励学习以及进行细致严密的思想教育。这些措施虽然是潜移默化地缓慢地起作用,而效果却可能是更巨大和持久的。

这两种制约机制哪一种更被看重,在一定程度上受到某种人性观的影响。有些人倾向于采取权力的相互制约机制,因为他们认为,邪恶作为人的本性是难以改变的。有些人倾向于采取道德的制约机制,他们对人性持较为乐观的态度,认为人是可以通过教育来改变的。有时道德的制约机制更被看重,还因为它被认为是更根本的制约方式,具有更好的效果。现实中这两种机制往往是并存的。

(三)权利制约机制:以权利制约权力

此种制约机制是民主社会所独有的一项治国战略。它的主要含义是,在正确理解权利与权力关系的基础上,恰当地配置权利,以使它能够起到一种限制、阻遏权力之滥用的作用。这里包含着两重意思。第一,承认公民的权利,例如财产权、人身自由权和隐私权等,政府权力不能逾越它的界限而侵入公民的权利领域。这样,公民的权利对于政府滥用权力起着一种阻碍与制约的作用,但是权利所起到的这种制约作用,是一种消极的制约作用。也就是说,在这里,公民的权利作为一种标识,提醒政府注意到不要逾越权力的法定界限。几乎所有的公民权利都具有这种消极的制约作用。第二,一些公民权利不仅具有这种消极的制约作用,而且具有一种积极的制约作用,也就是说,当政府逾越权力的法定界限、滥用权力或有不当行为时，这些权利可以保证公民作出一些积极的反抗，迫使政府收回它的权力触角或改变不当行为。如公民对政府某些行为提起行政诉讼的权利，这种起诉权利提供了一种撤销或改变政府机构某些行为的机会。这些权利要发挥积极的制约作用，有的需要与公共权力内部的制约机制相配合，而有的却可以单独发挥这种作用，法律赋予了这种权利改变或影响公共权力关系的能力，例如选举权。

可以发挥积极制约作用的公民权利至少有：

(1) 选举权。公民享有的选举或罢免国家代表机关代表或某些国家机关领导人的权利。公民可以选举他们认为合格的人作为代表或领导人，以治理公共权力的腐败现象，可以撤换或罢免他们认为应当对滥用权力或不当行为负责的领导人。这种权利对公共权力的行使施加一种直接压力，产生积极的制约作用。

(2) 言论自由权。这里的"言论自由"作广义解，涵盖了宪法中的言论自由、出版或新闻自由、集会游行示威的自由等条款，意指公民享有的将所见所闻所思形之于外并传播给其他公民的权利，包括揭露有关政府机构或官员滥用权力之行为的权利以及对它们加以评论和提出改革建议的权利。言论自由权具有舆论监督的功能。

(3) 参与权。公民以某种方式参与一些公共决定之形成过程的权利。这种权利主要体现在立法和行政听证、司法陪审等制度中。在参与的过程中，公民的意见或建议影响着公共决定的形成，而且参与本身就意味着政府须在一定程度上公开其决策过程。这不仅有助于抑制权力的腐败，而且有助于形成明智的公共决定。

(4) 结社权。公民享有的为进行某种活动组成一定社会团体的权利。单个的个人在面对强大的政府时是软弱无力的。结社权给予他们集体的力量，可以对政府的行动产生一定的制约作用。

(5) 知情权。了解政府的某些行动或政府所掌控下的某些信息的权利。当公民行使这项权利时，政府负有一定的协助义务，例如开放它所掌握的某些资料。如果政府机构或官员担心它们的滥用权力情况最终被迫向公众公开，它们就会有所收敛。但是在现实中，这种权利不易落实，难以操作。

(6) 对政府机构或官员的滥用权力等不当行为进行举报、检举和控告的权利，以及在遭受来自公权力的侵害时获得救济的权利，例如申诉的权利、申请行政复议和提起行政诉讼的权利等。此外，还有一些权利停留在理论或道德的层面，没有成为法定的权利，例如非暴力反抗或良性违法（civil disobedience）的权利、抵抗权等。

以公民权利制约政府权力这一机制的实质是使公民成为监督政府的力量。依赖公民作为监督政府的力量，这种思想很早就有人提出。卢梭设想，全体人民定期集会而成为主权者共同体来决定公共事务,是阻止政府篡权及蜕化倾向的办法。麦迪逊(或汉密尔顿)也承认,在组织一个人统治人的政府时,最大困难在于必须首先使政府能管理被统治者,然后再使政府管理自身。毫无疑问,依靠人民是对政府的主要控制;但是经验教导人们,必须有辅助性的预防措施。通过这些主要和辅助性的措施可以保护社会不受掌权者的压迫。恩格斯总结巴黎公社经验时指出,防止工人阶级自己的公仆蜕变为主人的趋势的根本、有效方法之一,就是人民掌握罢免权,可以随时撤换那些不称职的公社委员。对于国人而言,以民主的方式防止政权变质的最著名论断还是毛泽东的一段话。1945 年 7 月,毛泽东回答民主人士黄炎培如何解决一个国家"其兴也勃焉,其亡也忽焉"的历史周期律问题时,指出:我们已经找到新路,我们能跳出历史周期律。这条新路就是民主。只有让人民来监督政府,政府才不敢松懈;只有人人起来负责,才不会人亡政息。

民主原则表明,以权利制约权力这一机制具有正当性的基础。这一机制不仅充分体现了制约权力的根本目的,而且弥补了其他两种机制的缺陷。无论是以权力制约权力,还是以道德制约权力,如果脱离民主的性质,那只是为了维护统治者一己利益而采取的策略。这两种机制都属于统治体系的内部监督。以权力制约权力的机制意在使公共权力内部的机构和官员实行相互的监督与制约,以道德制约权力的机制在于培养官员的自我监督和自我制约的能力。而以权利制约权力这一机制所要建立的是被治者对于统治者的监督。这是一种体现民主性质、与公民的民主地位相称的监督与制约。但是民主社会中这三种机制是可以相互并存、相辅相成的。

一般认为,民主的两种形式为直接民主和间接民主。直接民主意味着公民直接掌握对公共事务的决策权和管理权。间接民主意味着公民委托其中的一部分公民行使这些权力。但是,直接民主只是在古代城邦国家出现过。在一个略微复杂一些的国家里所能实行的民主形式只能是间接民主。我国也是如此。我们通常说民主就是"人民当家做主"。这一形象化的说法只是表明了权力的最终归属:"一切权力属于人民",并不意味着由人民直接行使一切统治权力。在日常生活中,掌握决策权和管理权的是少数人所组成的政府机构及其官员,而不是人民。普通公民经常处于统治权力的支配之下,是政府管理的对象。那么,民主体现在何处呢?很显然,民主就体现在公民对于他们委托出去的权力的制约中,体现在他们享有的一些能够起到制约作用的权利上。换言之,民主的实质在于以权利制约权力。我们衡量一个国家的民主发达程度,不仅要看它的法律所表明的统治权力的最终归属,更要看普通公民以权利制约权力的实现程度。

在权利的制约机制中,需要提及目前流行的"舆论监督"。这一称谓具有中国的特色。广义的舆论监督指对社会一切不良现象的监督。这里的舆论监督取狭义解,意指通过在公共论坛的自由空间中所抒发的舆论力量对政府机构及其官员滥用权力等不当行为的监督与制约。作为一种活动,它指公民或新闻媒体发表与传播针对政府机构或政府官员的批评性言论。作为一种功能,它是言论自由权的诸项政治与社会功能之一。它的法律依据是宪法等法律中的有关言论自由的诸条款,在我国是宪法的第三十五条与第四十一条。这两条是一般规定与特别规定的关系,为舆论监督提供了双重保障。舆论监督不同于其他形式的监督如立法、司法、行政监督的地方即在于它所体现的是一种权利,而非权力。尽管一些地方国家机关出台了舆论监督保护办法,对于媒体所揭露的问题,有关机关应当重视和解决,但是媒体和公民并没有依据法律要求被监督者陈述及提供有关资料等调查性权力,而且只能提出处理建议,不能做出有法律效力的处理决定。这些特点表明,舆论监督并非新闻媒体和公民的法定义务。也许存在着以监督政府为己任的新闻媒体,但是这种责任是一种道德或政治责任。总之,舆论监督是以权利制约权力这一机制的重要组成部分,它是一种民主性质的监督。

(四)权力制约的制度建设

显然,这三种机制存在着不同的内在制约原理。实践中,无论我们建设哪一种机制,有关的制度建构只有符合一定的制约原理,才能起到真正的制约作用。毋庸讳言,在我国目前,监督机构不可谓不多,有关的制度不可谓不繁复,而权力滥用和腐败现象似乎仍然很多。一些曾经当权的腐败分子可以轻松地使一些机构和制度不起作用。这表明这些制度和机构本身可能就在其内在的制约原理上存在问题。我们需要从内在的制约原理入手建设和改革有关的监督与制约制度,以使它们更好地发挥作用。

在制度建设中,我们要注意使三种制约机制相互配合和相互支持,因为对于有效制约权力的目的而言,这些机制是相辅相成,共同作用的。权力的相互制约机制无法最终解决一个监督监督者的问题。保证权力的相互制约机制正常运行,避免“集体腐败”和“官官相护”现象出现的一种有力措施,就是健全以权利制约权力的机制,使公共利益的主体——广大公民承担起监督监督者的责任。而同时,要发挥权利对权力的制约作用,又离不开公共权力的恰当配置和有效的相互制约。例如言论自由和获得救济的权利如果离开了法定的监督机构和某种形式的司法审查制度的配合,也不易发挥有效的制约作用。道德与法纪教育可以培养官员的自律意识,有助于他们行使好手中的权力。但是这种机制也离不开其他机制的配合。它的教育内容应当有利于人民的根本利益,它的效果不仅需要来自权力的相互制约机制的强制力的支持,而且需要来自公民的舆论的评判。另外,就是在每一种机制的内部也要注意相互配合的问题。例如在以权利制约权力的机制中,选举权和言论自由权的制约作用是相辅相成的。如果公民不能最终决定一届政府和官员的去留,言论自由的制约作用就要打一个折扣。

相反公民虽然拥有选举和罢免领导人的权利,但是除了可以对领导人歌功颂德或表示感恩外,没有发表任何批评性言论的权利,选举权也徒具形式,就不可能发挥有效的制约作用。

同时,我们还需要注意改变一些不恰当的观念。例如目前对于舆论监督,存在着一些错误的理解。一种理解将舆论监督视为一种权力的表现,视为一个部门——思想与宣传部门对另一些部门的监督。另一种理解将舆论监督视为新闻媒体的义务或职责。第一种观念的实际后果是把舆论监督作为以权力制约权力的机制来建设,这样难免会带有这种机制的缺陷,其运作会受到其他权力部门的干扰。第二种观念将一般公民排除在舆论监督的主体范围之外,不利于调动广大公民参与舆论监督的积极性。而以公民权利的角度来看待舆论监督,是一种较好的定位,以权利为取向的有关制度建设也能够避免上述两种理解的缺陷,更好地发挥公共舆论对权力的监督和制约作用。

【思考题】

1. 简述行政领导权力的起源及其发展过程。
2. 何谓行政领导权力?其本质属性是什么?具备何种特征与结构?
3. 行政领导权力具备哪些功能?
4. 如何正确行使行政领导权力?
5. 简述行政领导授权的含义、意义、程序、原则与方法。
6. 行政领导权力的变异有哪些表现?
7. 如何对行政领导权力进行有效的制约?

第二章 行政领导体制

行政领导体制作为一种制度化与模式化的系统或体系，是一个包括价值观、理想目标、制度规范、组织机构、基本行为方式在内的有机整体。它既为政府部门中各级各类机构的设置与行政领导者职能权限的划分提供合法合理性依据，同时又为一切行政领导活动的展开与进行提供了一个必不可少的载体或者说是运作平台，其影响与作用具有全局性、长期性、稳定性与根本性。因此，对行政领导体制的研究，无论在行政领导学的理论建设上，还是在行政领导实践中，都具有重大的意义。

第一节 行政领导体制概说

行政领导体制这一概念是从我国社会政治体制的理论范畴中衍生出来的。政治体制作为政治制度的外在表现和实施形式，包括国家权力结构、政党和社会团体、行政、司法、监督、干部人事及意识形态管理等许多体制范畴。一般地说，在政治体制诸范畴中，关于国家的社会与政治事务的领导原则、领导方法和制度、领导结构系统及运行机制等方面的总和，就是党和政府的领导体制。

一、行政领导体制的含义与属性

（一）行政领导体制的含义

所谓行政领导体制，概括说就是指行政领导活动中，行政领导权限的划分和组织机构的设置及其所形成的用以规范行政领导活动范围和方式的制度体系。就社会空间来看，行政领导体制又可以分为宏观行政领导体制和微观行政领导体制。前者是政府对整个宏观社会系统进行领导的组织形式与制度规范，后者是政府对一个具体的单位或部门进行领导的组织形式与制度规范。

具体来说，行政领导体制主要包括以下几方面内容：

首先，行政领导体制的核心是各级各类行政领导机关职责与权限的划分。任何一个行政领导体制的设计、建立与改革、完善，都是着眼于行政领导体制的职权划分或分配的。当今世界各国行政领导机关，尽管其所属的社会制度与国家政治制度不同，但是一般都享有以下各项职权：如行政方针政策的决定，行政法规和行政规章的制定，对行政业务的指导与监督，对行政人员的考核以及国家公务员的任免等。这些行政领导职权的科学划分或分配，既是世界各国领导体制改革的老问题,也永远是个新问题。在我国当前,这个问题主要体现为行政领导机关内部横向与纵向的行政职权的合理划分,也涉及到行政领导机关与非行政领导机关之间职权范围的科学划分。以往的经验教训表明,如果行政领导机关职责与权限划分不清,必然造成政府机构庞大臃肿、相互扯皮、效率低下,基层和人民群众的积极性难以充分调动。要改变这种状况,就要致力于建立严格的从上而下的行政领导的行政规则和岗位责任制,对各个领导部门、机构之间以及行政领导者之间的职责权限做出严格而明确的规定,以使政府机关井井有条,行政领导者恪尽职守,最终提高行政领导效率。

其次,行政领导体制的载体是各级各类领导机构的设置。如果没有一定的领导机构的设置,领导人员就无以存在,领导职能也不能发挥作用,因而整个行政领导体制也就不付存在了。所以,行政领导体制必须存在于一个有序的结构中。

行政领导体制的组织结构是指行政领导内部各个基本要素的组合形式及相互关系与联系方式。一般情况下行政领导体制的组织结构包括两种基本关系:一种是纵向的关系,即垂直方向上的隶属关系;另一种是横向关系,即平行的各部门之间的协作关系。此外,行政领导体制的组织结构主要有四种基本表现形式,即直线式组织结构、职能式组织结构、混合式组织结构与矩阵式组织结构。

再次,行政领导体制的内容包括行政领导者的领导层次与幅度。所谓领导层次,是指行政领导体制中纵向组织结构的等级层次,有多少等级层次,就有多少领导层次。所谓领导幅度亦称"领导控制跨度",是指领导者可直接下达命令发出指示并直接向他汇报,对他负责的人数。由于现代政府任务繁杂,负担沉重,而行政领导者的体力、知识、能力以及心理承受能力等都是有限的,其所直接领导和指挥的下属人数不应过多。一般来说,下层领导幅度可以大些,上层则应该小一些,形成金字塔式的领导层次。但领导幅度究竟以多大为宜,却至今仍无定论,应视工作性质、上下级关系、领导者与下属的素质与能力而定。有学者根据统计分析,提出了领导幅度的"二八律",这一理论的基本要点是:在一般的领导机构中,担任正职的领导者宜有两位副手和八位下属,担任副职的领导者宜有两位助手和八位下属。这种理论可供各级行政领导者在建立领导组织结构的过程中作为参考。

最后,行政领导体制的内容体现为行政领导者的管理制度,即狭义上的人事制度。主要包括行政领导者的选举、招考、任免、考核、监督、轮换、培训、离退休等方面的制度规范。因为人才是最可珍惜的资源,只有遵循科学合理的制度将各行业的优秀人才选拔到政府机关,并对其进行制度化与法制化的管理,才能保证各项行政领导活动正常而高效地进行。

(二) 行政领导体制的属性

行政领导体制的产生与发展,既是人类社会领导活动的客观要求与必然趋势,同时又会伴随社会的发展与分化而衍生出不同的内容与形式,体现出其所处社会的本质属性与时代特征。因此,总体来说,行政领导体制具有自然属性与社会属性这双重属性。

一方面,行政领导体制具有自然属性,是指行政领导体制产生、存在与发展的客观性、必然性与普遍性。现实社会中的行政领导活动不是凭空进行的,而是必须以一定的组织机构作为运作平台,并遵循特定的制度规范。只有如此,才能保证参加行政领导活动的各种要素在实现组织目标的过程中系统地、有机地联系在一起,以实现决策、指挥、计划、协调与沟通等多种功能。因此可以说,行政领导体制是行政领导活动的内生因素,其产生、存在与发展是行政领导活动的客观要求与必然趋势。此外,行政领导体制具有同生产力发展和科学技术进步紧密相连、并形成有效的机构设置和职责权限划分制度化的共同性,而这种共同性是普遍存在的,它在不同社会制度的国家中不存在本质上的区别。

另一方面,行政领导体制具有社会属性,是指行政领导体制作为国家政治制度的重要组成部分,属于政治上层建筑的范畴,其本质由其所赖以建立的经济基础决定,其发展与完善受相应的经济基础的支持或者制约。同时,行政领导体制是一种由行政领导者或领导机关制定并采用的、主观见之于客观的产物,作为主体作用于客体的工具,它既受制于一定社会的经济基础与政治制度,同时又要为其服务。因此,行政领导体制具有产生于不同的经济基础与根本政治制度之上,并为它们的存在与发展服务的社会属性。

历史唯物主义的观点认为,经济基础决定上层建筑,物质生活的生产方式决定并制约着整个社会生活、政治生活与精神生活,自然也决定并制约着隶属于国家政治制度的行政领导体制。因此,在行政领导体制的双重属性中,其社会属性是本质属性,而自然属性则是外在属性,由社会属性决定并为其服务。

正确、全面而深刻地认识行政领导体制的双重属性具有重要的意义。首先,认识到行政领导体制具有社会属性,我们就可以根据生产力的发展、经济基础的改变与上层建筑的完善,而不断变革并发展行政领导体制,以适应变化了的情况,突破原有的僵化与教条的观念。其次,认识到行政领导体制具有自然属性,我们就可以在变革、发展与完善行政领导体制的过程中,正确地对待历史上与国外的行政领导体制,既不能盲目照搬,也不能一概排斥,而应在立足自身现实条件的基础上,采取客观、科学的态度,去粗取精,取长补短,用批判继承的观点吸取其中的合理因素,为我所用,以加快我国行政领导体制改革与完善的进程。

二、行政领导体制的特征与作用

（一）行政领导体制的特征

行政领导体制除了具备自然属性与社会属性这两种根本属性之外，还具备以下几种基本特征：

一是系统性。行政领导体制作为一个系统，是一个包括各级各类行政领导机关职责与权限的划分、各级各类行政领导机构的设置、行政领导者的领导层次与幅度以及行政领导者的管理制度在内的有机整体。在这个系统之中，各种要素之间相互联系并且相互作用，以发挥系统整体的最优效用。行政领导体制的系统性特征启示我们，在进行行政领导体制改革的过程中要综合考虑各种因素，而不能孤立进行，否则就很难取得预期的效果。

二是根本性。任何社会的行政领导活动，其成败归根结底取决于行政领导者的思想与活动是否符合社会生产力发展的客观规律。而一套优良并且高效的行政领导体制，必然是符合生产力发展与科学技术进步的需要的，行政领导者在具有强制性的行政领导体制中展开各种行政领导活动，其在根本上是符合事物发展的客观规律的。

三是全局性。行政领导者作为个体的人，其虽然在自身所属的单位或者部门中起着统御全局的关键性作用，但在总体上却必须接受行政领导体制的规范与制约。因此，行政领导体制相对于千差万别的政府领导者个体来说，更具有全局性的特征与作用。它对各地区、各部门与各行业的所有领导人以及领导活动的全过程都起着制约与规范的作用。

四是稳定性。行政领导者或领导集体是经常变动的，每一个行政领导者的思想作风与行为方式也因人、因时、因地而异。行政领导体制相对而言则是长期稳定的，它一旦形成，就会在较长时期内保持其根本内容。因此，它既能为灵活多变的行政领导活动提供一个可供遵循的框架体系，同时又可以不断吸收行政领导活动中的创造性成果，不断地对自身进行丰富与完善，并在实践中更好地指导行政领导活动的进行。

（二）行政领导体制的作用

邓小平同志在深刻认识与总结我党的历史经验教训的基础上指出："我们过去发生的各种错误，固然与某些领导人的思想、作风有关，但是组织制度、工作制度方面的问题更重要。这些方面的制度好可以使坏人无法任意横行，制度不好可以使好人无法充分做好事，甚至会走向反面。"[①]与人的思想因素相比，领导制度、组织制度问题更带有根本性、全局性、稳定性和长期性。这种制度问题，关

① 《邓小平文选》第2卷，人民出版社1994年版，第333页。

系到党和国家是否改变颜色,必须引起全党的高度重视。著名的未来学家托夫勒也曾说道:经济的快速发展,新的时代浪潮的形成,关键不在于科技、不在于人,而在于制度。在诸多的“制度因素”中,政治体制作为上层建筑的重要组成部分,其反作用极大地影响着社会生产力的发展与进步。而行政领导体制作为社会政治体制中的核心内容,其在社会的政治、经济与文化生活中具有重要的甚至是决定性的影响与作用。具体地说,行政领导体制的作用主要体现在以下几个方面:

第一,科学的行政领导体制有助于更好地推动社会生产力的发展

行政领导体制作为上层建筑的重要范畴,首要的含义是适应社会经济的发展要求,在合理确定职能的基础上,科学地设置职能齐全、运转灵便、富有效率、充满活力的各级各类行政领导机构。反之,就会影响甚至阻碍社会生产力的发展。1958 年前后,我国行政领导体制的权力大下放,与急躁冒进的情绪交织在一起,使得中央政府对地方失控,各地方政府随意提高经济计划指标,不断追加基本建设投资,把本来指标已经过高的国家各项计划搅得更乱了,导致行政领导体制又开始“大收权”。这虽然在一定时期促进了经济的发展,但却使得地方和企业丢失了必要的自主权,又反过来影响了经济的发展。十一届三中全会以来,我们逐步进行了行政领导体制的改革。随着经济体制和行政领导体制改革的深入发展,科学的行政领导体制在职能分解和转变的基础上逐步完善。这样,企业拥有自主权与经营管理权,具有较强的活力;行政领导则职权明确,按照法规政策为企业服务并进行监督。显然,这有助于促进社会生产力的发展,从而也有利于社会主义优越性的充分发挥。

第二,科学的行政领导体制有助于协调各级各类行政领导机构

行政领导体制包括了制度规范系统和组织机构系统,根据整体决定局部,局部服从整体的原理,行政领导体制的类型决定行政领导机构的设置与格局。随着科学技术和现代化建设的日益发展,专业分工越来越细,组织机构也随之越来越复杂,既有职能机构,又有层次机构,还有集权式和分权式等多种结构,而且不论哪种形式的组织机构都不是以纯粹单一的形式存在着,有的组织可能是两种组织机构的组合,有的组织可能是多种组织机构的并用,有时还可以因管理对象或任务的变化而创立新的组织机构。因此,行政领导作为一个很复杂的社会活动过程,不是行政领导者个人和领导集团中若干人所能胜任的,而是许多机构分工合作的过程。这就需要建立一个合理的行政领导体制,把各级各类机构组织起来,形成一个有机的行政领导工作系统,使其互相监督,互相协调,这样才能使行政领导活动和谐地进行。有了相对稳定的行政领导体制,行政领导者个人或者领导集团都能在行政领导体制的轨道和规范中进行活动,便于调动、发挥个人或团体的积极性和创造性,以利于最终完成事先

设定的目标与任务。

第三,科学的行政领导体制有助于造就更优秀的行政领导者

科学的行政领导体制,其中一项重要的内容就是对行政人员依法进行科学的分类管理,为年轻有为的行政领导人才脱颖而出创造良好的环境。我国在新中国成立初以及此后的一段时间内,由于不注意行政领导体制的建设,结果造成行政机关人员膨胀、素质低下、人浮于事。改革开放以来,经过1982年、1988年、1993年与1998年四次比较大的政府机构改革,我国行政领导干部队伍从整体上看,发生了两方面的历史性变化:一方面,在改革开放之初,按照邓小平提出的"革命化、知识化、专业化、年轻化"的四化方针,选拔任用包括行政领导干部在内的各级各类干部,大大提高了行政领导干部队伍的知识化与专业化水平;另一方面,由于对传统的干部人事制度进行了一系列卓有成效的改革,特别是国家公务员制度的建立和实施,进一步把行政领导干部队伍的建设纳入法制轨道。通过建立严格的录用、考核、职务升降、培训、交流回避、辞职辞退、工资福利、离退休等各种制度,严把"进口关",敞开"出口关",对提高行政领导干部队伍的专业化水平与整体素质,产生了深刻而长远的影响。但是,总体来说,我国行政机构重叠、行政人员过多的现象仍没有从根本上得到解决,这是不利于培养优秀的行政领导人才的。在当今时代,科学技术的发展与进步,经济的复苏与振兴,乃至整个社会的繁荣与进步,归根结底都取决于劳动者素质的提高和大量合格人才的培养。由此而论,行政领导活力的增强与效率的提高,乃至整体行政领导机构的高效化,也都取决于行政领导人员的政治素质、文化素质、能力素质、身体素质等个体素质的提高与行政领导整体结构的优化。而这一切都是以健全而高效的行政领导体制建设为基础的。历史与事实证明,凡是行政领导体制比较科学,特别是行政领导人员管理制度体现了注重实效、鼓励竞争与民主监督等原则的部门与机构,就会呈现人才济济的局面。

第四,科学的行政领导体制有助于建立行政领导者与被领导者之间的良性关系

行政领导活动主要是由政府领导者、被领导者、组织目标和客观环境等诸要素构成的。其中,行政领导者是行政领导活动的主体,在行政领导诸要素中起主导作用。被领导者是相对行政领导者来说的,是指在行政领导活动中处于被动地位的组织和人员。被领导者是行政领导活动中的基本要素,他们在行政领导活动中一身兼二任。对行政领导者来说,他们是客体;相对于组织目标来说,他们又与行政领导者共同组成了行政领导活动的主体。离开了被领导者,行政领导者就无法实施其领导活动。行政领导者和被领导者在行政领导活动中具有极其重要的地位,是决定行政领导活动成败的关键要素。而要使这两种主体充分发挥各自的作用,以高效地实现组织目标,就必须建立起一种合理而高效的组

织领导体制,这样才能架起行政领导者与被领导者之间相互联系与沟通的桥梁与纽带。因为,任何行政领导活动都是行政领导者对被领导者的思想、行为施加影响,并共同作用于客观对象的过程。在这个过程中,只有凭借行政领导体制才能根据每个成员的特长,把他们妥善地组合、安排在适当的层次系列上,使行政领导活动的诸要素处于相应的层次之中,形成一级管一级、层次分明的有机群体。以避免形成一盘散沙、效率低下的局面。

第五,科学的行政领导体制有助于克服官僚主义,增强行政领导活动的效率与活力

行政领导体制作为行政领导活动所应遵循的基本行为规范,包括体制、法律、条例和规章制度等等,它具有合法性、强制性、稳定性和全面性等特点。行政领导体制不仅可以通过各种法律条文和政策制度的方式约束行政领导者的言行,还能一代一代地延续下去,不以行政领导者的更换而变化。倘若行政领导体制不健全,权限不清,责任不明,就会造成一些思想作风有问题、权术不正的行政领导者乘机钻空子、营私舞弊,也极易产生不负责任的官僚主义等恶习。一些消极腐败现象的产生,不仅同行政领导者个人的素质、领导班子的结构等方面有关,也与我国行政领导体制中的某些弊端有密切的联系。在包括我国在内的许多社会主义国家里,都出现过权力过分集中的现象。一方面,行政领导机构管了许多不该管、管不好也管不了的事,陷入事务主义而不能自拔;另一方面,基层单位则缺乏自主权,多数办事人员无权决定,少数掌权者又负担过重,这就必然造成官僚主义,出现衙门作风。可见,通过加强行政领导体制建设,划清各级各类行政领导机构的职权范围,层层建立行政责任制和实绩考核制,是规范行政领导行为的制度保证,是克服官僚主义的有效途径,也是增强行政领导活力与效率的治本措施。

第六,科学的行政领导体制有助于保证国家的长治久安

科学的行政领导体制,在社会主义国家来说,就是理顺各方面的关系,调动各方面的积极性,以保证工人阶级和广大人民群众当家做主,并维护社会的安定团结。我国目前正处于社会主义的初级阶段,不安定的因素甚多,比如官僚主义和贪污腐败现象的存在,阶级斗争在一定范围内的长期存在,极少数敌对分子时刻准备颠覆我们的党和国家等。而要逐步消除这些不安定的因素,最终实现国家的长治久安,归根结底要依靠发扬社会主义民主与健全社会主义法制,以利于逐渐消除腐败现象并严惩极少数敌对分子的破坏行为。而建立健全科学的行政领导体制,是健全和完善社会主义民主与法制的重要内容。我们要通过优越的制度,其中包括科学的行政领导体制的建设来发挥重大的作用,以最终实现国家的长治久安与繁荣昌盛。

三、行政领导体制的结构与类型

(一) 行政领导体制的结构

行政领导体制的组织结构作为行政领导内部各个基本要素的组合形式及相互关系与联系方式,主要有四种基本表现形式,即直线式、职能式、混合式和矩阵式。

直线式组织结构又称层次制、分级制、金字塔式或传统式组织结构,它是将一个领导系统或单位,在纵向上垂直划分为若干层次,从最高的指挥中心到最低的基层单位,形成一个逐级扩散、层次分明的金字塔式的组织结构。这种组织结构的优点是上、下、左、右的关系一目了然,指挥统一、步调一致、职责分明、行动迅速、便于监督、有利于提高组织整体效率。其缺点是等级森严、过于刚性、层次过多,有碍于下属积极性的发挥,也容易造成行政领导者陷入日常行政事务之中,而无法集中精力研究和解决重大问题。因此,这种组织结构适合于简单而低层的组织与重复性较高的简单工作。

职能式组织结构又称分职制,它是一种为了完成某一较为复杂的工作任务或特定的领导功能而成立的某些专门性机构。凡是与完成此任务与职能有关的部门或工作人员统一归该机构领导,同时领导者对其职权范围内的所有问题拥有指挥权。这种组织结构的优点是便于进行分门别类的专业化领导与管理,有利于行政领导者集中精力抓大事,提高工作效率。其缺点是不利于协调各单位与部门间的活动,由于没有固定的上下级关系,下级有可能接到相互矛盾、抵触甚至重复的指令,这样就容易导致割裂对下属单位的统一领导过程,其完成的任务与职能具有阶段性与暂时性的性质,不利于解决涉及到的各种综合性问题。

混合式组织结构是一种将直线式组织结构与职能式组织结构有机结合起来的组织结构形式。它是以直线式组织结构为基础,在每个领导层次都设立专业性的职能部门,作为该级行政领导者的参谋部门,按照职能分工分别处理各类问题。这些职能部门拟定的决策、计划与方案等,应经由直线行政领导者批准下达给下级机构,其本身在原则上不能直接指挥或命令下级领导和下属职能部门。因此,混合式组织结构既吸取了直线式组织结构与职能式组织结构的优点,同时又克服了二者的缺点。从而既保持了集中统一领导和指挥,以使政令畅通,避免政出多门;同时又能够充分发挥各职能部门的积极作用,以避免相互掣肘,进而提高行政领导效率。

矩阵式组织结构是一种在混合式领导组织结构的基础上,按照数学上的矩形方阵原理建立起来的领导体制,又称“规划——目标”结构形式。这种组织结构的特点是,当领导机关有某一项重要任务时,就将按职能划分的部门同按任务划分的部门结合起来组成一个项目小组,在完成任务的过程中,项目小组成员在纵向上受职能部门的领导,以保证职能活动的展开;在横向上受项目小组组长的领导,以保证任务的及时完成。如此通过纵向与横向的结合,便形成了一个灵巧简便的组织结构,在这个结构内,既有严格的权限分工,同时项目小组成员又有较大的自由发挥的空间,可以增强他们的责任感与积极性,有利于加强各个有关部门的联系与配合。因此,这种组织结构可以调动各方面的积极性,有利于高效完成临时性的重大攻关任务。其缺点则在于此组织结构中的每一个成员都需要同时接受来自职能部门与项目小组的双重领导,因此造成了协调工作的复杂与困难,要求领导者与执行者双方都要具有较高的素质与能力水平。

综上所述,这四种基本的行政领导体制的组织结构表现形式都各有其优点与不足的地方。在现实的行政领导活动中,行政领导者应根据实际情况采取相应的形式,并在这些基本形式的基础上进行创造性的灵活变通,以扬长避短,充分发挥各种组织结构的优越性。伴随知识经济的发展与信息时代的到来,未来的行政领导体制的组织结构设计应以有利于充分发挥组织成员的个性与创造性为原则。

(二) 行政领导体制的类型

行政领导体制纷繁复杂,按照不同的标准可以划分为不同的类型,目前比较有代表性的理论有以下几种:一是"三种论",即将行政领导体制划分为集权制与分权制、完整制与分离制、一长制与委员会制;二是"四种论",即在"三种论"的基础上,加上一种层次制与职能制;三是"五种论",即在"四种论"的基础上,再加上一种终身制与任期制。由于"三种论"的划分有失完备,"五种论"的划分不具有普遍性,我们通常采用"四种论"的划分方法。在这里,我们将对这四种类型做详细介绍。

1. 集权制与分权制

根据行政领导系统中各层级领导机关与领导者职责权限的集中与分散程度,可以将行政领导体制划分为集权制与分权制。所谓集权制是指一切重大问题的最后决定权都集中在上级行政领导机关与领导者,下级行政领导机关与领导者必须完全按照上级的指示或决定办事的行政领导体制。分权制则是指下级行政领导机关与领导者在自己的管辖范围内有独立的自主权,可以自主解决问题,上级对下级在自己的管辖范围内决定处理的事情不得随便干预的行政领导体制。

集权制与分权制各有千秋。集权制的优点在于政令统一,标准一致,能够统筹全局,兼顾其他,指挥方便,令行禁止,有利于集中力量,攻克难关。其缺点在于弹性与灵活性差,缺乏应变能力,不能因时因地因人制宜,不利于发展个性与特色,也不太容易顾及一些特殊情况,不能充分调动下级行政领导机关与领导者的积极性与创造性,有时甚至会造成官僚主义与独断专行等弊端。分权制的优点在于由于下级行政领导机关与领导者可以在自己的管辖范围内独立自主的工作,因此能够集思广益,充分发挥下级行政领导机关与领导者的主观能动性,做到从实际出发,具体问题具体分析,从而因时因地制宜地制定具有自身特色的方针与政策等,以利于充分利用并发挥下级与地方的特色与优势。对整个国家或者组织而言,则不易产生独断专行等现象。其缺点在于难以坚持政令统一,标准一致,容易造成各自为政,使组织中各个层级的矛盾与冲突难以协调,也容易造成分散主义、地方主义与本位主义等现象,不利于维护国家与社会的整体利益。

集权制与分权制的优缺点表明,要正确处理集权与分权的关系,就需要根据所处的环境条件以及所担负的任务的不同,找到两者之间能够相互调和与统一的度。比如从大的方向着眼,在夺取政权及巩固政权时期,宜采用集权制;而在经济、科技与文化的发展建设时期,在保证国家安定团结统一的前提下,宜采用分权制。而在小的范围内,如果一项重大决策必须由上级承担法律责任的,或者下级制定某项决策容易失误,决策实施后可能产生严重损失或不良后果时,宜采用集权制;凡是大规模的发展计划和战略规划工作,也应采用集权制。反之,则宜采用分权制。

2. 一长制与委员会制

根据行政领导机关中最高决策者人数的不同,可以将行政领导体制划分为一长制与委员会制,或者称之为首长负责制与合议制。所谓一长制,又称之为首长负责制或独任制,是指在一个系统或者组织的领导机关内部,其法定的最高决策权力完全集中在一位行政首长身上的行政领导体制。而委员会制又称之为会议制或者合议制,是指在一个系统或者组织的领导机关内部,其法定的最高决策权力由两位或者两位以上的行政负责人共同行使的行政领导体制。

二者相比较而言,一长制的优点在于权力集中,责任明确,指挥灵便,行动迅速,分歧较少,效率较高,易于考核优劣。其缺点在于由于单个人的学识、能力、精力与经验毕竟有限,在做决策时难免有考虑不周的地方,如果重大决策失误,则更容易造成灾难深重的后果。又由于缺乏完备的监督机制,则容易导致个人专制与滥用权力的弊端。委员会制的优点则在于能够集思广益,在做决策时考虑比较周详,可以减少决策失误;委员来自不同的方面,代表不同方面的利益,有利于系统与组织内部的协调;各委员之间分工合作,可以减少主要领导人的负担;由于决策由各委员合议做出,也可以避免个人专断现象的产生。其缺点在于由于参与决策的人数较多,容易导致权力分散,责任不明确,行动迟缓,效率低下,并且难于考核优劣。在现实的行政领导活动中,常常出现无人负责、议而不决、决而不行、坐失良机、贻误大事等现象。

由上观之,一长制与委员会制各有长短,并无绝对的优劣之分,关键在于如何根据行政领导者类型的不同以及环境态势的不同对二者加以灵活的运用。理论上而言，凡属行政性的、事务性的、执行性的、技术性的、纪律性的、突发性的、速决性的行政领导活动，宜采用一长制。而凡属立法性的、方针政策性的、协调性的、顾问性的、长远规划性的或者综合平衡性的行政领导活动，则宜采用委员会制。而在现实的具体行政领导活动中，二者的运用往往是相互补充并相互渗透的。比如一长制的主要负责人日益重视发挥咨询与参谋部门的作用，经常将一些重大问题交给智囊团或者专门委员会去调查研究并拟订决策方案；委员会制则逐步走向集体领导与个人分工负责相结合的道路，如减少委员人数，减少副职与虚职，有的委员会常常在对某一问题协商一致之后，把它交给负有直接与重要责任的委员去做决定，以便明确责任，利于考核并提高效率。但是总体来说，无论是一长制还是委员会制，其正确的运用都有赖于法制的健全与民主监督的完善。

3. 完整制与分离制

根据上级行政领导机关对下级行政领导机关的指挥、控制方式与程度的不同，可以将行政领导体制划分为完整制与分离制。所谓完整制，也称之为集约制、一元制或者统属制，是指属于同一个领导层级的各机关，或者一个机关中的各个构成单位，不分工作性质异同，其所接受的上级指挥、监督与控制完全集中在一位行政首长或者是一个上级机关的行政领导体制。所谓分离制，又称之为独立制或者多元统属制，是指凡属同一个领导层级的各机关，或者一个机关中的各个构成单位，不分工作性质异同，其所接受的上级指挥、监督与控制不集中于一位行政首长或者是一个上级机关，而是按照各个行政领导机关的不同职责分别赋予相应的权限，且彼此之间相互独立并制约的行政领导体制。

完整制与分离制可谓是各有利弊。完整制的优点在于权力集中，有利于对全局进行统筹规划，因此易于协调各方面的矛盾与利益；责任明确，可以减少相互推诿、扯皮，避免重复投资与减少“内耗”；步调统一，行动迅速，可以防止政出多门与各自为政，有利于加强合作并提高行政领导效率。其缺点在于由于权力高度集中，容易滋生官僚主义，导致行政首长独断专行，代替甚至包办其他领导机关的职责，从而压制下级行政领导机关与领导者的积极性、主动性与创造性，同时助长下级行政领导机关与领导者的依赖心理，造成行动迟缓、效率低下的局面。与完整制相比，分离制的优点在于由于权力分散，因此下级行政领导机关与领导者能够各司其职，各掌其权，各负其责，各尽其能，这一方面有利于激发下级行政领导机关与领导者的积极性、主动性与创造性，发现并培养人才；另一方面各行政领导机关之间可以互相牵制与监督，从而防止独断专行与滥用权力。在实行分离制的过程中，即使上级行政领导机关不健全、不称职甚至决策失误，也不至于对全局造成灾难性的影响。其缺点在于相互独立的下级行政领导机关容易各自为政，各行其是，进而导致机构重叠、政出多门、难以协调各方面的矛盾与利益，“内耗”严重，造成人力、物力与财力的巨大浪费；同时由于权力分散，难于监督，可能导致行政领导权力失控现象的产生。

完整制与分离制，作为一个矛盾的两个方面，是一个对立的统一体。实际上两者是不可能截然分开的，理想的行政领导体制的设计应该是完整制与分离制的有机统一。而在现实的行政领导活动中，究竟是采取完整制还是分离制，则应该具体问题具体分析。一般来讲，凡是业务性质相同，需要实行高度集中领导的领域，如军事、外交、民航、铁路等部门，宜实行完整制；而业务性质相异，或者虽然相同但是需要相互制约的领域，如立法权力机关、行政执行机关与司法监督机关等，则宜实行分离制。但是无论是实行完整制还是分离制，都不是固定不变的，行政领导者必须不断地研究新情况与新问题，因时因地制宜地进行动态性领导，以做到统分相宜、扬长避短。

4. 层级制与职能制

根据行政组织系统内部各机构的职责权限的性质与范围的不同，可以将行政领导体制划分为层级制与职能制。所谓层级制，又称之为直线制、层次制、分级制或者系统制，是指将一个行政领导机关在纵向上划分为若干个层级，每一个下属层级对上一个层级负责，从指挥中心到基层形成一个类似金字塔式那样的指挥系统，每一个层级的领导业务范围基本相同，但管辖的范围与规模随层级的降低而逐渐缩小的行政领导体制。所谓职能制，又称之为分职制、功能制或者机能制，是指在一个行政领导机关中在横向上平行地设置若干个职能部门，辅助行政领导机关实施领导。各个职能部门所管辖的范围都以本行政领导机关的整体为对象，只是工作的性质与内容不同的行政领导体制。

层级制与职能制也是各有优劣。层级制的优点在于权力集中，指挥统一，层级分明，整齐划一；由于各个层级的行政领导者业务性质基本相同，所以无论升迁或是调动，均能很快胜任新的职位；此外，这种体制强调掌握与熟悉各方面业务，因此有利于培养具有统筹安排与综合平衡能力的“通才”型行政领导者。其缺点在于由于各级行政领导者管辖的事务太多，容易陷入事务堆里难以自拔，一方面有可能造成事无巨细，事必躬亲；另一方面也有可能导致滥用权力，轻率而随意地处理事务的现象发生。同时由于中间层级过多，也会导致指挥的效力随层递减。职能制的优点则在于分工精细，专业性强，行政领导者能够各司其职，业务熟悉，因此工作效率较高，同时有利于培养精通各门业务的专家并提高行政领导者的专业化水平。其缺点在于由于分工过细，容易造成机构臃肿，人浮于事；容易形成割据状态，滋生本位主义，导致政出多门，互相扯皮，难以协调各部门的矛盾与冲突；同时由于各专业部门只熟悉本身的业务，对整体与全局的情况不够了解，因此容易违反系统原则、经济原则与效率原则。

层级制作为一种传统的行政领导体制，已经不适应现代社会中经济、科技与社会高度的综合协调发展,在当今行政国家的潮流中,大政府、大机关已经成为不可避免的现象。因此,在行政领导机关内部,层级制与职能制的并用已经成为必然的趋势。而究竟如何科学合理地将二者结合起来,我们就需要遵循目标原则与效率原则,不断地对管理跨度、纵向层次、职能部门划分以及各部门职责权限的确定等问题做动态研究,以利于充分发挥二者的优点与长处。

第二节　行政领导体制的历史与现实分析

一、领导体制演变的历史概况

马克思主义关于生产力与生产关系,经济基础与上层建筑的矛盾运动推动人类社会发展的原理认为,经济基础决定上层建筑,上层建筑是建立在经济基础之上并为其服务的。"随着经济基础的变更,全部庞大的上层建筑也或快或慢地发生变革"①。因此行政领导体制作为上层建筑的一部分,其建立与演变同样要与生产力与经济基础的发展变化相适应,并且同时受制于一个国家的政治制度与民族文化传统的影响与制约。

综观领导体制演变的历史,大致可以将其划分为四个阶段,有的学者将这四个阶段概括为原始民主制、君主专制制、分权制衡制与民主集中制,也有的学者根据社会形态的演进过程,将领导体制划分为自然集体领导、个人家长式领导、资本主义社会领导体制和社会主义社会领导体制。二者虽然说法不一,但所指的实际内容大体一致。

伴随着社会分工的发展,在近代社会逐渐出现了一个职业化的领导管理阶层,因此领导学也应运而生,使得对领导现象的研究逐渐走向规范化与专业化的道路,所以在这里我们拟对近现代领导体制的发展与演变做一个详细的回顾与介绍。但在此之前要简要介绍一下自然集体领导与个人家长式领导的主要内容。自然集体领导是一种原始的、初级的、简单的领导体制,是在原始社会生产力水平十分低下的情况下,产生在原始公有制经济基础之上的,主要表现为氏族议事会、部落议事会与部落联盟议事会等形式,适应了当时社会对简单协作劳动的领导与军事指挥的要求。个人家长式领导是人类社会步入阶级社会之后才产生的现象,主要表现为君主专制、世袭制与中央集权制等形式,这种领导体制是与奴隶社会及封建社会以手工工具为标志的中世纪生产力、小农经济相适应的。

---

① 《马克思恩格斯选集》第2卷,人民出版社1972年版,第83页。

二、西方领导体制的变迁及其对行政领导的启示

实行什么样的领导体制,同一个国家的社会政治制度有密切的关系。领导体制作为上层建筑,是政治制度的组成部分,它必须与社会经济发展水平相适应。国外资本主义国家的领导体制,随着社会化生产的发展,经历了几百年演进的历程。

(一) 西方企业领导体制的演变

西方资本主义国家的领导体制从微观角度来看,主要指资本主义国家企业的领导体制,这种体制的发展过程主要包括五个阶段:

1. 家长制行政领导

近代资本主义社会是从中世纪封建社会脱胎而来的,在其最初阶段,各个方面不可避免地带有封建主义的色彩,早期的资本主义依旧普遍实行家长制的行政领导,这一情况一直持续到工业革命的兴起。由于当时的生产力水平低下,企业多为简单的手工作坊,规模很小,因此企业所有者与经营管理者往往融为一体,一切由老板说了算,一切凭老板个人的能力与经验办事,取得的成果归功于老板,如果遇到失败和破产,其后果也由老板一人承担。这种领导体制的本质特征是老板凭借自己的地位、权力和经验进行领导和管理。由于当时的生产规模不大,这种领导方式还比较适应,并且起到一定的积极作用,这一情况一直持续到19世纪中叶工业革命的兴起。

2. 经理制领导

工业革命之后,社会生产力有了长足的发展,工厂代替了手工作坊,随着经济规模的扩大和劳动生产率的提高,生产劳动趋向于专业化。早期的企业所有者由于不懂领导与管理的法则,而难以维持企业组织的快速发展,更难以适应日益激烈的竞争,无法满足社会生产力发展的要求。这种情况致使企业的经营管理权逐渐地从资产的所有者转移到没有资产的经营管理者身上,出现了财产所有权与经营管理权的分离。财产所有者退居幕后,不去经手企业的具体事务,领导与管理企业的是专门拿薪水的经理人员。这些经理人员通常是由一些学识渊博,掌握高超的生产技术,并且具有精深的专业知识的人员担任。比如被奉为"现代科学管理之父"的泰罗,原来就是一位工程师。经理制的出现是领导体制演变过程中的一个历史性变化,是社会生产力快速发展的必然结果,在实践上显示了优越性,推动了近代资本主义国家企业的发展,因此被一直沿用至今。

3. 职业"软专家"领导制

从20世纪初开始,由于生产社会化的程度越来越高,生产规模进一步扩大,以及现代科学技术与生产的进一步结合,导致企业内部组织结构日趋复杂,专业分工也随之日益细化。经营管理在生产过程中的作用也越来越重要,管理的方

式与手段发生了根本性的变化，其面临的环境与情况也更加复杂。这就使得原来只精通某一专业知识与生产技术的“硬专家”无法胜任领导了。他们虽然是所在领域或者行业的杰出人士，但这并不等于他们同时具备高超的领导与管理才能。随着管理逐渐成为一门学问，以经营管理为专业的职业“软专家”应运而生。此后又逐渐发展成软硬结合的专家，即要求领导者既精通专业知识与生产技术，同时又是领导与管理的行家里手。这种领导体制的本质特征，是领导者按照领导与管理的一般规律来开展工作。

4. 专家集团领导制

第二次世界大战之后，特别是近二三十年以来，随着现代生产与科学技术的高度分化与高度综合，“大企业”“大工程”“大科学”不断兴起，它们都分别涉及多种行业，需要多方面的知识。因此，单个的专家，无论是“硬专家”“软专家”或者是软硬结合的专家，都已经无法胜任纷繁复杂的决策与领导工作了，从而出现了最高领导层次的专家集团领导趋势。在一些大企业与大公司里出现了总经理办公室等机构；在科研领域中，则采取科技委员会、学术委员会与科学家会议等形式。与此同时，一些大单位还聘请包括技术专家与管理专家在内的各类专家组成“智囊团”与“思想库”，为生产和科研决策提供各种可供选择的决策方案以及科学依据，但不最终决定领导的决断。这种有现代智囊参与的领导体制，标志着一种“谋”与“断”相分离的新的领导方式的产生。这种领导方式不仅在经济组织，而且在政府机构中也被普遍采用，其主要特征是专家领导集团按照领导与管理的一般规律来从事领导与管理工作。目的在于发挥集体智慧，弥补个人精力与能力的不足，从而提高领导水平，使领导的决策日益臻于科学化与高效化。

5. 多级领导制

无论是家长制、经理制还是专家制，从领导体制中决策与管理的结构上来看，大都属于集权制。但是，随着市场的瞬息万变以及竞争的日趋激烈，这种集权过多的领导方式已经不能适应各种问题纷至沓来的形势需要。客观上要求在必要的集中领导下，扩大分散管理的权力。在20世纪20—30年代，一些国家都在寻找新的领导途径，美国率先提出了在大型企业中实行集中领导、分散管理的“事业部制”。这种领导体制的特点，在于把经营决策与具体管理分开，使总经理等公司一级的高层领导可以摆脱日常事务，集中精力研究处理全局性大事；而日常生产与销售等具体管理活动则由各事业部独立自主地承担。这种“事业部制”是企业领导方式的重大改革。事业部与以往工厂体系中只是领受任务的车间不同，它是独立核算，承担经济责任的单位。“事业部制”由于将决策权与经营管理权分开，这样既增加了决策的及时性与科学性，又提高了领导与管理的效率。

（二）西方政治领导体制

西方资本主义国家的领导体制从宏观角度来看，是与资本主义经济基础相适应的政治领导体制，也就是资产阶级民主制。所谓资产阶级民主制，就其一般意义来说，是指统治阶级平等地掌握政权，并对其他阶级实行统治的一种政治领导体制。这种领导体制，一方面以不平等为内容，即有组织地对被统治阶级施行专制与暴力；另一方面又以平等为形式，即统治阶级内部都有治理国家的平等权利。这种资产阶级民主制是在冲破中世纪的君主专制政体的基础上建立起来的。当时社会生产力正在从封建社会的自给自足式自然经济向商品经济发展，在客观上要求有自由贸易的平等权利，有劳动力自由买卖的平等权利，并在价值规定上将一切劳动平等对待。

就资产阶级民主制的平等形式而言，它同封建社会的君主专制制相比，无疑是一个巨大的历史进步。它在长期的发展过程中，对于实行统治阶级内部的平等以及防止权力过分集中等方面积累了很多有益的经验，进而使民主制不断得到完善。

资产阶级民主制的主要特征主要有以下几点：第一，经过政党来集中统治阶级的意志，协调统治阶级内部各个不同集团的矛盾与利益，指导政府机构的活动。第二，实行议会制，议会由公民普选出来的代表组成，负责制定法律，决定国事。第三，政府和行政首长的权力，仅限于执行议会的决议案，并受议会以及司法机关的约束。第四，实行三权分立制度，即立法、行政、司法三种国家权力分别由三种不同职能的机关行使，并且互相平衡与制约。第五，实行政党竞选制，全国实行自上而下的垂直自治机构，进行分级分权的管理。

通过对西方资本主义国家的企业以及政治领导体制演变的过程进行简略的考察，我们可以发现，它们大体上是适合现代化大生产的状况的，同时也不得不随着社会生产力的发展进行某些相应的变革。因此在总体上是符合领导体制的发展变化规律的。资本主义国家的企业领导体制反映了社会大生产的某些客观要求，同时具备日益完善的内容与形式，因而对于我们领导社会主义现代化建设，搞好经济管理，可以起到很好的借鉴作用。资产阶级民主制虽然在本质上是少数人对绝大多数人的专政，但其在内容与形式上，比如实行三权分立制度、议会制以及进行分级分权的管理等，对于完善我国的政治领导建设都有可供参考的价值。

三、中国行政领导体制的必然选择与本质特征

无产阶级通过革命夺取政权之后，建立了形式丰富多样的政权组织形式。从历史上看，社会主义国家的领导体制模式有巴黎公社政权形式、苏维埃政权形式以及南斯拉夫的社区自治形式等。我国的人民代表大会制作为社会主义领导

体制的一种，同其他模式一样，不仅带有自己的时代与国情特点，同时也是符合领导体制发展变化规律的必然选择。

（一）中国行政领导体制的历史演变

中国的行政领导体制，自秦朝以来，基本上都是中央集权制，即“百代都行秦政事”。国民党政府也是采取这种体制。1949 年新中国成立后，同样是实行中央集权制。社会主义新中国的行政领导体制演变过程大体上可以划分为以下四个阶段：

1. 1949—1956 年为行政领导体制的基本确立阶段

这是从分散的根据地政权到建立全国统一的、中央集中领导的行政领导体制。中华人民共和国建立之初，即确定国家政权的性质是工人阶级经过共产党领导的人民民主专政，中国共产党是整个国家的领导核心。1949 年中国人民政治协商会议第一届全体会议通过的具有临时宪法作用的《共同纲领》规定：中华人民共和国的最高权力机关是全国人民代表大会。同时又确定了中央两级政府领导体制与大行政区制度。即中央人民政府委员会暂行最高国家权力，政务院为国家政务的最高执行机关，对下统一领导全国各级地方人民政府的工作。下面设各大行政区军政委员会或人民政府委员会。1954 年召开的第一届全国人民代表大会第一次会议正式通过的《中华人民共和国宪法》规定：全国人民代表大会是最高国家权力机关，是行使立法权的唯一机关，全国人民代表大会常务委员会是它的常设机关。会议明确了国务院即中央人民政府的一级政府体制，即国务院作为国家最高行政机关，统一领导全国地方各级行政机关的工作。同年的党内反对高岗、饶漱石反党集团事件后，强化了党对国家行政事务实行一元化领导的原则，在各级行政领导机关建立和加强党的组织，统一领导行政部门的工作。这一原则的强化，对我国行政领导体制后来的发展产生了相当深远的影响。

2. 1956—1966 年为行政领导体制的探索与调整并走向集权化阶段

1956 年，党的八大的召开，使以毛泽东同志为代表的党中央，已经看到了当时的行政领导体制与全面建设社会主义经济和文化的客观要求的不相适应性，特别是中央与地方的关系问题，并且提出了对行政领导体制做出相应调整与转变的任务。但是在党的八大后，尤其是 1957 年的形势变化，由于多方面的原因，使得这一任务实际上并未完成。尽管当时试图在巩固中央统一领导的前提下，适当扩大地方的权力，给地方更多的自主性，但是，始终没有找到中央和地方权力划分的适度点。相反，行政领导体制却朝着适应于阶级斗争的、集权化的方向演变。在横向方面，党中央和各级党委一般通过政府、司法机关和人民团体的党组织，直接发布有关国家政治、经济、文化和其他事务的具体指示与命令。在纵向方面，一些重要的经济计划权、干部管理权主要集中在中共中央与国务院，使党的一元化领导逐步发展为集权化的领导模式。

3. 1966—1976 年为行政领导体制的混乱、畸形阶段

在“文化大革命”中,我国的行政领导体制由初期遭受全面破坏,继而向畸形演变,把过去十年中的集权化倾向发展到高度集权的顶点。在一元化领导下,党政关系处于极为混乱的状态。在行政领导原则上,由“东西南北中,党政军民学,党是领导一切的”推行到一切政治、经济、文化等具体活动都必须由党委和党委书记亲自抓。在权力分配上,国家的最高行政领导权实际上集中于毛泽东同志个人和“中央文革小组”。在组织结构上,各地方、政府部门和基层单位纷纷建立起“革命委员会”,包揽了党务、行政、司法诸项工作。而在各企事业单位,它又是党政领导的同义语。这种畸形的行政领导体制,给整个国家的政治、经济与文化生活带来了极为不利的影响。

4. 1976 年至今为行政领导体制的改革发展阶段

经过两年的徘徊过渡之后,党的十一届三中全会的胜利召开标志着中国进入改革开放的新时期。三中全会以来,我们党对“文化大革命”的畸形行政领导体制做了坚决彻底的纠正并决定开始对其进行改革。十一届六中全会通过的《关于建国以来党的若干历史问题的决议》,为领导体制改革奠定了理论基础;1980 年邓小平同志在中央政治局扩大会议上做的《党和国家领导体制的改革》的重要讲话,是指导党和国家领导体制改革的纲领性文件。党的十二大、十三大为改革领导体制确定了目标、原则、方法和步骤,党的十四大、十五大使得领导体制的改革从宏观到微观体制上都取得突破性进展。这一阶段行政领导体制改革的主要内容表现为:党政领导实行分任制,中央政治局和书记处的一部分成员不再兼任政府的主要负责工作;地方各级党委的第一书记一般不再兼任政府的主要负责工作;各级人民政府和企事业单位开始试行行政首长负责制;确定行政会议为政府机关和各企事业单位集体决策的组织形式;恢复行政领导的监督体系,重新设立国家监察部;规定党必须保证国家的立法、司法、行政机关独立负责地开展工作;进行了机构的精简合并与城市机构改革试点;调整了中央与地方、政府与企业的关系,给地方和企业更多的自主权;在农村,废除了政社合一模式,建立了乡镇政权等等。同时,这一阶段行政领导体制的改革和发展,带来了国家的经济繁荣与政治稳定。

(二) 我国行政领导体制的本质特征

我国行政领导体制在本质上是社会主义的领导体制,是在中国共产党领导下,在新民主主义革命和社会主义革命以及社会主义建设的过程中逐步建立和发展起来的。具体说来,它主要具备以下几个特征:

1. 人民群众的主人地位

人民群众当家做主,是我国行政领导体制的基础,也是社会主义根本区别于资本主义的主要标志。人民群众的主人地位,不仅表现在对于一切社会财富的

支配上,更重要的表现在劳动人民都有参与国家管理的权利,这是社会主义制度下劳动者最根本的权利,是得到宪法的确定与保护的。如《中华人民共和国宪法》第二条规定:“中华人民共和国的一切权力属于人民。人民行使国家权力的机关是全国人民代表大会和地方各级人民代表大会。人民依照法律规定,通过各种途径和形式,管理国家事务,管理经济和文化事业,管理社会事务。”我国各级行政领导机构的设置和各种规章制度的制定,以体现广大劳动人民的利益和意志为宗旨,以在组织上保证和支持人民当家做主。各级行政领导者的权力都是人民赋予的,行政领导工作的实质在于为人民服务。他们虽然处于领导岗位,但本质上是人民的公仆。

2. 中国共产党的领导核心作用

我国是工人阶级领导的,以工农联盟为基础的,人民民主专政的社会主义国家,中国共产党是领导社会主义事业的核心力量。因为中国共产党作为中国工人阶级的先锋队,是全国各族人民的利益与意志的忠实代表,没有中国共产党的领导,就不可能有社会主义事业的蓬勃发展,也不可能有人民当家做主的地位,这是我国历史赋予中国共产党的伟大使命。中国共产党作为领导核心,与各民主党派与各人民团体结成了爱国统一战线,建立了中国共产党领导的多党合作和政治协商制度。根据这一制度,各民主党派自觉接受中国共产党的领导,拥护中国共产党的基本路线,参与国家大政方针和社会重大问题的决策,参与国家事务的管理,参与国家方针、政策、法律、法令的贯彻、实施与监督,享有宪法规定的政治自由、组织独立和法律上平等的地位。这一制度是我国行政领导体制的鲜明特色之一。此外,在我国的行政领导体制中,中国共产党的领导核心作用主要体现在以下三个方面:一是各级领导机关受同级党的领导机构领导;二是一切大政方针的制定和实行必须由同级党的领导机构批准;三是党的领导机构成员在特殊情况下,兼任行政领导机关的主要领导人,以保障党对行政的领导。

3. 中央集权式的领导和管理

我国行政领导体制的另一个重要特点,就是对社会经济、政治、文化等实行中央集权的领导和管理。首先,从纵向领导关系上看,我国长期实行中央集权的行政领导体制,形成自上而下的行政领导系统,虽然中央以下的各级机关也有一定的权力,但主要的领导决策权力都集中在中央和国务院。其次,从横向领导关系看,我国实行的是统一的一元化的行政领导体制。在政治上、思想上和组织上,一切行政领导机关都要服从中国共产党的统一领导。在权力关系上,我国各级人民代表大会构成了从地方基层到中央的领导体系。这种权力机关的体系是其他一切国家机关的基础,其他国家机关都要向它负责,并接受它的监督,立法、行政、司法相统一。这同一些资产阶级国家实行的“三权分立”制很不相同。这种中央集权式的行政领导体制具有社会主义性质,这种权力的集中是建立在广泛的民主基础之上的。各级人民代表大会的权力机关,是人民主权的体现者,是人民行使管理国家权利的机关。中国共产党的章程也明确规定,党不仅以全心全意为人民服务为宗旨,在自己的工作中实行群众路线,而且在党内必须坚持民主集中制。同时,这种统一领导也不是集中权力于个人,而是实行集体领导与个人分工负责相结合的原则。这充分表明,我国现行的行政领导体制同封建社会和资本主义社会的集权制具有根本不同的性质。实践证明,民主集中制有利于充分发挥党员、地方和人民群众积极性、主动性与创造性,有利于组织决策的形成与顺利贯彻执行,从而真正形成既有民主、又有集中,既有纪律、又有自由,既有统一意志、又充分尊重个人意愿的生动活泼的政治局面。可以有效地防止损害民主的官僚主义、命令主义,同时还能防止损害集中的自由主义与无政府主义的发生。

第三节　我国行政领导体制的改革与完善

新中国成立之后,我国行政领导体制的建立与发展经历了漫长而曲折的历程,改革开放二十多年来,我国行政领导体制的改革虽然也随之取得较大的进展,已经基本上符合领导体制的变化发展规律,但是由于行政领导体制在本质上具有相对稳定性,与经济、政治与社会文化诸方面的迅速发展变化相比,显然具有滞后与不合时宜之处。因此,对我国行政领导体制的改革与完善具有必要性与紧迫性。邓小平指出:改革和完善党和国家各方面的制度,是一项艰巨的长期的任务,改革和完善党和国家的领导制度,是实现这个任务的关键。

一、我国行政领导体制的主要弊端

我国行政领导体制是脱胎于革命战争年代而在社会主义改造时期基本确立起来的。实行这种体制,对于克服新中国成立初期内忧外患的困难,建立社会主义经济制度和国民经济体系,粉碎帝国主义的封锁和维护国家的独立统一,都起到了重要的历史作用。但是,这种体制也明显地带有适应疾风暴雨式的阶级斗争和大规模群众运动的特点。因此,当全国社会主义改造基本完成,国内主要矛盾发生根本变化,国家转入全面的经济与社会文化建设之后,这种体制与新的形势和任务的不相适应性就逐步显露出来。其主要弊端具体表现为以下几点:

(一) 权力过分集中

权力过分集中可谓是我国行政领导体制最主要的弊端。对所谓权力过分集中问题,要进行具体分析。在中国这样一个国情下,在治理整顿、深化改革与扩大开放的今天,坚持适当的集中是必要的,有两条集中原则是不能动摇的:第一,坚持中国共产党的集中统一领导。我国是一个发展中的社会主义大国,幅员广阔,人口众多,情况复杂,因此必须要有中国共产党的集中统一领导作为核心力量,这样才有凝聚力,才能团结一切可以团结的力量,同心协力地建设社会主义。第二,坚持在公有制基础上的社会主义市场经济体制下,中央适当集中控制财力,要逐步提高中央财政收入在国家收入中的比重。因为中央不掌握必要的财力,就不可能保证重点建设的实现。我们所指的权力过分集中的弊端,从行政领导体制的内外部关系来看,主要表现为:在横向结构上,权力过分集中于党委领导机关;在党委领导机关内部,权力过分集中于党委书记尤其是第一书记;在中央和地方的关系上,权力过分集中于中央,地方自主权甚小。就行政领导体制的角度而论,权力过分集中有两种具体表现:一是在政治上党政不分,以党代政,党委包揽行政领导事务;二是在经济上政企不分,各级政府作为管理者掌握着企业相当一部分的权力。这些问题在1998年政府体制改革之前普遍存在。此后的改革在逐步解决。

权力过分集中的弊端,给社会主义现代化建设事业造成了种种危害。首先,它使企业实际上成为行政领导机构的附属物,各级政府作为企业的行政领导,直接插手企业的行为,包办代替企业的具体经营活动,使企业的积极性与创造性受到压抑,进而妨碍了社会主义市场经济的发展。其次,权力过分集中造成了政府机构的臃肿,人浮于事和工作效率低下。最后,权力过分集中使行政领导机关负担过重,陷入事务主义而不能自拔,力不从心地管了许多不该管、管不好也管不了的事,这就必然产生官僚主义。

权力过分集中的行政领导体制形成的原因是多方面的,主要有:第一,受过去革命战争时期中共的传统领导体制的影响。战争时期权力高度集中的领导体制被沿用到了和平建设时期,并且多年来一直过分强调党的集中统一领导,过分强调反对分散主义与闹独立性,很少强调必要的分权和自主权,很少反对个人过分集权。第二,受苏联领导体制模式的影响。苏联是世界上第一个社会主义国家,它的高度集权的行政领导体制,被后来的社会主义国家所仿效。我国虽然在领导的具体制度、活动方式和组织结构上强调避免照搬照抄,但总体格局仍然是"斯大林模式"。第三,受我国历史上封建专制主义的影响。我国社会主义革命虽然在政治制度上取得了胜利,但在思想观念、行为习惯等方面却难以挣脱几千年的惯性制约,封建主义残余影响着我们的行政领导体制。正如邓小平所说,我们过去的一些制度,实际上受了封建主义的影响,包括个人迷信、家长制或者家长作风,甚至包括干部职务终身制。

由此可见,我国行政领导体制中存在的权力过分集中的弊端,并非是单个因素造成的,而是多种因素综合作用的结果。因此,如果要在根本上克服权力过分集中的弊端,我们就必须从多方面进行努力。

(二)组织结构的设置不科学

组织结构的设置不科学,主要表现为组织层次与管理幅度的关系问题。组织层次是纵向组织结构的等级层次,管理幅度是横向组织的管理控制跨度,即一个管理者能够直接管辖的人员数目。这个数目是有限的,超过了限度,就需要将组织划分为若干层次。组织中的管理幅度与组织层次之间的关系具有一定的规律性,当在组织规模一定的情况下,较大的幅度意味着较少的层次,反之,较小的幅度则意味着较多的层次。一般情况下,层次越多,信息沟通越迟缓,信息失真的可能性越大;管理幅度越宽,协调越困难,以致官僚机构膨胀,行政效率低下。因此,组织的纵向分层和横向划分要符合两者关系的规律性。目前,世界上约200个国家中,8个微型小国只设中央一级政府,有25个国家设立中央和地方两级政府,67个国家设立三级政府,如美国这样的大国是以三级制政府为主。我国目前设立的是五级制政府:国务院—省(市)—地(市)—县(市)—乡(镇),加上每级政府内部再设置3—4个层次,如此多的层次往往导致机构臃肿,人浮于事,行政领导效率低下。又由于我国长期政企不分,政事不分,横向划分过细,推诿扯皮现象严重,也直接影响行政领导效率。因此,只有尽可能减少政府的组织层次,并科学地配置相应的幅度,才有可能实现行政领导体制的科学化与高效率。

(三)行政领导法规的缺失

行政领导法规的缺失主要表现在以下两个方面:一方面,在于缺少完备的自上而下的行政领导法规与负责制。由于行政领导法规的匮乏与个人负责制的不健全,因此缺少对于行政领导者个人乃至整个行政领导机构的职权界限与范围的明确规定,以致行政领导活动程序混乱,无章可循,行政领导者也难以独立负责地处理问题。而只好整天忙于文山会海,请示汇报,批转文件,致使问题久拖不决。一旦决策失误或者失败,又没有明确的责任主体承担后果。另一方面,在于缺少完善的行政领导管理法规。我国虽然已经建立并在逐步完善公务员制度,但在实际上仍然没有形成并贯彻一套严谨而科学的行政领导考核、录用、奖惩、离退休等法律规范。由于缺乏应有的竞争机制,使得德才兼备、结构合理的行政领导集团很难形成。总体说来,行政领导法规的缺失最终导致对行政领导者的管理松懈,监督不严。因此,容易导致有法不依、有令不行、有禁不止等消极腐败现象的滋生与蔓延。

二、我国行政领导体制改革的原则

我国以"放权""收权"、机关人数增与减为背景的机构精简与行政领导体制改革,直到1998年已经进行了几十年,却始终不见成效,反而出现一个怪圈:精简—膨胀—再精简—再膨胀的循环曲线。出现这种状况的主要原因在于:我国历次行政领导体制改革基本上属于"外延型"的改革,并没有在充分认识我国行政领导体制改革的本质的前提下,遵循一定的原则,从而真正转变行政领导机构的职能。

我国行政领导体制的改革,作为政治体制改革的一部分,其本质是在社会主义经济基础之上,对上层建筑自身的发展与完善。在对我国行政领导体制改革的本质进行正确认识的基础上,为使我国的行政领导体制改革从实际出发,有组织有秩序地逐步展开,从而保证行政领导体制改革的合理性与科学性,在行政领导体制改革的过程中必须遵守如下原则:

(一)行政领导体制改革与社会主义市场经济相适应的原则

适应社会主义市场经济的发展是当前行政领导体制改革需要遵循的第一项原则。为适应社会主义市场经济发展的需要,政府必须从生产经营活动中退出来,作为经营秩序的维护者,从社会公正的角度调节经营活动当事人的行为。政府的主要作用是用宏观调控职能来规范和引导市场:通过制定发展战略、规划和产业政策来促进经济结构的调整;通过制定规范市场行为的法律和法规、反对不正当竞争等市场失范行为;通过金融政策、财政政策引导市场投资趋向;对市场走势进行预报。此外,政府需要加强对社会公共事业的管理职能,向公众提供市场无法提供或不愿提供的公共产品,如环境保护、社会保障、基础设施、国民教育、科技开发、维持社会公共秩序等。在市场自身独自完成资源配置、市场自主调节商品价格方面,政府给予支持但并不完全放弃对市场的干预,在事关国计民生的重大经济问题上,政府要进行一定的干预。

(二)政企分开、两权分离的原则

转变政府职能,就需要按照政企分开原则,理顺政企关系。我国经济体制改革进行了许多年,国有企业改革近年来也取得了实质性进展,但政企分开问题始终未得到很好的解决。究其原因,在于国有企业为国家所有,国家作为企业的拥有者自然关心企业的资产、经营和发展,企业难以摆脱政府的行政干预。实行政企分开,并不意味着政府对国有企业可以不管,尤其现在在我国国有资产流失相当严重,化公为私现象也经常出现的情况下,政府必须管好国有资产的保值、增值问题。中共中央在《关于经济体制改革的决定》中指出:“过去国家对企业管得太多太死的一个重要原因,就是把全民所有同国家机构直接经营企业混为一谈,根据马克思主义的理论和社会主义的实践,所有权和经营权是可以适当分开的。”由此可见,按照两权分离的原则,把国有资产的所有权与经营权适当分开,是实现政企分开的根本性问题。

(三)效能与效率原则

行政效率是与效能密切关联的概念,为此,我们引入“效能”的概念。效能是指实现预期目的的适应性和能力。行政效率是行政组织在完成目标过程中对资源的利用情况,是产出与投入的比值,单位投入的产出高或单位产出的投入低,皆说明效率高。提高效率意味着对资源的充分利用,而通常情况下可支配资源是确定的，必须靠讲究效率来加大产出。行政效能是行政组织预期目标的实现程度，实现目标的程度高，则说明行政组织的效能高。效能是组织生存和发展不可缺少的条件，行政组织在利用资源方面的高效率必须建立在接近目标的过程中，而不能出现有效率而无效能的情况。我国行政改革目标之一，就是要建立一个高效的政府。

（四）统一原则

统一原则依据的是系统原理。系统原理认为，系统是一个由相互联系的若干要素所组成、为环境所影响并反过来影响环境的开放的有机体。行政组织不仅本身是一个系统，同时又是更为广阔的社会系统的一个子系统，即行政组织的内部和外部环境的各种因素组成的一个有机整体。因此在构建行政组织结构时，必须从行政组织的整体出发，研究行政组织各个部分之间的关系，研究它与环境之间的关系，统一安排各部分及其排列组合顺序，使行政组织的各个部分之间以及行政组织和外部环境之间保持动态平衡，进而促使行政效率的提高。

（五）精简原则

为了建立合理的灵活高效的政府体系，还必须精兵简政。我国《宪法》规定：一切国家机关实行精简的原则。这一原则主要体现在三个方面：一是简政放权。繁杂的政务和过大的权限，给政府背上了沉重的包袱，只有靠增设机构和人员来应付，因此，精简首先要简政放权。二是精简机构。机构设置尽量减少纵向层次，横向部门不宜划分过细，严格按照政府职能和权限范围确定机构的层次和部门。三是精简人员。要采取科学的方法，通过法定的程序，合理确定机构人员数额编制，并严格按照编制、职位配备合适的工作人员。

（六）权责相称原则

权责相称是处理行政管理活动各方面之间的关系、提高政府管理效能的一项原则。它包括三方面内容：一是职与权一致。职即职务，是一定的职位产生的职能。权即职权，即履行职能所需要的权力。有职必须有权，按职授权。如果有职无权，那么他既无法决策，也无法指挥，实际上起不到领导的作用。如果有权无职或权大于职，这种超越其职位和职务而获取的职权，显然是侵权，效果自然不好。二是权与责相统一。责即责任，是行使职权所需要承担的后果。要尽责必须有权力，责任越大，权力也相应越大，权力和责任一致，才能保证领导者正确行使权力。有权无责，为滥用权力准备了条件，可能引发危害国家利益、侵犯人民权利的事件。有责无权，领导者既要负重大责任而又不掌握相应的权力，则难于进行有效的领导工作。三是责和利相联系。利即利益，是指因工作成绩的优劣而受到的奖惩。领导者尽职尽责，工作做出了成绩，就应给予肯定和表扬，包括适当的物质奖励。而对工作不负责任，给党和人民利益造成损失的，必须追究责任。总之，权责相称原则要求职、权、责、利相统一。

三、行政领导体制改革的内容

针对目前行政领导体制存在的问题,在遵循上述行政领导体制改革的原则的前提下,笔者认为,改革行政领导体制、提高行政领导效率主要应采取如下对策:

第一,按照与社会主义市场经济相适应的原则转变政府管理模式,理清政府职能。传统的政府管理模式是在计划经济下形成的。政府职能无所不包,政府权力"无限",由此造成社会萎缩,没有自治的能力,使一些本可由社会自己解决的问题和承担的责任,都由政府承担、解决,加重了政府的责任和负担,政府实际上也没有能力承担。诚然,政府具有管理社会公共事务的职能,然而这并不等于说社会的一切事务都应由政府直接管理。政府将社会能够管理的事务交给社会去管,培养社会的自治能力,加强社会的活力和责任感,政府对社会能自理的事务不去包办,而对于社会自身难以调节的某些关系、难以解决的某些矛盾、难以管理的某些事务进行必要的管理和支持帮助。实行这样的模式至少应从三个方面入手:一是部分社区管理职能划归企业。社区一般指以一定地理区域为基础,发生各种社会关系和社会活动的社会群体①。它可以不按行政区域划分,随着城市现代化进程,社区管理不仅在大城市中具有重要地位,在中小城市也日益重要。按"小政府大社会"思路,在市政建设管理方面,可将环卫、路政维修、房屋维修、物业管理、绿化等工作划归环卫公司、物业管理公司等企业,这类公司按市场机制运作;对公益性、公众性、福利性的事务,在政府指导与支持下,由社区内各单位和全体居民依靠自身力量和社区资源,进行自我管理,这样可避免政社不分,政府职能过于膨胀。二是政府将一部分职能转给社会中介组织。按照"小政府大社会"思路,政府还应将一部分职能转给社会中介组织。在我国,社会中介组织是由政府培育和发展起来的。社会中介组织是政府职能转变的社会基础,也是政府职能社会化的基本途径。精简政府机构必须同社会中介组织承担政府部分社会事务职能结合起来。它们虽然不是政府部门,但可以受政府委托进行行业管理,贯彻执行政府的法规和政策。三是提高政府权力运行的有效性。政府权力、功能或能力必须与其职能相适应,因为"任何权力都是由职能决定的,只有履行一定职能的主体才能拥有某些特定的权力。"②一般说来,政府职能随着社会的经济、政治、文化的发展变化而变化,政府的权力、能力与政府的职能相适应。当前由计划经济转向市场经济时期,要提高政府效能效率,必须加快政府职能的转变,规范政府职能的范围和内容,从而使政府的权力运行走上正确的

---

① 详见《中国大百科全书·社会学卷》有关词条。

② 施雪华:《论政府权力的丧失及预测和预防》,《学习和探索》1996 年第 2 期。

轨道,使政府权力的总量相当于政府能力的总量,同时相当于政府职能的总量。这样,才能保证政府权力运行畅通无阻,也才能不断提高政府管理的有效程度。

第二,按照统一、精简的原则构建政府的组织结构,精简机构。按照统一原则,要围绕政府职能运行实行两个"统一":一是统一领导。要围绕贯彻执行党的路线、方针、政策,确定政府的社会经济建设的总职能,组织一个协调有序的机构体系,实现领导管理的统一性。政府职能转变、机构改革工作要严格按国家的统一规定、统一制度、统一程序进行,不得制定与国家的政策和法规相违背的"土政策",或借口工作需要任意扩大职能范围,增设工作部门,扩大编制。二是统一职能目标。要明确划分各政府机构的职责权限,处理好中央与地方,政府和企业,以及政府内部各部门之间的职责权限关系,保证上下政令畅通,左右协调合作,运转灵活,既有各级各部门的独立自主性,又有对上级部门必要的从属性和对同级其他行政部门的协作性,从而保证政出一门,令行禁止,防止领导多头、部门分割、政出多门等情况发生。

按照精简原则,首先,纵向层次要尽可能地少。如果将我国政府由中央到地方共 5 个层次中的地(市)和乡(镇)除去,省直接管县(市),乡(镇)以下作为自治组织,政府机构就可消肿,便于上下沟通。其次,横向部门划分不宜过细。横向部门划分过细同样造成机构庞大,职能交叉,由此影响管理的有效性。这样纵向政令畅通,沟通准确、迅速;横向将同一职能并入一个工作部门,政府机构得到较充分的精简、消肿,可以避免出现信息沟通缓慢、相互扯皮等低效率现象。

第三,按照权责相称原则确定职权体系,理顺职权关系。提高行政效率的一个重要途径是理顺各种职权关系。其主要内容有:一是理顺中央与地方的职权关系。中央与地方的职权关系并不是简单地放权就可以解决的,两者关系始终是与集权和分权相联系的。过分集权容易导致体制僵化,挫伤地方政府积极性,影响行政效率的提高。过分分权会导致地方权力过大,中央难以进行统一的宏观控制,同样影响行政效率。理顺中央和地方职权关系,关键在于划清中央和地方的职责权限,中央对涉及国家整体利益、宏观管理领域的问题有决策权和宏观调控权,对地方政府有监督权。地方政府要贯彻中央和国务院的方针、政策、计划,但对本地区有中观调控权和决策权。中央和省政府主要履行宏观经济管理职能,省以下的地方政府主要履行公共服务职能。二是理顺政府内部的职权关系。一方面,政府部门对自己的职责范围内的事,要负责地做好。对应由自己所解决的问题,应主动解决,不可事无巨细都向上级请示或推给别人。另一方面,要理顺政府中的直线人员与参谋人员的关系。直线领导人员对决策负有完全责任,参谋人员、专家对决策不负任何具体责任,因为他们不能行使直线指挥权,对决策不具有决定权,只有建议权和意见权,其职责是辅助直线领导人员更好地行使直线指挥权。

第四,按照政企分开、两权分离原则建立新型的政企关系,实行政企分开。我们可以从三个方面把握:一是政府的社会经济管理职能与资产管理职能分离。在社会主义国家,政府具有双重职能:一是作为政权的代表,行使社会管理者的职能,二是作为国有资产的代表,行使资产所有者的职能。但长期以来,政府对企业的所有权、经营权、管理权混淆在一起,政府既是国有资产产权的代表,又是国有资产直接经营者,政府通过各个层次及各个部门管理控制和干预企业,承担资产盈亏责任。而企业实际占有、使用国有资产,但不负盈亏责任,致使国有资产效率低下,甚至造成国有资产大量流失。转变政府职能,就是要建立国有资产出资人与企业法人之间规范的财产关系,强化国有资产的产权约束。政府作为国有资产产权的代表,对国有资产实行统一管理,发挥投资、管理、监督、服务等项职能,保证国有资产的安全。而国有企业依法自主经营、照章纳税,负有资产盈亏责任,保证国有资产的保值增值。这样,政府与国有企业的关系就由上下级关系变成了以资产为纽带的产权关系,真正体现了在社会主义市场经济条件下,政府管好所有权,放开经营权。二是政府的行政管理职能和企业的经营管理职能分开。政府作为行政管理的主体,对企业和公共事业负有行政管理的职能,企业作为生产经营活动的主体,负有经营管理职能。政府在履行行政管理职能时,从微观环节上放开对企业的管理,从宏观环节上加强对企业的控制,通过法律法规、经济政策等宏观措施和必要的行政手段调控市场和企业。企业的经营管理职能完全由企业自理,政府不加以任何干预。三是建立产权清晰的现代企业制度。我国政府行政体制改革的艰难还在于国企自身的改革未完全到位。由于国企改革受到多种因素的影响和制约,现代企业制度的建立需要一个长期磨合、逐渐转轨的过程。现代企业制度是以规范和完善企业法人制度为核心的产权清晰、权责明确、政企分开、管理科学的制度。产权清晰,是要用法律的形式明确包括国家在内的企业出资人与企业的基本财产关系;权责明确是通过法律法规确定出资人和企业法人对企业财产分别拥有的权利、承担的责任和各自履行的义务;政企分开是在明晰产权和权责基础上,实行政府与企业职责分离;管理科学是在产权清晰、权责明确和政企分开的基础上,加强企业内部管理,形成一系列科学管理制度。同时,政府按照现代企业制度的基本要求和内容,要从根本上转变职能,构建对国有企业管理的体系,协调好政府的国有资产管理部门和政府的其他管理部门的关系。

四、WTO与中国行政领导体制改革

WTO即世界贸易组织,是处理国际贸易全球规则的唯一国际组织,主要功能是保证国际贸易顺利、可预测和自由地进行,最终目标是建立健全一个繁荣、安全和负责任的经济世界。WTO为各成员国制定各自的国际贸易政策提供了一套系统的法律框架,即WTO游戏规则。其在深层次约束各成员国政府行为,把各自的贸易政策限制在协议范围内。几乎涉及政府领导的各个层面。为此，中国外经贸部副部长龙永图说:“入世后,我们最大的风险不是开放,而是不熟悉规则。当中国改革已经迈过第20个年头的时候,我们直面的不再是开放与否的问题,而是关注如何进一步再开放融入世界经济大潮的问题。在中央做出加入WTO的重大决断时,意味着我们由原发的被动接受冲击向主动引进外力转变。变被动为主动,这是意味深长的一幕。”面对WTO规则的运作,对中国行政领导体制进行改革,使其适应并融入国际经济大潮,从而解决行政领导体制的滞后性,实现政府自身管理改革的目标:精干,高效,公正,廉价,是中国入世所要解决的首要任务。为此必须做到以下几点:

(一) 实现行政领导权力划分的科学化

这是行政领导体制改革的中心环节,任何一种不符合科学规律的权力划分,只能给国家和民族造成损失,带来灾难。实现领导权力划分科学化,主要包括以下内容:

第一,要科学地进行横向权力的划分,要划清党政的不同职能,理顺行政领导机关与党组织、人民代表大会、司法机关、群众团体、企事业单位及其他各种社会中介组织之间的关系。其中最主要的是党与行政领导的关系,而要正确处理好这一关系,就需要做到在保证党组织在重大问题上决策权实现的同时,保障行政领导机关进行日常工作的相对独立性。

第二,要科学地进行纵向权力的划分,要划清中央、地方、基层各自的职权,明确各级行政领导机关及其人员的职责权利,理顺上下级之间的关系,调动各方面的积极性。

第三,要进一步理顺行政领导机关内部之间的关系,健全管理制度与岗位责任制,使之逐步走向制度化。

(二) 建立合理的政府组织结构,实现行政领导机构设置和人员编制的法制化及其运行活动的程序化

亨廷顿在《变动社会中的政治秩序》一书中引用卢西恩·派伊的话说:“发展的现代化问题的根基在于必须建立效率更高,适应性更强,更为复杂和更为合理的组织……发展的最大考验,是一个民族建立和维持庞大交杂而灵活的组织形式的能力。”[①]政府领导的组织结构包括区域层次结构、部门(行业)职能结构以及科层体制结构。区域层次结构的主要问题是中央和地方的关系问题。科层体制结构的改革是我国领导机构改革的一大重点和难点。主要涉及政府人员和行政程序方面的制度内容。

依法行政是现代各国领导体制改革的方向,也是社会主义民主政治建设的一项基本内容。

---

① 亨廷顿:《变革社会中的政治秩序》,华夏出版社1988年版。

1. 要加强行政领导组织立法。对每个部门的地位、职能、权限、机构、编制、领导职能、经费开支等事项都要有具体而明确的规定，使政府部门机构的设立、撤销、合并都有严格的法律规定。

2. 要加强领导活动立法，为领导活动提供基本的规范和程序。领导人员要按照规定的程序实施领导；违背领导程序和有关制度的要予以批评和制裁，并且要设立专门机关进行检查监督。

（三）建立高素质专业化的政府公务员队伍

为政之本在于人。WTO 的加入，逼迫我们必须建立一支适应国际化要求的干部队伍。也就是要建立有中国特色的国家公务员制度，以对不同的经济、社会、政治、文化等岗位所需的不同素质的人，用不同标准和方法，由不同部门实行科学的分类管理，形成有利于优秀人才脱颖而出的竞争机制。建立国家公务员制度，经过八年推行已逐步完善，并取得了明显成效：一是政府机关进人，普遍实行面向社会公开招考、严格考核、择优录用，在“凡进必考”上前进了一大步；二是职务晋升竞争上岗，已在许多地区和部门展开，在公平竞争、能上能下方面迈出了可喜的步伐；三是辞退制度从无到有、不断规范，干好干坏一个样的弊端正在加以解决；四是考核、轮岗、回避制度已逐步扩大；五是工资制度经过改革，晋级增资机构已正常运行。可以说具有中国特色的公务员制度已基本建立。

（四）实现行政领导行为方式、方法及手段的现代化

行政领导体制有静态的一面，也有其动态的一面。后者体现为行政领导活动的过程，包括行政领导与管理的方式、方法、手段、流程和观念等多方面都需要实现现代化。不仅要对社会事务采用宏观管理、横向管理、综合管理、目标管理等现代领导与管理方式，而且要善于综合运用法律方法、经济方法、系统方法、信息方法等现代管理方法，并实现领导与管理技术手段的现代化。

（五）努力树立良好的政府领导形象

在加入 WTO 后，成员国政府都特别地重视形象问题。良好的政府形象也是一种资源。我国政府在国际贸易组织中，应该树立一个懂科学、有能力、讲规则、重诚信的政府形象。这也是行政领导体制改革的一个重要目标。

【思考题】

1. 何谓行政领导体制？其本质属性与特征是什么？
2. 简述行政领导体制在行政领导活动中的地位与作用。
3. 简述行政领导体制的结构与类型。
4. 简述西方领导体制的变迁及其对我国行政领导体制的启示。
5. 我国行政领导体制的主要弊端是什么？
6. 试述我国行政领导体制改革的内容与方向。

第三章　行政领导环境与文化

任何行政领导活动都是在一定的环境中进行的,行政领导目标的实现和行政领导效能的提高,不仅取决于行政领导者自身的行为取向,还同它所依存的环境密切相关。因此,对行政领导环境的研究便成为行政领导学的重要组成部分之一。

第一节　行政领导环境概说

一、行政领导环境的含义

因为行政领导环境是生态学与领导生态学的一个分支,所以在对其进行界定与研究之前,有必要对生态学与领导生态学做一下初步的解释与说明。

1. 生态学与领导生态学

生态、生态系统等词曾经被19世纪达尔文学派的动植物学家广泛运用,来描述生物体如何生存和适应它们的环境。所谓生态,是指生物体的生存空间和条件,它与生物体共同构成生态系统。所谓生态系统,是指生物群落及其环境组成的功能整体。[①] 在这个系统内,生物体和环境进行物质、能量和信息的交换,实现了系统自身新陈代谢的生命过程,并维持生态系统的动态平衡。

20世纪20年代,在社会学家有关人类社会生活的研究中,开始借用生物学中的有关概念。美国哈佛大学的教授约翰·高斯是最早将生态学概念引入社会科学领域的著名学者之一,他认为在研究社会的行政行为时,不能单纯就行政研究行政,而是强调环境对行政行为的影响和作用,并进一步揭示了行政活动是如何受其环境或生态的影响的。此后,高斯的同事里格斯提出了行政生态学研究的四个领域,即社会环境、文化环境、生理环境和心理环境。约翰·高斯和里格斯共同创立了以生态学方法研究行政管理的新的学科体系,树立了以生态学理论和系统论思想研究社会科学的成功典范,从而启发和刺激了社会科学的其他学科从生态学角度进行学术研究的热情。

系统是一个由许多相互关联的部分组成的用以实现特定功能的整体。一般而言,系统可以分为开放系统和封闭系统两大类。封闭系统具有朝着静态均衡

① 《简明不列颠百科全书》第7册,中国大百科全书出版社1986年版,第168页。

和熵增状态发展的固有趋势,系统随着熵的增加而进入一种混乱状态。而开放系统则不同于封闭系统,它与环境之间存在相互联系、相互作用的关系。环境向它输入,它又向环境输出。这些输入与输出以可预期或不可预期的方式来影响环境,同时也受到环境的影响。

系统理论认为,任何一个组织都是一个系统,其各部分之间相互关联,并共同组成一个系统来实现组织目标。传统观点在对组织系统的性质认定方面存在着错误,把组织作为一个封闭系统来理解。现代理论的发展使组织从封闭态的桎梏中解放出来,恢复了它的开放特质。开放系统理论和领导环境的结合,产生了一门新的领导学分支——领导生态学。在领导生态学中,组织被比喻为生物体,领导环境则被模拟为生态,在上述理论假设的前提下,领导生态学将生态学的观点和方法运用于领导科学的研究中,它使领导环境在领导科学研究中的作用和意义得以凸现,为领导科学的研究拓宽了思路、开阔了视野,推动了领导科学的发展。

2. 行政领导环境的含义

环境一词是指事物周围的情况和条件。环境的最初含义主要是指空间意义的范围大小,具有明确的空间边界,即环绕而成的区域。《元史余阙传》中记载:"环境筑堡寨,选精甲外悍,而耕稼其中。"

随着社会的发展,环境逐渐突破了原有的狭窄的空间属性,具有了越来越广泛的社会意义和人文意义。我们现在一般是把环境作为包括自然环境和社会环境在内的特定词汇来理解和使用的。

组织是人类在生产生活的实践活动中产生的一种合作形式和合作形态,任何组织必然存在于特定的环境之中。相对于组织而言,环境可以广泛地理解为组织以外的一切事物。组织与环境之间既有区别,又彼此依赖、相互渗透,二者通过不断的交互作用和互动过程,来影响和制约对方的功能和行为,在相互适应和调整过程中保持着一种动态的平衡状态。正如生物系统与生态环境之间的互动一样。领导活动是人类发展史上具有悠久历史和旺盛生命力的一项重要的社会活动,行政领导环境则是制约和推动行政领导活动发展的各种要素的总和。行政领导环境与领导组织之间互动与依存的关系是上述组织与环境关系的一个具体表现。

在现代社会中,组织成功的概率与组织和环境之间的一致性程度呈正相关关系,而一致性程度首先要以认知程度为基础。作为行政领导活动中的一个基本要素,行政领导环境是对领导者、被领导者和群体目标的一个有效补充,有助于从更为广阔的视角展现行政领导活动运行发展的过程和规律。它沟通和连接了行政领导活动中多种表面看来并无联系的要素,为领导科学的研究与发展提供了一种动态的、联系的、辩证的观察视角和学术思路。行政领导环境的研究意义也正在于此。

二、行政领导环境的基本特征

1. 客观实在性和部分可塑性的统一

所谓行政领导环境的客观性,是指领导环境具有不以任何个人或组织的意志为转移的特性。因此,在进行领导行为选择的过程中,必须尊重领导环境的客观存在,从实际出发,实事求是,正确认识和对待环境中的各种有利因素和不利因素。

环境的客观性并不意味着领导者只能消极地适应环境而不能有所作为。领导环境不但具有客观实在性,而且具有部分可塑性的特点。所谓可塑性,即环境的可改造性。只要领导主体从实际出发、具体问题具体分析,就可能认识环境、利用环境,部分地影响甚至改变行政领导环境。随着科学的发展和技术的进步,人类认识环境、改造环境的能力也将不断提高,从而促进行政领导活动的深入发展。

2. 多样性与类别性的统一

领导环境的多样性主要表现在以下几个方面:

(1) 构成领导环境的因素、条件是多方面的。

对构成领导环境的因素和条件可以从不同角度进行分类:按形成条件划分,可以分为自然的和社会的环境;按时态分,可以分为过去的、现在的和未来的环境;按范围大小,可以分为宏观的和微观的环境;按环境的性质划分,可以分为经济的、政治的、技术的和精神的环境;按领导者所能掌握的程度划分,可以分为可控的、部分可控的和不可控的环境。而在每一类中又可以做更为细微的类别划分。按地域范围划分,领导环境既有国际的,也有国内的,而且常常相互影响;既有全面的,也有局部的,而且经常变换位置;以边界分,可以有内环境和外环境两类;从社会环境层次上分,可分为一般社会环境、特定社会环境和团体社会环境等。

(2) 行政领导环境的形式具有多样性。

从性质上看,领导环境因素既有显露的,也有潜在的;既有实体的,也有精神心理性的。从作用时间上看,领导环境有长时间起作用的,也有短时间起作用的。

(3) 行政领导环境对领导活动的作用性质和影响强度也具有多样性。

从作用性质上看,有对领导工作起支持、鼓舞作用的,有对领导工作起阻碍作用的,还有对领导活动起破坏作用的;从影响力度上看,有大的、有小的,有主要的、有次要的,有关键性的、有辅助性的,有影响强烈的、有影响微弱的。

环境的多样性决定了领导者在做出行为选择的时候,必须从多方面、多角度了解行政领导活动存在的环境。

领导环境因素虽然是多样的,但也不是杂乱无章的。一定类别的环境因素总是与一定领域、一定内容的领导活动联系在一起的。

3. 稳定性与动态性的统一

行政领导环境是领导活动赖以存在和发展的各种有效因素的总和。稳定性是领导活动顺利开展的前提,也是领导活动对领导环境的基本要求。相当多的领导环境因素是较为稳定的。行政领导环境的稳定性主要体现在领导环境中各个方面、各种因素、各个条件的有序运行和顺利发展。领导环境的稳定性首先是通过其自然地理环境的固定性来实现的。此外,稳定性的实现还需要以政治、经济、文化结构、社会制度的稳定为条件。

运动是物质存在的方式,所有的事物都处于发展变化之中。环境也是一种客观存在的态势,领导环境始终处于不断地变化之中。构成环境的各种条件、各种因素既具有相对的稳定性,又是不断发展变化的。行政领导环境发展变化的原因在于行政领导环境构成因素自身的矛盾运动及行政领导活动与环境系统的相互作用。领导行为不仅仅是环境作用的产物,领导行为选择一旦做出,也会反过来对它赖以产生的环境发生反作用。在动态发展的过程中,领导环境的各种因素相互影响、相互制约,不断派生出诸多矛盾和变化,是造成领导活动中新矛盾、新问题不断出现的重要原因。

但是,环境的变化并不是杂乱无章的,而是有一定规律的。因此,领导者不但要善于审时度势,因时、因地地调整和改变自己的行为,而且要在发展变化的环境中,积极探索和合理利用领导环境动态发展的规律,以便更好地利用和改造环境。

4. 环境的连锁性与定向性的统一

领导环境因素对领导者的作用不是一个简单的作用与反作用的循环,而是表现为一环扣一环的连锁反应,或是相互影响的交叉反应。

所谓环境的连锁反应是指当某些环境因素 C 作用于领导行为 A 后,环境因素 C 与领导行为 A 又构成新的环境因素作用于领导行为 B,C、A、B 又构成新的环境因素作用于领导行为 D,由此形成环境与领导的因果链条。

所谓环境的交叉反应是指环境 C 作用于领导行为 A、领导行为 B 和领导行为 C,领导行为 A、领导行为 B、领导行为 C 分别以对方为环境,发生相互作用,这种作用所产生的状态连同环境 C,交叉对领导行为 D 发生作用。

环境因素的连锁性和交叉性要求领导者在做出行为选择的时候,必须考虑对其他领导活动的影响。

领导环境因素虽然具有连锁性与交叉性特征,但是,领导环境因素由于上述的类别性特征,从而也具有定向影响的特点。

5. 常规性与突发性的统一

行政领导活动的环境因素由于上述的稳定性特征而表现出一定的确定性。大多数环境因素,其出现、变化都是有规律的,或者说是符合常规的。

但是,也有相当多的环境因素的出现、变化具有突发性,往往出乎领导者的意料之外。这些突发性的环境因素主要有以下几类:

其一是特大自然灾害,如地震、洪水、飓风等。

其二是国际范围的危机,如2001年美国的"9·11"事件。

其三是综合性危机,如亚洲金融风暴。

环境因素的突发性对领导者的领导活动影响巨大,使领导者的决策面临严峻的挑战。因此领导者要防微杜渐、未雨绸缪,增强危机意识,提高应变能力,对环境因素的各种突发性变化做好充分的心理准备、物质准备和策略准备,做到临危不乱、从容有序,最大限度上保证行政领导活动的稳定运行和顺利进展。

三、行政领导环境与行政领导活动的相互作用

(一) 行政领导环境的作用

行政领导环境是领导主体赖以生存、发展和发挥作用的综合性客观基础和客观条件。领导活动的很多方面都受制于领导环境。这主要表现为以下几个方面:领导环境为领导活动的开展提供了前提和基础。领导环境制约和决定着领导目标。领导环境的特性制约和决定着领导方式和领导方法。领导环境影响领导关系的建立和维系。领导环境影响领导效能的高低和领导目标的实现。

(二) 行政领导的反作用

领导主体并非被动地接受环境的影响,而是要有意识地去认识环境,提高自身适应环境和改造环境的能力,寻求一种对领导活动发展最为有利的环境形态。组织是一种有规则的人群结合体,人是组织的活的灵魂,组织行为是个体行为的综合反应和体现。从这种意义上说,个体构成了环境与领导活动相互影响、彼此作用的纽带:一方面环境对领导的影响通过个体行为来感知和表现;另一方面,领导主体对环境的能动作用也要凭借个体行为去实现。

人对环境的能动作用主要表现为人对环境刺激的选择性,这种选择性可以从以下三个层次来理解:第一,人不可能在同一时期内对所有作用于感官的外界刺激做出相同程度的反应;第二,人总是选择与自己相关的刺激做出反应,相关程度越高,反应越强烈;第三,人所持有的不同观念和思维方式,会自觉或不自觉地使环境的刺激发生弱化、放大、排除等程度不同的改变,并将这些刺激转化为新的观念。人对环境刺激的选择性决定了人的行为的选择性:在对环境刺激进行选择的基础上,经过知觉、态度和行为三种前后相继的方式,从而实现人的行为选择。

四、行政领导环境的发展和完善

领导主体、领导活动和领导环境是领导科学研究的三个基本方面，行政领导环境是行政领导活动中客观因素的集合，领导活动的很多方面都受制于领导环境。领导主体在领导活动过程中，也可以充分发挥主观能动性，实现领导环境的发展和完善。

（一）行政领导环境发展的含义和目标

行政领导环境的发展，是指领导主体通过发挥主观能动性，创造适于发挥组织成员积极性的全新环境条件，实现行政领导环境的优化乃至创新。领导环境的发展和完善是领导主体对环境能动作用的最高体现，是研究领导环境问题乃至整个行政领导学的根本出发点和落脚点。

由于行政领导环境包含着丰富的内容，因此行政领导环境的发展也包含多方面的内容，如：领导职能的转变、领导体制的改革、领导方法的创新等。但是，"万变不离其宗"，领导环境发展的根本目标是一致的，即：通过对行政领导环境的改造，降低领导活动成本，促进领导目标实现，提高领导效能。

（二）行政领导环境发展的原则

1．科学性原则

行政领导活动具有不以人的意志为转移的客观实在性，领导科学是一项具有自身特定规律的科学事业。尊重领导科学的客观性和规律性，是我们发展领导事业的基础和前提。因此，对于领导环境的发展和改善，也必须遵循领导科学本身的发展规律，以科学性为第一原则。

2．超前性原则

人类在以科学性为原则认识自然、尊重规律的同时，也要善于发挥主观能动性对事物发展的方向和趋势进行合理的、恰当的、具有超前性的预测和估计。这种超前，并非"超越"，而是建立在现有领导环境的发展程度和经验的基础上，对领导环境未来发展趋势所做的科学预测，是现实领导环境符合逻辑的发展与变革。超前性原则有助于摆脱束缚、解放思想、开拓进取，对于促进领导环境发展和领导事业进步具有重要意义。

3．系统性原则

促进行政领导事业的发展是行政领导环境发展的基本目标，从领导科学的角度看，领导环境是领导的一个基本要素，但是从领导环境自身来看，领导环境本身又是一个具有相对独立性的系统，是一个"复合函数"。所谓系统，是指相同或相类的事物按一定秩序和内部联系组合而成的整体，它的各个因素之间存在着相互作用和相互依赖的关系。系统论认为，要充分考虑到系统本身的复杂性、综合性以及其构成因素之间的制约和影响，用联系的、动态的观点研究系统问题。作为系统存在的行政领导环境,包含了诸多影响程度不同、作用方式各异的变量,而且变量的种类和数量伴随着领导活动理论与实践的发展也在不断地发生变化。因此,对于这样一个兼具复杂性和动态性的复合函数的研究和发展,必须坚持系统性的原则。

(三) 行政领导环境发展的过程

行政领导环境发展的过程包括认识环境、适应环境和改造环境三个方面。

1. 认识环境

认识环境,就是领导者在周密调查的基础上,对领导环境的各方面情况进行全面研究分析,把握客观环境的本质及其发生发展的规律。正确认识环境是开展领导工作和改善、发展领导环境的前提。

认识环境的基本要求包括:首先,领导者必须全面地、客观地研究问题,切忌主观性、片面性和表面性。其次,领导者需要不断地提高自身修养。

2. 适应环境

适应环境,就是领导者在认识和熟悉领导环境的基础上,根据客观环境的特性和要求,采取适当的方式方法开展领导工作,使领导活动符合领导环境的情况及发展规律。

3. 改造环境

改造环境,就是领导者在认识环境、适应环境的基础上,通过发挥主观能动性,促使环境条件向有利于实现领导目标的方向转化,最终实现领导环境的优化和创新。

改造环境的基本要求包括:首先,根据现有领导环境各要素的特点及发展规律,制定改造环境的整体方案。其次,明确环境发展的有利因素和不利因素,利用有利的环境条件,控制不利的环境因素并促使它向好的方向转化。第三,对改造环境的尝试进行追踪调研,发现问题,及时解决。

领导环境发展的上述三个过程环环相扣、密切关联、缺一不可,具有时间上的相继性和空间上的并融性。在实现领导环境发展的过程中,任何一个步骤的疏漏或失误,都有可能造成行政领导环境发展的受阻、停滞乃至倒退。

第二节　行政领导环境的比较分析

一、行政领导环境的分类

行政领导活动不仅受到外部广阔社会环境的影响,而且受到组织内部领导环境的制约。外部行政领导环境,是指组织外部对领导活动发生影响和作用的各种有效因素的总和,它的作用范围广、时间跨度大,主要从整体上影响领导活动的性质和方式等。外部领导环境可具体分为一般领导环境和特定领导环境两部分。

内部行政领导环境，是指从事领导活动的组织或群体在领导实践中形成的一种领导氛围，内部领导环境的存在形式和作用机制对领导活动的开展具有最为直接、最为迅速的影响。美国学者弗雷德·菲德勒在研究中认为微观领导环境包含三个关键的方面：职位权力、任务结构、领导主体与领导客体的关系。这里我们对领导主体与领导客体的关系进行意义上的扩展，认为：领导关系是领导者在进行领导活动的过程中，相互之间发生、发展和建立起来的一种工作和感情交往的关系，即领导主体在领导活动中与行政组织系统中的其他成员或机构发生的工作关系和非工作关系的总和。鉴于领导关系专题内容上的广泛性、丰富性和在领导科学研究中的重要意义，本书将在第五章中对领导关系进行专门的研究。

总之，行政领导环境的分类可用图示概括为：

- 行政领导环境
  - 外部行政领导环境
    - 一般领导环境
    - 特定领导环境
  - 内部行政领导环境
    - 职位权力
    - 领导关系
    - 任务结构
    - ……

图 3-2-1

二、外部行政领导环境

（一）外部行政领导环境的含义与层次

1. 外部行政领导环境的含义

任何领导活动都是在一定的环境中发生和发展的。环境对领导活动的类型、方式、过程、功效等都有深刻的影响。外部行政领导环境是行政领导环境的重要组成部分，是指行政领导活动中所有能直接或间接地参与或影响领导行为或领导过程的外部有效因素的总和。从其地位与作用看，外部领导环境是同领导成败得失直接相关的外在条件，是领导主体赖以生存、发展和发挥作用的综合性客观基础和客观条件。反过来，领导者的行为选择又会对外部领导环境产生直接或间接的影响。

2. 外部行政领导环境的层次

外部行政领导环境包含了许多因素，他们对领导活动的影响程度和作用范围是不同的。在同一时间和空间里，外部环境中的每个因素不可能同时对领导活动发生作用，同时特定的组织也不可能同时对发生影响的所有环境因素做出反应。环境因素与领导活动之间的作用次序和反应速度往往是由环境因素的自身特点和领导活动的状态来共同决定的。外部领导环境对领导活动的影响和作用具有层次性、方向性的特点。一般说来,与领导活动发生作用的外部领导环境大致可以从范围上划分为一般领导环境和特定领导环境两个层次。

(1) 一般领导环境的含义和特征

一般领导环境,指对特定领导活动中的一切组织和个人均发生影响的、作用范围较广、时间跨度较大的宏观社会因素之和。它从整体上影响着人们对领导的认识、领导观念以及领导活动的性质和方式等,对领导活动中涉及到的一切社会组织都会发生或多或少、或显著或潜隐、或直接或间接的影响。一般领导环境的内涵和特征主要体现在以下几方面:

① 政治特征:即社会的一般政治气氛和政治倾向,政权集中的程度,政治组织的性质,政治参与的程度,政党制度等。

② 经济特征:即经济制度和基本经济结构,包括经济组织的类型、经济规划的模式、银行体制、税收政策、财政政策、物质资源的投资水平及消费特征等。

③ 文化特征:包括历史背景、意识形态、民族心理、传统习俗、道德风尚、行为规范、权力关系、伦理法则、领导形态、价值标准、社会准则等。

④ 社会特征:包括社会制度的性质和社会制度的发展,社会的结构状况及其变动趋势,社会物质资料的分配形式,社会组织的性质和社会角色的界限等。

⑤ 教育特征:包括国民的普遍文化水平,国民义务教育的年限和范围,教育制度的完善程度与专业化程度,受过高等教育及专业训练的人所占的比例等。

⑥ 技术特征:主要指社会科学与技术的发展水平和物质基础,包括机器、工具、科技发展水平,社会推广、应用和开发新知识的程度等。

⑦ 法制特征:包括宪法的地位及功能、法律的性质、各国家部门的立法权、行政权、司法权和裁判权及运用,法制精神,关于组织的组成、税收及控制的特殊法律等。

⑧ 自然资源特征:即自然资源的种类、数量、性质和可用性,包括气候、国土面积,以及水源、森林、矿藏等自然资源的分布状况、开发利用状况和发展前景等。

⑨ 人口特征:即可向社会提供的人力资源的性质及其再生能力,包括人口的数量、质量、分布状况、年龄结构、性别比例、就业率、死亡率、出生率、平均寿命、人口的集中程度和都市兴起程度等,其中人口集中或城市化是工业社会的特征之一。

⑩ 国防特征:包括军费开支占国民生产总值的比例,军事单位和军人在社

会生活中的地位和作用,国防事业的发展水平和规模等。

(2) 特定领导环境的含义和特征

特定领导环境,是指针对某一具体领导活动而言具有一定特殊意义的环境。与一般领导环境相比,特定领导环境的主要特点是:作用范围具有个别性,影响方式和制约关系具有特殊性,它往往对特定领导活动中的组织及领导者的行为或决策产生直接的、现实的影响,发挥具体作用。如家庭、幕僚、秘书、同僚、下属和其他能对领导者产生影响的个人或组织,这些都属于特定领导环境。

需要指出的是,一般领导环境和特定领导环境在一定条件下会发生转换,一般领导环境的因素可以成为某一特定范围内行政领导活动的特别领导环境。因此,在多数情况下,所谓的"一般"与"特定"只有程度和影响范围上的不同而无实质上的差异。

3. 外部领导环境的类型与特点

组织行为学认为,组织存在于不同类型的环境之中。基于这一理论,组织行为学学者对外部环境的类型与特点进行了大量的研究,这里介绍两种具有代表性的观点。

伦斯和洛斯奇对组织的外部环境进行如下的分类:

表 3-2-1

1. 稳定的环境:变化不大,有一定的规模和较大的确定性	该环境中的组织有规范的操作和严格正规的结构
2. 中性环境:不太稳定,也不太动荡	该环境中的组织要面临稳定的环境,也要面临变化,组织结构不严格,也不正规
3. 动荡的环境:不断变化,高度的不稳定,结构也不正规	该环境中的组织要面对环境的不断变化,并且要适应这些变化

而艾默里和特里斯特则是这样划分组织外部环境的:

表 3-2-2

1. 平静、随机型	环境简单且平静,环境对组织的影响最小,单个的小型组织存在其中
2. 平静的、串型	环境变化不快,可以对因果关系做出概率统计,组织形成等级层次并实行集权化控制
3. 混乱、活跃型	存在许多相似的组织,必须不断变化且非常混乱
4. 动荡型	对内部组织和管理的影响很大,组织高度依赖其研究与开发工作,以适应竞争的挑战

4. 外部行政领导环境的比较分析

与外部领导环境的层次性相比,外部领导环境的类型划分更为具体、形象、种类繁多。根据划分标准和研究视角的不同,可以归纳出多种类型的外部领导环境。这里,我们结合领导科学的研究内容,选取几组有代表性的类型进行分析。

(1) 政治环境、经济环境、文化环境

政治环境:是指领导者进行行为选择时,可能面对的总的政治状态。它包括一国或一个地区政治体制,党政关系状况,政党制度,执政党的权威与作风,阶级与阶层结构,利益集团的构成与活动状况,政府的结构、功能与功效,政治稳定程度,政治民主化程度与状况等。领导的政治环境还应考虑国防环境,它是指领导进行行为选择时所依赖的军事、国防状态。主要包括军事机构和军队在社会生活中的地位,军事设施与装备的技术水平与施展能力,军费开支在国民生产总值中所占的比例,军队应付外在敌对势力的突发性入侵的应变能力等。

经济环境:是指领导者在进行行为选择时,可能面对的并作为资源利用的总的经济状态,即整个世界经济的格局与运行状态,一国或一个地区经济体制、经济结构、经济发展速度、经济总量等诸要素的总和。主要包括世界经济的格局,世界金融、贸易、投资体制与状态,一国或一个地区的经济体制,产业政策与产业结构状况,货币政策、金融机构及其监管机制,贸易体制与政策,消费品市场与生产要素市场的供求状况,税收政策与财政状况,个人收入分配的差距程度与地区发展的不平衡程度,个人消费水平与特征等等。

文化环境:是指领导者在做出行为选择时,可能面临的总的文化状况,它是一国或一个地区教育、科技、道德等等的总和。主要包括社会的教育体制、教育机构、教育政策、国民义务教育的范围与年限、接受高等教育的人数在总人口中的比例、职业培训体系、人口素质与人力资源状况,国家知识创新体系、科技体制、科研机构、科研政策、科技人才储备、专利数量、科研成果推广应用开发机制、科技普及程度,文化设施、文化团体、文化市场及其管理,社会道德风尚、精神风貌,等等。

文化环境对领导者的影响是显而易见的。首先,领导者作为特定社会中的成员都深受该社会文化的影响,这些影响必然在领导者做出行为选择时有意无意地发生作用,从而影响领导者的行为。其次,即使领导者要有意识地部分(不可能做到全部)超越特定的社会文化,所进行的行为选择一般也不能过分背离特定社会长期以来形成的行为规范与价值标准,特别是那些比较明确的规范、比较重要的价值,亦即该社会的大部分成员普遍接受的、甚至往往是维系该社会之纽带的规范与标准,否则,便会遭到全体或大部分社会成员的抵制与反对,政策就难以执行,甚至可能使整个政府失去统治的合法基础。

(2) 机构性领导环境、制度性领导环境、决策体制性领导环境

① 机构性领导环境:本意泛指机关、团体或其他工作单位。不同功能的机构组合在一起构成开展领导活动的机构环境。影响机构性领导环境的主要因素

包括:机构数量、机构功能和机构性领导环境要素的结合模式。

第一,机构数量及其变化

从资料分析看,封建国家比奴隶制国家的经济、文化发达,前者国家体制的金字塔规模比后者金字塔规模要大。中、前期资本主义国家比封建国家的经济、文化发达,前者在宏大体制金字塔的基础上再次膨胀。但到了人均可支配资金达到3000美元以后,由于经济的极度发达和高科技手段频繁用于政府管理,各国政府为适应经济形态由物质型向知识型的需要,纷纷压缩金字塔。这便是组织学中的“扁平理论”、管理学中的“小政府大社会”这一概念产生的现实背景。实现扁平理论设想和小政府大社会的基本手段是借助大量的中介组织,剥离、分担原政府日益增多的职能,大幅度压缩政府机构及其人员编制。如发达国家政府的部级机构一般都在20个以下。日本经过8次机构缩减,已将政府内的一级机构编制数由原来的数十个降到最近的12个。

第二,机构功能及其变化

机构功能具有不同的变化轨迹。以政府为例:19世纪政府只负责治安、国防和外交事务。而在20世纪,政府功能已经渗透到了人类生活的各个方面,表现为政治功能的逐步弱化和管理功能的逐步增强,或称政治性的弱化和社会性的增强。政府不仅承担了保家卫国的责任,而且承担了扶助各行各业均衡发展,普遍提高各个阶层生活水准和道德文化水准,防止个人私欲侵害社会公益以及缓解社会矛盾的责任。未来政府功能还将进一步调整,以适应新的经济形式和社会发展的需要。

第三,机构性领导环境要素的结合模式

在机构数量、功能不变的情况下,改变机构性领导环境要素的结合模式,也会对机构性领导环境产生影响。这种模式的转变有时表现为领导环境结构方面的变化。如,政府作为重要的行政领导组织,为改进工作状态(本质是为决策者创造理想的行政环境),从改变政府结构(即领导环境要素的结合模式)入手,实施改革也可以有效地改变机构性领导环境。

机构数量变动、机构功能转换和机构的结构性调整不是独立发生作用的,而是彼此联系、互相影响的。其中任何一个因素发生改变,不但能够改变机构性领导环境,而且可以对其他一个或两个因素产生或大或小的影响和作用。

② 制度性领导环境

制度性领导环境包含三层不同的含义:

第一,社会体系性制度:指一定历史条件下形成的政治、经济、文化等各个方面的体系。社会体系性制度是社会生产力发展水平的集中表现,它限定了领导活动发生发展的历史背景。

第二,规模法度性制度:即路线或政策性制度。它在现实社会的领导活动中通常发挥主导作用。

第三,程序准则性制度:即在一定机构设置的基础上,要求人们共同遵守的办事规则或行为准则。程序准则性制度从操作层面对领导活动进行了明确的规范,直接有利于领导活动的改善和提高。

三者的关系是:

首先,规模法度性制度和程序准则性制度必以社会体系性制度为基础而产生,程序准则性制度必以规模法度性制度为基础而产生。这种因果关系决定了三种制度在对领导活动产生影响的时候会有所差别。

其次,社会体系性制度、规模法度性制度和程序准则性制度变化速度不同,三者的变化难度依次减小,而变化频率却依次增大。

最后,社会体系性制度、规模法度性制度和程序准则性制度与组织机构的关系不同,基本的情况是:社会体系性制度、规模法度性制度决定行政组织的机构设置,而程序准则性制度往往需要由行政组织的机构来决定。

③ 决策体制性领导环境

决策体制是决策机构及决策规范的制度性总和。它涉及的主要问题是:决策的制定者是谁,决策的任务是什么,构成体制的各个系统或机构之间的关系如何,决策者应具有什么样的行为规范等等。决策体制性环境是由下面两方面的内容组成的:

一方面是内部的决策体制:包括决策中枢系统、决策咨询系统、决策信息系统、决策执行系统、行政监督系统。

另一方面是外部的决策体制:包括宪政决策体制和党政决策体制。

三、内部行政领导环境

1. 内部行政领导环境的含义

内部行政领导环境,是指行政组织内部由各种要素组合起来的一种情势,即行政领导活动发生的具体的内部环境,它对行政领导活动影响最为直接、最为现实,内部领导环境在很大程度上影响到领导活动的方式和功效。

2. 内部行政领导环境的主要内容

(1) 组织的性质与类别

组织代表了一种共同的、正式的目标,它要求参与者建立一种正式的、带有契约性质的关系。也就是说,组织会对组织成员的行为和组织本身的发展具有一种自然的制约关系,这种作用是以组织的存在和受到认同为基础的。因此,组织性质和类别的差异,必然成为影响和制约内部领导环境的一个重要因素。

(2) 职位权力

职位权力是指与领导主体的职位相联系的正式职权以及领导主体从其上层

和整个组织或群体各方面所取得的支持的程度。实际上,职位权力就是领导主体对领导客体所应当拥有的权力及实际具有的权威。职位权力是体现领导微观环境的一个主要方面,同时也是衡量领导者领导能力的重要方面。权力特性是行政领导活动的根本属性,领导主体拥有明确清晰、强弱适中的职位权力,将使领导客体更容易遵从领导,提高领导效能。

(3) 任务结构

任务结构指的是任务的明确程度和对任务的负责程度,是下属成熟度的重要表现之一。当领导客体对所担任的领导任务的性质具有明晰的认识并且形成执行惯例时,领导主体对领导活动的状态和发展比较容易控制。

(4) 领导关系

与职位权利和任务结构相比,领导关系具有强烈的互动性,可以影响组织成员对不同领导主体的信任程度,决定下级工作的主动性和积极性,对领导目标的实现和领导效能的提高具有极为重要的意义。

除上述因素之外,内部领导环境还包含许多其他方面的内容,他们相互影响、相互联系,从各自不同的角度对领导活动发生影响。

四、外部行政领导环境与内部行政领导环境的相互作用

环境是一个不断变化的多种因素的集合体。环境中不同因素对领导活动和领导者的影响不尽相同。一般而言,外部行政领导环境对领导活动的影响和作用是从根本上决定领导活动的特性和功能,具有宏观性、整体性、战略性的特点。内部行政领导环境则具体规范了领导活动的目标、管理模式、领导者的价值标准、心理特征等。内部行政领导环境对领导活动的影响特点包括:影响更直接;影响强度更大;影响频率更高;相对的不稳定性。

由于任何一个组织都是一个开放的系统,决定了内部环境与外部环境必然处于一个动态的相互作用过程之中。在多数情况下,组织的宏观指导思想和总体战略反映外部领导环境的要求和制约,而领导活动的具体规则、行为方式和策略思想则反映内部领导环境的要求和制约,二者都具有动态性的共同特征,表现为一个相互影响、彼此制约的动态的变化过程。特定领导环境比一般领导环境更为活跃和富于变化,因此其动态性质也更为明显和具体。内外环境的互动方式和互动程度,在很大程度上是决定组织发展和领导有效性的重要变量。一般说来,二者之间的关系主要表现在以下几个方面:

第一,外部环境对内部环境产生压力和制约作用。组织要想保持新鲜、持久的生命力,必须不断地发展和变革。而外部环境的压力和制约性往往成为一个组织革新的原动力,成为组织自觉优化和改良内部环境的动力。政治体制的改革、经济模式的转变、文化观念的冲击、人口结构的变化、民族素质的提高等等,

都是影响组织内部多种因素产生变革的重要因素。因此,组织要随时把握外部环境的演变趋势、认真摸索外部环境的演变规律、从而有效应对外部环境的变革压力,促进组织发展。

第二,内部环境对外部环境存在着适应和抵制的两重性。外部环境虽然在一定程度上规范了内部环境变革的内容和方式,但是二者的转变并不总是协调一致的。内部环境对外部环境既可以表现出适应性,有效应对外部环境的压力;又有与外部环境发生抵触的一面。丹尼尔·雷恩在《管理思想的演变》一书中对内部环境和外部环境之间存在的适应和抵制的两重性做了生动的描述,他指出:"经济环境能带来新的机遇,也能增大竞争压力;政治环境可以带来自由,但也能限制个人与组织的权限;而开放系统中的社会环境会给恰当的行为造成更多或者说是不同的预期。"①

第三节　行政领导文化

一、一般意义上的文化分析

(一) 社会活动范畴下的文化定义

文化是一个非常宽泛的概念。在西方各国,"文化"一词均源于拉丁语 Culture,文化的原意是指对土地的耕作及动植物的培养,以后逐渐转变为对人的身心培养、教育、信仰发展等。在中国古汉语中,"文化"一词被拆解为"人文化成",以区别于武力之功。由此可见,文化在本质上反映了一种以处理社会与自然及社会系统内部各组成部分之间关系的物质活动与精神活动为目标的特质。

随着文明社会的进步和发展,文化的含义早已突破了最初的规定。从社会的广阔方面到很小的社会单位,文化无处不在,它渗透在社会生活的各个方面。正如英国著名结构功能主义学家马林诺夫斯基在《文化论》中所指出的,文化是一张满足社会基本需求的相互联系的网,其中每一个现象,都像生物体中的每一个器官一样,具有一定的功能。

文化这一术语在社会学、人类学和社会心理学中普遍使用,并显现出应用范围越来越广泛的趋势。人们从不同的学科领域和研究视角研究文化的本质或定义,并得出了众多的文化定义,这些研究从不同的侧面体现了文化的一部分特质或某一层面的特性。有的把文化定位为符号象征体系,有的认为它是人类创造的由不同形式的特质所构成的复合体,还有的从民族学角度把它界定为科技、知识、信仰、哲学、艺术、法律、风俗习惯等多种因素的综合。心理学家施恩认为,文

---

① 〔美〕丹尼尔·雷恩:《管理思想的演变》,中国社会科学出版社 2000 年版,第 525 页。

化可以被定义为:一种基本推测的模式;它由一个给定的群体发明、发现或发展;可以应对外部适应和内部整合问题;当它被认为是健全的时候就会有效地起作用;可以向新的成员传授;它是对某些问题的正确知觉、情绪和思维方法。

人类是在对自身自然和身外自然的双重改造中成长起来的。在这个过程中,人创造了文化。文化的存在不仅使人同自然界相区别,而且使人的本质得到实现。人本身无论就其内容或存在方式来说,都是社会的,体现为社会的活动和社会的行为。文化是在人的社会活动中形成和发展的,而特定的文化联结又使人的这种社会性得以充分地表达和展现。文化不仅是对社会存在的反映,其本身就是人类社会生活的一个内容,是人类一切行为的技术方式、社会方式和价值取向的解释、规范和综合。由于融会着各种精神现象和物质现象的人类社会活动的丰富性和多样性,使人们难以对文化进行精确的定义以囊括其全部内容,而各种文化定义也只是揭示了文明的某种性能或某一侧面。为了在最大限度上揭示文化的本质含义,在最广泛的意义上定义文化概念,本书将从文化产生的起点入手,借鉴文化哲学的研究视角,从活动范畴界说文化内涵。因为:

首先,文化是一种现象,这种现象起源于人类不同阶段、不同时期的社会活动,并反映了社会实践的积累和沉淀。文化作为人类一种最重要的社会实践结果,根源于人类的社会活动,并将进一步影响人类的活动。文化同社会活动之间普遍存在的关联性、同构性和同质性为我们从活动范畴界说文化内涵提供了现实依据。

其次,著名文化人类学家爱德华·萨丕尔通过多年的深入研究发现:“每一种文化形式和每一社会行为的表现都或明或暗地涉及到沟通。”①这一说法虽然并没有对文化概念做出科学、严谨的界定,但是却体现了文化与人类沟通行为的内在联系,为我们围绕活动范畴去界说文化的内涵提供了理论证明。

遵循文化的活动论解释,可以把文化定义为人类一切活动的条件、方式、状态和结果的综合体。这是从比较宽泛的角度对文化内涵的界定,可以涵盖其他文化释义,但由于这一定义比较抽象,容易造成理解上的困难。为了进一步明确文化的广泛内涵,下面将具体分析活动范畴下文化定义的四种指向:

一是历史的指向,文化标志着前人所创造的人工产物的积淀,亦即社会依存。

二是地域性指向,它体现的是世界不同民族、国家、地区、部落等社会区域的不同生存方式、生活形态、风俗习惯等地域性差异在文化特质方面的反映,描述的是人类社会活动的群体方式和生存境遇。

---

① Sapir, E. “Communication”. In Seligman, E. R. A. (ed) *Encyclopedia of The Social Science*. Vol. 1. New York: Macmillan, 1931.

三是精神的指向,文化侧重于描述人类的心理特质,如价值观、生活态度、人格、气质等,反映的是人类社会活动的观念形态、内在动力和知识成就。

四是非自然的指向,文化的非自然指向主要用来说明人对自然的加工改造及其历史性成果——人文化成。

(二) 文化的结构

文化作为一种特殊的鉴定,标志着人类所达到的、由人同自然界和社会共同构成的历史发展水平。从一定意义上来理解,人类社会是作为一个文化体而存在的。任何一种社会科学、任何有关文化的研究,都只涉及到文化的某一方面或某几方面。文化这一概念从结构上可以划分为三个层次:

首先是物的层面,即物质文化,它表现为人类特定的具有历史差异性的生存技能,表现为人与自然界以及人们相互之间进行物质交换的方式和组织。物质层面的文化构成了整体文化的基础。

其次是精神的文化,或称解释的文化,它包容了人类一切具有主观意义的行为,而造就出丰富多彩的个体自我实现的成果。精神的文化在社会层面上达成了一种价值共意,对人类社会活动的发展和走向具有基本的历史导向性功能。

最后是制度的文化,它是精神文化转化后的一种表达形式。制度的文化是一种价值共意的制度化,它的意义在于:把由精神文化所规范的社会价值共意的基本道德体系转化为一种权力秩序,为人类社会行为的合理性价值评判,提供了一套强制执行的机制;同时,把人们的意志追求转变为现实,并具体化为生活的规范和制度,是人们置身于某种框架内实现他的社会化过程。制度文化包括以下内容:一是人们在物质生产过程中形成的相互关系——生产关系;二是建立在生产关系基础上的各种社会制度和组织形式;三是建立在生产关系基础上的人与人的关系——社会关系以及种种行为规范和准则。

文化的三个层面各有自己的特点。物质文化是文化结构中最活跃的因素。制度文化的特性表现为权威性和稳定性,它的性质直接决定文化结构的整体性质。而精神文化则是一种柔韧度最大的文化,兼具先导性和滞后性的矛盾性质:一方面,它可以成为促进和带动物质文化和制度文化变化发展的先导;另一方面,它也可能落后于物质文化和制度文化的发展步伐,成为它们发展的障碍。

人类文化的上述三个层次彼此推动、相互影响,在相互交渗中共同构成一个有机的文化整体。物质文化是制度文化和精神文化的前提和条件,构成了文化结构的基础;制度文化是文化结构的保障,合理的制度文化是物质文化和精神文化协调发展的重要保证;精神文化是文化结构的主导,规范了物质文化和制度文化发展的方向和趋势。在三个层次文化的互动中,制度文化具有特殊的意义和作用:一方面,它把人们相互之间及其与自然界之间的现实的物质关系,提升为一种权力意志的精神表现;另一方面,它又选择精神文化的某些部分,具体化为社会行为和组织构建的实践。因此,制度文化在物质文化和精神文化之间架起了一座沟通的桥梁,它既是物质文化的精神化,又是精神文化的物质化。

(三) 文化的主要特征

1. 主体性和客体性

遵循活动论的解释,文化表现为人们的社会活动方式。它既包含了人类活动的主体条件,包括:态度、信仰、需要、知识、价值观、情感方式、思维方式、认知模式等,又包含了人类活动的外在客观条件,包括:社会规范(含制度)、精神环境、传统资源、政治经济状况等;也是人类有目的的社会化活动的结果,包括精神产品和物质产品两大方面。人的生物结构和机能构成了文化的前提和条件,但文化却不能还原为人的物理性、机械性、化学性以及一般生物性,文化在本质上是一种社会性事物,是作为主客体相互作用的社会活动的方式、过程、结果和条件,兼具主体性和客体性。文化主体性和客体性的内涵丰富多彩,包括物质性与意识性、自由性(决定性)与限制性(被决定性)、既成性与生成性等。

(1) 物质性与意识性

哲学本体论认为,整个世界是由物质现象和精神现象所构成的,因此,文化世界也是由物质部分和精神部分构成的。人的生物结构和机能构成了文化的前提和条件,任何文化均是大脑这一高级物质的产物,文化的产生必须依附于某种物质性载体,尤其是必须借助于人这种物质实体才能现实存在。参照辩证唯物主义规定的物质含义,文化的物质性标志着某种不以主体意志为转移的客观实在,物质文化的这种"客观实在性"是不言自明的,它总是以某种直接的、能够感知的感性物质形式存在;而精神文化则体现为一种特殊的存在形态。

我们常说,文化是人对象化的产物,是人化的结晶,这实际上表明文化是意识外化的结果。人的意识具有反映、建构、创造、发现、指导等多种功能,不论是物质文化还是精神文化,都是在人的意识的调控下经由外在物质性活动而实现对自然物质和社会物质进行改造的结晶。文化生成的动力来源于人的物质精神需要,它的传递、认知、发展、解读和利用也必须依靠人的意识。

文化的物质性和意识性表明,文化既是内在的又是外在的,既是有形的又是无形的,既是隐形的又是显形的。

(2) 自由性(自为性)与限制性(被决定性)

客体性主要表现为被动性和被制约性,而主体性的一个重要方面就是对象的自由自觉性。从哲学上看,文化的主体性、客体性也体现为自由性和限制性的有机统一。

文化的自由性,是指社会主体文化行为的自由程度。文化的自由性首先表现在没有自由就没有文化,自由是文化生成、发展的必要条件。人的本质之一就在于它的自觉活动,就在于它的意志总是相对自由的。只有人才能创造出区别于纯粹自然的文化,文化专属于人。文化的自由性还表现为文化可以为人的自由提供一定的条件和动力。工具文明的发展、知识经验的传承、人类能力的提高、观念的更新、文明的进步等等多种多样的文化发展大大提高了人类对社会生活的认知能力和实践能力,扩展了人的自由空间,加深了人的自由程度。相反,文化的停滞及禁忌,就会限制人的自由,专制主义文化更是会直接侵蚀和剥夺人的自由。

文化的限制性包括两个方面:一是文化自身的被限制性。作为系统的文化,其内部要素是相互作用、相互促进和相互制约的。一种文化既可能在历时态上受到文化传统的制约,也可能在共时态上受到其他文化因素的支配。二是社会主体文化行为的被决定性。文化的这种被决定性可以称之为“文化限囿”。人的文化认识活动要遵循思维规律的规范,人的文化实践活动则要遵循物质世界基本规律,受到客体条件的制约。

(3) 既成性和生成性

文化的既成性是对不同历史时期的文化同质性的延续和保留。人的活动及其方式的重复和普遍有效性使不同历史时期的文化具有同质性,使这类文化可以在历史演变的进程中保持相对不变。同时,人类在实践方面固守习惯的态度和对陌生事物的恐惧感以及人类保持社会活动可控性和秩序性的愿望,也起到了减缓文化变化过程的作用,增强了文化持久性和稳定性。正是文化的既成性,使文化逐渐积淀下来,固定下来,并内化为个体相对稳定的文化心理结构和思维态势,而形成一种传统,一种既有的社会存在,进而成为人类物质活动和精神活动赖以展开和实现的先天性条件和制约因素。

同时,历史总是处于不断的变化发展中。人类求新思变的特性和好奇的禀性,以及生产生活的日新月异的变化,以及人类认识自然、改造自然能力的不断提高,都不同程度地刺激了文化的变动、优化、更新乃至飞跃。

文化同时呈现既成性和生成性两种相反相成的特征,意味着任何一种文化都体现了对既有文化的传承,又包含了对既有文化的超越。因此,我们在阐述文化问题时,既要善于寻觅它与传统文化的联系,又要善于发现它区别与传统的特点。同时,在社会实践中,既不能固守文化的稳态性、沉淀性,而陷入文化保守主义的社会文化哲学理念中,也不能偏执于变化的变动性、生成性,而陷入文化虚无主义的社会文化哲学观念中。

2. 普遍性与特殊性

文化普遍性也称“文化普同性”,用于指称“文化常数”或“文化分母”,表示文化为多数人共享的特质。文化本质上是社会活动的产物,而人类文化的普遍性也根源于人类社会活动系统的同质性之中。

首先,正如马斯洛的需要层次理论所表明的那样,社会活动主体具有基本相同的生物性需要和社会性需要，使文化具有几乎一样的内容和价值取向以及创造、发展的相同动力；同时，社会活动主体在生物恒定性、周期性方面的一致，在生物构造方面的相近，和共同分享的普遍的思维规律和心智技能，也为文化呈现普遍性提供了主体条件。其次，社会活动客体的共同性、重复性和规律性决定了文化具有相似性特征。特别是由相同的客观物质所创造出来的文化产品，必然具有共同的物质文化内容。即使是生活在不同地区、不同自然环境中的人也同样会面临许多大致相同的境遇，从而产生同样的感受、体验、情绪和观念，使文化具有相似性。再次，人类社会活动本身的同构性和同质性也使各地文化呈现相似的特点。特别是随着全球化发展、一体化的加快和社会文明日新月异的进步，人类面临越来越多的共同的问题、挑战和机遇，作为社会活动象征体系的文化，也必然在人类做同一事情和思考同一对象的过程中体现出一致性和相近性。当然，社会活动客体的普遍特性和本质规律只是构成文化共同性的必要条件，它们只有为人的认识活动和实践活动所发现、掌握和利用，才能变成文化普遍的现实条件，才能转化成人类活动客观必然性和普遍有效性。

由于文化本质上是社会活动的产物，而社会活动又受到社会内、外环境的制约和影响，因此文化的差异性就根源于社会内外条件。就内在条件而言，文化特殊性主要是受人、狭义文化和文化自身三方面因素的影响。就外在条件而言，自然环境的不同使各地区的生产生活方式和精神风貌产生不同程度的差异，使人们的价值观念、思维模式、道德标准、风俗信仰等有所差异。文化差异有大有小、程度有深有浅，对于文化差异，必须用相对论的方法来正确认识。

从本体论上讲，文化的特殊性是客观存在的。文化的差异性从社会存在的本体价值来说，有助于文化个性的形成和塑造，有助于世界文化的多样化发展，有助于不同类型文化间的调适和互补。另一方面，文化差异性客观上为文化冲突提供了可能。相反，文化普同性，则使不同地区、不同人群、不同民族之间能够互相理解、互相沟通，为文化间的相互交流、整合，提供了条件。

3. 文化的时空普遍性和特殊性

时空是任何物质的普遍特性和存在形式，社会事物也不例外。文化作为一种特殊的社会化事物，作为一种社会存在，同样具有时间和空间特性。根据不同的时空结构和不同的标准，社会文化可以划分为如下几种类别：文化群、文化圈和文化区；城市文化和村落文化；内陆文化和海洋文化，个体文化和群体文化，民族文化和全球文化等。

（四）人、文化、环境

文化和环境是人类社会生活组成部分中最为重要的两个要素，也是影响人类文明发展、社会进步的最为重要的两个方面。人、文化和环境之间的关系并不是一个新的研究课题，它早已成为社会科学和行为科学中多种学科的研究重点和研究支柱。

无论处于社会生活的任何状态中，我们都在有意无意地投身于文化和环境与人建立的关系体系中，并感受到三者之间微妙、复杂而又无所不在的联系。人类学家郝斯科维茨曾经对文化下了一个简明而又广泛的定义，他认为，文化是人类环境的人造部分。从揭示文化本身特质的意义上讲，郝斯科维茨的文化定义尚存在值得商榷之处，但这一定义在一定程度上揭示了文化与环境不可分割的密切联系，并把文化视为环境的一部分，从而提供了认识文化和环境相关性的一种视角。在研究人、文化与环境时，我们将不只关注文化从属于环境的特性，而且还将具体分析环境对文化的决定作用及文化对环境的影响作用。

但是，当我们试图用准确的词语和规范的句法来具体描述文化、环境与人的关系时，面对这一丰富多彩的研究对象往往会陷入一种由于理论的晦涩所导致的研究的困惑中。因此，我们在这里对人、文化、环境进行探讨，不会提出、也很难提出一个包罗万象的、成熟的“理论”，而只是提出一个有关上述三个变因的理论框架，以及关于变因之间关系的一般说明。在研究中将侧重于方法论意义上的解释和说明，提供的是考察这组研究对象的方法和视角，而不是对它们之间关系的准确阐述。

“文化生态学”是指研究人与文化、环境及其关系的学科。文化生态学的主要观点是：强调物质环境的作用是不同文化的风俗、行为和生活方式的一个有力的决定因素。文化生态学主要分为两大学术派别，一种是“强”式文化环境关系说，另一种是“弱”式文化环境关系说。“强”式关系说的主导思想是：把环境视为对行为和文化具有强有力的决定、限制和影响作用的过程，认为：“环境现象对所研究的文化行为的起源和发展在一定程度上起主导作用”①另一种研究方法则采取了文化与环境的“弱”的取向，他们对环境以单向因果关系的过程强有力地决定文化的“强”式观点存在质疑，主张把文化与环境的关系作为一个相互依赖的生态系统的一部分来考察，作为一个由相互依赖的事物构成的网络和格局，在人类社会的宏观背景和人类个体的微观背景中，研究文化和环境的相互关系和互动作用，而较少建立严格的、单向的因果关系。

人类自诞生以来就与环境发生着密切的关系，并通过社会活动的方式体现出来，而文化也正是在人类活动及其对环境的适应、认识与改造过程中存在、演变和发展的。在某种程度上，文化和环境就像是人类生存与发展所倚赖的精神空气，这种“精神空气”很难量化，也无法用仪器测量，但却可以通过个体或群体的行为、举止、语言、风尚等许许多多的途径和方式发现它的存在。虽然环境中的物质环境就文化习惯来说显然是重要的，但其确切的因果关系常常是难以确

---

① 〔美〕维达：《环境与文化行为》，自然历史出版社 1969 年版，第Ⅺ页。

定的。而且,就文化本身而言,是一个涉及许多因素、许多层面的复杂网络,用从一个变因开始到另一个变因结束的简单的因果关系链来进行研究是不可能的,也是不科学的。

我们采用"社会体系"的研究思想,更倾向于"弱"式文化环境学说的研究取向,把环境、文化和人之间的关系看做是一个完整的相互依赖的体系——每一部分都需要适应、理解其他部分;每一部分都通过多种多样的形式和途径影响、制约着其他部分;每一部分都有所区别、彼此独立,又有所交叉、相互关联,并都在以各自独特的方式为社会组织的稳定与发展贡献着力量。

下图提供了研究方法的基本脉络,自然环境主要是指物质环境,如温度、地形、地理特征,以及动植物区系。环境取向和世界观,是指与宗教、价值观和主要思想模式有关的环境方面的带有普遍意义和广泛影响力的观点。环境的结果,也叫行为的产物,体现了人类的行动结果,如对自然环境的改变。环境的认识,是人们对环境的感觉、信念和判断。环境的行为和过程是指人们在社会关系中与环境的交流方式,如个人位距、地域意识行为等。

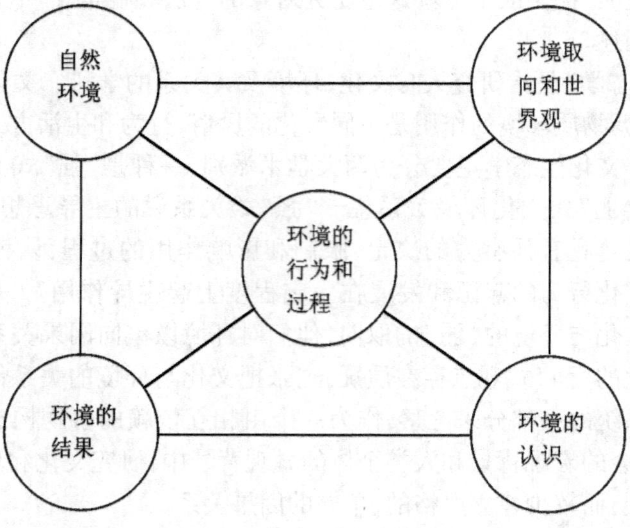

图 3-3-1

该图提供了研究文化与环境关系的基本方法和框架,此外,在探讨这一问题时,还需要注意社会体系研究方法的几个特点,以便更好地把握人、文化、环境的联系:

首先,社会体系的研究方法认为,体系中的每一个变因从理论上讲既可当做原因也可当做结果,用简单的直线型、链条式因果关系来描述社会现象是不科学的、也是不容易验证的。环境可以影响文化,文化也可以影响环境,同时文化与环境也可以各自独立存在而不互相影响。文化与环境之间存在着多方向的因果关系,原因和结果几乎可以在任何地方发生。在某种关系中构成因果关系的变因,在另一种关系中,可能充当相反的角色。因此,我们在适应特殊研究课题的需要追寻特定因果关系的时候,必须严格限定这种方向性关系的存在条件和适用范围。

其次,社会体系的研究方法把社会体系看作一个相互关联、彼此依赖的全息生态环境,对该体系任何一部分的干预都会在整个体系中产生反应,并累积起来。因此,在文化—环境的变因网络中,我们必须随时关注各个要素对研究对象的影响,并注意既有变化的累积效应。

二、作为特定领域的行政领导文化

(一) 行政领导文化的概念

1. 行政领导文化概念的产生

精神是对物质存在的反映。概念的提出与传播,首先根源于产生、培育这一概念的社会、历史实践的存在与发展,同时也依赖理论家的关注和思考。行政领导文化概念的提出也可以从上述两个方面加以理解。

首先,自从人类诞生以来,就开始了认识自然和改造自然的实践过程。文化也正是伴随这一过程产生和发展起来的。社会性是人的根本属性,这一特性从根本上决定了人类的发展和进步,必然要在有组织、系统化的群体行为和活动中才能实现,由此产生了领导活动。经历长期的社会实践,文化被产生和提炼出来,成为"为人类生命过程提供解释系统,帮助他们对付生存困境的一种努力",①随着行政领导活动的产生和发展,行政领导文化在逐步地生长、成熟。

其次,学术界对行政领导文化的关注是在对政治文化、行政文化、组织文化和企业文化等相关领域的文化研究中产生和发展的。由于行政领导活动内容的广泛性和丰富性,决定了"行政领导文化"具有综合性、交叉性很强的特点,它既涉及政治文化的一些内容,又联系到行政文化的研究层面,还兼具企业文化的一些特点。因此,在行政领导文化的研究中,一方面要关注它与相关领域文化的联系;另一方面,更要注意把握行政领导文化自身的特质,积极尝试和探索建立体现行政领导文化自身发展规律、发展特色的研究话语和理论体系。

2. 行政领导文化概念的内涵

研究对象的特质或本质属性存在于客观事物之中,是认识的对象;而概念的内涵则存在于思维之中,是认识的内容。概念的内涵与概念之间是反映与被反映的关系。概念的内涵能够反映对象的特有属性,特别是本质属性。

---

① 〔美〕丹尼尔:《资本主义文化矛盾》,赵一凡译,生活·读书·新知三联书店1989年版,第24页。

目前,有关行政领导文化的研究无论在深度还是在广度方面都还远远不够,学术界对领导文化概念的内涵也还没有达成统一的认识,并且体现出借鉴行政文化的有关研究来描述行政领导文化的态势。我们认为,行政领导文化与行政文化具有相近的研究背景和密切的关联,但是行政文化并不能替代行政领导文化。

本书将从比较广泛的意义上来解释行政领导文化概念。我们认为,行政领导文化是文化在行政领导活动这一特定领域中表现出来的一种特殊的文化样式,是物质层面领导文化、精神层面领导文化、制度层面领导文化的有机结合的整体,在行政领导活动中得到领导者、追随者及相关人员中普遍的、相当程度的认同感。这一概念表明,行政领导文化既具有一般文化的共同特性,又在性质、功能等方面具有自身的特殊性。

由于行政领导文化概念的复杂性、综合性,我们在对其内涵有了基本的了解后,更为主要的是必须掌握认识和理解行政领导文化概念内涵的原则和方法:

首先,对一般性文化本质和文化特征的理解,将有助于理解特定领域的行政领导文化。

行政领导文化只是文化在特定领域中一个表现样式,依然符合文化的本质。文化的本质,体现为人区别于动物的本质,即有目的、有意识的劳动。文化的本质需要从观念意识的角度来理解,而行政领导文化则是一般性观念意识在行政领导活动范畴中的具体展现。

同时,行政领导文化作为文化的一个方面,文化的特征必然表现于其中。正如文化与实践的密切联系一样,行政领导文化也与行政领导的实践有着紧密的联系:一方面,行政领导文化是在行政领导实践中产生的,并且通过学习、传播而逐步被社会成员接受和掌握;另一方面,行政领导文化作为一种观念意识所表现出的主观意向,具有延续性、长期性和联系性,是在一定时期和空间广泛流传和受到普遍公认的主观意向的综合体和积淀物。

其次,必须结合政治文化、行政文化、企业文化等相关内容进行理解。行政领导文化不但具有自身独特的发展特点和演变规律,又与政治文化、行政文化、企业文化等相交叉、相衔接。而且,行政领导文化的产生和发展也不能脱离上述领域中的文化概念。因此,通过对行政领导文化与政治文化、行政文化、企业文化等文化内容进行比较分析,将有助于深入理解行政领导文化。

最后,不能把某一个体的价值观、态度等观念完全等同于行政领导文化。行政领导文化虽然具有内容上的广泛性和丰富性,但在概念的外延上却具有严格的限制,只有在行政领导活动这一特定领域中存在的一种文化样式才属于行政领导文化。而个体并非总是处于具有行政领导关系属性的社会活动中,他们在社会生活中体现出来的与行政领导活动无关的观念、意识等文化要素,不能列为行政领导文化的范畴。此外,只有具有广泛性存在的、并受到普遍认同的观念、意识等要素才具有文化意义,个体在社会生活中表现出来的没有受到普遍认同的、偶然性、暂时性的观念意识,并不构成文化要素,当然也不能列入行政领导文化的范畴。

三、行政领导文化的特性

行政领导文化起源于行政领导活动,同时又反映了行政领导活动发展演变的积累和沉淀,表明了行政领导活动的历史发展水平。因此,研究行政领导文化的特性,必须结合行政领导活动的性质与特点来进行理解。

"行政"一词的英文是 Administration,其中包含管理的意思,也可译为行政管理。在多种类别的管理活动中,行政只是一个局部或者说是其中的一种。所谓行政是指依法享有国家权力的国家行政机关,对国家事务、社会公共事务和自身内部事务的管理活动。现代行政的特点主要包括:(1) 行政是为国家政治统治服务的政治性活动。(2) 行政是以提供公共服务为目的的社会管理活动。(3) 现代行政的本质特征是依法办事。(4) 行政行为是提供社会公平的有效手段,公平原则是现代行政的出发点和目标。(5) 社会民主是保证有效行政的基础条件。

行政领导就是指在国家行政管理活动中的各级领导者及其领导活动的总和。在行政领导活动实践中产生发展起来的行政领导文化所具有的主要特性包括:

1. 政治性和社会性的统一

从性质上分析,管理的共性是其自然属性,表现为非政治性,而行政则恰好相反。行政是为国家政治统治服务的管理活动,具有鲜明的政治性。因此,行政领导文化也体现了一定的政治性,政治性从宏观上规定了行政领导文化的发展方向。同时,行政又是以提供公共服务为目的的社会性管理活动,现代行政活动的日益突出的公益性质赋予行政领导文化以社会性,社会性体现了行政领导文化超越阶级、意识形态、价值观念的力量。

2. 强制性与民主性的统一

依法办事是现代行政的本质特征。行政活动是在法制制约下的施政行为,而法制必然具有一定的强制性,同时,行政领导的权力特性也赋予行政领导活动一定的强制色彩。另一方面,现代社会对于行政活动民主性的要求不断增强。民主不但是有效行政的基础保证,也是包括行政领导活动在内的行政行为的本质所在。

根据文化源于社会存在并反映社会存在的一般规律,行政领导文化也必然兼具强制性和民主性的特点。

3. 综合性与独立性的统一

行政领导活动包罗万象，涉及法学、行政学、政治学、社会学、心理学、文化学、管理学、历史学、民族等，综合性很强。行政领导活动的综合性必然使行政领导文化具有综合性的特点，同时行政领导文化自身也容纳了丰富多彩的内容，与政治文化、行政文化、组织文化等许多文化领域存在着诸多的衔接带和交叉点。

另一方面，行政领导文化作为文化范畴的一个特定领域，又具有鲜明的个性特征，有自己独立的研究背景、研究对象、研究方法和研究体系。无论是在理论研究方面，还是在实践应用方面，都体现出很强的独立性。

四、行政领导文化的价值认知

文化有宏观和微观两种。宏观文化中最为重要的是东西方之间的文化偏差，而微观文化中与领导工作关系最为密切的是组织文化。

（一）宏观层面的价值认知——东西方的文化偏差

由于地理和历史发展的差异，当今世界的文化被显著地划分为所谓的东方文化和西方文化。梁漱溟是中国近代史上比较系统地阐述文化差异的一位学者。他认为东西方文化的偏差主要体现在对下列四个观念的重视程度上。这四种观念是个体、家庭、群体和天下。

从层次上看，四个观念是从小到大逐级递减。“个体”是生活中的个人。“家庭”是亲属纽带下的群体组织。“群体”是一种与血缘无关的具有共同目标的人的集合。“天下”可以被广泛地理解为全人类、全世界。在东方的观念中，“天下”和“家庭”是重要的概念，对应于中国文化中的天地价值观和对宗族血缘的重视；而西方观念中更加注重群体的维系和个体的发展。

东西方的文化差异是一项复杂、深厚的研究课题。这里，选取几个方面做一简要说明。中国文化具有丰富的伦理性和道德性，它的基本逻辑是：将生活当成是事物的不断的延续；用伦理道德组织社会；重视阶层分化。而在西方文化中，科学和民主是最突出的因素：科学以分析、知识和实践为代表，提供了应对自然矛盾的基本方式，而民主则以自主、隐私、自由、解放、发展和个性为代表，提供了应对人类自身矛盾的方法。西方文化具有强烈的理性色彩，认为生活就是无尽的欲望，人追求欲望的满足，这种追求就是行为的动力，就是生命的过程。契约观念也是西方社会存在发展的一个思想基础，遵循契约观念的逻辑，西方文化强调法治思想，主张用法律组织社会，法的力量高于一切，法律就是人类共同订立、共同遵守的契约。梁漱溟指出，与西方文化相比，中国的文化中缺乏公共观念，缺乏规范习俗，缺乏组织能力，缺乏法律精神。

（二）微观层面的价值认知

在微观文化中与领导工作关系最为密切的是组织文化，有关组织文化的研究对于领导文化的理解和探讨具有重要的借鉴意义。从1967年开始,美国国际商用机器公司对它的员工进行了历时7年的比较态度调查。问卷中涉及员工的基本价值观及信念的问题占到了相当的比例,因此,问卷其实是一种对文化的调查。同时,由于该公司在不同国家的员工具有相近的工作背景和教育背景,但却具有不同的国籍,因此这一研究的结果体现了对有关国家文化差异的保守估计。到1973年,调查共收到72个国家、20种不同语言的116千余份问卷。在筛选后选取了40个国家的数据,后来又补充了其他13个国家的数据。1980年霍夫斯泰德对问卷进行了系统的分析和研究,并发表了《文化产物:在与工作有关的价值观上的国际差异》一文,文中作者认为53个国家的文化差异主要存在于四个维度上:

1. 权力距离

权力距离用来表示组织或机构中权力较少的成员对其分配的不平等情况的接受程度和期望程度。权力距离有大小之分,它的大小可以用指数PDI(power distance index)来表示。权力分配和权力分配中的不平等是任何社会的基本现实,但不同国家的文化在权力距离上具有不同的特征。受文化的影响,一些社会比另一些社会更加容易接受不平等。下表分别列出了权力距离"大"的文化的基本特征与权力距离"小"的文化的基本特征。

比较项目	权力距离"大"的文化的基本特征	权力距离"小"的文化的基本特征
对权力的认识	权力是超越善恶的基本事实,与合法性无关	运用权力是合法的,并受到善意判断的制约
对等级制度的态度	等级是实际的不平等;掌权者享有特权;权力所有者和不占有权力的人之间存在潜在的冲突	每个人应有同等的权力;等级是为了便利而建立的不同角色;有权与无权之间存在着潜在的和谐
对等级顺序的态度	等级顺序严格,权力所有者应该最大程度地表现权力	等级差别应该减少到最低程度;有权力地位的人应该尽量造成这样的权力印象,即比他们实际上所拥有的权力要小
对他人的信任度	他人是对权力的潜在威胁,几乎不能信任	处于不同权力地位的人相互信任,很少感到威胁
对非权力合作的态度	基于对他人的不信任,认为非权力合作难以达到	以团结为基础
改变社会制度的方法	推翻掌权者	重新分配权力

2. 个人主义与集体主义

个人主义和集体主义是表征个体与集体融合程度的维度。中西方许多学者对个人主义和集体主义做了大量的研究。

关于个人主义：

霍夫斯泰德认为，个人主义是从情绪上独立于群体、组织或其他集体的人性表现。岗德和科尔布则认为，个人是一种自我的目的。由此，他们认为，人们认识自我、培养自我的判断，不屈从于社会要求服从的压力就是个人主义。沃特曼对个人主义做了进一步的分析，认为个人主义一般具有下面的四个品质：第一，自我感：知道自己是谁，知道自己的目标是什么。第二，自我实现：讲求努力奋斗以达到真我。第三，内部控制点：指个人对有关他自己的事情所负个人责任的程度，它倾向于将控制认知成内部的、主体能动的一种行为。第四，后习俗的道德判断：个人主义者掌握普遍性道德原则并根据自己认定正确标准形式，不顺从习俗。

关于集体主义：

集体主义文化强调个人作为群体成员的归属性，强调对群体、组织的依赖。法国启蒙思想家卢梭在《民约论》一书中，对集体主义做了近代最早而有影响的表述，他认为，个人只有服从团体的"总的意志"才能获得自己真正的存在和自由。19 世纪初，德国哲学家黑格尔认为，个人只有绝对服从民族国家的法律和制度，才能实现自己的真正存在和自由。特雷安达斯认为，集体主义主要表现在七个方面：考虑自己的决定或行为对他人的意义（价值和利益）；共享物质资源；共享非物质资源；重视自我表现；共同承担结果；对社会影响的敏感和关注；对别人生活的介入。他进一步指出，集体主义至少可以分为如下八种类型：夫妻类型、父母类型、亲戚类型、家庭类型、邻居类型、同事同学类型、熟人类型和朋友类型。

个人主义和集体主义的关系比较复杂，最为基本的一点是：个人主义只相信自己并且在不同程度上脱离群体；集体主义强调相互依靠注重家庭完整。两者的区别还包括：

集体主义的典型价值观是完整、安全、遵从和服从；个人主义的典型价值观是荣誉、成就和竞争。集体主义的自信建立在"我不是群体的负担"上面；个人主义的自信则以"我可以做我自己的事情"为基础而建立。集体主义文化中社会行为的特征是顺从规范，并把对规范的顺从视为人的一种美德；个人主义文化中社会行为的特征是对个人态度的绝对关注和自由体现。集体主义强调层次，强调和睦、内部一致和社会影响；个人主义喜欢群体内的对抗和竞争。集体主义强调内群体相互依靠、团结一致；个人主义强调个人价值、个人独立。当个人目标与群体目标发生冲突时，集体主义者认为群体的目标高于一切，个人主义者则主张个人的目标高于群体目标。当群体被划分为内外两种时,集体主义者在内外两种群体中行为差别显著,集体主义者受内群体影响较大;而个人主义者在内外群体中的行为则基本没有大的差别。集体主义者认为群体是社会分析的最小单位,内群体比外群体具有更大的一致性,个人主义者则认为个人是社会分析的基本单位,内群体比外群体具有更大的差异。

近年来,随着科学研究的深入,人们在强调集体主义和个人主义对立性、矛盾性的同时,也注意到两者之间存在着一定程度的兼容性,并在一定条件下有相互转换的可能。特雷安达斯认为,集体主义和个人主义不是一个维度的两极,而是两个独立的因素。还有的学者也指出,同一个人、群体甚至民族可以同时具有不同的"主义",或在不同时期体现出对不同"主义"的倾向性。在稳定性方面,集体主义和个人主义的特质也不是一成不变的。工业化的经济发展、现代教育的宣传教化、人口结构的变化、家庭规模的缩小等多方面的因素都有可能引起两种"主义"的相互转化。一些学者指出,文化复杂性与社会发展是一个 U 型函数,即简单文化造就个人主义,较复杂的文化则需要集体主义,而达到非常复杂的文化时,又会回到个人主义。

3. 男性化与女性化

性别角色分化是所有社会中的一个基本问题,也是领导工作中不可避免的一个基本问题。

我们把武断、竞争的一极称为"男性化",把谦虚、教养良好的一极称为"女性化"。男性度强的文化认为:社会中的性别角色是确定的、层次分明的,男人必须是自信的;推崇为了工作而生活,抱负是工作的动力;重视钱和物质,强调人的独立。而女性度强的文化则认为:社会中的性别角色不是确定和截然分开的,两性之间应该平等;追求生活质量,推崇为了生活而工作,服务才是工作的动机;人和环境是重要的,相互依赖是社会的理想。美国国际商用机器公司的数据分析表明,在不同社会中女性价值观的差异小于男性价值观的差异。

4. 不确定性避免

不确定性避免,是指文化对其成员在无结构的情境下舒适或不舒适感觉的程序化程度。所谓无结构的情境指的是新的、未知的、惊奇的或与正常不同的情境。不确定性避免用来表征人对真理的追求维度。

弱的不确定性避免文化中的个体比较容易接受生活中固有的不确定性,他们感受到平静和较低的应激,情绪表现不丰富,不赞成攻击行为,接受更多的不同见解,有较大的容忍力,不认为努力工作是一种美德,更多地肯定青年人,强调相对论和经验论,文化中民族主义气氛较少。

强的不确定性避免文化中的个体将生活中固有的不确定性感受视为一种需要与之斗争的不断的威胁,他们体验到高度焦虑和强烈的应激,情绪必须丰富,冲突和竞争更加具有攻击性,比较能接受自己和他人的攻击性行为、但对一致性有强烈的要求,具有努力工作的内在冲动,对年轻人普遍怀疑,相信专家,文化中民族主义常占优势地位。

以上关于文化的维度分析,虽然尚不全面,有些问题还处于进一步的研究和探索中,但是它对行政领导工作的实践具有重要的参考价值。如:权力距离的不同影响着组织最有效的领导类型的选择,也影响着行政领导者领导风格、领导方式的选择。在以集体主义文化为主的行政组织中,行政领导应充分尊重和鼓励成员对组织的忠诚;在个人主义文化占优势的行政组织中,则要求行政领导在强调组织目标和整体利用的同时,对个体价值实现予以足够的关注。再如:在弱的不确定性避免文化中,行政领导工作的重点是激发组织成员工作的积极性和主动性,采取宽松的管理方式,不需要制定大量的规章制度来进行纪律约束;在强的不确定性避免文化中情况就恰好相反,需要建立成文的规则制度,进行严格管理。

五、行政领导文化的结构与功能

(一) 构成行政领导文化的主要心理要素——信念和态度

1. 信念

信念,是一个人在长期的社会生活中形成的对某一特定对象的恒久的观念、指向和信仰,是构成人们心理导向的核心要素。在行政领导文化中,信念是指人们对行政组织、行政运行及行政领导过程的一种恒久观念、指向和信仰,它不是一种简单的对外部事物所形成的反映,而是在此基础上形成的一种复杂的价值判断和情感趋向,表现为对行政组织、行政领导的归属感、认同感、信任程度等。

行政领导文化信念的形成,与当前行政组织的运行、行政领导活动的进程与角色位置直接相关,同时也受到社会总的信念系统的影响,即受传统文化信念和通行信念系统的影响。信念一旦形成,一般地说,不会轻易改变。它在个体层面上所发挥的作用或显示出来的力量一般是无形的、隐性的,又是非常有力的。在行政组织中,信念往往成为最有效的凝聚力和黏合剂,是行政组织发展、变革而又保持稳定的基本要素。

2. 态度

态度,是人们的价值取向和情感取向的心理表现。它可以通过一定的外显表现被外部对象所感知,是人们心理倾向中的一种直接显现。从本质上看,态度是在信念体系的基础上形成的一种心理倾向和心理表现,包含认知因素、情感因素和评价因素。

与信念相比,态度是对文化的一种更为具体的表现。行政领导文化中的态度主要包括对行政组织的态度、对领导风格的态度、对领导者的态度、对行政决策的态度等等。对于个体而言,态度的形成主要受到两方面因素的影响:一是间接经验,即通过社会认知系统,如书本、媒介等,从教育和社会化过程中,结合自身在理念形成过程中所获得的某些信念要素,逐步形成的态度体验;二是直接经验,即通过自身的直接接触与参与,获得的态度体验。研究表明,在直接经验基础上形成的态度,比基于间接经验建立的态度体验更为持久和稳定,而且强度更大,易于成为行为的向导。

（二）行政领导文化的层次

行政领导文化直接影响到行政组织的稳定与发展,它体现在组织维系、决策形成与政策输出的各个环节,即反映在行政组织运行的全部过程中。遵循阿尔蒙德的结构—功能主义系统论的研究方法,行政领导文化可以划分为系统层次、结构层次和角色层次。

1. 行政领导文化的系统层次

行政组织具有一般系统概念的共同特点:一方面,体现了系统内各部分之间的相互依存和彼此依赖的关系,另一方面,限定了系统与环境之间的某种界限。行政领导文化的系统层次,是指行政领导文化中与行政领导环境进行直接交流的文化内容,具有宏观性、整体性的特点。

2. 结构层次的行政领导文化

法国人类学家莱维—施特劳斯在文化人类学中开创了结构主义学派,他把各种文化都视为一个独立的体系,认为可以按照其诸成分之间的结构关系加以理解。所谓结构是由各种相互关联而又相互作用的角色组合而成的。结构层次的行政领导文化是指行政领导文化中反映不同文化要素关联和作用的文化内容。

对行政领导文化进行结构层次的提炼,提供了一种更为深入的研究路径,有助于揭示以整体形式存在的文化体系中不同文化要素的内在关联。

3. 角色层次的行政领导文化

角色是行政领导活动基本单位之一。角色层次的行政领导文化,是指行政领导文化中关于个体行政领导行为并反映其特性的文化要素。对行政领导文化进行角色层次的区分,体现了关注个体行政领导活动的研究取向。

与系统层次和结构层次的行政领导文化相比,角色层次的行政领导文化更为具体化、更易于测量,但也具有不稳定、易变化的特点。研究表明,个人的行政领导倾向和态度往往由于经济地位、家庭环境等因素的影响而发生改变。

上述行政领导文化的三个层次并不是截然分开的,而是存在着交叉与衔接。对于同一种文化内容,由于研究角度、研究目的的不同,可能归属于不同的层面。如:当我们研究领导观念这一文化要素时,如果以个体为研究对象,领导观念就属于角色层次的行政领导文化;如果以某一群体或组织为研究对象,领导观念就扩展为系统层次的行政领导文化范畴。对行政领导文化进行层次划分的意义，不在于赋予文化要素以固定的位次并“对号入座”，而在于提供一种研究的思路与方法，以有助于对具体文化现象的分析和理解。

（三）行政领导文化的功能

1. 行政领导文化功能是一般文化功能在特定领域中的延伸

行政领导文化作为行政系统和行政领导行为在个体心理导向领域中的系统表现，是整个社会系统、特别是社会文化系统和行政组织系统的历史性产物，也是在这个系统中的每个成员活动的历史性产物。文化是人类有别于其他任何动物的最重要的特征，行政领导文化作为文化存在于特定领域中的一种样式，其功能是一般文化功能在行政系统和行政领导领域中的延伸。一般社会文化系统的主要功能包括：

（1）文化作为知识的工具聚合体，担负着认知和操作的重要功能

社会文化的集合首先是人们在长期的认识自然和改造自然的过程中，形成的一套知识体系。在不断发展的实践过程中，人们不断补充和丰富着这套知识体系，并将这种知识运用于人类的社会实践。与实践的互动，使文化具有了比一般知识更加生动丰富的功能意义，它既为人类的认识活动和理解活动提供了知识体系和认知手段，又为人类的交流与互动提供了必需的、公共性、规范性、操作性的方法。

（2）文化提供了一套意义规范，是人类理解力的重要基础

意义的内核不仅在于对象表现为什么，而且在于我们如何看待这个对象。文化不仅仅提供了一套知识体系，更重要的是在此基础上，人类获得了主体对外部世界和自身关系的理解。

（3）文化作为一套规则和规范，是维持社会稳定和秩序的主要力量

文化作为一套人们在历史过程中逐渐建立起来的行动规范和规则的系统，为不同个体在环境中设置了适当的行动期望，并通过这种规范作用最大限度地减少了社会冲突和社会混乱的出现频率和发生强度，降低了社会的不稳定。

（4）文化作为信念与价值系统，是民族凝聚力与社会生存的内核

在长期的文化发展过程中，在与其他民族文化的互动过程中，一个民族逐步形成了较为稳定的文化价值与信念系统。这是一种根植于民族心理深层的潜隐的信念与价值系统。它具有较为稳定的结构，是维系稳定的民族文化特征、产生特定文化样式和文化风格的原发点，是民族特征、民族精神得以形成的根据，也是民族发展和社会稳定的主要调节者。

2. 行政领导文化的功能

行政领导文化作为一种独特的文化样式，在行政领导活动中具有文化的一般功能和作用。但是，一般性文化的功能，是对行政领导文化功能宏观层面的集

中反映,比较笼统、不够具体。下面,我们侧重于从具体可感的微观层面进一步分析行政领导文化的功能。

(1) 内化功能

无论是行政领导行为的执行者,还是行政领导行为的接受者,行政领导活动视野内所有个体的行为都是行政领导文化的一种外在的行为显现,而行政领导文化则构成了个体行为的深层表现和内在依据。这种作用,我们称之为内化功能。

行政领导文化的内化功能主要表现在:

第一,为个体行为提供了理性支持,提供了判断和选择行为方式的内在依据。行为是主体指向特定目标的一种活动,在行为背后体现的主要是源自文化的理性支持。行政领导文化提供了一套系统的具有意义规范的知识体系和工具体系,是行政领导活动的内在知识基础。在此基础上,人们可以选择行为方式、把握行为强度、评价领导效能,对行政领导活动的发展做出合乎理性的判断和预测。

第二,决定了个体行政活动的动机和热情。任何行为的驱动,必须具有相应的动机要素。动机要素是人们在认知外部事物与改造外部事物的过程中,由于内心的不满足而形成的一种缺乏感。清晰地认识外部系统和相关各个组成部分的关系及运行原理,有助于形成清晰的行为动机。而行政领导文化通过提供系统的工具性知识体系的方式,帮助个体建立了行为动机。

(2) 维持功能

行政领导文化作为行政领导活动的内化根据,具有维持行为存在和发展的作用。这种维持功能的主要表现包括:维持行政领导活动的行为强度、维持行政领导活动行为取向、保持在行政领导活动中同一行为个体参与不同行为的平衡性。

行政领导文化的维持功能,有助于建立和保持稳定、有序的行政领导环境,对于保证行政领导活动的健康运转和行政组织顺利发展具有重要意义。

(3) 调适功能

由于行政领导环境自身的变化,以及行为个体在参与过程中接受群体影响的程度,常常会导致个体活动在某些时候的变形和脱轨。在行政领导活动中,无论是领导者,还是追随者等非领导者,都会发生行为失范。特别是领导者作为行政领导的行为主体,其行为失范往往导致比较严重的后果。行政领导文化就可以在领导活动实践中发挥重要的调适功能,能够在以下几个方面帮助个体或组织控制失范或减弱失范带来的不良影响。

第一,在行政领导活动中调节个体行为。行政领导文化通过对一般文化的继承和自身长期的发展过程,逐步形成了确定的、受到普遍认同的基本信念、基本规范、基本价值观等，因而，能够在“自律”的基础上规范个体行为，包括：限定个体行政行为的特征、方式、强度等。

第二，在行政领导活动中催发个体行为。行政领导文化所特有的影响力，不但可以对个体行为进行必要和适当的限制，而且还可以有效地激活个体参与行为的动机和意识，催发他们的积极行为。

第三，在行政领导活动中帮助个体克服挫折。这种功能，又称为文化的“反挫折功能”。行政领导文化体现了人们内心深处比较稳定的心理导向，如：坚定的信念和价值判断以及面对困难的积极态度等。这些都可以在一定程度上有效地帮助人们克服挫折带来的危害性，进而做出下一步的合理的行为选择。

【思考题】

1. 何谓行政领导环境？它具备哪些基本特征？
2. 简述行政领导环境与行政领导的相互作用。
3. 如何发展与完善行政领导环境？
4. 行政领导环境包括哪些类型？如何对其不同的类型进行比较分析？
5. 社会文化范畴中行政领导文化的含义与特点是什么？
6. 简述行政领导文化的价值认知。
7. 简述行政领导文化的结构与功能。

第四章 行政领导个体素质与群体结构

行政领导者作为行政领导活动的主体,在行政领导活动中处于主导地位。行政领导者个体素质的高低和群体结构的合理与否,对于行政领导活动的成败具有至关重要的作用。因此,行政领导者个体素质的重要性及其提高,行政领导群体结构的合理性及其优化,是行政领导科学需要研究的基本范畴之一。

第一节 行政领导的个体素质

几个世纪以来,人们一直在就“伟人”理论进行争论。历史是否是像恺撒大帝、成吉思汗、拿破仑、列宁、丘吉尔或毛泽东这样的人所创造的?或者,这样的人是否是历史所造就的?这些人是否具有某些素质足以使他们对人类社会的进程产生重大的影响?或者能否说,这些人成为领袖仅仅是由于碰上合适的地点和合适的时间?就现在的多数研究来看,应该说两者都有。环境在决定哪种领导最为合适方面是重要的,中国历来就有句谚语“时势造英雄”。但另一方面,领导者自身的某些素质对于他们取得辉煌的成就也是至关重要、不可或缺的。

一、行政领导素质概说

(一) 行政领导素质的含义与特点

1. 行政领导素质的含义

素质作为一个学术概念,可以从不同的学科视点给出不同的规定。总的来说,素质实质上是素质“丛”,“丛”概念包括诸特质组合及其可分性,即它是个指标体系,主要包括生理的、智力的、心理(人格)的、行为和价值观念诸特质。它既有稳定的惯性的一面,又有可变的可培育的一面,这两面都是特定的文化、历史和社会变迁的产物。素质可根据对象的不同分为不同的种类,如知识分子的素质、军人的素质、农民的素质等,行政领导素质是其中比较重要的一种。

所谓行政领导素质,是指充当行政领导角色的个体为完成其特定职能职责,发挥其特定影响和作用所必须具备的自身条件,是在一定的心理生理条件的基础上,通过学习、教育和实践锻炼而形成的在领导工作中经常起作用的那些基础条件和内在要素的总和,它既包括行政领导者的身体素质和心理素质,同时又有着更加广泛的内容,如政治思想素质、道德品质、文化专业素质,领导和管理能力等。

2. 行政领导素质的特点

行政领导素质有别于普通素质,具有其独特的个体特征,主要表现为:

(1) 物质性和精神性。物质性是指领导素质的物质依托即生理基础,是形成其他领导素质的物质前提;精神性是指领导素质中以心理机能和精神范畴为主的内容,这是真正把人与人在内在条件上拉开档次的地方。是领导素质的主体部分。

(2) 先天性与后天性。先天性是指领导素质的基础是遗传,从生理到气质、秉性、禀赋、智力等等心理因素都有遗传,这些与生俱来的素质条件构成领导素质的先天性特征。后天性是指领导素质主要是后天学习实践锻炼的结果,即由有需要、有目的的培养而来,并在社会实践中不断得到强化和发展的各方面素质,主要是思想道德素质、社会能力素质等。

(3) 适应性与发展性。适应性是指任何领导活动都是在特定的环境中进行的,有效的领导者必须首先在整体素质上与特定的社会环境及组织环境相适应;发展性是指环境是不断发展变化的,进而对领导者的素质提出新的要求,使领导素质在学习、实践和磨炼中不断地加强、优化、提高并一直发展下去。

(4) 相关性与变异性。相关性是指领导素质内部各构成要素以及领导素质与外部环境的相互关联性。领导素质内部各构成要素是相互影响,共同起作用的。同时,领导素质与领导领域、层次和职位等外部环境也明显地具有多种相关性,变异性是指领导素质在内外环境与矛盾的共同作用下,会不断发生变化,得到增益或受到损减。这种变化是一种潜移默化的过程,会走向正负两种方向。

(5) 多样性与综合性。多样性是指领导素质的构成因素是丰富多彩,互不相同的,而且领导素质的同一要素在特定的个体身上其具体内容都各不相同;综合性是指领导素质体系是一个由各要素相互联系、相互影响、相互补充、相互作用构成的多层次、多侧面的有机整体,在这个整体中,结构的合理性比素质的齐全性更为重要。

(6) 社会性与时代性。社会性是指领导素质的意义和价值均在于社会,不同的社会发展阶段的领导素质有不同的具体内容和基本特征;时代性是指领导素质是在一定的时代中培养、锻炼出来的,它必须反映时代的特点并适应时代的需求进而引导时代的发展,具有时代特征。

(二) 行政领导素质的内容

行政领导素质如要一一列出,可以是无穷尽的,但通常包括下列各项:“身材、精力(包括神经与体格的)、智力、方向与目的感、热诚、友好、正直、道德、技术特长、果断性、感性技能、知识、智慧、想象力、决心、坚持性、忍耐性、好仪表

(身体和服装的丰采)及勇气。”[①]将以上各项概括起来,行政领导素质主要包括以下几个方面:

1. 政治素质

政治素质指人作为一个政治角色对政治特别对自己所承担的政治义务和所享受的政治权利的理解,把握,反映和见诸行动等情况的总和,是人在政治关系和政治生活中培养出来或必须具备的个体特质,是高度政治化的结果。

对于行政领导者来说,政治素质是第一位的,因为政治素质从根本上决定行政领导的性质和方向,是行政领导素质中的核心和灵魂。各个国家或社会都有自己鲜明的、具体的政治素质标准和内容,从我国的国情实际出发,行政领导政治素质的标准与内容主要体现在以下方面:

(1) 政治理论。行政领导者必须认真学习马列主义毛泽东思想,具有深厚的马列主义理论修养,高举邓小平理论的伟大旗帜,具有高度的政治坚定性和理论成熟性。

(2) 政治知识。政治知识首先是指共产主义运动的知识、党的知识和国家的知识;其次是指人类社会发展知识;再次指政治科学和政治艺术的知识,主要包括政治科学的基本原理,法学尤其是宪法的基本原理和知识;最后要对西方的政治知识,以及时事政治进行关注和研究。只有具备丰富的政治知识,才会有牢固的政治素质基础。

(3) 政治观念和政治意识。行政领导者必须具备鲜明的政治观念和浓厚的政治意识,树立牢固的马列主义世界观、人生观和价值观,具有政治纪律观念、政治原则观念、法制观念和路线观念,保持高度的政治警觉性和纯洁性。

(4) 政治理想与政治信念。行政领导者必须具备远大的共产主义理想,把其当成自己最崇高的追求,把加快社会主义现代化建设作为具体的追求,同时行政领导者必须坚定共产主义一定能够实现、社会主义能够最终胜利的信念,这种理想和信念是行政领导者能够在工作中全力以赴的政治动力源泉。

(5) 政治态度和政治立场。这是行政领导者认识问题、处理问题的立足点和出发点。行政领导者要有强烈的政治责任感和事业心,以及高度的政治觉悟,坚持贯彻党的方针、路线、政策,真正为党为国家为人民的前途和命运着想,全心全意为人民服务。

(6) 政治作风。行政领导者不仅要把党性原则及一切正确的政治守则内化到自己的灵魂深处,更要体现在行为上,表现出优良的政治作风,如艰苦奋斗,实事求是,联系群众,开展批评与自我批评,民主务实的作风等。

---

① 〔美〕弗莱蒙特·E. 卡斯特,詹姆斯·E. 罗森茨韦克:《组织与管理》,傅严、李柱流等译,中国社会科学出版社2000年版,第460页。

(7) 法律修养。行政领导者必须具有极其强烈的法律意识和丰富的法律知识,学法用法,善于依法治国,充分发扬社会主义民主,积极推动社会主义法制化建设。

(8) 政治阅历和政治经验。行政领导者必须积累一定的政治阅历,储备一定的政治经验,才能在各种复杂的政治局面中不会犯原则性的错误,始终保持清醒的政治头脑,真正成为群众和事业的中坚。

(9) 政治技能与艺术。行政领导者在领导工作中必须具备一定的政治技能,讲究一定的策略和方法,在具有高度原则性的同时具备高度的灵活性,及时把握政治形势和政治心理,拿出政治策略和完整的应对措施,艺术化地展开政治活动,达到政治目标。

2. 道德素质

道德素质是指一定群体或组织乃至整个社会在一定时期调节人与人之间相互关系的价值标准和价值判断、道德规范和道德要求内化为心灵内容后形成的整个精神内涵,是充满价值内容和主观取向的行政领导精神素质。它主要包括伦理知识、伦理造诣、道德规范内化程度、约束取向、价值维度、慎独程度、情操、气节、风格、境界、作风、勇气、正气、责任感、法纪信守等领导素质因素。反映着行政领导者对他人以及个人对社会的认识和态度。中国古人云:“德不重不能服众,无德不以使民。”可见,道德素质是领导干部自身的行为准则和良好素质的一个方面。其内容主要包括以下几个方面:

(1) 事业心和使命感。事业心是衡量一个行政领导者对事业及本职工作的态度的主要指标。它反映出行政领导者的理想、目标和抱负。而使命感则要求行政领导者应该对自己的组织和自己的工作敢于负责,以最大的热情和毅力去完成自己的使命和任务。

(2) 进取心。行政领导者的工作不是静止不变的,而是随着组织环境的变化发展而变化发展的。因此,行政领导者要不断提高自己,使自己能够跟上时代前进的步伐。一个行政领导者的进取心越强,他获取知识的欲望也就越大,就越不甘于现状,喜欢不断地开拓进取。

(3) 胸怀宽阔。行政领导者应该具有宽阔的胸怀,善于听取下属的不同意见,包容下属的一些缺点,使下属感受到自己的亲切、温暖、友善和诚恳,并获得心理上的安全感。这样,行政领导者就可以团结组织内的一切人,调动一切积极因素,把工作干好。

(4) 公正。由于人们在公道、平等方面有先天的敏感性,所以行政领导者对组织内的一切人、一切事,都要采取一视同仁的态度。这样,才能取得下属的爱戴和拥护,在下属之中树立威信。

(5) 自身廉洁。在中国的现实情况中,一个行政领导者廉洁为政,即使其能力不太强,有时是可以得到谅解的。但如果行政领导者自身不清廉,有腐化的作风、以权谋私的行径甚至贪污腐败,即使他能力再强,也是得不到社会和民众的认同的。所以,行政领导者一定要以身作则,严格要求自己,遵守国家和组织的法律、法规和有关规章制度。

3. 能力素质

能力是指人在其心理生理要素的基础上,经过后天的培养、教育和努力,在实践过程中逐步形成的认识世界与改造世界的才能,本领和技能。行政领导能力是由行政领导者在社会中特殊的职责所决定的,是指领导者有效地实施领导,完成组织目标所必须具备的知识、才能条件的总和,领导能力素质是一种横贯于所有领导素质的多方面多种类的领导素质,是所有领导素质在联系或作用于现实时产生的作用力集合而成的个体特质,是行政领导者开展工作的必备条件,是提高行政领导绩效的决定性因素,是行政领导者素质体系的主体内容,当代行政领导能力素质主要包含以下几个方面:

(1) 政治能力。这是主导性的行政领导能力,包括运用和发展思想政治理论及坚持政治原则的能力;维护、遵循和运用宪法、法律的能力,理解掌握和贯彻执行路线方针、政策和法规的能力,执行政治纪律和规章制度的能力;承担和履行政治责任的能力;政治问题的分析和处理能力;政治环境适应能力;政治角色的把握胜任能力等。

(2) 科学决策能力。决策是行政领导活动中最重要的一项内容,决策能力是衡量一个行政领导者能否胜任本职工作的一个关键指标。因此,行政领导者必须善于发现和提出问题,并发动组织成员集思广益和利用"外脑"进行决策。行政领导决策能力主要体现为预见能力,判断能力与制订方案能力以及组织实施能力。

(3) 选才用人能力。领导在一定意义上说就是一种"用人成事"的艺术,对领导者来说,决策之外最重要的工作就是用人,领导选才用人能力体现为能够充分开发人才资源,做到知人善任,进行有效激励,使人尽其才。

(4) 计划规划能力。计划为组织成员指明方向,并设立目标和标准以便予领导和管理者实施控制,可以减少重叠性和浪费性的活动。领导者只有具有较强的计划与规划能力,才能进行有效的组织管理,从而保证领导和管理目标的实现。

(5) 组织协调能力。领导者只有具备了较强的组织协调能力,才能够在领导和管理过程中合理地配置和运作各种资源,形成一种和谐的团队精神和整体合力,促进组织内外环境的平衡发展。

(6) 沟通与人际交往能力。沟通是领导者掌握各方面情况的手段,是一种重要的人际交往技能。良性的沟通与人际交往不仅是领导者取得成功的重要技能,也对保持和促进领导者自身积极向上的精神状态具有极大作用。

(7) 控制与自控能力。控制能力是领导者运用各种手段(经济、行政、法律、教育),来保证领导活动的正常进行,保证决策目标如期实现的能力;自制能力是指领导者在有自知之明的情况下,对自己的缺点与弱点进行控制与约束的能力。

(8) 应变与解决复杂矛盾的能力。领导活动本身就是一个不断应变和解决复杂矛盾和问题的过程,衡量一个领导者是否成熟和高明,首要的就是看他是否能够具备在复杂尖锐的矛盾中审时度势,随机应变,辨明方向,把握大局,沉着应付,化险为夷的能力。

(9) 开拓与创新能力。从一定意义上说,领导就是创造。在当前的改革开放和建设有中国特色的社会主义市场经济过程中,没有现成的方案可循。领导者必须具备开拓创新精神和坚强意志,既要有勇于变革的锐气,又要有科学的态度和方法。

(10) 学习能力。新世纪是一个经济全球化,知识信息化,网络化的时代,在这个时代中,科学技术日新月异,新事物,新矛盾层出不穷,领导者只有具备终身学习并学以致用的能力,才能抓住机遇,迎接挑战,发展自己并引导组织与社会进步。

4. 知识素质

知识是与实践密切联系的概念,是人们在改造世界的实践中获得的认识与经验的总和,包括感性知识和理性知识。一般说来,理性知识是科学知识。每一个人的知识都不是单一的,而是复合的,是由多种知识构成的。具体来说,行政领导的知识素质主要包括以下几个方面:

(1) 宽广的知识面。由于行政领导工作的综合性和多样性,行政领导者对于一般社会科学和自然科学等各方面的知识,都要有所了解。特别是知识经济时代的到来,更是对行政领导者在知识素养方面提出了更高的要求。随着新技术革命的不断深入,各门学科的信息相互渗透、交叉,现代科学出现了既高度分化、又高度综合的发展趋势。学科规模不断扩大,新的学科不断出现,这就需要现代行政领导者与时俱进,不断拓宽知识面,树立大科学、大经济的新观念。

(2) 熟悉现代管理知识。行政领导者应具有统筹全局的思考能力,深入基层、善于倾听的探讨能力,权衡利弊的决断能力,突出重点、兼顾一般的计划能力,而这些能力在很大程度上来自于对现代管理知识的熟悉,所以行政领导者应熟悉了解包括经济管理、行政管理、领导科学、人才学等在内的多方面知识。

(3) 一般的科学知识。一般的科学知识是指一般社会科学、自然科学各方面的知识,通常要经过比较系统的学习过程才能获得。一定的学历就是一定文化程度与一般科学知识水平的反映。在现阶段,我国对各级行政领导者在学历上都提出了相应的要求和条件。但值得注意的是,不能简单地在学历与文化程度、一般科学知识上画等号。应当看到,通过自学成才,掌握丰富的一般科学知识者,也是不乏其人的。对这些同等学力者,进行一定的考核后,证明其的确具有相当水平的,也可选拔任用。

(4) 本职专业知识。"专业"是一个广泛的概念,各行各业的人员都有自己的本职工作。对于行政领导来说,有工业行政、农业行政、工商行政、城市行政、人事行政、财务行政等不同的划分。一个行政领导者只有系统全面地掌握本职专业方面的知识,成为本专业的行家,才能尊重科学,按科学规律办事,成为一个合格的行政领导者。一个缺乏专业知识的行政领导者,是不可能实施具体的领导工作的。

(5) 丰富的社会实践知识。行政领导者应积极参加社会生活实践,熟悉社会生活,了解社会生活实际知识,积累丰富的工作经验。这有助于从理论和实际的最佳结合点上解决问题。

5. 心理素质

行政领导者必须具有健康的心理素质,主要包括以下几个方面:

(1) 乐观的情绪。行政领导者具有的乐观情绪随时可以给人以开朗、豁达、友好的亲近感,能够感染下属,起到鼓舞、激励和提高他们战胜困难、实现组织目标的士气的作用。

(2) 坚强的意志。意志是人自觉地确定目的,并且根据目的来支配和调节自己的行为,克服种种困难,进而实现目的的心理过程。行政领导者只有具备了坚强的意志,才能在矢志不渝地开拓进取的过程中,抗拒重重压力,克服种种困难,取得预期的胜利。

(3) 广泛的兴趣。兴趣是人力求认识某种事物或爱好某种活动的心理倾向。它表现为渴望深入认识某种事物,并力求加入活动的心理倾向。兴趣对人的认识活动和实践活动,有着十分重要的推动作用,它可以促使人去注意、认识、探索和创造。所以,一个行政领导者只有具备了广泛的兴趣,才能孜孜不倦地学习、探索,防止知识和管理方法的过时,保持组织和自身的活力。

(4) 开朗的性格。开朗的性格,其典型表现为乐观、坦率、随和、善交际、好介入、喜欢变化、喜欢冒险。在科学技术高速发展的当今社会,组织所面对的环境挑战异常严峻,凡不能迅速适应客观环境和外界变化的组织和领导者,都不可避免地要被淘汰。另外,行政领导者在工作中必然要与各种人打交道,要随时介入各种矛盾中去。这就决定了行政领导者要以开朗的性格去面对工作,面对现实。

6. 身体素质

身体素质包括体质和体貌两个方面:

体质就是通常所说的体格或体魄，是指人承受体力、脑力劳动的程度，是身体素质的内在成分、质量、结构、性状和特征。一个行政领导者即使能力很强，但是身体差，没有充沛的精力，应付不了劳动强度过大的工作，显然是适应不了时代的要求的。

体貌即外形，指身体素质的外在成分、质量、结构、形状和特征，包括相貌、气色、声音、体态、身高、体重等各个方面。体貌对行政领导者来说，是具有重要辅助作用的自然生理条件，有助于行政领导者塑造更完美的形象。

（三）行政领导素质的作用

行政领导素质的独有特征决定了其特定的功能与重要作用，任何行为主体在任何活动中的成败得失，都是两个因素即内在因素和外在因素不同质量、不同效能、不同作用和不同搭配互动的结果，其中内在因素决定着行为主体活动的必然，为各种偶然的活动及其结果提供先决的条件，素质作为行政领导主体重要的内在条件，从根本上决定着行政领导的成败得失，具有至关重要的作用。

1. 行政领导素质是一种重要的竞争力。21世纪是个科学技术突飞猛进，经济日益全球化、信息化、网络化的时代，世界范围内的竞争空前激烈，而各种竞争归根结底是人才的竞争，更是领导人才的竞争，领导人才的素质高低关系到我国改革开放和社会主义现代化建设事业的兴衰成败以及我国在全球竞争中的地位。

2. 行政领导素质是一种重要的领导力。领导力是在领导活动中领导者影响被领导者所产生的作用和结果的叠加。而要达成既定目标，优化并提高领导力，就要求领导者必须具备优秀的领导素质，如树立先进正确的价值观，具备渊博的学识，以及娴熟的领导艺术等。

3. 行政领导素质是形成优化高效领导班子的基础。21世纪既是一个竞争的时代，也是一个合作的时代，集体领导是现代领导活动的一个显著特点和基本规律，任何领导集体都是由若干领导者个人组成的，只有个体的领导素质达到良好状态并在个体之间形成优化组合，才能从根本上保证领导集体的整体优化高效。

总之，行政领导素质是领导行为的内在渊源，是开展领导活动的前提与基础，是领导成功的最重要内在条件，也是事关群体或组织命运与利益的最重大社会因素之一。

二、西方领导素质理论简介

与中国的领导素质理论相比，西方的领导素质理论有其显著的特点，那就是注重细致分类，内容极其广泛、丰富和具体，对于完整地认识和把握领导者的内在构成和具体而实质的内容提供了良好的基础。在有机地参考和借鉴了心理学、行为科学的研究成果之后，西方领导素质理论拓展了深度，变得更富有科学性和可操作性。

(一) 历史上有代表性的相关研究

西方国家自古以来就很重视领导素质研究。亚里士多德在论述城邦政治时，就多次提到领导者"才德"问题，并指出："凡是想担任一邦中最高职务、执掌最高权力的人们必须具备三个条件：第一是效忠于现行政体；第二是足以胜任他所司职责的高度才能；第三是适合于该政体的善德和正义。"①

16 世纪的马基雅维里在他著名的《君主论》中指出："君王必须是一头能认识陷阱的狐狸，同时又必须是一头能使豺狼惊骇的狮子。"②"君王之所以会被人轻视鄙薄，那是因为他在人们的心目中总是喜怒无常、轻率浅薄、软弱怯懦、优柔寡断。因此，君王必须像提防暗礁一样保持高度的警惕。他应该努力在自己行为举止中表现出伟大英勇、严肃庄重、坚忍不拔。"③马基雅维里的这些论述，是非常具体而实用的，在当时很有代表性，但由于存在极端化倾向而不易被人们所接受。

17—18 世纪之间的法国启蒙思想家孟德斯鸠则认为作为公共官吏的领导者所应具备的素质，应该是法治精神、平等精神、廉洁精神、节俭精神、勤劳精神和品德等。

19 世纪法国著名政治思想家托克维尔在《论美国的民主》一书中，从政治和民主问题的角度出发，研究了领导现象，表达了自己对领导素质的基本思想。他认为，领导者必须有才能、德行、诚信和廉洁自律精神，否则就会破坏民主政治、败坏人民的政治道德。

(二) 当代有代表性的特质理论

领导的特质理论(trait theories of leadership)是指从领导者的性格、生理、智力及社会因素等方面寻找和归纳领导者特有品质或应有品质的理论，也就是素质理论。特质理论研究从 19 世纪末期开始，其创始人是阿尔波特，代表人物是斯托格蒂尔、吉伯和穆恩等。他们以领导者的个性、生理或智力因素为观测点，希望制定出有效领导者的标准，以之作为选拔领导者的依据。特质理论一般是从五个方面进行研究：(1) 生理特质。如领导者的身高、体重、体格健壮程度、音容笑貌和仪态举止等；(2) 个性特质。如自信、热情、外向、正直、负责、勇敢、魅力、独立性和内控性等；(3) 智力特质。如领导者的记忆力、判断力、逻辑能力以及反应灵敏程度等；(4) 工作特质。包括责任感、首创性和事业心等；(5) 社会

① 〔古希腊〕亚里士多德：《政治学》，吴寿彭译，商务印书馆 1965 年版，第 271 页。
② 〔意〕马基雅维里：《君主论》，徐继业译，光明日报出版社 1996 年版，第 97 页。
③ 同上书，第 100—101 页。

特质。包括沟通能力、指挥能力、协调能力、控制能力、人际关系等。[①]

在众多的理论和假说中,比较有代表性的领导特质理论有:

吉伯认为,领导者应具备七项先天特性:善言辞、外表英俊潇洒、智力过人、有自信心、心理健康、有支配他人的倾向、外向而敏感。

斯托格蒂尔概括出了领导者的十项共同品质:才智、强烈的责任心和完成任务的内驱力、坚持追求目标的性格、大胆主动的独创精神、自信心、合作性、乐意承担决策和行动的后果、能忍受挫折、社交能力和影响别人的能力、处理事务的能力。接着,他将一个优秀领导者应该具备的素质拓展为十六个方面:有良心、可靠、勇敢、责任心强、有胆略、力求革新进步、直率、自律、有理想、良好的人际关系、风度优雅、胜任愉快、身体健壮、智力过人、有组织能力、有判断力等。

亨利提出成功领导者应具有以下十二点特质:(1) 成就欲望强烈,把工作当做乐趣和兴奋点,对其关注和追求超过对金钱报酬和职位晋升的关注和追求;(2) 敢于承担责任,干劲大,希望迎接工作的挑战;(3) 尊重上级,认为上级水平高、经验多,能够帮助自己上进和提高,与上级关系好;(4) 组织能力强,把混乱的事组织得很有条理;(5) 决断力强,能在较短的时间内对各种备选方案加以权衡迅速做出决断;(6) 思想敏捷,有较强的预测能力,能从有限的材料中预测出事物的发展方向;(7) 自信心强,对自己的能力有充分的自信,目标坚定,不受外界干扰;(8) 极力避免失败,不断接受新任务、树立新目标,驱使自己前进;(9) 讲求实际,重视现在,而不大关心不肯定的未来;(10) 眼睛向上,对上级亲近而对下级较疏远;(11) 对父母没有感情上的牵挂,而且一般不同父母住在一起;(12) 忠于组织,忠于职守。

吉赛利则提出了有效领导者的七种品质特征和五种激励品质。品质特征包括才智首创精神、监察能力、自信心、与群众关系密切、决断能力、刚性和韧性、成熟程度等;激励品质是指对工作稳定的需求、对金钱奖励的需求、对指挥别人的权力的需求、对自我实现的需求、对事业成就的追求。

美国前总统尼克松在《领导者》一书中,指出:光靠声望不能称领袖,单凭才能也不行;美德不是使伟大领袖高于其他人的因素;智力上的异彩也不是确定领袖人物的特色。他认为不同的情况需要不同的品质,但肯定地说,崇高的目的、聪明过人、勇气、勤奋、坚韧、有判断力、对伟大事业的献身精神、一定的魅力、博览丛书、富有人情味、有容人之量、有强烈地自我表达欲望、具有长远全面的观点等等,都是关键因素。

以上特质理论研究取得了一定的成就,正如美国管理学家斯蒂芬 · P. 罗宾斯所说:(1) 大多数人相信对于所有成功的领导者来说,都具备一系列一致而独

① 朱立言主编:《行政领导学》,中国人民大学出版社 2002 年版,第 93—94 页。

特的个性特点。(2)在确定与领导关系密切的特质方面的研究中得到的结果引人瞩目。比如,研究发现,进取心、领导意愿、正直与诚实、自信、智慧和具备与工作相关的知识对领导者尤为重要。(3)大半个世纪以来的研究可以得出这样的结论:具备某些特质确实能提高领导者成功的可能性,但没有一种特质是成功的保证。[①] 但也应当看到这些理论所存在的不足之处,比如,在研究方法上对领导行为发生作用的环境和条件的忽视;认为领导者的特质都是天生的,领导者是挑选的结果而忽视了对其进行培养的过程;描述特质的词多为表述心理特征的概念,内涵界定不够清晰等等。

针对这些成就和缺陷的存在,进入20世纪80年代以来,西方的学者对于新的领导特质理论研究进入了更高的阶段。在新的研究成果中,有的研究者继承了韦伯的魅力型领导的观点,进一步研究领导者的魅力特质;有的研究者从内在素质和外在风格统一的角度来研究领导者的形象特质;有的研究者从行为实验室进入到化学实验室、生物实验室,以寻找与领导者特质相关的生物学根源;有的研究者从先天遗传的禀赋因素以及儿童早期生活环境和经历对其的影响来研究领导者的特质;而更多的研究者是从后天的领导实际及社会生活中寻找领导者的特质共同点和发展途径。

美国学者詹姆士·M.库塞基和贝瑞·波斯纳在对近千家政府行政部门和企业进行三次详细地调查后,指出领导者排在前四位的特质是:(1)诚实。这是领导者和下属关系中最重要的因素。绝大多数人期望领导者要诚实、讲信用、有道德、坚持原则。只有这样,才能赢得下属的忠心追随。(2)有远见。也可以将之称为目标、计划、眼光、梦想或召唤。如果领导者要吸引别人加入到自己的行列中来,首先必须要自己了解目标何在,前景如何。(3)懂得鼓舞人心。下属期望领导者拥有满腔热情、充满活力,尤其是在困难时期对未来感到乐观,领导者如能表现得极其热忱和兴奋,显示出他个人对所追求目标的投入,就更能收到鼓舞人心的效果。(4)能力卓越。这是实施领导行为的核心所在,领导人必须具备为他的职业带来的某些附加价值的能力。

美国学者德克兰则提出了领导素质的宪法模型。这实际上是一种理论上的比喻,德克兰认为,领导特质与美国宪法一样:虽然随着时代的变化,宪法在具体观点和解释方面会相应变化,具有广泛性和弹性,但其基本原则是会保持不变的,会继续发挥作用的。为此,德克兰从四个方面来建构领导特质:(1)个性。环境和下属对真正的领导者都有共同的要求,要求他们公正、诚实、开放、有道德且值得信赖,既讲求原则又不是纯粹的教条主义者。而且,由此还可以推导出其

---

① 参见〔美〕斯蒂芬·P.罗宾斯:《组织行为学》(第7版),中国人民大学出版社1997年版,第320—321页。

他一些特质:①为人诚恳,待人平等,和蔼可亲,富有幽默感。②有自知之明,善于总结优点、发现缺点,并且力求完善。③善于调查,能够接受别人的建议和新观点。④思想开放,在领导活动中尊重竞争对手,在工作中搞好团结,善于向对手学习。⑤目标明确,计划周密,不凭个人兴趣行事,有着坚忍不拔的意志,直至达到最终目的。⑥不要孤注一掷,也不要不择手段。(2) 想象力。可以区分为以下两种:①富有想象力和创造性思维,预想的结果能够符合社会发展的趋势,并且能够推动社会进步。②能够把理想转变为切实可行的目标,并能制定出相应的计划。(3) 行为。大多数领导者的行为是具有一定的共同的特性的:①勤奋工作。②推动和影响变化,勇于改变当前现状。③目光长远,在抓住当前机遇的同时不损害长远利益。④不因循守旧,在坚持原则的前提下尽一切可能追求事业的成功。⑤大胆思考,态度乐观,积极向上。⑥小心谨慎,却又不过于追求细节。⑦能够容忍别人错误,保持组织内部团结。⑧经常同别人交流,互相鼓励,互相批评,互相影响。(4) 信心。由于领导者在实现目标的过程中,会面临种种困难,所以领导者一定要保持足够的自信。这种自信应来自对自身清醒的认识和对环境的正确的评估之上,而不是傲慢自大和自我主义。这样,领导者才会被下属看做为一个理性的风险承担者,才能使下属心甘情愿地追随,才能增强组织内部职员的信心,从而使工作健康、正常地向前发展。

三、行政领导的政治心理分析

不同类型、不同功能的领导要求有不同的才华和性格,人们很难发现两个心理内容、心理活动相同的领导者。但这并不等于说,不同的领导者之间没有类似的心理特点,不等于说领导的心理对其政治行为的影响无规律可言。普列汉诺夫就曾精辟地指出"一个伟大人物之所以伟大,并不是因为他的个人特点,使伟大的历史事变具有个别的外貌,而是因为他所具备的特点使他自己最为当时所发生的伟大社会需要服务。卡莱尔在其论英雄人物的著名著作中,把伟大人物称呼为发起人……这是极其适当的名称。伟大人物确实是发起人,因为他的见识要比别人的远些,他的愿望要比别人的强烈些。他把先前的社会智慧发展进程所造成的新的社会需要指明出来;他担负起满足这需要的发起责任。"[①]这充分表明,领导的作用能否得到充分的发挥,既受历史时代的客观条件制约,又受自身心理因素的主观条件的制约。而将政治学和心理学结合起来,对领导政治心理进行分析是20世纪初才开始发展起来的。在这方面,较有影响力的著作有:华莱士(G. Wallas)的《政治中的人性》(*Human Nature in Politics*,1908),拉斯威尔(H. D. Lasswell)的《权力与个性》(*Power and Personality*,1948),桑普生

① 《普列汉诺夫哲学著作选集》第2卷,三联书店1961年版,第373页。

(Sampson)的《权力的心理》(The Psychology of power,1965),中村菊男的《政治心理学》(1977)等等。政治心理学有两种研究方向。“第一种是对于政治现象作心理的探究,亦即对于国家、政治、权力及政治行为等,探究其心理上的意义;第二种是对于政治心理作科学的分析,亦即对于政治人物,分析其心理因素。”① 对领导者政治心理进行分析,打破了领导学传统的研究格局,将政治态度、政治行为等丰富多彩的人的心理因素注入领导学的研究中去,从领导者的心理出发研究各种领导现象,从而扩大了领导学的研究范围,丰富了领导学的研究方法,增强了领导学研究的科学性和应用性。

(一) 政治心理的含义与特征

1. 政治心理的含义

心理现象包括心理活动和心理品质两个方面,前者指的是人的各种具体活动,如感知,思维、情感、反应等。后者则指在心理活动过程中大脑的某些能力与特点。心理品质又可分成智力品质与个性品质两部分。智力品质是指人在观察、学习、记忆、想象、表达等方面的聪明程度,个性心理品质则是人的心理面貌稳定性倾向的总和,主要包括性格、情绪、意志、兴趣、气质等。

无论是作为整体的人,还是作为个体的人,在其成长过程中,必然会形成各种各样的心理。当人们置身于政治环境和政治生活中时,在各种政治信息的刺激、诱导下,以前的生理活动就会打上政治的烙印,从而形成一种在特定的政治生活之中所具有的心理——政治心理。所谓政治心理,“就是社会成员在政治社会化过程中对社会政治关系以及由此而形成的政治行为、政治体系和政治现象等政治生活的各个方面的一种自发的心理反应,表现为人们对政治生活某一特定的认知、情感、态度、情绪、兴趣、愿望和信念等等,构成了人们政治性格的基本特征。”②人的高级认知、情感活动与政治生活相结合,就形成了人的政治态度、政治情感等理性色彩较浓的政治心理活动。

政治心理与社会存在之间关系密切,这主要表现在:

一方面,社会存在决定政治心理。首先,人们的心理总是受社会的经济发展水平的制约;其次,一定的政治制度和统治阶级推行的政策也会对政治心理产生强烈影响。

另一方面,政治心理具有相对独立性及其能动的反作用。首先,政治心理与社会存在的发展是不完全同步的,它既可以落后于社会存在,也可以超前于社会存在;其次,政治心理具有历史继承性,会形成一定的民族特点和民族风格;再次,政治心理具有不平衡性,落后的地方会产生先进的政治心理,先进的地方也

① 马起华:《政治心理分析》,正中书局1976年版,第1页。

② 王浦劬主编:《政治学基础》,北京大学出版社1995年版,第308—309页。

会存在落后的政治心理；最后，政治心理的反作用表现在政治心理的向背往往决定着政治事业的成败。

2. 政治心理的特性

政治心理是政治文化的重要组成部分。作为一种精神现象和意识形态，政治心理具有以下特性：

一是政治心理的社会性。人作为一切社会关系的总和，其政治心理也必然具有明显的社会性色彩。人的政治心理的形成是在社会环境的影响下，通过模仿、学习和教育等途径逐步形成的。

二是政治心理的阶级性。在阶级社会中，人们的政治心理无不渗透了阶级的情感、要求与立场，无不打上阶级的烙印。

三是政治心理的时代性。不同的时代有不同的政治主题，因此就有不同的政治观念与政治理论。一定的政治心理是一定时代的产物，同时对时代的发展具有巨大的反作用。

四是政治心理的区域性。位于不同区域的不同民族或国家的人民往往有其独特的政治价值观和政治行为方式。

此外，政治心理还具有潜在性、顽强性、持久性、波动性等特征。

（二）行政领导者的政治心理类型

根据政治心理的主体，即政治心理的承担者的不同，可以将政治心理划分为个体政治心理和群体政治心理。而根据政治主体在政治生活中所扮演的政治角色和所起的作用的不同，又可将个体政治心理划分为政治领袖的政治心理和一般政治人的政治心理。

政治领袖由于其个性心理和政治实践的不同以及角色的差异，形成了不同类型的政治心理特征：

1. 主动积极型：非常自信，乐观，合群，目标明确，工作努力，富有创新精神，对自己和他人都比较满意，对领袖的职位十分醉心，对权力非常迷恋。

2. 主动消极型：敢作敢为，工作努力，不易满足，富于幻想，对权力持消极态度，不信任人，并不认为担任政治领袖是一种轻松快活的事。

3. 被动积极型：奉公守法，比较合群，对自己在别人心目中的形象非常关注，对领袖的职位十分醉心，权力欲极强，但往往因循守旧，不善决断，缺乏创新意识。

4. 被动消极型：性格内向、保守，遇事容易后退，主张工作越少越好，对领袖的职位缺乏兴趣。

这种划分，在一定程度上表明了某些政治领袖政治心理活动的共同特点。但由于人的心理活动是一个综合的、多元的、矛盾的和发展的过程，这就决定了政治领袖的政治心理在实际上的复杂性。因此，很难用某一种类型来概括某一个政治领袖的政治心理的全部内容。

(三) 政治心理在政治生活中的地位与作用

政治心理作为政治生活的一个方面,具有重要的意义:

1. 政治心理是政治变革的动因之一

政治心理在社会政治变革中的作用表现为正反两个方面。从正面看,任何政治变革之所以成功,无不是顺应了社会政治心理的潮流,顺应了民心。从反面看,任何政治变革之所以导致流产失败,或者是在本质上是反动的,违背民意;或者是虽然本质上是进步的,但却忽视了民众的心理承受力与政治情绪。

2. 政治心理是政治力量的组合与分化的重要原因

一方面,政治地位与政治利益基本相同的阶级、阶层和集团往往会产生一致的主导政治心理,这是他们之间建立联盟的一条重要的联结纽带。另一方面,人民群众的政治心理也是造成政治力量的组合与分化的重要原因。

3. 政治心理是制定政纲政策的基本根据之一

政治心理是社会政治形势的晴雨表。一个国家、政党在制定其政治纲领或政治策略时,是否将社会的政治心理气氛、社会思潮与社会舆论作为重要工具,是衡量社会的文明程度与政治清明程度的重要依据。

4. 政治心理是产生政治行为的前提条件

人们的大多数政治行为总是具有明确的政治动机,并且受一定的政治热情所鼓舞,为一定的政治意志所制约。因此,为了使社会中的个人或团体形成或改变一定的政治行为,就必须使其形成或转变一定的政治心理。

由上可见,政治心理对社会政治生活具有广泛而深远的影响。因此,认真对待并深入研究行政领导者的政治心理是今后行政领导科学发展过程中的一项重要任务。

第二节　行政领导的群体结构

在任何一个组织中,人的行为都是互相影响、互相制约、互相补充和互相适应的。因此,对于一个单位的领导班子来说,不仅要求其成员个体素质好,而且必须要有一个合理的结构。科学技术领域的全才是没有的,统率管理的全才也是极少的。可以说,绝大多数人都是“偏才”,即基本上只具有某一方面的才能。但“偏才”如组合得好,就可以构成真正的、更大的全才,这就是领导班子合理结构的问题。一个具有合理结构的领导群体,不仅能使每个领导成员人尽其才,做好各自的工作,而且能通过有效的结构组合,发挥出新的巨大的集体力量。

一、行政领导群体结构的含义和内容

(一) 行政领导群体结构的含义

"群体"的概念,在日常生活中是一个含义很广的概念。一般来说,凡是按照某种特征划分的人类社会中的任何一类人,都可以称为某个群体。但是,"群体",作为一个比较科学的概念,在社会心理学、人才学等学科中,是指"相互之间有直接影响作用、有共同目标的、较为持久的一群人的组合"。行政领导群体,简单地来说,就是指具有上述明确含义的一群行政领导者的组合。

"结构"的概念,在现代科学中是系统论、系统分析方法的一个基本概念。"结构"是一个与"系统"含义不同而又相互关联的概念。"系统",指的是一系列相互有关的因素,为达到某一特定的目的而构成的完整综合体;"结构",是指每一个具体系统的构成形式,是系统内各要素之间稳定的相互联系。只有依靠结构,才能把孤立的诸因素变为一个系统,只有通过结构的中介,要素才能具有系统的属性和功能。如果系统没有一定形式的结构,那么系统不但不能发挥其应有的效能,而且连系统本身也将不复存在。一定系统的特性、整体的功能,主要就是由系统的结构决定的。因此,要研究一个系统,并使其功能达到最合理的程度,就必须重视对结构的研究。

各级行政领导都不是单独的、孤立的个人,而是"一班"——一个行政领导群体。这样的群体就是一个系统。所以,不仅要注意到行政领导者个体素质的构成和培训,同样也要注重研究行政领导的群体结构。

(二) 行政领导群体结构的内容

行政领导群体结构形式的种类繁多,划分的角度与方法也是多种多样的。比如:从职权范围的大小不同,可以分为中央行政领导结构与地方行政领导结构;从管理的层次不同,可以划分为决策层结构、管理层结构、执行层结构;从职权与业务的不同,可以分为一般权限部门的行政领导结构与专门权限部门的行政领导结构,等等。

一般认为,行政领导群体结构是在一个系统内,构成行政领导群体的各种人员的比例及其组合方式。它包括三个内容:①人员的种类和性质;②各类人员数量分布或数量比例;③各类人员的相互联结形式。不言而喻,优化的行政领导结构是指群体内各类人员的最佳联结形式,或者说是行政领导群体内各种要素的最佳组合。

各类人员的构成及组合方式是行政领导群体结构的两个组成部分,这两个部分是缺一不可的,它们互相联系、互相制约。各类人员的构成包括成员个体的专业、知识、能力、年龄、政治品德、心理素质的构成,存在一个合理的数量比例,这些都是结构概念中的要素。成员个体的组合方式包括为实现一定目标而产生的人与人之间的联系，人与群体之间的联系，甚至人与外界环境之间的联系，它反映了结构概念中要素之间一种相对稳定的联系形式。各类人员发生变化，必然出现组合方式的变化，随之群体结构也会发生改变。

一个合理化的行政领导群体结构，成员个体一定是各扬其长、各避其短，相互之间取长补短，产生出一种相互促进的驱动力的群体。这样的行政领导群体必然是一个政治立场坚定、思想向上、功能完善、高效能的"班子"，并能够充分发挥每个人的创造力，不断地增长其才干的群体。一般来说，合理化的行政领导群体结构主要包括如下内容：

1．年龄结构

行政领导群体年龄结构，是指一个行政领导群体中不同年龄成员的比例构成及其相互关系。年龄结构是群体结构中的重要子结构，它在某种程度上决定着群体效能的发挥。年龄不仅是一个人生理功能的标志，也是一个人知识经验积累多寡、智力发挥程度的标志。现代生理学研究表明：知觉的最佳年龄是10—17岁，记忆和反应速度的最佳年龄是18—29岁，逻辑思维的最佳年龄是30—49岁，而创造的最佳年龄是25—45岁。这些数字说明，在知识积累、开发创造方面，优势在于中青年方面。然而，重视中青年的作用，并不等于轻视老年人的作用。老年人有丰富的经验和阅历，长于深谋远虑，懂得事情的利害关系，善于应付复杂局面，这对于行政管理工作本身及指点后辈都是十分重要的。因此，一个科学而合理的行政领导群体的年龄结构，应该是呈梯队构成的结构。行政领导群体中要有阅历深、经验丰富，善于把握方向的老干部，但人数不宜多；要有精力充沛、分析解决能力强，有开拓精神的中年干部，人数应占较大比例，起承前启后作用；还要有虚心好学、行动敏捷，有敢想敢干精神、奋发有为的青年干部，人数也不宜多。当然，年龄结构的具体比例应视各级行政领导机构的具体情况定，一般说来，1∶2∶1的老、中、青比例较为合理。这样的行政领导群体比较利于新老合作，老、中、青接替，从而使行政领导群体的新陈代谢顺理成章地、有条不紊地进行下去，比较有效地保障行政领导活动的稳定性与连续性。

2．知识结构

行政领导群体的知识结构，是指在一个行政领导群体中，不同知识积累和背景的成员之间的搭配组合状态。现代化领导班子的成员，必须具有足够的知识水平，在整个社会知识结构中，他们应该是属于高知识水平范围的。因为，随着教育的普及，现代社会成员，不论是专家还是一般的人，都具有越来越高的科学文化水平，现代化领导班子的成员，不具有更高的知识水平，就很难有效地领导具有高知识水平的部属。

学历和训练是很重要的，但它一般都是专业化的，而一个单位的领导，特别是高阶层的领导，总是面对全局的、复杂的综合情况，必须具有更广博的知识。

因此在行政领导集体中,必须有一个合理的知识结构。个人的知识有限,集体的知识就可以全面广泛得多。还应强调指出的是,学历与实际水平之间是有很大差异的。学历代表一个人曾经接受训练的程度,但不能代表一个人的实际领导能力。科学研究表明,在现代社会中,一个人大约只有10%的知识是在正规学校中学到的,有大约90%的知识是在工作实践和职业学习中获得的。在现实生活中,通过自学而成为专家的人是很多的,在实际工作中锻炼出来的领导干部也是不少见的。因此,在选择领导干部时,除了重视学历之外,还必须注意考察实际的工作能力和知识水平。

3. 智能结构

行政领导群体智能结构,是指一个行政领导群体中,不同智能优势的人才个体的构成比例及其相互关系。领导的知识化及其效能与他运用知识的能力有关,即领导不但要有知识,而且还要会运用知识,这就是智能的问题。智能,是知识、技能、能力诸方面的综合体,反映了人类知识和实践的综合能力。智能主要包括:学习能力、研究能力、思维能力、表达能力、组织能力和创造能力等。知识的缺乏,可以查阅百科全书,而思考问题、设想方案却是任何东西也代替不了的,由于领导处于职工带头人的地位,智能就显得更为重要了。因此,领导班子应包括不同智能型的人,既要有高超创造能力的思想家,又要有高超组织能力的专家及具有实干精神的干家,不应是清一色、一刀切的。只有这样,才能发挥最优的智能效能。

4. 心理素质结构

行政领导群体的心理素质结构,主要是指一个行政领导群体中,不同气质、性格的成员的构成比例及其相互关系。

(1) 气质

气质,是指一个人比较稳定的心理活动的动力特征,也是人在心理活动和外部动作的进程中表现出来的某些关于速度、强度、稳定性等方面的心理综合特征。在日常生活中,我们常常说到周围人们的脾气和性情:某人性子急,某人性子慢;某人活泼好动,某人孤僻不合群等等。这些脾气和性情就是一个人气质的表现。

人的气质主要有三个特点:

一是先天性。气质的生理基础是神经系统类型,气质的不同类型是高级神经活动在人们的行为和活动中的表现。因而,气质主要受神经生理活动的特点所制约,受遗传因素影响较大,带有先天性的特点。

二是稳定性。人的气质是受神经系统类型决定的,而人的神经系统类型的变化是非常缓慢的。人的气质特征经常稳定地渗透于一个人的情绪和活动方式之中,在一定时间内不会有大的改变。

三是可变性。人的气质虽然受先天因素的决定,但也并不是绝对不变的。人的神经类型具有很大可塑性,年龄、生活条件、教育条件的变化都可引起气质的变化。

按照心理学的传统,把人的典型气质分为四种类型:①胆汁质。是以强而不平衡的神经活动类型为基础的气质类型。其特点是:情感发生迅速、强烈而持久。在动作上比较猛烈和迅速,言语上也表现出强烈而快速的性质。这种类型的人对于自己的行动常感到难以控制,性急,但积极热情。②多血质。是以强而平衡灵活的神经活动类型为基础的气质类型。其特点是:热情亲切,情感发生迅速,对一切现象都容易产生情绪反映,但容易变化。在动作上也表现出敏捷迅速的特点。③黏液质。是以强而平衡、不灵活的神经类型为基础的气质类型。其主要特点是:主动性低、情感和动作发生得比较缓慢,情绪不外露,容易自制。④抑郁质。是以弱的神经活动类型为基础的气质类型。其特点是:情感深刻而稳定,不容易变化,敏感性高,但主动性、平衡性较差。在日常生活中常表现得孤僻,胆怯,刻板。这四种气质类型是在从事各种工作的人中间都能找到的。但是,单纯一种典型气质的人并不多,往往是两种或多种气质并存于一个人身上,以一种气质为主。

人的气质并无好坏之分,任何一种气质类型对行政领导者都有利有弊。胆汁质类型的行政领导在领导中积极的一面是:精力较旺盛,工作主动性强,能以极大的热情投身于所从事的事业;热情直率,容易与周围的人发生联系;有较强的决断性,办事果断不拖拉,工作效率较高。消极的一面是:脾气暴躁,压不住火,不利于处理各方面的人际关系;缺乏耐性,工作带有明显的周期性,不容易深入细致。多血质类型的行政领导者领导工作中积极的一面是:思想活跃、反应迅速,接受新事物快,有利于领导活动的创新;灵活性、适应性强,能适应各种复杂的情况;善于交际、富有同情心。消极的一面是:情绪不稳定、易于变化,工作持续性差,容易见异思迁,不利于完成艰苦工作;决策易轻率,缺乏深思熟虑。黏液质类型的行政领导者在领导工作中积极的一面是:沉着、冷静,在处理问题和决策过程中比较稳妥;有实干精神以及很强的坚持性;情绪不外露,交际适度,善于忍耐自制。消极的一面是:灵活性差、接受新事物比较慢,不利于适应高速多变条件下的工作。抑郁质类型的行政领导者在领导工作中积极的一面是:具有很强的感受力,观察比较细致、深入,善于察觉别人不易察觉的细节;思维比较周密、深入,布置工作比较细致、周到。消极的一面是:行为较孤僻,不善交际;感情比较脆弱,难于忍受强刺激,意志坚韧性较差,难于决断。

(2) 性格

性格,是指一个人对现实稳定的态度和习惯化了的行为方式。也就是一个人表现在态度和行为上的比较稳定的心理特征。人在实践活动中,总要对客观世界的影响产生一定的反应,久而久之,这种反应就形成了稳定的心理特点和行为方式,这就是性格。人的性格主要表现在对现实的态度上,包括:对社会、对他人、对自己、对劳动、对事物等各方面的态度。例如,集体性与自私性或纪律性与散漫性等是属于对社会、对集体的态度的性格特征。诚实与虚伪、宽容与狭隘、同情与残酷、礼貌与粗野等属于对他人的态度的性格特征。谦虚与骄傲、自信与自卑、自尊与无耻等属于对自己的态度的性格特征。勤奋与懒惰、细心与粗心、创新与守成、负责与随便等,则是属于对工作、对劳动的态度的性格特征。勤俭与奢侈、廉洁与腐败、整洁与邋遢等,又是属于对事、对物的态度的性格特征。人的性格除了表现在对现实的态度上,还表现在认识、情感、意志的各个方面,它与人的心理生活的各个方面都是密切联系着的。

行政领导者的性格作为对现实的态度和习惯化了的行为方式,对行政领导工作的影响主要表现在:①行政领导者的性格与政治品德的形成有直接联系。社会主义国家的行政领导者必须具备高尚的政治道德,要有与旧社会的官僚政客完全不同的职业道德。人的性格本身就包含着品德的一部分特征。像正直、诚实等既是一种性格特征,本身又是一种品德。那些不属于性格的道德品质,也要受到性格特征的影响。正直、诚实的性格容易形成大公无私、刚直不阿的道德品质;而对他人、对集体冷漠的人,则容易养成自私自利、损公肥私等恶劣的道德品质。因此,行政领导者的政治品德素质只有与性格修养结合起来,才能收到良好的效果。②行政领导者良好的性格可以在一定程度上调节和改造不良的气质,使之服从行政领导工作的需要。人的性格与气质是既相联系、又相区别的。气质是一个人心理活动的动力特征,它主要体现了神经类型的自然表现;性格则是一个人稳定的态度和习惯化了的行为方式,更多地体现了生活环境的影响。同时,气质和性格又是相互渗透、相互制约的。一个行政领导者通过性格的锻炼与修养,可以优化自己的气质,使之服从于行政领导工作的需要。例如,行政领导工作必须具备冷静、沉着的特征,这种在长期行政领导工作中自觉锻炼起来的性格,就可以改善胆汁质类型易于冲动的气质特征。③行政领导者的性格对能力素质的形成具有促进或阻碍作用。人的性格和人的能力的发展是密切联系的。优良的性格能促进能力素质的发展。认真、勤奋、谦虚、自制、热情等性格品质,对行政领导者提高自己的能力素质具有极大的促进作用。相反,不良的性格特征,如粗心、懒惰、骄傲等,则会阻碍行政领导者能力素质的提高。④行政领导者的性格直接影响着行政领导者的领导方式。在国外一些国家中,领导者的领导方式被分为民主型、专制型和放任型,不同的领导方式直接影响着领导效能。一个行政领导者领导方式的形成当然是由多种因素决定的,但领导者性格因素对其领导方式的形成是有重要影响的。一般来说,专制型的领导方式是以过于自尊、极端自信的性格特征为基础的;而懦弱、自卑、懒惰等性格特征,则容易形成放任型的领导方式。

(3) 行政领导群体的心理素质结构

任何一个行政领导群体,都是由若干人组成的系统,把不同心理素质类型的行政领导者组合起来形成一个“班子”,这里面就存在一个群体心理素质结构的问题。群体的心理素质结构如何,将对“班子”的整体效应产生重大的影响。科学而合理的群体心理素质结构,能够弥补行政领导者个体心理素质上的某些缺陷,产生最佳的整体效应。反之,如果群体心理素质结构不合理,即使每个行政领导者个体都是优秀人才,有良好的能力素质,却也未必收到好的效果,而且还有可能出现人才能量相互抵消的“内耗”情况。有关人员从一些内部不够团结的行政领导“班子”所做的抽样调查的结果来看,群体心理素质结构不合理是其中一个重要原因。我们也常见到这类情况,在有些行政领导群体中,就每一个成员来说,都是比较优秀的行政领导人才,但是组建在一起成为一个群体后,由于性格上的不和而经常发生矛盾,没有一个和谐的心理气氛,尽管每个人都付出了很大的努力,却收不到好的效果。更有甚者,有些行政领导群体由于心理上的差距,矛盾越来越激化,最后导致互相拆台,个体工作效率越高,群体中的矛盾越大。群体中不同成员之间互相提防,毫无合作可言,造成整个行政领导群体组织涣散、纪律松弛,根本不可能很好地行使领导职能。

行政领导群体的心理素质结构应当是成员在气质和性格上能够互补的合理结构群体。

①气质互补。每一个行政领导者都有自己的气质特征,不同气质的人有着不同的特点,每一种气质的人都有自己的长处与短处。因此,建立一个行政领导群体时,必须考虑每个成员的气质特点,建立合理的群体气质结构,从而使大家在气质上互相取长补短。例如,如果能将具有胆汁质某些特征的人,同具有黏液质某些特征的人组合在一起;把具有多血质某些特征的人,同具有抑郁质某些特征的人组合在一起,这就有利于互相取长补短、互相制约、互相促进,从而提高群体的整体功能。反之,如果把同一种气质类型的人组合在一起,其缺点就会变得更加明显,对行政领导工作会带来不利的影响。

②性格互补。人的性格也可以划分为不同的类型。在组合行政领导群体时,也应当考虑将成员个人性格方面的特点合理搭配、从而产生性格互补效应。例如,有的学者把人的性格划分为外倾型和内倾型。外倾型的人外向,对外部世界感兴趣,为人开朗、活泼,善于交际,不拘小节。内倾型的人态度内向,对自己的内心世界感兴趣,为人表现沉静、谨慎、多思,不善于交际。一般来说,这两种性格类型的人组合在一起就可以有互补效应。另外,也有人把性格划分为理智型、意志型和情绪型。理智型的人习惯用理智衡量一切,并以理智支配自己的行动。意志型的人,行动目标明确、积极主动,不达目的绝不罢休。情绪型的人,感

情丰富、体验深刻，举止行为易受情绪左右。这三种性格类型的人组合在一起，也可以在性格上互相补充。心理学的研究表明，性格类型不同的人往往比性格类型相同的人更容易互相吸引、和睦相处。

二、行政领导群体结构的功能

（一）群体功能的含义

系统的功能是指某一系统对周围其他的系统相互作用的能力，包括前者对后者的作用和影响，也包括后者对前者的作用和影响。一个系统功能的大小，除了受各要素的质与量的规定之外，还要受系统结构的制约。所以，提高系统的功能，要从两方面入手，一方面是提高要素的质量和数量，另一方面要重视调整系统的结构。所谓群体的功能，就是指群体作为一个系统整体的作用能力和功效。实践证明，各种人才群体，只有对其中的人才个体进行科学、合理的组织，形成一个优化的群体结构，才能使人才个体各得其所、各司其职、各显其能，最大限度地发挥群体的整体功能，实现最佳功能。

行政领导者个体的功能是行政领导群体功能的组成部分，但群体功能并不等于个体功能之和。恩格斯在《反杜林论》一书中指出："许多人协作，许多力量溶合为一个总的力量，用马克思的话说，就造成'新的力量'，这种力量和它的一个个力量的总和有本质的差别。"[①]这种本质的差别就表现在最优化行政领导的整体功能大于行政领导者个体功能之和，也就是整体功能等于个体功能之和再加上一个群体新功能，即为通常所说的实现"1 + 1 > 2"的整体功能。同时，整体功能的大小又是衡量群体结构优化、合理程度的尺度。这是因为群体功能产生于群体结构，结构越优化、合理，产生的功能就越大。

（二）行政领导群体的基本功能

一个合理的行政领导群体应当具备如下一些基本功能：

1. 群体感应功能。在一个优化、合理的行政领导群体中，行政领导者个体之间为了实现一个目标能够团结一致、同心同德、互相帮助、互相支持、各尽其责。这种人与人之间的相互影响与团结互助所产生的健康向上的群体意识，能使群体中的每个成员振奋精神，互相砥砺促进，迸发出主动性、积极性和创造性，增强自尊感和集体荣誉感。这种特殊效应，就称为群体感应功能。它有利于一个行政领导群体在思想上和行动上保持一致、默契配合，并为每个成员的成长和发展提供良好的条件。

2. 群体互补功能。优化、合理的行政领导群体，是将各具相对优势的领导者个体按一定的结构组合在一起。在这样的群体中，行政领导者个体可以取长

① 《马克思恩格斯选集》第3卷，人民出版社1972年版，第166页。

补短,互相补充,实现年龄经验互补、知识智能互补、心理素质互补。这样一种互补配合的关系,有利于提高行政领导群体的功能,这就是群体互补功能。互补功能发挥得好,就可以使若干个各有所长的行政领导者形成一个稳定的高效能领导群体;互补功能发挥得不好,就会造成结构的畸形甚至动摇行政领导群体结构,破坏群体的稳定性,丧失群体的整体功能。

3. 群体功率放大功能。行政领导群体中的个体成员,都具有一定的功能,但不管一个人有怎样大的能量,终归是有限的。只有那些具有各种能量的个体形成一个有机群体,通过科学、合理的结构才能创造出新的功能。这种新的功能是把个体组合成一个群体的力量作用于外部事物而取得的效应,这种效应就称为群体功率放大功能。

4. 群体自调节与自组织功能。行政领导群体是处在不断运动、变化、发展过程中的,是一个动态平衡体。一定的社会、经济、科技、行政管理体制,要求产生与之相适应的行政领导群体。每当外部条件变化,必然会引起行政领导群体结构的变化。因此,行政领导群体要随着上述变化和群体要实现的目标及其内在因素的改变,经常地进行调节和重新组织,使行政领导群体结构经常处在优良状态,保证获得最佳效能。一个优化的行政领导群体的调整,除了依靠上级管理部门的工作外,还应具备自调节与自组织功能,一旦群体出现不稳定,再使群体由不稳定过渡到相对稳定,依靠这种功能不断地调整、发展与完善群体结构。

一个行政领导群体是否达到优化程度,不能以自我感觉为标准,而应以上述四个基本功能是否得到充分发挥为考察条件。四个基本功能在优化的行政领导群体中是一个有机整体,也是达到高效整体功能的重要指标。

(三)行政领导群体结构与功能的关系

结构与功能的关系是既对立又统一的辩证关系。结构与功能的对立,主要表现在两者之间的差异性:结构相同,功能可能相同,也可能不相同;结构不同,功能可能不同,也可能相同。这种“同构异功”和“异构同功”的事实,就足以说明结构与功能的差别与对立。

结构与功能的统一性,主要表现在:①结构决定功能。若从质的方面来分析,就是说有什么样的结构,就必然存在着与那种结构相适应的功能。倘若从量的方面来分析,就是说由结构所决定的功能大小,并不等于各要素的功能简单相加。而是整体功能可能大于各要素功能之和,也可能小于各要素功能之和。整体功能的大小,主要取决于结构是否合理,是否有利于各要素功能的充分发挥。②功能反作用于结构。功能在外部因素的影响和作用下可以经常发生变化,这种变化反过来会影响结构。这是因为环境的变化,有时使功能的发挥受到阻碍,说明原有结构不能适应新的环境,于是引起结构的变革。一般的情况是:功能优化,促使结构优化;功能退化,导致结构退化或消失。

行政领导群体也是如此。一个行政领导群体的功能,不仅与行政领导者个体的政治品德、知识、能力、年龄、心理等素质因素有关,而且还取决于群体中这些因素的结合方式,即行政领导群体结构是否科学、合理,对发挥群体功能至关重要。结构如果科学、合理,就会收到"1+1>2"的整体功能;反之,也可能得到"1+1<2"的整体功能。例如,一支乐队,考察个体的音乐素质都是优秀的,而且各有特长,但如果缺少乐队指挥,或者吹、拉、弹、打人员配置不合理,也就是结构不合理。那么,这个乐队在演奏时,就不会收到最佳演出效果。

此外,客观事物处在永不停息的运动之中,在运动中求稳定,在稳定中求发展,总是沿着一条不稳定——稳定——再不稳定——再稳定的运动轨迹前进的。行政领导群体结构也是沿着这条路向前发展的,在发展中保持相对的稳定。结构要素在一定范围内发生变化,便会引起功能在一定范围浮动。结构要素变化超出界定的范围,群体就会失去稳定性,甚至瓦解,功能也随之消失。这时就需要重新组合各要素,形成新的行政领导群体。因此,一个理想的行政领导群体结构并不是一次完成的,而是在实践中逐渐建设起来的。

总之,行政领导群体结构与功能的关系,一般是结构决定功能,功能促进结构。结构存在,功能存在;结构变化,功能变化;结构破坏,功能也随之丧失。一个良好的行政领导群体就是要在运动中不断调整群体的结构,实现相对平衡与稳定,使其发挥最佳功能。

第三节　行政领导素质的测评与提升

一、行政领导素质的测评

(一) 测评的含义与作用

测评就是对领导素质进行检测、测试、测量、验证、判断和评价的总称,是对领导的专项素质或综合素质进行科学客观把握的系统化应用理论与应用技术,其基本特点是科学性、客观性和公正性。

测评的基本用途是:能比较准确地反映领导人才的专项素质与综合素质,能比较准确地鉴定、验证有关领导素质与实际岗位要求之间的实际差距;能为育人、选人、用人及开发领导人才提供全面、系统、科学、客观、权威的佐证。测评的内容可划分为领导业绩检测、领导绩效评估、领导德行鉴定、领导知识技能考评、领导能力测试、领导性格测评、领导类型测评以及全面性综合性的领导素质测评等。

(二) 测评的过程与类型

测评的基本过程是:根据领导素质理论和测评目的,将领导素质的各种因素与内容分解成科学具体的领导素质指标，结合领导工作实际，确定测评要素，并将这些指标按有关科学原理编制成完整的测评量表、问卷、程序及其他测评工具，采取自测或他测两种基本方式，充分结合和运用定量与定性的研究方法，对领导人才进行专项或综合的科学检测、考评与核定，由此得出具有客观公正性和很高可信程度的结论，利用这个结论于组织人事工作实际，也利用这个理论反馈于测评之始，以进一步改进、完善和稳定测评工具，从而建立常规的测评工具。

领导素质测评的类型主要分为定性和定量两种。定性测评主要依靠感觉、印象和经验来完成，所得结论带有直观性；定量测评则是运用数学的方法，通过对测评对象有关情况的数据的收集、整理、计算和分析，把握领导者的素质。两者互相区别，又互相联系，定性测评是定量测评的基础，定量测评是定性测评的深化。

测评的方式可分为量表测评、问卷测试、情景评价、试用体验、个案考察、答辩交流、群众反映、同行评价、抽样调查、综合分析、个人履历等许多种。

测评手段可分为卷面测评、口头测评、演示测评、音像测评、计算机测评等，计算机测评是未来发展的方向。

（三）测评的方法

随着组织人事制度改革的深入，传统测评方法越来越明显地暴露出了以下弊病：一是重定性，轻定量；二是重经验和印象，轻客观测量；三是重历史表现，轻发展潜力；四是重个体评价，轻群体分析。由于这些缺陷的存在，使得传统的测评方法已经很难以适应现代化管理的需要。因此，领导素质的测评需要加强定量化研究。在测评过程中，需要搜集有关对象的各种信息，信息量越大，得出正确结论的可能性就越大。总体上说，行政领导的测评方法可以分为行政领导个体素质与群体绩效的测评两个方面：

1．行政领导个体素质的测评方法

（1）因素评鉴法：即通过调查分析与实测数据统计分析，提出对人员考察的有关因素，形成素质评价标准量表体系，然后把被测者纳入该体系中进行测评。

（2）心理测验法：即通过预先确定的心理测验量表或模拟一定工作场景的仪器设备来测量与评价一个人的素质。这种方法对于评估一个人的智能或身体运动机能具有一定的意义。

（3）情景模拟测评法：即把被测者置于一定的模拟工作环境之中，采用多种评价技术，观察和考察被测者的心理与行为，以测量其素质。

2．行政领导群体绩效的测评方法

（1）双层测评法：即在对群体成员个体素质、绩效进行测评的基础上综合评估群体的整体特点和结构。

（2）群体行为测评表：即利用问卷方式调查了解群体成员对群体规范的看

法及其对群体的态度和行为,从整体上考察群体活动的性质和绩效。

(3) 人际关系的测评法:即通过问卷调查后,利用社会测量矩阵图或人际关系测量图解方式,考察群体成员之间亲疏远近等关系和群体内聚力的特点与强弱。

(4) 角色知觉测验法:即利用谈话、问卷等方式了解群体成员和他人在群体中的角色及其作用的认识,分析群体成员之间的协作、配合状况与程度。

二、行政领导个体素质的提高

行政领导素质的提高,特别依赖于领导实践,又不完全取决于领导实践,也就是说要结合领导实践才能达到提高领导素质的目标。这个过程,既要靠领导者自觉努力,也要靠领导组织和相关机构共同努力,是领导者主观因素和客观条件交互作用的过程。具体来说,提高行政领导者素质的基本途径有三条:

1. 教育。教育是最普通的领导素质提高途径,领导者的全面发展或者全面提高领导素质都要依靠教育。教育共有六种基本方式:(1) 系统正规的学校教育;(2) 有组织的社会教育,也就是权威的社会教化;(3) 自由的社会熏陶,即自然发生的教育性影响;(4) 有期待的家庭教育;(5) 有意识的自我教育;(6) 补充性的大众化教育,也就是培训,是在一定教育素质基础上进行的培育能力的训练。对领导者的教育,要充分动用社会各种资源,充分发挥教育者和教育手段的作用,全面、立体地提高领导素质。

2. 实践锻炼。领导者亲身参加社会实践,是素质培养和提高的最关键环节。领导活动不是抽象的理论研究,而是实实在在地解决具体问题,这种解决具体问题的能力只有在领导活动的实践中才能得到锻炼和提高。古人云:"纸上得来终觉浅,绝知此事要躬行。"毛泽东也曾指出:"读书是学习,使用也是学习,而且是更重要的学习。从战争学习战争——这是我们的主要方法。"[①]这都是在强调亲身参加实践的极端重要性。领导者参加实践活动的途径多种多样:深入基层调查研究,以提高观察分析能力;承担各种不同的任务,如主持会议、组织起草修改文件、解决下属纠纷等,以提高判断能力、分析问题解决问题能力、口头或文字表达能力等;实施日常管理工作,进行决策、组织、指挥等管理活动,以提高综合管理和灵活应变能力等。

3. 修持。修持是公认的各种德才标准内化、德才水平提高的修炼过程,是在自我要求、自我推动、高度自律的状态下进行的品格锻炼、精神锤炼和才干提高的综合性过程。这是一种内向和内省的方法,完全依靠人的自觉性,依靠原来就具有的一定程度的领导素质,而后才有可能进行并有所提高。在这里,特别需

① 《毛泽东选集》第1卷,人民出版社1991年版,第181页。

要指出的就是，领导者应具有一种勇于批评和自我批评的精神。领导者只有将自己置于公众和舆论的监督之下，善于了解和接受来自外界的批评和评价，善于自我批评，努力自省、自讼，做到有则改之，无则加勉。这样，领导者才能不断认识自己，克服自身缺陷，发扬自身优点，提高自身素质。

三、行政领导群体结构的合理化与高效化

(一) 领导群体结构合理化的意义

一个合理的领导群体结构，有利于实行集体领导，有利于各个领导成员发挥自己的才能，并且有利于领导群体的发展。领导群体结构合理化的意义具体表现在：

1. 领导结构合理化，有利于实施系统性领导。在生产规模不大，分工协作简单的情况下，组织管理比较容易，领导者凭借个人的经验、技术和才干，有较好的条件和较高的威信，就可以胜任领导任务，因而当时无所谓领导结构合理化问题。而现代化建设任务的艰巨性和复杂性不仅要求领导者个人必须具备一定的素质，而且要求有一个科学的领导结构。现代化建设是一个由人、财、物、信息等要素构成的，有人流、财流、物流、信息流等，是具有众多因素、序列、层次的纵横交错的社会工程系统。现代化大生产是一种系统经济，生产、经济、科技发展一体化。在科学技术上，涉及到多种学科、多种技术；在业务范围上，关联着各行各业，四面八方；管理方式和手段也发生了根本变化。领导者所面临的任务，常常不是单一的而是带有综合性的复杂问题，需要收集多方面证据，进行多方面的分析和论证。只有结构合理的领导班子，才能把不同智能的领导者结合在一起，集思广益，依靠集体力量，实施系统领导。

2. 领导班子结构的合理化，有利于运用现代管理技术和科学方法。现代科学技术迅猛发展，个人很难具有如此全面的科技知识，而单靠某一方面有专长的领导者也已无法胜任现代化的领导重任。这就需要具有各种专长的领导人员合理搭配，以使他们各显神通，相互配合，携手共同完成领导职能。

3. 领导结构合理化是高效能领导的需要。班子结构的合理化，有利于实施高效性领导。领导活动的效能，直接与领导集团结构的合理程度有关。系统的结构合理，才能发挥最佳功能。领导群体也是一个系统，如若领导群体的结构配备不合理，就不能充分发挥领导的整体功能。例如，由具有某一种专长的领导干部构成的班子，由于专业知识、技术专长甚至思维方式单一，势必不利于取长补短、集思广益。又如在领导班子中如若都是清一色年龄的领导干部，也势必难以各得其所，互补互益，体现出整体效益。

(二) 领导群体结构合理化的标准

领导群体结构是否合理，这是一个广泛而具体的概念，按照不同的行业、不

同性质的领导活动要求,各种不同的领导群体结构,有着不同的合理标准。如果做理论的抽象,衡量一个行政领导群体结构是否合理,是否符合要求,最基本的标准有如下几项:

1. 立体构成

所谓立体构成是相对于平面构成而言的。平面构成,是指领导群体在知识、专业、智能、年龄、性格等方面都相差不大,水平相当。但这样不仅不利于工作的开展,而且不利于领导班子的建设。因此,一个合理的领导群体,不应该也不可能是整齐划一的,在成员的总体构成上,既要有强有力的主要负责人,还必须有各具专长的其他领导成员。主要负责人的责任,是把群体成员的积极性最大限度地调动起来,使成员之间长短相补,相互配合,充分发挥一个领导群体的功能。在年龄构成上,应有老中青不同年龄的干部,减少和避免因领导班子的大出大进而影响其结构的稳定。在专业构成上,应有主体专业和辅助专业人才的合理搭配和组合。在智能构成上,应有掌握方针政策的人,应有能实行战略决策的人,还应有能实行战术指挥的人,等等。这样由各种因素及同一因素各种层次构成的领导群体,就是立体构成的。这种立体构成,是组建领导班子的基本要求。

2. 自我适应

一个合理领导群体,应当有一种自然凝聚力。这种由领导群体中的各个成员的事业心产生的凝聚力,能使领导群体自我适应、自我控制、自我完善。由于任何事物都处在永不停息的运动之中,都呈现出一种自组织性,从相对稳定到不稳定,再过渡到相对稳定。所以,建设一个合理的领导群体结构,并不是一次完成的。但只要这个领导群体结构本身具有自我适应性,能够通过内部的自身调节,实现自我更新,在不停息的运动中,逐步求得平衡和稳定,不断地自我完善,那么就算得上是一个合理的领导群体结构。

3. 协调稳定

领导群体内部要协调一致,这是发挥系统功能的一个重要条件。如果领导群体中,从单个领导者的角度观察,每个个体都是素质好、水平高、能力大,但集体协作配合不好,“一人一把号,各吹各的调”,则说明这样的领导群体结构组合的不合理,就产生不了好的集体力,而且会有负作用——耗散作用,会严重破坏整体功能。所以领导群体内部在决议做出之后,在执行过程中,必须步调一致,不能各行其是,互不关照。在执行过程中,如果有意见分歧,除非不改变就要造成严重后果的特殊情况外,一般都应在下次会议上提出商议,不能擅自更改决议。即使在特殊情况下必须改变集体决议,也要一边做一边向上级反映情况,这样才能做到领导群体内部协调。检验一个领导群体的组成是否合理,首先要看成员之间彼此是否团结协调,配合默契,相辅相成,互补长短,它们的相互依存、相互作用力越强,产生的结合能力越大,结构也就越稳固。没有结构的相对稳定性,没有系统的相对平衡状态,便不可能对外界的功能对象发生有效的作用。有些领导机关或组织人事部门在选配下属领导群体成员时,动辄采取伤筋动骨的“手术”,像“走马灯”似的变动领导班子,甚至有的一把手刚上任,就提出把原班子内的副职和其他重要成员统统换掉,来个“一朝天子一朝臣”。这种情况,势必给工作和生产带来不利的影响。在一般情况下,应根据需要,采取相对稳定,逐个调整,完善结构的办法。

4. 职权分明

领导群体中的成员,必须有明确的分工,使职责与权力相称。在领导群体内部,要明确划分和规定各人的职责范围,做到人各有职,职有专司。每个领导成员对自己职责范围以内的事情,要独立负责,创造性地完成。不能事不分大小都要集体讨论或请示上级,这样会造成该办的事办不成,亟待解决的事解决不了,出现久拖不决的局面。所以分工不清,职责不明,往往要贻误工作。领导成员要有职有权,按责定权。有责无权,或有权无责的职位,是不应该设置的。有责无权,完成所负责任无保障;有权无责,一种可能是权力发挥不了作用,空有其权而无所作为,另一种可能就是滥用权力,以权谋私,以权欺人,做出危害国家和人民利益的事情来。在领导群体内部,任何一个领导者都不要干涉其他成员职权范围内的事,要各守其职。对自己职权范围以外的事,如有意见,有看法,可以沟通情况,或者反映给上一级领导,通过领导集体研究解决。但个人不能任意干预,否则将可能造成内部摩擦,影响领导内部的团结和稳定。

5. 高效性

一个系统对外界所发生的作用力的大小,也就是这个系统与外界环境发生物质、能量、信息交换的多少。而系统对外界输出量的多少,归根到底取决于各要素及其结构的状况。特定结构方式内的各要素相互之间的制约作用,限制了各个要素的自由行动;它们的协同又促使诸要素协调同步,形成一种集体力量,对外界发生一种作用力。结构越合理,它的输出量就越多,系统的作用力也越大。因此判定一个领导群体结构是否合理,主要应看这个领导集团的工作效能如何,是否具有高效性,是否能正确而又及时地决定问题,既果断敏捷,又切合实际地处理事务。

(三) 领导群体结构优化的原则

要使一个领导群体结构趋近于合理化,必须要对它进行不断的优化和调整。在优化过程中,应注意坚持基本的原则。

在一个领导群体结构中,人的因素是最重要、最关键的因素。一切围绕人而展开,一切依靠人来实现。所以,领导群体结构的优化组合与调整,必须充分考虑人的因素。为此,应该遵循以下一些基本原则:

1. 目标原则。每一个行政领导群体都是为特定的行政管理工作目标而组建的,目标是建构一个行政领导群体的出发点,一个行政领导群体如果不能有效地实现其目标,这个群体就无存在之必要,也不会产生凝聚力,就会涣散或瓦解。即使能够勉强维持,也不会有良好的绩效。因此,目标原则是行政领导群体结构的优化组合与调整的第一原则。各级政府行政领导群体的职能不同,其目标也有所不同,要按照各自的目标进行优化组合与调整。

2. 互补原则。一个行政领导群体要有群体互补功能,其结构的优化组合与调整,就必须遵循互补原则,使群体成员尽可能地在年龄经验、知识智能、心理素质等各方面结构上达到互补。对于一个具体的行政领导群体来说,多方面结构上的互补在现实中虽然难以充分满足,但应本着这一原则努力朝着这个要求去做。

3. 精干原则。一个优化的行政领导群体应当结构简单,人员精干,用尽量少的人员取得尽量高的成效,这就是精干原则。行政领导群体的各个成员应当各司其职,各尽其责,责、权、利结合,"适才适位",没有无用的冗员,不应当强调"人多好办事"。因为行政领导群体结构中若有冗员,往往会"无事生非",就像精密机器中掉进了无用的螺丝,会干扰机器的运转,冗员越多,"内耗"越多。所以,行政领导群体结构的优化组合与调整必须遵循精干原则。要做到这一点,一是选用行政领导群体成员时要因事取人,不能因人设事,二是人才要流动,多余的人员要及时向外输送,使其到需要的地方去发挥作用。

4. 开放原则。行政领导群体必须对外开放,不断与外界进行人员的交流,这就是开放的原则。这是因为,一方面行政领导群体的目标在不断变化,必须不断补充、更新具有新的知识和才能的成员以调整结构,适应新的环境和形势;另一方面各群体成员的年龄与知识都在变化,要不断进行新陈代谢。行政领导结构的优化组合与调整要遵循这一原则,必须建立两条渠道来保证:一是人员更新渠道,逐步建立和完善考任制和退休制构成这条渠道两端的闸门,一个是进口,一个是出口,有进有出,构成人员更新;二是素质更新渠道,将通过培训制度不断更新行政领导群体成员所具备的各方面素质。

5. 绩效原则。行政领导群体的存在总是为了实现一定的行政管理工作目标。而目标实现得如何,表现为行政领导群体的工作绩效如何,即实际工作的有效性。一个行政领导群体的工作绩效,是评价这个群体结构是否得到了优化组合以及是否需要调整的最终依据。

(四) 行政领导群体结构优化的途径

实现领导群体结构优化的途径主要有两个:一是采取组织措施,也就是适当调整,以重新选拔或招聘群体成员的方法,改变群体结构;二是发挥群体中每个成员的内因作用,改善各自的素质状况,使结构不断优化。具体来说,可以采取以下几方面的措施:

1. 从整体上选配领导人才。根据整体结构的观点,对领导群体进行系统分析,把其看做是一个由若干相互影响而又有所分工的领导者组成,并处于动态平衡的人才系统。考察领导者,不应就个体考察个体,因为人人皆有缺点,人人都不会十全十美,这样“只见树木,不见森林”,就很难取得整体优化的理想效果。但若从整体结构考察个体,人人都有其所长,都有用武之地。所以,考察、选配领导人才,不仅要看他的德才,而且必须联系其所在的领导群体,从整体的需要来选配每个领导者。这样,就有利于各类领导群体的成龙配套、新老交替,加快结构科学化的步伐。

2. 努力开发人才资源,重视提高领导者后备队伍的建设。人才资源的开发培养并非一朝一夕的事,领导人才更是如此。所以,既需要从根本上开辟人才来源,又要注意开拓选拔人才的渠道,为领导群体不断更新,实现人员流动,保持旺盛的生命力提供后备力量。对领导者的后备队伍应注意选拔、培养、使用工作,提高他们的成才率,不断地缩短成才期,从而彻底解决领导群体的“才”源问题。

3. 大力开展领导者的“继续教育”工作。这是实现换知识、换责任、换专业的重要手段。实现领导群体结构的科学化,除了根据主客观因素的不断变化,采取必要的组织手段和形式,对某处不合格的领导者适当地更换以外,更重要的是还应该通过各种有效的渠道,大力加强对领导者的在职培训,重视“继续教育”“回归教育”“终生教育”等工作,不断提高他们的德才水平。

4. 加强领导群体自身建设,这是提高领导群体“自优”能力的关键措施。领导群体自身建设要从有利于领导群体结构的科学化角度来考虑,抓规划,定制度,重考核。现任领导群体成员应针对各自的薄弱环节,拓宽知识面,提高理论水平、管理水平,强化自我完善、自我适应训练,提高“后天素质”,以缩小自身在群体中的差距,使管理水平符合其所任职务的要求。

5. 引入竞争机制,建立“能上能下、有进有出”的干部制度。如同事物的发展总是沿着“不平衡——平衡——不平衡”的方向发展一样,领导群体也是在动态中实现结构优化的。由于社会在不断地发展、进步,加之领导群体中个体的年龄、知识、智能、专业、素质等方面的不断变化,都会不可避免地影响原有结构的稳定性。因此,领导群体结构的合理与否也是暂时的、相对的。要想保持群体结构持久的合理性,必须要用动态的、发展的眼光去分析、调整。使领导群体有一定的流动性,使之始终保持良好的状态。要做到这一点,就必须引入竞争机制,建立“能上能下、有进有出”的干部制度。一方面,要鼓励优秀的中青年人才“冒尖”,为他们发挥才干创造条件,让他们在实际工作中经受锻炼和考验,使他们在较短时间内脱颖而出,并尽快地把他们提拔到领导岗位上来,以增强领导群体的活力。另一方面,对一些资历较深、政绩平平、虽无大的过错的干部,要坚决地调整下来。这样,就能始终使领导群体保持一定数量和比例,做到“流水不腐”,

达到不断优化的目的。

四、WTO对行政领导素质的挑战及对策

加入WTO,是我国对外改革开放新的里程碑,是我国经济全面融入世界经济主流的历史机遇。这一方面有利于中国国际地位的提高与市场经济建设进程的加快;另一方面也给我们带来巨大的竞争压力,并引发一系列渐进而深刻的社会变革。

(一) WTO对行政领导素质的挑战

WTO市场化的观念及以公平公正,互惠为主的游戏规则对我国领导素质的发展提出了一系列新的要求。这主要体现在以下几方面:

1. 领导观念

WTO的观念是纯粹市场经济的理念,中国加入其中,必将促进人们尤其是领导者观念的转变。立足中国实际,应对WTO的机遇与挑战,中国领导者应强化如下观念:

(1) 战略思维。所谓战略思维就是应该也善于从全局出发来观察、思考和处理问题。中国加入WTO之后,面对即将出现的一系列新情况、新问题,领导者在工作中更需要具备高度的战略思维。具有战略思维的领导者能够从战略的高度认识WTO对中国的意义以及中国加入WTO对世界经济的影响,并能对中国入世的利弊做出合理的判断和估价。因此,领导者要想抓住WTO带来的机遇,有效地规避风险,迎接新的挑战,就要通观全局,长远考虑,研究规律,科学决策。

(2) 创新观念。人类的文明史也就是人类的创新史。人类社会的每一个进步,各种科学技术的采用,社会制度的更迭,无一不是创新的结果。F. 培根就曾说过,在所有的能为人类造福的财富中,再没有什么能比改善人类生活的新技术、新贡献和新发明更加伟大的了。创新是人类的本性,是人类社会赖以存在和发展的根基,是社会发展的动力。同样,创新也是一个民族的灵魂,一个国家兴旺发达的不竭动力。所以说创新是中国赢得国际竞争的关键所在。这就要求领导者不仅自己要具有独创性,更主要的是能够领导下属和人民群众进行创新,特别是要善于创造出一个有利于人们进行创新活动的制度和组织环境。

(3) 法治观念。WTO最重要的基本精神之一就是要遵守规则,这就要求各界各级领导者要树立强烈的法治观念,自觉遵守法律,认真履行具有法律效力的规则、规范与规定,判断、处理问题也必须以法律法规为准绳,严格依法办事,依法行政。

(4) 市场观念。处在WTO框架中,便意味着处在市场经济条件下,这就要求领导者树立牢固的市场观念,一方面通过宏观调控充分发挥市场机制的作用,

另一方面要在 WTO 倡导的公平贸易原则下,奉行平等竞争的观念。

(5) 竞争观念。尽管在从计划经济体制向市场经济体制转轨的过程中,无论是企业还是政府在竞争意识上都有了长足的进展。但是应该看到,我国的经济基本上还处在一种半开放、保护性的竞争状态中。而中国在加入 WTO 以后,外国的企业便会纷至沓来,国外庞大的资本、先进的管理经验和技术无疑将对我国的市场造成巨大的冲击。这时市场竞争将更加的激烈和残酷。因此,领导者必须树立强烈的竞争意识,勇敢地迎接挑战。

(6) 开放观念。中国加入 WTO,说明中国的发展离不开世界,世界的发展也需要中国。这就要求领导者必须具备世界眼光和开放观念,以开放的心态积极主动地了解世界,并以坚定的信心迎接世界竞争的挑战和风险。

(7) 效率观念。WTO 许多规则的应用本身就注重时效性,这就要求领导者切实增强效率观念,及时针对经贸往来中的新情况,新问题,迅速采取应对之策,以适应"入世"后市场竞争的加剧和国际交往的频繁。

2. 领导知识

(1) 要加强法律知识的学习。WTO 是一个系统的法律知识体系,领导者应加强对 WTO 相关规则的指向性、复杂性和程序性的分析研究,并积极组织有关法律专家、营销策划专家和企业家及时制定有利的应对措施,以做到心中有数,驾驭自如。

(2) 要优化知识结构。领导者要针对 WTO 的需要,进一步提高现代科学文化素养,尤其是掌握计算机、互联网络、价值工程、动态测评等先进技术和知识,同时要加强外语的应用水平,积极构建领导者终身学习体系。

3. 领导能力

(1) 要提高决策能力。加入 WTO 后我国将面临全新的经济环境,我国的税收政策,进出口政策,信贷资金政策,经济技术担保政策,财政转移支付政策等都需要调整。因此,领导者必须加强决策能力,以尽快为加入 WTO 后中国市场经济的发展创造一个公正公平、开放有序的大环境。

(2) 要优化谈判能力。WTO 是一个致力于开放、公平、无扭曲竞争的贸易规则的制度框架和谈判场所,在这个场所中,各成员都是通过谈判协商来提高地位,争取利益。因此,我国领导者必须提高谈判能力,争取创造一个经济发展的大好环境。

(二) 发展行政领导素质的保障机制

要使领导素质发展顺应 WTO 的趋势与要求,就必须建立起一套切实有效的保障机制,这主要包括:

1. 培养教育监督机制。即建立和健全领导干部教育和培训制度,有计划、系统地培养各级各类领导干部;建立和健全领导实践锻炼制度;用经常性的思想教育和严格的管理监督培养领导。

2. 选拔任用机制。真正建立实施领导干部的公开选拔、竞争上岗制度,认真健全群众参与和监察制度,积极改进领导干部考核制度,为优秀领导人才脱颖而出,大展宏图创造一个良好的环境和条件。

3. 自我修养机制。领导者自身努力是其素质提高的内因,加强学习和提高自我修养已成为各级领导者把握新世纪、不断提高自身素质的重要保障。

五、行政领导素质测验二例

(一) 气质测验60题

下面60道题,可以帮助你大致确定自己的气质类型。在回答这些问题时,你认为:

很符合自己的情况的记2分

比较符合的记1分

介于符合与不符合之间的记0分

比较不符合的记—1分

完全不符合的记—2分

1. 做事力求稳妥,一般不做无把握的事。
2. 遇到可气的事就怒不可遏,想把心里话说出来才痛快。
3. 宁可一个人干事,不愿很多人在一起。
4. 到一个新环境很快就能适应。
5. 厌恶那些强烈的刺激,如尖叫、噪音、危险镜头等。
6. 和人争吵时,总是先发制人,喜欢挑剔别人。
7. 喜欢安静的环境。
8. 善于和人交往。
9. 羡慕那种善于克制自己感情的人。
10. 生活有规律,很少违反作息制度。
11. 在多数情况下情绪是乐观的。
12. 碰到陌生人觉得很拘束。
13. 遇到令人气愤的事,能很好地自我克制。
14. 做事总是有旺盛的精力。
15. 遇到问题总是举棋不定,优柔寡断。
16. 在人群中从不觉得过分拘束。
17. 情绪高昂时,觉得干什么都有趣;情绪低落时,又觉得什么都没有意思。
18. 当注意力集中于一事物时,别的事很难使我分心。

19. 理解问题总比别人快。
20. 碰到危险情景,常有一种极度恐怖感。
21. 对学习、工作怀有很高的热情。
22. 能够长时间做枯燥、单调的工作。
23. 符合兴趣的事情,干起来劲头十足,否则就不想干。
24. 一点小事就能引起情绪波动。
25. 讨厌做那种需要耐心、细致的工作。
26. 与人交往不卑不亢。
27. 喜欢参加热烈的活动。
28. 爱看感情细腻、描写人物内心活动的文学作品。
29. 工作学习时间长了,常感到厌倦。
30. 不喜欢长时间谈论一个问题,愿意实际动手干。
31. 宁愿侃侃而谈,不愿窃窃私语。
32. 别人总是说我闷闷不乐。
33. 理解问题常比别人慢些。
34. 疲倦时只要短暂的休息就能精神抖擞,重新投入工作。
35. 心里有话宁愿自己想,不愿说出来。
36. 认准一个目标就希望尽快实现,不达目的,誓不罢休。
37. 学习、工作同样一段时间后,常比别人更疲倦。
38. 做事有些莽撞,常常不考虑后果。
39. 老师或他人讲授新知识、技术时,总希望他讲得慢些,多重复几遍。
40. 能够很快地忘记那些不愉快的事情。
41. 做作业或完成一件工作总比别人花时间多。
42. 喜欢运动量大的剧烈体育运动,或者参加各种文艺活动。
43. 不能很快地把注意力从一件事转移到另一件事上去。
44. 接受一个任务,就希望把它迅速解决。
45. 认为墨守成规比冒风险强些。
46. 能够同时注意几件事物。
47. 烦闷的时候,别人很难使自己高兴起来。
48. 爱看情节起伏跌宕、激动人心的小说。
49. 对工作抱认真严谨、始终一贯的态度。
50. 和周围人的关系总是相处不好。
51. 喜欢复习学习过的知识,重复做能熟练做的工作。
52. 希望做变化大、花样多的工作。

53. 小时候会背的诗歌,我似乎比别人记得清楚。

54. 别人说自己"出语伤人",可自己并不觉得这样。

55. 在体育活动中,常因反应慢而落后。

56. 反应敏捷,头脑机智。

57. 喜欢有条理而不甚麻烦的工作。

58. 兴奋的事常使自己失眠。

59. 老师讲新概念,常常听不懂,但是弄懂了以后很难忘记。

60. 假如工作枯燥无味,马上就会情绪低落。

● 评分与解释:为了问卷能反复使用,尤其是为了便于结果处理,可用答卷纸(见下表)。

胆汁质	题号	2	6	9	14	17	21	27	31	36	38	42	48	50	54	58	总分
	得分																
多血质	题号	4	8	11	16	19	23	25	29	34	40	44	46	52	56	60	总分
	得分																
黏液质	题号	1	7	10	13	18	22	26	30	33	39	43	45	49	55	57	总分
	得分																
抑郁质	题号	3	5	12	15	20	24	28	32	35	37	41	47	51	53	59	总分
	得分																

A. 如果某一项或两项的得分超过 20 分,则为典型的该气质。例如,胆汁质项超过 20 分,则为典型胆汁质;黏液质和抑郁质项得分都超过 20 分,则为典型黏液质—抑郁质混合型。

B. 如果某一项或两项以上得分在 20 以下、10 以上,其他各项得分较低,则为该项一般气质。例如,一般多血质;一般胆汁质,一般多血质混合型。

C. 若各项得分都在 10 分以下,但某项或几项得分较其余项为高(相差 5 分以上),则为略倾向于该项气质(或几项混合)。例如,略偏黏液质型;多血质—

胆汁质混合型。

其余类推。

一般说来,正分值越高,表明被试者越具有该项气质的典型特征;如果分值越低或越负,表明越不具备该项特征。

(二) 内外向性格测验 60 题

下列试题中,凡单数题,回答“是”记 0 分,“不置可否”记 1 分,“否”记 2 分。凡双数题,回答“是”记 2 分,“不置可否”记 1 分,“否”记 0 分。

1. 在大庭广众面前不好意思。
2. 对人一见如故。
3. 愿意一个人独处。
4. 好表现自己。
5. 与陌生人难打交道。
6. 开会时喜欢坐在被人注意的地方。
7. 遇有不快事情,能抑制感情,不露声色。
8. 在众人面前能爽快地回答问题。
9. 不喜欢社交活动。
10. 愿意经常和朋友在一起。
11. 自己的想法不轻易告诉别人。
12. 只要认为是好东西立即就买。
13. 爱刨根问底。
14. 容易接受别人的意见。
15. 凡事很有主见。
16. 喜欢高谈阔论。
17. 会议休息时宁肯一个人独坐也不愿同别人聊天。
18. 决定问题爽快。
19. 遇到难题非弄懂不可。
20. 常常未等别人把话讲完,就觉得自己已经懂了。
21. 不善和人辩论。
22. 遇有挫折不易丧气。
23. 时常因为自己的无能而沮丧。
24. 碰到高兴事极易喜形于色。
25. 常常对自己面临的选择犹豫不决。
26. 不大注意别人的事。
27. 好把自己同别人比较。

28. 好憧憬未来。
29. 容易羡慕别人的成绩。
30. 相信自己不比别人差。
31. 注意别人对自己的看法。
32. 不大注意外表。
33. 发现异常现象容易想入非非。
34. 即使有亏心事也很快被遗忘。
35. 总是把家里收拾得干干净净。
36. 自己放的东西常常不知在哪里。
37. 做事很细心。
38. 对于别人的请求乐于帮助。
39. 十分注意自己的信用。
40. 热情来得快,消退得也快。
41. 信奉“不干则已,干则必成”。
42. 做事情更注意速度而不是质量。
43. 一本书可以反复看几遍。
44. 不习惯长时间读书。
45. 办事大多有计划。
46. 兴趣广泛而多变。
47. 学习时不易受外界干扰。
48. 开会时喜欢同人交头接耳。
49. 作业大都整洁、干净。
50. 答应别人的事情经常会忘记。
51. 一旦对人有看法不易改变。
52. 容易和人交朋友。
53. 不喜欢体育运动。
54. 对电视节目中的球赛尤有兴趣。
55. 买东西前总要估量一番。
56. 不惧怕从来没做过的事情。
57. 遇有不愉快的事情可以生气很长时间
58. 自己做错了事,容易承认和改正。
59. 常常担心自己会遭遇失败。
60. 容易原谅别人。

● 评分与解释

题号	1	3	5	7	9	11	13	15	17	19	21	23	25	27	29	小计
得分																
题号	31	33	35	37	39	41	43	45	47	49	51	53	55	57	59	小计
得分																
题号	2	4	6	8	10	12	14	16	18	20	22	24	26	28	30	小计
得分																
题号	32	34	36	38	40	42	44	46	48	50	52	54	56	58	60	小计
得分																

把4个小计分相加得总分,总分的含义如下:

90分以上为典型外向;

81~90分为较外向;

71~80分为稍外向;

61~70分为混合型(略偏外向);

51~60分为混合型(略偏内向);

41~50分为稍内向;31~40分为较内向;

30分以下为典型内向。

【思考题】

1. 简述行政领导素质的含义、特点、内容与功能。

2. 简述西方领导素质理论的主要内容。

3. 简述政治心理的含义、特点与作用,并论述行政领导在领导过程中如何正确把握与运用政治心理?

4. 简述行政领导群体结构的基本内容。

5. 一个优化的行政领导群体应具备哪些功能?行政领导群体结构与行政领导群体功能有何关系?

6. 优化行政领导群体结构应遵循哪些基本原则?

7. 简述行政领导素质测评的含义、内容、类型与作用。

第五章　行政领导关系

人的一切活动都是在一定的社会关系中发生的，同时，人在从事某项社会活动的过程中也形成了与之相对应的特定社会关系。社会活动的存在要以社会关系为媒介和条件，而社会活动又为社会关系的深入发展提供了舞台和依据；二者互为因果、相辅相成。因此，有关社会关系的探讨就成为一切社会活动研究中不可或缺的重要方面。社会活动是人的存在和发展的基本方式，而行政领导活动则是人类社会的最为普遍的一种社会活动。在此，我们将借鉴社会关系的有关理论，深入分析行政领导活动中的关系学问题。

第一节　行政领导关系概说

一、行政领导关系的含义与属性

（一）什么是行政领导关系

行政领导关系是指行政领导者在进行领导活动的过程中，相互之间发生、发展和建立起来的一种工作和感情交往的关系，即行政领导主体在领导活动中与行政组织系统中的其他成员发生的工作关系和非工作关系的总和。由于行政领导行为本身具有的复杂性和多变性，造成了行政领导关系在概念界定上的含混与模糊。为了明确起见，我们这里对概念本身进行如下的细化：在整个社会的宏观范围内，行政领导关系是包括所有行政领导者与被领导者、行政领导者与领导机构、领导机构与领导机构之间的关系；在某一组织体系的微观范围内，行政领导关系就是行政领导者之间及其与所在组织之间的关系。

（二）行政领导关系的双重属性

任何一种领导关系，都是自然属性和社会属性的统一，行政领导关系自然也不例外。行政领导关系的自然属性是指，只要人类需要共同的劳动和生活，就需要分工协作，需要有人从事组织、指挥、协调和引导，这是在“每一种结合的生产方式”中都遵循的普遍的、共同的规律。行政领导关系的社会属性是指，行政领导活动总是建立在一定生产方式之上，直接表现了某种特定的人与人之间的关系，行政领导者总是代表和反映着一定社会掌握领导权力的阶级与集团的利益。行政领导活动的目标、目的，行政领导活动的方式、方法与行政领导活动中发生的人与人之间的各种关系都带有某种社会特点。

在行政领导关系的两重属性中,社会属性占据主导地位,决定着行政领导关系的本质,对行政领导关系具有重要的特殊意义。

（三）行政领导关系与其他关系的比较分析

1. 行政领导关系与社会关系

人的社会关系是社会学、人类学、行为科学、社会哲学等诸多学科研究的问题。历史唯物主义认为社会关系是人们在共同的实践中结成的相互关系;有时,社会关系也被狭窄地解释为人与人之间特定的合作关系。社会哲学理论认为,个人、群体和类是人的三种存在形态。由此,社会关系作为人的基本存在方式和生存境遇,从广义的角度可以理解为个人、群体和类三者的相互关系。

行政领导关系是整个社会关系的最重要组成部分,但在本质上是一种特殊的社会关系。行政领导关系的实质是存在于社会成员之间的权力与服从的关系,或者说是行使行政领导权力的特殊社会行为主体之间的相互关系。行政领导关系的权力实质使行政领导关系具有特别的能动性与结果性、现实性和严肃性,与其他社会关系存在显著的区别。

如果把社会关系比作展现人的生存和发展全部现象的全集,那么行政领导关系就是社会关系中的一个子集。从社会哲学的角度上看,根据行政领导关系中行为主体——人的三种存在形式,社会关系可以广泛地理解为个人、群体和类三者的相互关系。作为社会关系重要分支的行政领导关系则着重探讨和研究在行政领导活动中,行政领导者(包括领导群体)与组织内个体成员或组织内特定群体、特定机构之间相互关系发生、建立和发展的特点与规律。当然,不同行政领导团体的行政领导者之间的关系以及同一行政领导团体内部不同行政领导者之间的关系也属于行政领导关系的研究范畴,但本书中将不列为研究重点。

2. 行政领导关系与人际关系

人际关系,是指人们在物质和精神活动过程中的一种普遍的交往形式,包容的对象十分广泛,具有较强的社会多样性。它囊括行政领导关系在内的整个人际关系现象。从这个意义上讲,行政领导关系揭示和反映了人际关系领域中的一种特殊现象,是人际关系的一个分支,行政领导关系根植于人际关系这一理论大树的整体性之中。

3. 行政领导关系与公共关系

组织机构必须与它所面临的各种内外公众建立良好的关系。国际公共关系学会曾把公共关系明确定义为:公共关系是一项经营管理的功能,属于一种经常性与计划性的工作,不论公私机构或组织,均通过它来保持与其相关的公众之了解、同情和支持,亦即审理出公众的意见,使本机构的政策与措施尽量与之配合,再运用有计划的大量资料,争取建设性的合作,而获得共同利益。因此,公共关系是以经营管理为基点,以企业为主体,同外部环境沟通的一种双边关系,其中包括行政领导关系这一范畴,但又不能完全取代,因为公共关系反映的是和经营管理相关的整个公共关系,领域较宽。行政领导关系则是抓住其中一个方面,进行更深层次的探析,这就是行政领导关系所以能够独立其外并予以发展的原因。

4. 行政领导关系与庸俗关系

庸俗关系学是人们对不正之风的贬称。庸俗关系产生的基础是落后的封建经济关系和封建思想观念。其行为方式和活动手段都是隐蔽和非公开的。产生的社会效果是破坏性的。行政领导关系是现代行政领导科学研究的一个重要方面,旨在探求行政领导者在领导活动中处理多边关系最一般的规律和方法,具有鲜明的时代性和科学性。行政领导关系与庸俗关系有着质的不同,是对传统庸俗关系的否定。

5. 行政领导关系与行政领导体制

行政领导关系与行政领导体制存在着密切的关系,一方面,行政领导关系不受行政领导体制的影响而在各种体制下普遍存在并发挥作用;另一方面,行政领导关系又常常在成熟的行政领导体制下受到基本的框定,反过来,行政领导体制也受到行政领导关系的影响。但从根本上说,行政领导关系是行政领导体制的源头,行政领导体制是行政领导关系的权威表现形式。行政领导关系是解决很多领导问题的根本所在。

6. 行政领导关系与组织制度

行政领导关系与组织制度相互影响,相互依赖。总的来说,组织制度是通过行政领导关系建构的,组织制度又是对行政领导关系的集中概括。

行政领导关系和组织制度具有不同的特点:行政领导关系生动、灵活,先于组织制度的变化而变化;组织制度较为稳定,相对行政领导关系而言变化滞后。因此,行政领导关系的变化往往成为组织制度改变的重要原因。行政领导关系对组织制度的影响主要有两个方面:良好的行政领导关系,对组织制度具有积极的巩固作用,可以化解矛盾,加强组织内部的凝聚力;不良的行政领导关系对组织制度具有消极的破坏作用,而且受到破坏的组织制度还会进一步导致行政领导关系的紧张和恶化,导致组织内耗,造成不良行政领导关系和组织之间的恶性循环。

行政领导关系虽然先于组织制度产生和变化,但是处于稳定阶段的组织制度对行政领导关系也具有影响。组织制度对行政领导关系的作用主要表现在三个方面:一是规定了行政领导关系的基本前提。组织制度是对行政领导关系的集中概括,是行政领导关系的制度性安排,明确和规范了行政领导关系存在发展的制度环境。二是规定了行政领导关系的行为准则。任何组织制度都是由若干行为规范构成的,组织制度不但规划了行政领导关系存在发展的制度形态,而且规定了行政领导主体调整和处理行政领导关系的行为规则。三是规定了行政领导关系的基本格局。组织制度的意义在于塑造一定的领导格局，从而保证行政领导关系在制度允许范围内具有强制性并充分发挥作用。

二、行政领导关系的特点

行政领导关系作为一种特殊的历史现象有其自身特点，行政领导关系的特点是对行政领导关系的历史与现实、对不同行政领导关系的共同特征的抽象与概括。

（一）客观性

行政领导关系的客观性是指，行政领导关系作为行政领导活动过程中人与人相互交往的一种现实结果，其形成与运动，有着不以人们意志为转移的客观必然性。

首先，行政领导关系的产生和发展都来源于人类丰富的行政领导实践，具有不以人们的意志为转移的客观必然性。其次，行政领导关系作为一种特殊的社会现象，一旦形成就具有相对的稳定性，自身运行也有其内在的规律性，人们对行政领导关系的认识和调控，归根结底是对行政领导关系客观存在的反映。再次，行政领导关系是一种与行政领导活动关系密切的人与人、人与群体或群体与群体之间的关系，具有闭合性，影响和制约行政领导关系的各种因素具有客观性，它们包括：既定行政领导关系、行政领导体制、行政领导环境等。因此，对行政领导关系的改变也不是随心所欲的，是以各种客观条件为前提和基础的。

（二）社会性

行政领导关系的社会性是指，任何时代、任何社会的行政领导关系都是一种社会关系，是社会成员和社会团体中的权力主体与权力客体之间的关系。离开了社会，行政领导关系既不能存在，也不能发展。

行政领导关系的社会性表现在：行政领导关系必然受制于一定历史条件的经济关系、政治关系、思想文化关系、道德伦理关系，具有鲜明的社会特征和时代特点。行政领导关系的社会性，还表现在它与社会环境的相互作用上。

（三）动态性

由于构成行政领导关系的两极，即权力和服从都是不断变化的，因而使行政领导关系呈现动态性。导致行政领导关系发生变化的因素是多方面的，如：行政领导体制、行政领导素质以及包括政治、经济、文化、意识形态在内的各种环境因素。其中最根本的是社会生产力的发展。随着生产力的进步，生产关系以及与一定社会形态相适应的行政领导关系，也必然随之而改变。总的来看，随着社会科技文化的进步、教育程度的提高、个人社会实践经验的积累和社会生活各个方面的成熟，行政领导关系将呈现良性发展趋势。在同一种社会形态中，统治集团为了巩固自己的领导地位，调和领导集团内部、领导集团和人民群众的矛盾，也会主动或被迫地调整领导关系。

职位关系与实际的行政领导关系并不总是统一的,实际行政领导关系的消失是行政领导关系动态性的一种特殊表现。行政领导者个人影响力的丧失,或被领导者的反抗,都有可能造成实际行政领导关系的结束。此外,行政领导关系的动态性还表现在它的性质、规模、结构等方面。

(四) 强制性

行政领导关系的强制性主要基于使权力客体服从的需要。权力和服从是行政领导关系的实质。不论是何种类型的行政领导关系,总是伴有一定的强制机制,以保证被领导者服从。当然,并不排除被领导者的自觉自愿服从,也不排除行政领导者采取非强制手段,使被领导者就范。

(五) 扩张性和渗透性

行政领导关系的扩张性主要表现在行政领导者对其权限和权力行使领域的扩张。权力扩张常常带有侵略性。为了防止其侵略性,需要建立各种法规制度和分权制衡机制,使权力行为不得超过一定的范围,这就是权限。

权力是行政领导关系的存在前提,人类权力扩张的本能使得渗透性成为行政领导关系中普遍具有的一种趋势。渗透性既存在于正式组织内部,也存在于正式组织与非正式组织之间。在正式组织内部,行政领导关系的渗透性主要表现为行政领导者与被领导者之间的非正式影响和"超范围"、"超权限"影响。如:被领导者可以利用自己的知识、经历方面的优势,把自己的影响渗透到领导者的决策活动中。在正式组织与非正式组织之间,行政领导关系的渗透性表现得更为复杂和微妙。现实生活中,正式组织的领导者常常把自己的权力和影响渗透到非正式组织中去,以扩大自己的"关系圈"和"关系网"。同样,非正式组织中的领导者也通过各种方式和途径,把自己的权力和影响渗透到正式组织中去。

(六) 复杂性

随着组织规模的不断扩大和组织成员的不断增加,行政领导关系的复杂性越来越突出。这不仅表现在领导者与被领导者之间的纵向关系上,而且还表现在领导者之间的横向关系上。行政领导活动中的相互关系所以会呈现错综复杂的局面,是由多种因素造成的,除行政领导关系自身的多样性之外,还包括行政领导工作的职能交叉、利益得失、人与人的个体差异、外部环境影响等。

三、行政领导关系的分类和演变

(一) 行政领导关系的分类

广义上的社会关系是指个人、群体和类三者间的相互关系。人的活动与社会关系是统一的,社会活动的本质是一切社会关系的总和,结构化、网络化、模式化的社会关系系统是与人所进行的一切活动相伴而生。在广泛的社会实践活动中人对社会关系进行提炼和归纳,形成了不同类型的社会关系。任何时代、任何社会的行政领导关系都是一种社会关系,是社会成员和社会团体中的权力主体与权力客体之间的关系。社会关系具有广泛性、系统性和复杂性,具有不同的结构和层面。行政领导关系虽然仅仅是社会关系中的一个方面,但并不因概念本身外延的局限而相形见绌。行政领导关系的演变和发展经历了一个漫长的过程,形成了一个多角度、多层次、内容和形式复杂而丰富多彩的社会关系系统,可以从不同角度、根据不同标准对其进行分类。

1. 从行政领导关系的历史形态划分,行政领导关系与人类社会形态的更替是一致的。随着社会历史形态的变化,领导关系相继经历了原始社会的行政领导关系、奴隶社会的行政领导关系、封建社会的行政领导关系、资本主义社会行政领导关系和现代开放型社会行政领导关系五种类型。

2. 从行政领导活动的体制因素划分,行政领导关系主要体现为权力的集中与分散,具体表现为中央与地方关系、条条与块块的关系等。

3. 从行政领导活动的方式因素划分,行政领导关系表现为直接领导与间接领导关系、正式领导与非正式领导关系、指令性领导与非指导性领导关系、支持性领导与参与性领导关系。

其中,正式领导关系和非正式领导关系的划分具有广泛的适用性和良好的操作性,这里做一简要论述。正式领导关系是存在于正式组织中的领导者与被领导者以及领导者之间的关系。正式领导关系是一种法律化、制度化、程序化、规范化的领导关系。非正式领导关系是存在于非正式团体或组织中的一种领导关系,具有随意性与易变性等特点。

正式领导关系和非正式领导关系既可能发生在两个不同组织内,也可能共存于同一个组织中。正式领导关系及其赖以存在的正式组织,是领导关系研究的基本领域。但是,非正式组织中的领导关系也是领导关系研究的重要领域。特别是存在于正式组织中的非正式领导关系对于本组织中领导关系的维系和发展意义重大。

4. 从行政领导关系存在的空间结构划分,纵向来看,行政领导关系表现为一个环节,即领导者——被领导者的关系。横向来看,行政领导关系表现为层次结构上的区别,可以分为宏观行政领导关系和微观行政领导关系两大类别。

宏观行政领导关系是指存在于不同性质、不同类型的社会组织之间的领导与被领导的关系。宏观行政领导关系涉及的范围十分广泛,包括政府和企业的关系、党和军队的关系,以及党中央与共青团、妇联等组织之间的关系。宏观行政领导关系的实质体现了一种政治关系和政治架构,它的运动发展,往往导致组织乃至整个社会的体制改变或结构性变化。相应地,组织或社会的体制变化和结构改变也必然引起宏观行政领导关系的变化。

微观行政领导关系是指存在于个人之间以及个人与组织之间的领导关系。它既包括正式组织成员之间领导与被领导的关系,也包括非正式组织成员之间领导与被领导的关系。宏观行政领导关系与微观行政领导关系既有区别又有联系。宏观行政领导关系一般都具有明显的稳定性和确定性,它的发展变化直接影响微观行政领导关系的变化。与宏观行政领导关系不同,微观行政领导关系一般都具有明显的模糊性和多变性。在正式组织之间,宏观行政领导关系和微观行政领导关系是交织在一起的。因此,要处理好行政领导关系,就既要研究宏观行政领导关系的运动规律,又要研究微观行政领导关系的运动规律。在宏观层次上:有国家之间、地区之间、部门之间、组织之间不同范围和不同层次的行政领导关系;在微观层次上:有组织内部各构成要素之间的相互关系,如领导者之间、被领导者之间以及领导者与被领导者之间的相互关系。

5. 从行政领导关系的研究层面上划分,可以分为组织行政领导关系、心理行政领导关系和信息行政领导关系三个方面。

从某种角度上讲,行政领导关系是对行政领导活动最具有综合性的反应,它们不仅存在于有形的组织领域,而且还存在于无形的心理领域和信息领域。因此,行政领导关系是组织行政领导关系、心理行政领导关系和信息行政领导关系的统一。随着行政领导活动的发展,行政领导关系越来越复杂,由于心理冲突和信息冲突造成行政领导关系出现问题的情况日渐增多;而且组织行政领导关系的巩固也需要心理行政领导关系和信息行政领导关系的维系。

6. 从行政领导关系的方向性上划分,可以分为上行行政领导关系、下行行政领导关系和平行行政领导关系三种。具体包括:

(1) 上下级之间的领导关系

(2) 领导者与一般群众之间的领导关系

(3) 党、政、企不同组织领导者之间的关系

(4) 党、政、企不同组织领导机构之间的关系

(5) 领导集团中各成员之间的关系

(6) 领导者个人与组织之间的关系

(7) 领导者同亲属之间的关系

以上,选取了几种角度对行政领导关系做了分类。需要指出的是,无论哪种分类方法都很难囊括行政领导关系所包含的全部内容。我们的目的主要在于:提供一种对行政领导关系进行类型分析的方法和思路,对复杂丰富的行政领导关系进行梳理和概括,使得行政领导关系的研究脉络更为清晰和富有条理。

（二）领导关系的产生与演变

1. 领导关系的产生

领导是人类社会的普遍现象，领导活动是人类解决人与自然的矛盾和人与社会的矛盾的必然产物。首先，在远古社会，人们时刻面临着大自然的威胁和挑战，严重的生存危机迫使人们必须通过集体的力量才能生存下去。其次，由于人具有社会同一性和个体特殊性的双重属性，产生了个人利益与社会利益的矛盾与冲突。一方面，任何人都不可能脱离社会而单独存在，个人对他人和社会的依存性，使人们在具有各自利益的同时也产生了共同的意志和利益，即“社会利益”和“社会意志”。另一方面，任何人首先是作为个体而存在的，具有个体特殊性。个体特殊性决定了每个社会成员都会产生不同于他人和社会的个人意志和个人利益，它往往与社会意志和社会利益发生矛盾和冲突。此外，具有共同利益的个人和团体还会进一步结合起来，从而造成不同利益集团之间的矛盾和冲突。因此，为了人类自身的生存与发展，必然通过某种方式来解决上述矛盾。领导活动就是适应这一需要而产生的。

领导活动出现以后，必然在群体成员或社会成员之间形成一种特殊的社会关系，即领导与被领导的关系。随着领导活动的发展和演变，这种关系逐步明朗化、规范化和复杂化，日益成为领导科学理论中具有鲜明特点和研究价值的一个方面。

从以上分析可知，领导关系是伴随着人类社会的诞生，特别是领导活动的出现而产生和发展的。领导产生的内在必然性直接导致领导关系产生的内在必然性；领导关系产生和发展的内在必然性又直接导致领导关系作为领导科学中一个重要分支学科的建立和发展。

2. 领导关系演变的基本条件

第一，生产力发展水平制约的生产关系的变革是领导关系演变的决定性条件。

领导关系是人类社会关系的一种只有把社会关系归结于生产关系，把生产关系归结于生产力高度，才能有可靠的根据把社会形态的发展看做自然历史过程。

第二，领导关系的演变与一个国家的政体密切相关。

政体是指政权构成形式的问题，是指一定的社会阶级采取何种形式去组织反对敌人，保护自己的政权机关。政体对领导关系演变的作用明确地表现在：即使同一个阶级掌握政权，但因政体不同，领导关系的差别也相当大，这在雅典和古代东方奴隶制国家的对比中表现得最明显。

第三，在阶级社会，阶级斗争是领导关系演变的直接动力。

第四，领导关系的演变，还同一定历史时期人民群众经济生活水平及政治、文化素质有关，受历史传统和地理环境的影响。

3. 领导关系演变的过程

伴随社会历史形态的更替，行政领导关系的演变主要经历了如下几个阶段：

- 原始民主型
- 专制型
  - 奴隶主专制型
    - 东方国家的君主专制型
    - 奴隶制民主型
  - 封建君主专制型
    - 封建领主专制型
    - 封建君主专制型
- 现代民主型
  - 资本主义民主型
  - 社会主义民主型

四、行政领导关系的作用和影响

行政领导关系对行政领导活动的影响分为正面效应和负面效应两个方面。正面效应，就是积极、友好、和谐的行政领导关系，它有助于调动领导集体的积极性和创造性，加强领导集体的团结和活力，促进领导活动的顺利开展和领导效能的提高。负面效应，就是消极、庸俗、内耗的行政领导关系，它严重干扰领导活动的正常开展，导致领导集体内耗丛生，降低了领导效能。

良好的行政领导关系，能够形成良好的领导格局，使领导集体富有活力和创造力，从而创造出优秀的领导业绩。下面从如下几个方面进行具体分析：

（一）良好的行政领导关系能使领导集体内部形成优势互补，激发领导活力，增强领导集体整体的适应能力，优化领导格局

现代行政领导活动是由多因素、多变量构成的社会系统工程。它远远突破了传统意义上的行政领导活动，涉及政治、经济、文化、历史、军事、科技等多方面问题。因此，行政领导活动的顺利进行和行政领导目标的实现不能单靠行政领导者个体的力量，而且需要积极调动和发挥领导集体整体的能量。

领导活力是领导集体的一种特性，它包括积极性、创造性的发挥和实施高效能的有效领导等。在一个领导集体中，全才型的领导者是很少的，领导集体往往是由不同类型的“偏才”组成的。良好的行政领导关系通过营造融洽、和谐的领导氛围，可以把领导集体中不同年龄、不同文化、不同专业、不同职能的行政领导者有机地结合起来，使他们各有其位、各得其所、各负其责、各献其能，发挥 $1+1>2$ 的巨大整体能量。需要注意的是，所谓“互补效应”，不但是行政领导者个体“单项素质”的互补，更为主要的是完善行政领导集体整体结构的互补。

同时，良好的行政领导关系还可以使组织中的不同成员正确理解在行政领导活动中客观存在的权力、地位的差别，摆正位置、调整心态，认真有效地做好本职工作。

（二）良好的行政领导关系有利于保证领导活动和领导事业的持续发展

行政领导活动和领导事业是不断发展的，而行政领导个体作为领导角色的职业生涯是有限的，领导事业发展无限性和领导者职业生涯有限性之间的矛盾，是影响领导事业顺利发展的一个重要因素。良好的行政领导关系不但能保证领导集体的稳定、和谐，而且能促进领导集体不断更新，并有助于领导集体在代际转换的动态过程中保持相对稳定的状态，保证领导活动和领导事业的延续，避免出现"人存事兴，人亡事废"的局面。

（三）良好的行政领导关系有助于提高领导效能

与行政领导素质、行政领导体制等因素不同，行政领导关系对行政领导活动的作用和影响具有综合性和复杂性。随着时代的发展和社会的进步，行政领导活动变得更加丰富多彩，任何一项工作的开展，都需要接收和处理大量的信息。因此，通畅的信息流通渠道和迅捷的信息交流方式越来越成为行政领导活动顺利开展的重要前提和基本保障。良好的行政领导关系能够有效整合行政领导活动中的各个方面，促进各种信息的交流，使各种领导资源得到有机的结合和充分的利用，塑造团结协作、同心协力的领导集体，提高领导效能，不但能够有效地解决现存的问题，而且具备迎接未来各种挑战的应变力。

总之，行政领导关系是对行政领导活动的综合反映，它产生于行政领导活动的实践，同时又直接影响和制约着行政领导行为，直接导致某种现实领导结果和社会结果。正确地把握和处理行政领导关系并加以充分合理地运用，有助于行政领导职能职责的履行和领导成功的实现。

第二节 领导关系的基本属性与运动规律

一、领导关系的基本属性

（一）领导关系的基础在于"物质关系"

从某种意义上说，社会是各种社会关系的总和。人类社会中所发生的一切关系，都包括在社会关系的范围之内。马克思指出："各个人借以进行生产的社会关系，即**社会生产关系，是随着物质生产资料、生产力的变化和发展而变化和改变的。生产关系总和起来就构成**所谓**社会关系**，构成所谓**社会**，并且是构成一个处于**一定历史发展阶段**上的社会，具有独特的特征的社会。"①同时马克思进一步指出：物质关系是形成他们的一切关系的基础。领导关系就其种属关系而言，是社会关系的一种。因此，领导关系也是以物质为基础的，即以领导效能为

① 《马克思恩格斯选集》第1卷，人民出版社1995年版，第345页。

核心的生产关系和经济关系为基础。

（二）领导关系是一种特殊的社会关系

领导关系是整个社会关系中最重要的组成部分，但在本质上是一种特殊的社会关系。领导关系的实质是存在于社会成员之间的权力与服从的关系，或者说是行使领导权力的特殊社会行为主体之间的相互关系。领导关系的权力实质使领导关系具有特别的能动性与结果性、现实性和严肃性，与其他社会关系存在显著的区别。

这种特殊性具体表现在：领导关系是对领导活动发展状态的一种综合性反映，是一种将一定范围内掌握权力、权威、人、财、物、信息、机会等领导资源的领导者和领导机构联系在一起的关联渠道和无形制约，是一种以领导资源为实际基础和实质后盾的特定社会关系。领导关系直接影响和约束着领导行为，直接产生某种现实的领导结果和社会结果，是整个社会关系中影响最大、最具有权威并产生重大现实结果的社会关系。从某种角度上讲，领导关系也是一种能动的社会资源。充分发挥和利用领导关系的资源，是保证领导事业顺利发展的关键。

二、领导关系中的互动行为

（一）互动的基本含义

互动是一种极为普遍的社会现象。它一般是指人与人之间、人与组织之间以及组织与组织之间的交互影响和交互作用。广义上，凡是人类的一切行为活动都属于互动行为。领导关系实质上就是领导活动中的互动行为及其所形成的互动关系。

领导关系是在领导者和被领导者之间的互动过程中建立和发展的，表现为领导关系中各组成部分间的影响和制约，即互动行为。

（二）互动因素

在领导活动中，互动因素主要包括：

互动的主动者，即首先采取行动影响或改变其他人或其他组织的行为的人。领导者与被领导者都有条件成为互动的主动者。

互动的内容。互动的内容极为丰富，往往因互动行为的不同而各异。在领导活动中，互动的内容具体表现为命令、请示、汇报、要求、建议等。

互动主体的权力。互动主体必须具备一定的权力，这是互动行为的重要因素。

互动的方式。指互动的主动者与互动的被动者相互影响、相互作用的途径、方法等。

互动的一般结果或趋势。领导活动中，领导者与被领导者之间的互动行为最终将趋于相互适应，包括常态适应与非常态适应。

互动的频率,指在一定时间内,互动行为发生的次数。

在领导关系中,各种互动因素的不同组合具有以下的规律性:

一是领导者发出的互动行为的内容,主要以请求为主时,领导者在领导关系中的实际地位逊于被领导者,并且对被领导者的影响力减弱。

二是如果领导者发出的互动行为的内容多为正确的命令或指示,他在领导关系中的实际地位优于被领导者,对被领导者的影响力较强。

三是如果领导者发出的互动行为的内容以某种请求为主,且频率较高时,他对被领导者的吸引力和制约力必弱,而被领导者的独立性必大。

四是如果领导者所发出的互动行为的内容多为正确的命令或指示,且互动行为的频率较高时,他对被领导者的吸引力和制约力较强,被领导者对领导者的依赖性较大。

(三)互动的形式

1. 串联式互动形式

所谓串联式互动形式,是指在上级与下级之间,按照权力、职责的关系,所形成的线型互动关系,即下级机关和下级领导与上级机关和上级领导所构成的服从与命令的从属关系。串联式互动形式的互动量为:S－1,S代表整个互动关系中的单位级数。

串联式互动形式的性质,除了与互动的主动者、互动的内容、互动的方式以及互动的权力等因素有关外,还与其他因素有关。如:在分权制组织中,互动的主动者多为下级领导或下级单位,互动行为的内容多系报告或汇报。如果互动行为的主动者为上级领导,那么互动的内容则多为协调和指导。

2. 放射式互动形式

所谓放射式互动形式,是指以一个单位或人员为中心,称为放射焦点,由此分别与其他单位或人员发生互动关系,而其他单位或人员之间则不发生互动关系。其各单位或人员间的互动量为R(U－R),R代表放射焦点单位或人员,U代表互动关系中的单位或人员的总数。

在集权制社会里,放射式互动形式最为普遍,这种形式既能满足统治者的权力欲望,又便于对下级单位的集中控制。

3. 循环式互动形式

循环式互动形式是指领导关系系统中,每一组织或人员都具有同等机会,与其他组织或人员发生互动关系。在互动过程中,组织或人员之间不存在任何权力限制,没有服从和命令的从属关系。

4. 放射串联式互动形式

放射串联式互动形式,是由放射式互动形式和串联式互动形式结合而成的。在这种互动形式中,放射焦点与其他组织或人员之间的关系,为上级与下级的从属互动关系，而其他人员或组织则形成同级间的协调互动关系。

5. 串联放射式互动形式

串联放射式互动形式，是由串联式互动形式与放射式互动形式构成。这种互动形式，上、下阶层数较多，其互动量远小于其他互动形式。在这种互动形式中，各阶层领导，由于注重严密监督，因而层次增加、控制幅度缩小。这种形式的最大弱点是上、下沟通效率较低，而且沟通内容在多层传递的过程中，被层层取舍，甚至被严重歪曲而失真。

6. 放射循环式互动形式

放射循环式互动形式，是放射式互动形式与循环式互动形式的有机结合。这种互动形式比较常见。

（四）互动趋势

在领导系统中，上级与下级以及同级之间的互动行为，可以产生两种趋势：良性循环趋势和恶性循环趋势。

1. 良性循环趋势及条件

良性循环属于正向正反馈互动。这种互动行为能使组织系统中的领导与群体、上级与下级之间以及同级之间的目标更加一致、思想更加统一、行动更加协调、关系更加和谐。

形成良性循环趋势的基本条件包括：

第一，在组织系统中，必须建立科学、完善、层次清晰、职责分明的组织结构。按照能力的大小、地位的高低，规定成员间命令与服从的隶属关系。

第二，组织系统内必须建立完备的法规制度，作为各级成员的行为准则，保证各成员行为的协调一致。

第三，组织系统中，成员间的接触和往来要接受法规制度的约束，使成员间形成一种不同职位之间的关系，避免引起心理纠纷和权力斗争，导致领导关系的恶化。

第四，组织系统必须以职位为基础，居于不同职位的成员，必须按照法规制度的规定承担职责。

第五，组织成员的选任，必须根据职位的需要进行。

第六，对于组织成员的待遇，必须遵循能力、职位、待遇相统一的原则，使成员各得其所、各献其能，坚持奖惩和升迁制度，为不同成员提供充分的发展机会。

2. 恶性循环趋势及其原因

恶性循环是一种正向负反馈互动，这种互动常常使领导与群众、上级与下级以及同级之间的问题成堆，关系紧张，矛盾加剧，离心力加大。造成这种恶性循环的原因很多，主要有以下几点：

第一，权力过分集中

权力过分集中常常是由于不信任下属和对下属强烈的控制欲所引起的。这样反而加深了上、下级的隔阂，增加了上、下级间的社会距离和心理距离，影响下级的主动精神和责任心。同时，妨碍了沟通活动的正常进行，导致领导关系的紧张，影响领导活动的进展。

国外学者有关互动的研究表明，在分权制的组织中，互动行为频繁发生；而在集权制组织中，互动行为发生的频率明显减少，即使存在互动行为，也多流于形式。

第二，组织目标、组织规范造成的恶性循环

实现组织目标是领导活动的根本任务，组织规范是配合组织目标而制定的相应制度。但是组织目标能否有效实现，除了与组织规范有关外，还取决于下面的三种因素：一是目标必须为传统文化认可，符合社会价值规范；二是实现目标所采取的手段；三是人员的适应行为。如果领导者不了解实现组织目标的这些特点和规律，单纯通过严格监督和加强组织规范的约束效应来促进目标的实现，就会形成一种恶性循环的趋势。

第三，组织体系庞大造成的恶性循环

美国政治学家麦克尔斯认为，领导者权力的增加与机关组织渐趋庞大成正比，与人员的权力成反比。这是因为，随着组织人数的增多，组织中人员密度的增大导致交互行为的生存空间相对狭窄，降低了人们互动行为的深度和在互动中所获得的满足感。人们对组织的热情逐渐冷却，向心力减弱。

此外，机关庞大，必然导致机构层次增加。组织建立之初，组织结构多为扁平形，层次不过二、三级；机关庞大后，机构层次多达七、八级，呈金字塔形。机构层次的增加，加重了信息传递的困难，导致人才被埋没。同时，领导者为了有较为充足的时间对各级组织进行监督和指挥，必然需要缩小控制幅度，往往会造成上级领导有权无责，而下级领导有责无权的现象。

（五）领导关系中的互控规律

1. 领导关系的互控性

领导关系的互控性主要体现在以下两个方面：

第一，互控是领导关系的重要属性。领导关系作为一个复杂系统，其各组成部分之间，以及各组成部分与领导关系系统之间，具有明显的互控性。如：就宏观领导关系而言，在政党和群众之间存在着明显的互控性；就微观领导关系而言，也同样具有互控性。

第二，互控是领导关系的运动形态。领导关系的运动是在构成领导关系的诸方面、诸因素之间的相互影响和相互制约中实现的。

2. 互控强度

在领导关系中，构成领导关系的各个方面、各个因素之间存在互控性，但其互控强度是不同的。

在横向互控关系中，各个方面、各个因素之间的互控强度是随相应控制力量和影响的变化而变化的。在纵向互控关系中，上级对下级的控制强度一般高于下级对上级的控制强度。当然，在某些情况下，若干下级对某一上级形成的联合控制强度要高于上级对下级的控制强度。

由于领导关系中互控强度的不同，必然造成互控差的存在，互控差决定着领导关系变化的主导方向。在领导关系中，上级对下级的控制强度越高，双方的互控差越大，双方关系的变化越取决于一方。互控强度的不同不但决定互控差的大小，而且还决定互控方向的变化。一般说来，互控方向的变化幅度和变化频率总是随着互控强度的变化幅度和变化频率而变化的。

在不同社会和不同组织中，领导关系的互控强度、互控差、互控方向不尽相同。随着社会的进步，领导者与被领导者之间的互控强度日趋降低。

3. 互控频率

互控频率是指在一定时期内，互控行为发生的次数。在一定条件下，如果领导者对被领导者的控制频率越高，并且控制手段多属非强制性的，那么他对被领导者的"软约束力"越大，被领导者的内在服从性越强。相反，如果领导者对被领导者的控制频率越低，且控制手段多属强制性，那么他对被领导者的"软约束力"越小，被领导者的内在服从性越弱。

4. 互控效应

互控效应是指由于领导关系中各种因素和力量的相互影响、相互制约而必然出现的某种效果、反映和状态。主要表现在：

第一，由于领导关系中的互控机制，使领导者与被领导者的行为偏差得以及时纠正和有效预防。

第二，由于领导关系中各种因素和力量的相互作用，有助于缓解和避免领导关系中的各种问题。互控作用可以成为领导关系系统的自稳机制和自控机制。

第三节　领导关系中的群体行为

一、群体的含义与特征

（一）群体的含义

从平常的意义上来说，"群体"一词是指聚集在一起的个人。但是从社会学角度考察，临时集合起来的人，或者是随意组合起来的人群，一般不能叫作群体。对群体的研究起源于20世纪30年代。六十多年前，芝加哥学派的主将伯吉斯在《人格和社会群体》一书中，曾将群体定位为"若干互动的具有特定人格的个体的集合”;[①]纽科姆则认为“群体由两个以上的相互分享有关特定事物的规范并扮演密切制约的社会角色的个体所组成”[②]心理学家霍曼斯认为,任何群体中,都存在着相互联系的三个组成要素,即活动、相互作用和感情。我国学者俞克纯和沈迎选认为,群体是由某种社会关系联结而成的、具有独立特征从而能与其他人群及个人区别开来的人的聚合体。

不同学者虽然对群体的定义不尽相同,但对群体基本要素的提炼是取得了共识的。他们认为:首先,群体是人类互动行为的结果;其次,群体内成员在行为目标上具有一致性或接近一致;再次,在群体之间存在着由于互动行为而引发的某种特定社会关系。综合各派观点,可以认为:群体是指通过一定的社会关系结合起来为实现共同目标而相互依赖、相互作用,彼此影响所组成的人群集合体,它是人们社会生活的具体单位。

(二) 群体的特征

群体介于组织和个体之间。个体是构成群体的细胞,群体又是组织的基本组成部分。群体的特征主要体现在以下四个方面:

一是各成员之间相互依存,在心理上彼此能意识到对方的存在,意识到其他成员的存在,各成员在行为上相互作用、相互影响。

二是群体是一个有组织的结构,有自己的规范和首领。

三是群体成员怀有共同的兴趣与共同的目标,并由共同的活动结合在一起。

四是各成员有群体意识和归属感,并在群体内占有一定的地位,扮演一定的角色,执行一定的任务。

(三) 群体行为与领导关系的联系

社会关系在孕育群体的同时,也受到了群体的作用与影响。虽然,从发生学的角度来看,领导关系是诞生群体的基础和前提,但是当我们以领导关系作为研究关注的对象时,不难发现群体理论对于领导关系的建立和塑造具有更加重要的实践价值和现实意义。

人是任何生产活动和社会活动的行为主体,也是领导关系中的核心。社会性是人的根本属性,人在社会活动中的心理特性和行为特性表明:个体行为并不能够随意发生,总是或多或少地受到群体的约束,人在社会生活中的很多情况下是以社会活动的具体单位——“群体”的形式存在的,而不是以“个人”这一个体的形式存在的,更不是以“类”的形式存在的。领导者要想建立和维系积极良好

---

① Burgess, E. W. (ed), *Personality and the Social Group*. Chicago: University of Chicago Press, 1929, Chap. 10. 转引自周晓虹著:《现代社会心理学——多维视野中的社会行为研究》,上海人民出版社 1997 年版,第 329 页。

② Newcomb, T. M. *Social Psychology*, New York, 1950, p. 492. 转引自周晓虹著:《现代社会心理学——多维视野中的社会行为研究》,上海人民出版社 1997 年版,第 329 页。

的领导关系,既要善于调整与组织内部个体成员的合作关系,更要善于营造与组织内部不同群体之间的融洽氛围。而且,从某种意义上来讲,由于人在领导活动中特定的存在方式使得后者显得更为重要和具有可操作性。

从任何一种意义上都必须承认:人在社会关系中普遍选取的群体存在形态,成为沟通社会关系与群体理论的学术桥梁;群体不但是领导关系建立和存在的基本元素,而且领导关系的发展和完善更有赖于群体间的良好合作和友好互助。

二、群体的分类

(一)大群体和小群体

这是一种相对性的概念,划分标准比较模糊。大群体和小群体都属于实际群体,大和小是按照群体实际存在的规模划分的。社会心理学家罗森堡和特纳认为,群体成员之间是否有直接的、面对面的接触和联系是划分群体大小的标准。群体成员之间经常有直接的、面对面的、个人间的接触和联系的群体,称为小群体。而大群体则是指成员之间的联系要根据一定的组织形式或共同目标方可产生,也就是说成员之间只是以间接的方式联系在一起的。

(二)初级群体和次级群体

初级群体又叫首属群体,指的是由面对面互动所形成的、具有亲密的人际关系的社会群体。美国社会学家库利在其著作《社会组织》一书中,最早提出了这一概念。初级群体的形成一般是一个自然的过程,成员之间的互动是经常的、直接的,甚至是面对面进行的,导致了成员之间有丰富的感情交流,人们之间不仅是角色关系,而且存在强烈的感情联系,因此初级群体的成员一般是不可替代的,此外,成员之间互动所遵循的规范是不严格的。这类群体主要包括家庭、邻里、儿童游戏群体等。

继库利提出初级群体的概念之后,一些社会学家从研究社会组织结构的角度又提出了"次级群体"的概念。次级群体指的是人类有目的的、有组织的,按照一定的社会契约建立起来的社会群体。与初级群体的许多特点相反,次级群体的形成源于一定的社会需要,成员组成是为完成群体目标而选择的。次级群体的规模一般比较大,人数比较多,群体成员不能完全直接接触。此外,次级群体内有严格的组织结构和规章制度,成员间的联系是以社会分工为基础的,成员之间主要是角色关系。

(三)内群体和外群体

1906年,美国社会学家威廉萨姆纳在《民俗论》一书中最早提出了内群体和外群体(即"我群"和"他群")的概念,用以描述群体成员对自己人和他人群体的感情。群体成员将他们自己的群体称为"内群体",对它怀有特殊的忠诚感;同时,群体成员对内群体以外的其他群体怀有抵触和怀疑的态度,将其视为"外群体”。群体界限是群体成员划分内群体和外群体的标尺。有关内群体与外群体的划分是社会学中有关群体互动的最早论述。研究表明,互动行为中的冲突和竞争会强化群体界限,加速内群体和外群体之间的分化和对立。

(四) 隶属群体和参照群体

隶属群体又称成员群体,是指个体所实际参加或隶属的群体。如团伙、学校、家庭。“参照群体则是指这样一种个人或群体,它或者为个人树立或维持各种标准,或者当做个人与之进行比较的一种框架。”①1942年,美国社会学家海曼在《地理心理学》一文中最早使用“参照群体”的概念,用来表示个人在确定自己的地位时与之进行对比的人类群体。

(五) 正式群体和非正式群体

美国心理学家梅欧在霍桑实验中最早提出了这一划分方法。正式群体和非正式群体是主要针对小群体的一种划分方法,它的划分依据是构成群体的原则和方式。正式群体是指那些为了达成有组织的任务、有明确关联的特定目的,以及执行组织的特定工作而产生的正式组织机构。一般说来,正式群体的建立有正式文件明文规定,其成员有固定的正式编制,有明确的职责分工,有特定的权利和义务。

非正式群体则是人们在交往活动中,由于有共同的兴趣、共同的关系、共同的感情、共同的目标等等而自发组织起来的。非正式群体可以在正式群体之内,也可以在正式群体之外,或是跨几个群体。在一个正式群体内部可以有多个非正式群体。非正式群体不总是处于稳定、平衡的状态中,而是处于不断地重组、不断地调适的状态中。

正式群体是为正式目标而建立的,没有考虑到人的需要的多样性。与正式群体不同,非正式群体的产生原因主要是源于人多方面的需要,因此非正式群体的产生和存在具有一定的必然性。非正式群体形成基础主要有六个方面:一是利益一致,二是价值观一致,三是兴趣爱好一致,四是个性相似,五是个体互补,六是背景相似。非正式群体的主要特征:一是由组织成员自发形成的;二是以心理认同为基础,以感情为纽带;三是有较强的凝聚力和行为的一致性;四是有一套有效但不成文的规范;五是成员间有一条比较灵活的信息传递渠道;六是首领是自然形成的,往往是靠个人的影响力来领导;七是有较强的自卫性和排他性。

三、非正式群体与领导关系

(一) 非正式群体的类型

非正式群体是人类社会中普遍存在的群体类型,无论是正式组织还是非正

---

① 库珀等主编:《社会科学百科全书》,上海译文出版社1989年版,第637页。

式组织中都存在着大量形态各异的非正式组织，美国著名学者李维斯将其概括为以下五种类型：

一是友谊型非正式群体，人们之间具有相同的兴趣和利益，团体凝聚力很大，存在时间较长。成员之间，多具有亲密的感情，相互之间的友谊是群体形成和发展的基本因素。

二是工作型非正式群体，这种类型是友谊型的扩大，人们之间的工作关系比友谊关系更为突出。这种类型的组织活动具有积极性，对领导者不易产生太大的敌意，如果注意与他们的沟通，将有助于领导活动的开展。

三是同好型，这种类型是由具有相同追求、习惯或爱好的人们组成的，它有助于丰富人们的精神生活，消除工作的单调和疲劳。一般能够得到正式组织中领导者的支持。

四是互利型，这种类型的非正式群体以利益作为存在的唯一基础，寿命一般较短。

五是自卫型，李维斯通过研究发现：在正式组织中，如果领导者态度过分强硬固执，或损害他人利益，容易导致人们的联合抵制，形成自卫型的非正式组织。领导者应对这种类型的非正式组织给予足够的重视，谨慎处理。

此外，还可以从不同角度对非正式群体进行分类：按其形成原因可分为利益型、情感型、信仰型、亲缘型、爱好型等；按其影响结果可分为积极型、中间型、消极型和破坏型。按其构成情况可分为横向型（由级别、层次相同或工作性质一样的人组成）、纵向型（由不同级别、不同层次、不同职位、不同工种的人组成）和混合型（不分等级、层次的差异）。

其中，与领导关系联系最为密切的是非正式群体中的纵向寄生型、纵向共栖型、横向进取型和横向防守型四种类型。

纵向寄生型群体，其特点是成员多来自组织内部的各个阶层，彼此间提供的相互协助并不对称，即下级人员往往“寄生”在上级的权力保护伞下，享有利益，而不履行义务。这种群体多是以某种裙带关系为基础的。

纵向共栖型群体，其特点是成员多散布于组织系统中的不同阶层，就正式权力关系而言，多具有从属关系。成员之间具有高度的相互依赖性，即上级人员利用职权关照下级人员，而下级人员则尽力维护上级的权力和利益。这种群体往往操纵组织舆论，左右行政决策，阻碍民主、和谐、健康的领导关系的形成和发展。

横向进取型群体，其特点是成员多来自同一阶层，并打破了单位界限，它的主要目的在于改变机关中普遍存在的不合理现象，如工资制度、分配制度等。横向进取型群体的成员一般具有较高的文化科学素质，富有正义感和社会责任感，思想解放、锐意进取，多属于组织中的“少壮派”或改革派。因此，这种类型的群体有助于改变行政组织中思想守旧、僵化的现状和普遍存在的官僚主义工作作风，使行政组织保持健康、进取的良好发展状态。

横向防守型群体，其成员多来自同一阶层，在正式权力系统中，彼此没有从属关系。这种类型的群体是人们为了对付共同面临的某种威胁和挑战，而自然形成的一种非正式群体。

（二）非正式群体对领导关系的作用和影响

非正式群体是人们在交往活动中，由于有共同的兴趣、共同的关系、共同的感情、共同的目标等等而自发组织起来的。非正式群体可以在正式群体之内，也可以在正式群体之外，或是跨几个群体。在一个正式群体内部可以有多个非正式群体。非正式群体不总是处于稳定、平衡的状态中，而是处于不断地重组与调适的状态中。

在任何组织或社会的构成中，非正式群体的存在既具有客观性，又具有必然性，许多组织目标和组织职能的实现都是直接通过或借助于非正式群体来完成的。由于非正式群体存在的广泛性和必然性以及在领导活动中所发挥的特殊作用，使其成为诸多群体类型中与领导关系关联最为密切、影响最为重要的一个因素，特别是在正式群体的沟通和指挥协调遇到问题时，非正式群体往往成为影响和制约领导关系的关键因素。

当非正式群体的组织结构和行为取向与正式群体保持一致或基本一致时，非正式群体往往发挥积极的作用，有助于营造良好融洽的领导关系。主要体现在：一是协调组织成员间的人际关系，缓和或改善领导关系中存在的问题；二是调节组织成员的心理情绪，有利于保持和创造组织内和谐的领导关系；三是促进组织目标的实现，提高领导效能。当非正式群体不配合正式群体的工作时，特别是非正式群体的领导行为与正式群体的领导行为发生严重冲突时，非正式群体就会发挥消极作用，破坏既有的良好领导关系，或者激化矛盾、使得已经出现问题的领导关系进一步恶化，最终阻碍组织目标的实现。

在领导活动中，作为领导行为主体的领导者不但要对正式群体进行科学的规范和有效的领导，而且要对正式群体中大量存在的非正式群体给予充分的关注和重视。对待非正式群体，应着重做好以下几方面的工作：一是领导者要在尊重、爱护和信任的基础上，充分调动非正式群体的积极性，积极发掘并合理利用非正式群体中感情融洽、内聚力强、团结协作的团队精神，促进非正式群体的良性转变和发展，如使积极型非正式群体成为组织骨干。二是非正式群体中的领导人物是自然形成并为成员公认的，在非正式群体内具有较高的威信，是影响非正式群体的决定性因素，领导者要给予充分的尊重，并主动接近、积极沟通；三是对待非正式群体中存在的消极因素，要采取适当的方式方法进行纠正，对破坏型非正式群体，要坚决果断地进行处理和取缔。

总之,对待非正式群体,要根据其特点和类型,坚持因势利导和区别对待的原则,进行合理的引导和规范,这不但有助于减少领导活动的阻力、优化领导关系和提高领导效能,同时也是检验领导者领导能力强弱和领导艺术及方法高低的重要方面。

第四节 领导关系的运动形态

一、竞争与合作

(一)竞争与合作的客观性

竞争与合作作为领导关系互动行为的运动形态,实质上是构成领导关系的各种因素和力量之间的矛盾性与统一性的必然反映。领导关系中竞争与合作的存在,具有不以人们的意志为转移的客观必然性。

1. 从广义上说,竞争是指一切生物间的生存竞争,这是生物进化的普遍规律。我们这里论述的竞争则是狭义的,即社会互动类型意义上的竞争,它是专指人与人、群体与群体对于一个共同目标的争夺。人与人之间所以发生竞争,一方面是因为人们有各种各样的物质和精神需要;另一方面是因为社会上的物质和荣誉不能满足人们的需要,同时又很难平均分配,只有通过竞争来分配数量有限的物质和荣誉。

领导关系中存在竞争主要是由于领导关系各组成部分在客观上都有差异性和特殊性,与这种差异性和特殊性相联系的是相对独立性和自主性。这种特点,决定了各组成部分在具有共同的群体利益和目标的同时,还具有不同的个体利益和目标。在群体成员追求各自利益和目标的过程中,必然存在着竞争。此外,这种差异性和特殊性,还决定了领导关系中各个部分在整个系统中具有不同的地位和功能。领导关系组成部分之间存在的或大或小的地位——功能差,是领导关系互动中产生竞争的客观基础。

竞争具有十分复杂的方面、属性和形式。既有正当的竞争也有不正当的竞争;既有完全的竞争也有不完全的竞争;既有个人之间的竞争也有群体、社会之间的竞争。竞争不仅存在于领导关系的同级之间,而且还存在于上下级之间。在开放、民主的领导关系系统中,上下级之间的平等竞争,往往导致领导关系的分化和重组。

2. 与竞争相对立的,是领导关系各组成部分之间的合作。合作是指两个以上的人或群体为达到共同目的,自觉或不自觉地在行动上相互配合的一种互动方式。

如果说领导关系系统中各组成部分之间的差异性和特殊性决定了其竞争的

客观性,那么领导关系系统中各组成部分之间的统一性和共同性决定了其合作的客观性。协同的基本功能在于最大限度地克服由于竞争产生的各种内耗,形成最大组织合力,最优化地实现领导目标。

（二）竞争与合作的矛盾性

竞争与合作的矛盾性是由竞争与合作的不同性质和功能决定的。

活跃和富于变化是竞争的特点,它具有使系统不断发生变化的功能。这种性质和功能,既可能使系统发生积极变化,也可能使系统发生破坏性变化。在领导关系中,竞争的破坏性往往造成系统的动荡和裂变,导致内耗现象的发生。

与竞争相对应的是合作。以内容为标准,合作可以分为目标合作、权力合作、信息合作、心理合作、利益合作等。无论哪种合作,其基本功能都在于最大限度地克服由于竞争而产生的各种内耗,保持系统的稳定性和凝聚力,最优化地实现组织目标。

（三）竞争与合作的统一性

竞争与合作不仅具有矛盾性,而且具有统一性。竞争与合作的统一性主要表现在:

1. 竞争与合作都能促进系统功能的充分发挥

与竞争相比,合作注重全局性和总体性,是系统保持相对稳定的力量,有利于系统功能的充分发挥。同时,竞争也能促进系统功能的充分发挥。这是因为,人是领导关系中的基本元素,人的积极性、主动性和自控性的充分发挥是系统功能充分发挥的基础和前提。领导关系中的绝对稳定状态并不利于领导活动的开展,它往往会导致组织缺乏活力,影响领导活动的顺利进行。作为一种社会激励机制,竞争可以激发主体多方面才能的充分释放,激发人提高自己的综合素质;作为一种适应社会的进化原则,竞争可以使个人和整个社会保持生机和活力。因此,领导关系中的适度竞争对于领导活动是大有裨益的,它通过激发人的积极性和创造力,营造积极进取的奋斗环境,提高工作效率。

2. 竞争与合作都能推动系统的有序化

与所有社会关系一样,领导关系也处于不断的变化过程中。其变化趋势分两种:一是从无序到有序、从低序到高序,即有序化;二是从高序到低序、从有序到无序,即无序化。一般说来,有序化代表事物前进的方向。

领导关系建立之后,随着领导活动的进展而不断发展,其有序性在质、量两方面都不同程度地发生变化。合作有助于系统的稳定和团结,有助于推动系统的有序化。

表面看来,竞争是领导关系中的不稳定因素,特别是消极竞争极易引发领导关系的动荡,导致系统的某种内耗。但是,竞争在本质上也是系统有序化的推动力量。所谓系统的有序化,并不是绝对的,而是一种以系统元素的差异为前提的相对有序化。有差异才有秩序,竞争能够充分展现系统不同元素的个性和差异性,形成优胜劣汰的局面,为有序化的发展指明了方向。

竞争在推动系统有序化方面的作用还可以借鉴系统科学中的熵理论加以说明。系统理论认为,一个开放系统要想保持系统的有序性,需要克服内部熵增,而克服内部熵增就必须从外界吸取足够的负熵。为了增强系统吸取负熵的能力,既要团结合作、避免重复操作,又要重复调动各元素和各分系统从外界吸取负熵的主动性,克服惰性和依赖心理。在领导关系系统中,负熵主要体现为大量信息,实践表明:处于竞争状态下的个人或群体,信息意识最强,信息传输最快,信息处理最为及时、有效。在领导关系系统中,积极的竞争能够激发系统各元素、各部分的创造力,更新系统的信息结构,推动系统向更高的有序结构演化。

3. 竞争与合作同时存在于领导关系中,他们既对立又统一,反映了领导关系运动的基本规律。

合理的竞争并不纯粹是一种对立,它同时也包含着一定的合作和互助。抑制竞争,会限制个人本质力量的充分发展,限制个性的成长,限制进取精神的发扬,导致人格的自我萎缩,并最终导致社会行为效率低下。因此,在领导活动的实践中,领导者要积极采取措施,规范竞争规则,采用正当的合法手段,对竞争行为进行正确的引导和控制,大力倡导自由竞争、公平竞争和有序竞争。同时,还应建立一定的保护机制,对竞争行为中的弱者和失败者提供必要而及时的关怀和扶助。

二、冲突与调适

冲突和调适是领导关系的一种运动形态,领导关系是在冲突与调适的交替变化中不断演变发展的。

(一) 冲突与调适的基本含义

1. 冲突

作为一种常见的人类互动行为方式,冲突现象一直受到社会学家的关注。社会学的研究认为公开斗争是冲突的基本点,强调冲突双方的态度和公开、直接的斗争形式。德国社会学家齐美尔认为,冲突是社会生活的精髓,是社会生活不可缺少的组成部分。冲突和秩序是紧密相关的。① 另一位德国社会学家马克斯·韦伯系统地论述了在一个社会的经济、政治与声望三方面存在的冲突与斗争,并指出对“权力资源”的争夺是社会冲突的主要源泉之一。② 政治学将目标与利益作为产生冲突的根本原因,认为冲突是人类为了达成不同的目标与满足

---

① 科瑟:《社会思想名家》,中国社会科学出版社 1990 年版,第 204 页。
② 李普塞特:《一致与冲突》,上海人民出版社 1995 年版,第 68 页。

相对的利益所形成的某种形式的斗争。行政管理学认为,冲突是两个以上的角色或人格因意识、目标、利益不一致所引起的思想矛盾、语言攻击、权利争夺、行为斗争,它强调冲突的攻击性质,将交互作用视为冲突的构成条件。组织行为学认为,冲突是同一组织的人们在相互交往的过程中,由于意见分歧、争论和对抗而使彼此关系出现的紧张状态。管理心理学认为,冲突主要是指两个人或两个团体的目标互不相容或互相排斥,从而产生心理上的矛盾。

综上所述,冲突是人与人或群体与群体之间为了某种目标或价值观念而相互斗争、压制、破坏甚至消灭对方的方式或过程。广义的冲突表示个体或群体之间有明显抵制和排斥的敌对互动,包括敌对行为、战争、矛盾、争吵、反抗、暴力革命等变数;而狭义的冲突则是指一方企图剥夺、控制、伤害及至消灭另一方、与另一方意志相对抗的互动态势。

任何冲突都包含这样四种要素:一是对立面,没有对立面就没有冲突;二是矛盾和斗争,矛盾是冲突的根源,而斗争是冲突的表现形式;三是目标或利益,双方不同的目标或利益是引发冲突的动因;四是交互行为,这是冲突产生的基础,冲突行为以一种互动的方式存在,不发生交互行为,也就不会产生冲突。

冲突与竞争都是人们之间为了一定的目标而互相排斥和反对的一种互动方式,但两者也存在一定区别。首先,冲突是直接以对方为攻击目标的一种互动行为。其次,冲突是一种直接的反对关系,冲突的双方有直接、公开、面对面的接触。最后,冲突各方所争夺的目标既有相同性又有差异性。

就功能而言,冲突是一种对立关系。它同一般对立关系一样,具有正面作用和负面作用的双重性,建设性和破坏性的两种功能。实践证明,“冲突,能够对人、群体和组织具有促进功能和使功能失调的影响”。[①] 冲突可以破坏正常的领导关系,导致疏远、内耗、分裂等负面效应。但是,在特定条件下,冲突往往有助于营造积极向上、锐意进取的组织氛围。一方面,冲突代表了一种差异,而差异是事物发展的源动力,也是组织发展的动力之源。冲突还常常是组织成员进取精神和创新精神的一种表现形式,是群体的聚合力和组织成员忠诚度的一种体现。另外,为社会所认同和得到有效控制的冲突也可以缓解人的敌对情绪,使得可能发生的强烈冲突借助于社会所许可的冲突形式得到疏散。

冲突具有破坏性和建设性的双重作用。合理的冲突不但是维护个人生存和发展的手段,是促进社会变迁和进步的动力,在一定程度上,也是维护社会稳定和领导活动持续进行的一种有效方式。因此,我们在领导实践活动中,关键的问题是限制破坏性的冲突和促进建设性的冲突,以做到有效而科学地利用冲突。

---

① 〔美〕卡斯特和罗森茨韦克:《组织与管理》,李注流等译,中国社会科学出版社 1985 年版,第 345 页。

2. 调适

和冲突相对立的是调适。调适是以不同方式调节或缓和人与人、群体与群体之间的冲突的一种互动方式。针对冲突的具体调适方式有和解、妥协、容忍、调解和仲裁等。

(二) 冲突的成因

冲突作为一种包括领导关系在内的社会关系中普遍存在的运动形态,其表现形式多种多样。要有效把握和运用冲突,首先需要研究和认识形成冲突的原因。在掌握冲突产生的一般规律的基础上,具体问题具体分析,才有可能限制和消除冲突的破坏性作用,促进和利用其建设性的一面,从而维护和保持良好的领导关系。

人的自我保护意识和自我实现欲望是与生俱来的,个人利益和群体利益的矛盾往往是造成冲突的重要原因。但是,把冲突的根源完全归结为人的攻击本能、死亡本能和敌对冲突本能,显然是失之偏颇的。关于冲突的成因,不同的研究者有不同的分析和归纳,主要有三种观点。

西蒙提出了以下三点:第一,不同的群体意识会引起冲突。同一组织中的不同部门往往把本部门的工作目标看得最为重要,而轻视了其他部门的重要作用,容易出现群体间的冲突现象。第二,由于组织分工的结果,造成许多不同的功能单位,每个单位都有强烈的权益诉求,希望争取更多的经费、增加更多的职权,这样,往往造成不同组织间的冲突现象。如我国国家机关的机构改革中,在对机构进行分化重组的过程中出现了一些因职权问题而引发的冲突现象。第三,由于组织成员有不同的背景,在发生互动行为时,会因价值观念以及对事物的看法不同而引发冲突。如在普通行政人员和专业技术人员之间由于知识背景和工作经历的不同往往会发生冲突。

杜布林从行为科学的角度提出了一种冲突的系统模式,他所阐述的冲突的成因包括角色冲突、资源方面的冲突、价值观冲突等。角色规定了一个人在社会上所应承担的责任和义务。如果一个人同时占有两个以上相互矛盾的角色,就会发生角色冲突。角色冲突不仅存在于同一个人所具有的不同角色之间,而且也存在于不同的个人所具有的不同角色之间。资源方面的冲突,是由于有限资源与各自需求之间的矛盾而在不同组织或同一组织的不同部门之间引发的冲突。

休尔认为:第一,工作专门化造成了组织的层级节制结构,不同的层级由于沟通障碍而发生冲突。第二,部门化,组织发展的同时,部门数量不断增多,不同的部门之间特别是各平行部门之间由于业务距离而加大了产生冲突的可能性。第三,非正式组织的影响,非正式组织与正式组织之间由于心理认同的差异而发生冲突。

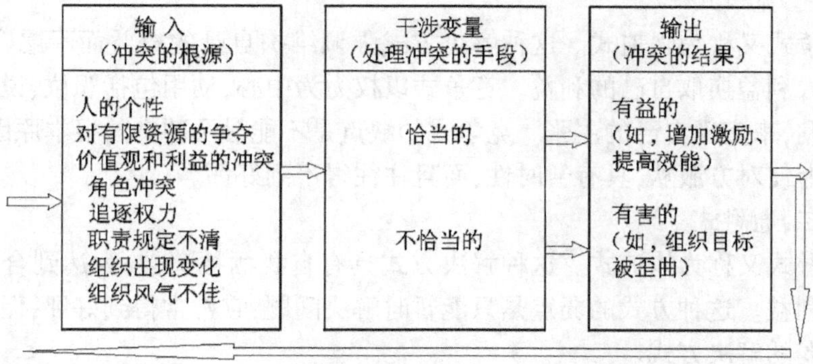

图 5-4-1

组织发展、群体理论、角色行为是对冲突现象进行研究的有效工具，但是还不能全面反映冲突发生原因和规律。冲突的产生，既有个体自身的原因，也有复杂的社会历史文化原因。一个人的人格不健全、文化水平低、道德品质差，有可能促使他做出侵犯性、破坏性的行为。而社会资源的相对贫乏，社会制度的不尽完善、文化观念的差异，也都可能导致各类冲突的产生。

（三）冲突的表现形式及其调适的一般规律

1. 个体冲突

人类社会是一个有着一定规则和层次的结构系统。在社会系统的不同层次和阶段上，冲突都普遍存在而又难以避免。个体是社会结构系统中最基本的元素，任何一种类型的冲突都可以归结为个体之间的冲突。因此，从某种意义上说，个体冲突是不同层次冲突类型的基本解释单位，个体冲突的性质、内容、方式、规模、特点，是影响其他层次冲突的基本原因。

托莫斯提出了针对个人冲突的两维空间模型，这个模型将个人冲突划分为两个维度，并在两维的狭窄空间中提出了解决冲突的办法。这两个维度是：

合作维度：指对他人利益的满足；

武断维度：指对自己利益的满足。

五种解决冲突的类型是：（参见图示）

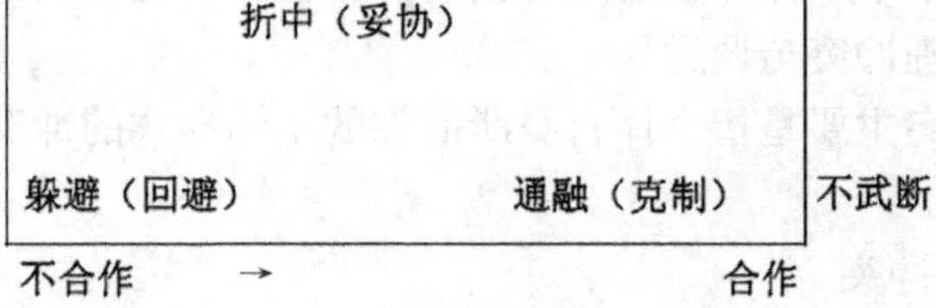

图 5-4-2

第一，竞争式

竞争式又称为强迫式。这种解决方式强调维护自己的权益而不愿合作，以牺牲别人利益换取自己的利益。竞争式以权力为中心，动用包括职位、说服力等一切权利，来实现自己的主张。竞争式的缺点是不能触及冲突的根本原因，不能从根本上使对方服从，具有暂时性，而且往往得不到好评。

第二，通融式

通融式又称为体谅式。这种解决方式具有自我牺牲精神，为达到合作而牺牲自己利益。这种方式的弱点是只能暂时解决问题，它常常得到好评，但也被认为是软弱的解决方式。

第三，躲避式

躲避式既可以是空间上的，也可以是时间上的。它既不合作也不维护自己的权益，采取一躲了之的办法。这种方式是维持暂时平衡的一种办法，但不能最终解决问题。

第四，合作式

这是一种既愿意合作又愿意得到自己权益的处理方式，这种方式要求人们深入调查冲突的原因，主动与对方一起努力寻求解决问题的办法。

费雷认为，采用合作式解决冲突的人一般都具有下列特征：一是认为冲突是自然的，也是有益的，如果处理恰当，可引出更具有创造性的解决方法。二是对人信任、坦诚，表达决策时有真实的感情。三是觉得每个人都该阐明自己的立场，采取的解决办法要使每个人都满意。四是认为解决问题时，每个人的作用都是等同的。五是不会为群体利益而牺牲任何个人的利益。

合作式的缺点是耗时长，在某些情况下不适合使用。

第五，折中式

折中式是中等程度的合作和维护权益，目的在于得到一个快速的双方均可接受的方案。这种方案维护了各方一部分利益，也称为妥协式。折中式对非原则问题较为适用，但它往往会损害本人利益。

个体冲突的含义很广泛，主要表现为目标性的冲突或认知性的冲突，是一种以个人作为行为主体而发生的冲突形式。在领导关系中，个体冲突的解决将有助于缓解群体冲突的发展恶化，从而改善不良的领导关系。在这里，我们将对工作情景下领导关系中个体冲突的几种情况进行重点研究和具体分析：

(1) 个体心理冲突与调适

个体心理冲突主要是指个体自身所面临的不同形式的冲突。常见的个体心理冲突主要有：

① 个人目标冲突

社会性规范了人以群体形态存在的一般意义，而人在社会行为中不但具有遵循社会一般准则的基本义务,还具有体现个性行为、寻求个体价值的需要。不同个体的价值标准是不同的,价值标准决定个人的目标选择。个人目标不是无条件实现的,它受到个人才能与努力程度以及客观环境等多方面因素的制约。当个体在选择和实现个人目标的过程中出现问题时,就会发生个人目标冲突。个人目标冲突主要表现为目标选择冲突和目标挫折冲突两个方面:

其一,目标选择冲突

目标选择冲突是指个人在进行目标选择的过程中,由于客观条件的限制所引起的冲突情况。常见的目标选择冲突主要有四种:一是双趋冲突,是指人们在进行某种活动时,两个并存的目标使人们产生相等的正向吸引力或相等强度的动机,因无法选择而产生的冲突。二是双避冲突,是指在工作过程中,同时存在两个对人们具有威胁的目标,由于无法解脱而引起的心理冲突。在领导关系中,人们常常面临要么顺从,要么受压制的抉择,这是引起双避冲突的典型例子。三是趋避冲突,是指人们在面对单一目标时,同时产生趋近与躲避两种动机,从而进退维谷的心理冲突。趋避冲突在领导关系中最为普遍。四是复合趋避冲突,表现为两个双趋目标交织在一起,迫使个体做出抉择的情势。

其二,目标挫折冲突

目标挫折冲突是指在一定的组织环境中,由于个人目标无法实现或无法完全实现所引发的冲突情况。一般而言,挫折表示个人目标与实现目标的结果之间的差距。差距越大,挫折程度越深,挫折反应也越强烈。面对挫折,个人可能表现出的基本反应方式主要有四种:攻击反应、妥协反应、退让反应和固着反应,其中固着反应又可具体分为积极固着和消极固着两种情况。

② 个人角色冲突

在组织系统中,每一个成员都占据一个相对固定的位置,并按照职位的规范与其他个体发生互动行为和交互关系。根据实际的工作需要,组织中的每一个个体需要在不同的关系情景中扮演不同的角色。

管理心理学认为,角色冲突有三种表现形式,角色外冲突、角色间冲突和角色内冲突。角色外冲突,指的是发生在两个或两个以上的角色扮演者之间的角色冲突;角色间冲突,指的是发生在同一个扮演者所扮演的不同角色之间的冲突;角色内冲突,指的是发生在角色扮演者所扮演的同一个角色内部的矛盾。这里谈到的个人角色冲突,是针对同一行为主体而言的,因此只包括角色间冲突和角色内冲突两种情况。

角色间冲突的产生,是由于角色扮演者无力在同一时间扮演两个或两个以上的角色,或者是角色扮演者所扮演的几种不同角色的角色期望存在矛盾。而角色内冲突是由角色本身所包含的内在矛盾所造成的。当对同一角色,来自不同方向的角色期望、角色规范不能趋于一致时,就会引发角色内冲突。例如,基层领导者的角色规范要求他深入群众、平易近人，但其决策者的身份又需要他勇于负责、果敢坚毅，这两种角色如果不能合理转换，就很容易引发角色冲突。此外，当理想角色、领悟角色和实际角色之间存在差距时，也会引发角色内冲突。如，当中层领导者的领悟角色与上级领导的期望角色不相一致时，就会造成角色内冲突。

角色冲突是一种普遍存在的冲突形式，组织规模越大、工作性质越复杂、专业分工越细致，越容易引发角色冲突。特别是领导角色冲突对于领导关系的改善和组织的发展具有更加重要的意义。

心理冲突破坏人的心理平衡，影响人的心理健康，久而久之，会严重影响正常的领导关系，导致领导关系紧张甚至畸变。因此，必须采取措施，进行心理调适，消除心理冲突。在现实生活中，对心理冲突的调适，有积极的方式和消极的方式两种。积极的方式建立在面对现实、正视冲突、解决冲突的基础上，需要人们具有较高的心理承受力和自信心。这种承受力能使人们在心理冲突面前保持正常的行为能力，也叫自我张力。消极方式主要包括攻击、退缩、否定、屈从、固执、压抑、幻想等。消极方式不能从根本上消除冲突，但对缓和紧张气氛，建立新的心理平衡具有一定意义，可以视作缓解心理冲突的一种权宜之计。

(2) 个体之间的冲突

个体之间的冲突是在不同个体间发生的一种冲突形式。霍曼斯认为，活动、情感和相互作用是理解群体中个体行为的三个主要概念。个体冲突也可以从个体活动、个体情感和个体之间的相互作用中寻找根源，概括地说，主要有以下几个方面：

① 权力

在许多情况下，人们的权力欲望会引发冲突。权力冲突多发生于上下级之间以及同级之间。上下级之间的权力冲突常由越权决策而引起，它既包括上级“越权”决策下级职权范围内的问题，也包括下级“越权”决策上级职权范围内的问题。同级之间的权力冲突比较复杂，它既表现为同级之间的正式权力即职权之间的冲突，也表现为非正式权力即个人影响力之间的冲突。并且，这种冲突既可以是隐蔽的，也可以是公开的。对于新调整的领导班子而言，这种冲突总是难以避免的。因为，一般说来，任职年限较长的领导者要比新任领导者的影响力即实际权力大得多，相应地所获得的支持和服从也要更多，自然难免存在因个人影响力而造成的权力冲突。

随着时间的推移和个人影响力的相对消长，以及不同领导成员之间的相互作用，原有的权力冲突必然趋于缓解，使各领导成员之间的权力关系呈现相对平衡状态。当然，这种平衡只是存在于一定时期内的动态平衡。在未来的领导活动中，还会出现新的权力冲突。因此，从某种意义上说，权力冲突是新的权力平衡的“前导”和动力。

② 利益冲突与调适

利益冲突是领导关系中最为常见的冲突行为。这种冲突多表现在国家利益、集体利益与个人利益之间;长远利益与暂时利益之间;全局利益与局部利益之间。在处理利益冲突的时候,要在尊重各方利益的基础上,促进国家利益、集体利益和个人利益的融合,促进长远利益与暂时利益、全局利益和局部利益的融合,使他们分别实现一种新的平衡状态。

③ 信息沟通不畅

完备、通畅的信息沟通渠道,是保证组织健康发展的重要条件,也是有效避免和缓解冲突的重要保证。当信息渠道发生障碍时,必然造成不同个体之间的误会、分歧、隔阂等,有可能引起个体间的冲突。信息不畅主要表现为三种形式:一是正式工作信息渠道狭隘,表现为信息沟通滞后、不充分;二是不同个体在对信息的认知和理解方面存在能力差异,表现为对信息的理解简单、偏颇、不全面,三是在个人处理信息的方式上存在习惯性差别,表现为信息表达方式不准确、不规范。

④ 个性意识差异

每个个体都具有其独特的个性特征和行为习惯,并具有表现这种个性意识的需求。一般说来,个性差别越大,心理相容的程度越低,表现意识越强,引发冲突的可能性和激烈程度越大。同时,个性的成因是复杂的,与个性有关的个体在年龄、性别、生活经历、受教育程度等方面的差异,也是导致个体冲突的原因。

⑤ 观念认识差异

不同个体对同一问题、同一事物会具有不同的认识角度、理解方式,这种观念认识方面的差异,一般会引起意见分歧,造成态度、行为方式上的矛盾,当分歧和矛盾难以调和时就会引发冲突。

根据冲突性质和激烈程度由浅到深的顺序,冲突的表现形式依次为:批评和反批评,不协调,不合作,对立。其中,批评和反批评是个体冲突的初级形式,而对立则是个体冲突的极端形式。作为领导活动行为主体的领导者在营造领导关系的过程中,首要的一点是抑制矛盾的激化和冲突的发展,因此,必须善于在冲突初露端倪的时期有效地解决冲突。

(3) 个体与群体冲突

个人与群体的关系是一种社会契约性质的关系,个体需要服从群体的意志和目标,而群体也需要满足个体价值实现的要求和期望。当双方的利益和要求所保持的平衡状态被打破时,就会在个体与群体之间引起冲突。个人与群体的冲突模式主要表现在三个方面:

① 组织期望过高,过分强调整体利益,强调组织目标的实现,要求成员完全

放弃个人目标。在这种条件下,个人往往缺乏积极性、创造性,消极怠工,导致组织期望和组织目标的衰落。

② 个人过于自信甚至自负,自我设计超前,对组织目标不屑一顾。

③ 组织和组织成员的期望都高,但在方式、方法上存在较大差距,也会造成冲突。当然,在双方期望都比较高的情况下,也有可能通过有效的沟通达成平衡,避免冲突的发生。

2. 群体冲突

(1) 群体冲突的类型

① 群体内冲突:群体内的冲突主要有两种:一种是实质性冲突,另一种是情感性冲突。实质性冲突以任务性质或内容问题为基础,来自于成员间认识上的不一致,解决实质性冲突要强调深入讨论。情感性冲突主要来自人际关系,这是由人和人之间相互抵触时引起的情感反应而产生的,解决这类冲突,要强调大家的共同利益。

② 群体间冲突:群体间冲突发生在不同群体之间。在这里,群体既可以是正式组织的行政单位,也可以是非正式组织的某种形式。群体间冲突主要有四个来源:

一是目标差异。目标是一定的行为主体对环境和自身能力综合判断的结果,目标的实现直接反映了行为主体的效益。随着组织分工的加强,目标的分散性也加强了,这种分散导致了冲突。主要有两种情况:一种情况是资源有限引起的冲突,即各小群体与其他群体为了争夺有限的资源而发生的冲突。另一种情况是奖励结构引起冲突,即强调个人或某一群体的奖励时所引发的冲突。

二是知觉差异。知觉是人对外在事物总体的反映,知觉不同所引起的冲突主要有:目标认识不同,即群体对组织目标缺乏充分的理解,表现为对本群体目标在组织分层目标结构中拥有的位置和特定功能缺乏理解或认知不清,以较低层次的群体目标代替较高层级的群体目标,破坏了目标系统的正常序列,从而引发冲突。实践眼界不同,即不同群体的人考虑工作计划的长远性不同,会导致冲突。观念差异,不同群体都有其特定的观念。

三是独立性不强。即当一个群体在完成某一目标时对其他群体的依赖性过强,容易产生冲突。这种冲突主要有三种形式:干涉形式,即做同样工作的群体会互相干涉从而产生冲突。替序形式,即一组工作的展开,必须以另一组的工作为基础,在这种情况下容易产生冲突。时间重叠形式,即由于可利用资源的有限性和时间分配等方面的矛盾,在同一时间进行的工作有时会引起冲突。

四是专业化增强。随着现代化组织的发展,对专业知识及人才的依赖越来越强,也引发了许多冲突。专家与领导或上级的冲突就是一个典型的例子。这种冲突的起因是,专家通常忠于科学的规律,而领导则忠于组织的需求。

五是领导风格冲突。在组织中,领导人由于掌握权力而对群体行为产生直接影响,甚至是决定性影响。优秀的领导人善于通过人格的魅力增强群体的凝聚力和向心力,营造团结、友好、进取的领导关系。而武断专制的领导风格不但不能树立领导权威,还必然引发程度不同的群体冲突,导致领导关系的恶化。

(2) 调适群体冲突的原则与方法

在解决群体冲突问题的时候,要坚持区别对待的原则,根据冲突类型的不同,采取相应的解决办法。下面针对实际的领导工作,介绍六种解决冲突的原则和方法。

① 孔子原则

孔子是中国春秋后期的哲学家、思想家和教育家。中庸是孔子的管理原则,即追求稳定,注重维持现状。用这种管理原则解决冲突,就是使事物“和”。主要有下面几种方法:

一是理顺法:强调冲突中双方共同的方面,不强调差异。

二是增加接触法:扩大群体成员的接触以增进了解,克服偏见,进一步解决冲突。

三是协议法:在无法完全协调时,求同存异,使双方有一定的允诺和让步,表面解决冲突。这种冲突解决办法要看其发展。

四是扩大资源法:这种方法对解决因资源有限产生的冲突比较有效。

五是缓冲法:设立一些中介机构和中介人员,缓冲双方的冲突。

六是更高目标法:确立一个必须合作的更高目标,以缓和矛盾,解决冲突。

② 老子原则

老子是中国先秦时代的哲学家,道家学派创始人。老子管理方式的最大特点是提倡“无为而无不为”,即“无为原则”。老子的著名观点是:“天之道,不争而善胜,不言而善应,不召而自来,繟然而善谋”。老子同意无为,但不同意对事情不做准备,他提出“早服”。此外,老子还提出做事“不盈”,即不要做得太圆满。根据老子原则,解决冲突的办法有如下几种:

一是不干涉法:相信群体冲突有一个内部调节机制,可以在一定矛盾发展水平上自行启动去解决问题。

二是避开法:在短期内避免冲突发生的方法。

三是预防法:在事情发生之前进行防范。

③ 孙子原则

孙子是春秋战国时期的著名军事家和思想家。孙子处理冲突的原则是真正去解决冲突本身,他主张面对问题、迎难而上,但要讲究一定的策略。孙子原则实质上是一种竞争原则。香港中文大学的教授闵建蜀总结了以孙子原则为基础的几种办法,即:比较;选拔好的领导;上下同心;选好人,搞好授权工作;战略上打击敌人,出奇制胜;谨慎,稳扎稳打;主动出击;速战;迂回。

(四) 领导关系中解决冲突的基本方法与过程

随着组织行为学、政治学、社会学、行政管理学、管理心理学等学科的发展,冲突问题的研究得以进一步深入和完善。根据冲突发生的具体原因和运动形态,可以采取不同的解决方法。下面,就缓解和规避冲突的基本方法和过程进行一般意义上的介绍和分析:

1. 整合群体目标

群体的目标一般有以下几种情况:

一是各成员之间无统一的目标;二是各成员之间的目标基本相似,但与群体的目标很不一致;三是各成员与群体的目标基本一致,但不完全重合;四是各成员与群体目标完全重合;五是群体目标与组织目标完全重合。

领导者在协调领导关系时,首先要对不同群体的目标进行分析和归类,找出他们与组织目标之间的异同,尽量使群体目标与领导活动的总体目标不发生冲突或保持基本一致。

2. 合理确立群体行为的规范,限制冲突

群体规范是指群体所确定的行为标准。群体规范主要有风俗、文化、语言、舆论、公约、时尚等行为规范及各种不同的价值标准。群体规范可能是群体内部正式规定的,但大部分是在群体中自发形成的,并且能够为群体每个成员所公认,并潜移默化地影响到个人的行为及人格的发展。

一致性是群体存在的重要条件,这种一致性具体表现为群体成员在行为、情绪和态度上的统一。群体成员在相互作用的互动行为中,彼此接近、相互趋同,在模仿、暗示、从众、服从等心理因素的影响下,形成了群体规范。

群体规范一旦形成,就会反过来对群体发生作用。这种影响具有以下的特点:存在的广泛性,作用的持久性,对成员行为影响的深入性和直接性。

谢里夫认为,群体规范是一种评价尺度,它可以用来评价行为、活动、信念或与群体有关的任何对象可以被接受的程度以及必须加以反对的范围。概括说来,群体规范的基本作用主要有:一是维系群体整体性的作用。群体的存在形式是它的整体性,这种整体性主要是通过群体规范来确立和维护的。“没有规矩,不成方圆。”群体规范是群体成员行为、感情和认知一致性标准的集中体现,是群体赖以存在的基本规则。可以说没有群体就没有群体规范,而没有群体规范,群体也就不复存在。二是认知的标准化作用。群体规范规定了成员遵守的认识与评价标准,有助于形成共同的看法和意见。三是行为的定向性作用。这种作用主要体现在:划定了成员活动的范围,制定了成员活动的基本规则。四是惰性作用,这是群体规范消极的一面。规范是对行为的一种约束,它在保持组织的稳定和一致的同时,也把人们的行为限制在一个中等水平上,使人们习惯于在规定的范围内思考、活动，不利于人们的积极性和创造性的发挥。① 领导者在协调领导关系的过程中，应根据领导活动的实际情况和不同群体的特点制定群体规范。在制定群体规范的时候，要避免生硬和脱离实际，除了采取正式规定的形式，还要积极探索多种非正式形式促进群体规范的自然形成。

3. 加强沟通，增进了解，促进冲突的解决

在领导活动中，沟通具有不可取代的重要作用。戴维平卡斯和尼克德波尼斯在《身在高层——世界上最卓越的领导者》一书中，对领导和沟通的关系进行了独到深入的分析，他们认为领导和沟通都是建立关系，领导是建立承诺的关系，而沟通是建立了解的关系，两者在现实过程中相互联系和彼此互动，统一于建立“有意义的关系”这一基本目标上。他们用一个公式形象地表现了沟通与领导在逻辑上的关系：领导 = 建立关系 = 沟通。

没有沟通就无法领导，领导必须沟通。同样，没有沟通也无法建立和保持良好的领导关系，沟通是有效地解决冲突和避免冲突的根本方法和首要前提。沟通又称联络或通讯，指的是一种信息交流，主要包含两个方面的意义，即意义的理解与传递。事实、情感、意见观点和价值取向构成了沟通的基本内容。

沟通内容广泛，形式多样，最根本的是语言沟通，包括口头语言、书面语言、电子语言以及其他信息符号。非语言沟通是沟通的另一种重要类型，包括表情、姿势、形体动作、身体距离等。有证据表明，寻找生理线索对了解一个人的情况有重要作用。一般说来，语言沟通和非语言沟通是同时进行的，它们表达的信息是一致的。如果不一致，人们更倾向于认为非语言沟通表达的信息是真实的。

沟通的功能可以从不同的角度来分析。从领导关系的角度来看，有效的沟通把组织中包括领导者在内的所有成员联系起来，使他们相互理解、相互支持、团结一致，减少了彼此间的隔阂和误会，有助于建立稳定、和谐的领导关系，进而促进领导工作的顺利进行。具体说来，沟通主要有四项功能：

一是控制：沟通通过有效的方式控制成员的行为，使他们遵守组织的权力结构和群体规范，服从组织利益，按照组织的要求工作。

二是激励：在实现目标的过程中，沟通通过建立持续的反对和采取积极的宣传攻势强化组织目标，激励所有成员的工作热情和责任感。

三是情绪表达：沟通提供了一种情感的表现机制，满足了人们的心理需要。

四是信息：沟通为领导者进行决策等活动，提供所需要的信息。

有关沟通研究最著名的理论是由约瑟夫·卢夫特和哈利·英海姆在 1961 年提出的周哈利窗。周哈利窗是一种用语，研究人的信息沟通改进的方法，它将

---

① 马广海：《社会群体》，周晓虹主编：《现代社会心理学》，江苏人民出版社 1991 年版，第 305—306 页。

人的心灵想象成一个四扇的窗户，窗户上的四块玻璃分别代表个人特征中与沟通有关的部分，如图所示：

个人

对方	了解信息	不了解信息	
了解信息	竞技场	盲点	暴露
不了解信息	门面	无知	

图 5-4-3

竞技场又称公众我：这部分信息自己了解，别人也了解。个人可以很好地和他人分享确定的信息，沟通顺畅。

门面又称隐私我：信息自己掌握但对方不掌握的沟通称为门面式。

盲点又称背脊我：对方了解信息，但自己不了解，这种沟通方式称为盲点式。

无知又称潜在我：这是一种双盲式、即双方都不了解信息的沟通方式。

门面和盲点是破坏沟通有效进行的方式，而无知的沟通方式几乎无法进行。

卢夫特及霍尔认为，要想提高沟通的有效性，需要从两方面开展工作：一是增加自我暴露的程度，可以使门面式转化为竞技场式，这种方法要求沟通双方更加诚实，积极地与对方分享信息。二是提高反馈程度，使盲点式转化为竞技场式。

依据领导者对上述两种方法的不同选择和使用方式，可以划分出四种类型的领导者：

A 型：这种领导者既不暴露也不反馈，采取双盲式的沟通方式，常常表现出独裁者的个性。这些人往往表现为焦虑、冷漠和敌意，在处理领导关系方面消极、低效，缺乏创造性。

B 型：这种领导者需要与下属保持一定程度的满意关系，但由于个性和态度的原因，他们不会用暴露法进行交流，只有依靠反馈的方式来与人沟通。这种方式的特点是过多使用反馈，不太容易赢得下属的信任。

C 型：这种领导者认为自己的观点有价值，而他人的观点则一无是处。他们虽然敢于采取暴露式的沟通方法，但却不注重他人的反馈，他们沟通的目的并不在于与人交流和分享信息，而只是要巩固和体现个人的地位和权威，因此往往不会与下属建立友好、和谐、合作的领导关系。

D 型：这种领导者能够合理地使用暴露和反馈的方法实现最有效的沟通和交流。领导者不但能自然地暴露自己的意见和想法，而且善于收集和吸取他人的反馈，是一种最佳的沟通方式和领导方法，能够建立融洽、和谐的领导关系，最有利于领导工作的开展。

第五节　领导关系中的领导者角色分析

一、角色和角色理论

(一)“角色”理论的起源与发展

角色,原是戏剧、电影中的一个概念,按其原意就是指演员在戏剧舞台上依据剧本所扮演的某一特定人物的专门用语。美国社会学家米德首先将这一名词运用到社会心理学和社会学中用来讨论个人与社会的关系。此后,“角色”一词日益成为社会科学和行为科学的一个重要概念。在社会学中,角色理论和方法逐渐发展成为研究社会结构、个人行为和社会关系的一条重要途径。

领导活动是在复杂的领导关系中进行和发展的,而领导关系是作为领导角色的领导主体进行行为选择的结果。领导者是领导活动的策划者、控制者、指挥者和主要的实施者,也是建立和维系良好领导关系的关键因素。在不同层面和不同情景下发生的领导关系中,领导者需要变换多种角色。领导关系的发生、发展过程实际上就是领导者在领导活动中进行角色建立,根据不同的角色需要完成角色行为,获得角色认同、满足角色期待的过程。因此,领导者在领导活动中能否根据实践需要准确地扮演领导角色,是建立和谐、融洽的领导关系的前提和基础。

(二) 角色的含义

美国学者蒂博特和凯利认为,角色这一概念可以从以下三个方面加以理解:首先,角色是社会中存在的对个体行为的期望系统,该个体在与其他个体的互动中占有一定的地位;其次,角色是占有一定地位的个体对自身的期望系统;最后,角色是占有一定地位的个体外显的可观察的行为。

此后,肖和康斯坦又进一步从下面六个方面分析了角色概念:

第一,从历史渊源上说,角色概念取自古希腊罗马剧场中的戏剧和舞台,它指的是演员在某场戏剧中扮演的人物所具有的特征。

第二,角色以其舞台原意进入社会科学领域,其概念本身并无改变,它指的是一个人在一定的社会背景下所表现出的行为特征。

第三,社会中的角色在一定程度上受制于该社会环境中与之发生关系的其他人或群体。

第四,社会科学中的角色概念是多学科交叉的产物,其主要来源于人类学、心理学和社会学。

第五,现代角色理论的先驱者们都是在他们各自的学科中建构自己的角色概念。

第六,这种通过多种社会科学的共同参与而实现的结果,导致了一种综合社会学、人类学和心理学的相关内容,并形成独特语言系统和概念系统的角色理论的产生。

上述两种理论对角色概念做了详细的分析,既阐述了角色理论脱胎于多门社会科学的历史渊源,又充分肯定了角色理论自身的学术独立性和重要的研究价值。但是,学者们对角色概念的定义仍然十分谨慎,且很难形成共识。以上有关角色含义的介绍,主要是为大家提供种种研究上的参考依据。一个含义广泛的概念必然会有许多种解释,而其主要的框架决定于我们的研究角度和研究范式。在不同的研究背景和语义环境下,角色可以表示一种社会性的行为规范,可以代表适应特定目标需要的一种人格状态或完整人格的一个侧面,也可以体现一种对个体行为的期望,还可以理解为个体或群体在社会体系中的一种功能。

角色概念的丰富性和广泛性增添了对其进行研究的难度,同时也拓展了角色理论的适用范围。研究的目的就是从复杂的现象中分离出特点、总结出规律。一般来说,角色包括两种主要成分,即社会的客观期望和个体的主观表演。综合这两种成分,可以将角色定义为处于一定社会地位的个体,依据社会客观期望,借助自己的主观能力适应社会环境所表现出的行为模式。

(三)角色的特性

角色的特性主要表现在以下两个方面:

一方面,角色是社会属性和个人选择的统一。所谓社会属性,是指角色首先是个体行为对社会期望与社会要求的满足。人类所扮演的各种各样的角色,不是凭空产生的,是适应社会需求的结果。随着时代的发展和社会的进步,很多过时的社会角色正在减少甚至消亡,一些新的角色则不断涌现。社会角色的这种"新陈代谢"现象,首先是由社会需要决定的,是社会选择的结果。角色的自我选择特性主要包含两个方面的含义,一是角色选择在受社会条件制约的同时,在很大程度上是个人选择的结果;二是指角色行为的执行和角色功能的实现,是通过每个人的角色实践来完成的,体现了鲜明的个性色彩。从个体和社会的关系来看,社会是由各种不同的角色构成的。处于一定关系系统中的每个人,在满足社会规范的前提下,可以根据个人的兴趣爱好、知识结构与综合能力,选择和变化角色。而且,随着时代的发展和社会的文明进步,角色选择的过程将越来越体现对个人需要的尊重和满足。

另一方面,角色是权利和义务的统一。马克思与恩格斯指出:"作为确定的人,现实的人,你就有规定,就有使命,就有任务,至于你是否意识到这一点,那都是无所谓的。这个任务是由于你的需要及其与现存世界的联系而产生的。"①每

① 《马克思恩格斯全集》第3卷,人民出版社1960年版,第329页。

个人在接受社会服务的同时,也具有为社会服务的义务和责任。只要是真正社会化的人,就必须承担一定的义务。人所履行的对社会的义务和责任就是个人角色行为的一种体现。因此,角色是为主体所认同和被社会所限定的有关个人行为中权利和义务的综合。

(四) 社会角色的分类

1. 根据角色所占据的社会地位是否经过角色扮演者的主观努力,将角色分为先赋角色和自致角色。这种划分方法最早是由美国社会心理学家蒂博特和凯利在《群体社会心理学》一书中使用的。所谓先赋角色,是指建立在血缘、遗传等先天的或生理的因素基础上的社会角色。所谓自致角色就是通过个人的活动与努力进入某一社会位置后取得的社会角色,也称为自获角色或成就角色。

领导角色一般地都是自致角色。资本主义社会选举制度建立以来,领导角色都具有自致角色的特征。领导角色从先赋到自致的演进,体现了现代社会民主化、法制化的发展,是社会进步的一个重要标志。

2. 根据心理状态的不同,社会角色可以分为自觉角色和不自觉角色。所谓自觉角色,是指人们处于某种角色地位时,明确意识到自己承担了角色规定的一定的权利、义务、责任以及组织的角色期望,并努力通过角色行为感染影响组织人员实现角色期待。所谓不自觉角色,是指人们承担一定角色时,对角色规定的行为模式及其功能缺乏认识,表现出角色模糊。从不自觉角色到自觉角色的转换,可以通过角色认知、角色学习的过程实现。一般而言,领导角色具有自觉的特征。对自身角色的明确认知,是成功扮演角色的基本前提。

3. 从社会角色规范程度上分,社会角色有规定性角色与开放性角色。所谓规定性角色是指社会角色具有严格的行为规范,对此种角色的权利与义务,都有明确的规定。所谓开放性角色,是指那些没有严格明确规定的社会角色。领导角色是具有严格职能行为规范和个人行为标准的规范性角色。

4. 从追求目标上分,社会角色有功利性角色和表现性角色。所谓功利性角色是指以追求效益和利益为目的的社会角色。所谓表现性角色是指不以获得经济上的效益或报酬为目的,而是以表现社会制度与秩序,表现社会行为规范、思想道德、价值观念为目的的社会角色。领导角色有突出的表现性角色特征,领导角色的表现性特征,要求领导者奉公守法、廉洁从政。

5. 根据角色表现的隐显状况,将角色划分为活跃性角色与潜隐性角色。美国文化人类学家林顿 1936 年在《人的研究》一书中最先使用了这种划分方法。林顿认为,个体作为社会成员,需要扮演多种角色,但是在每一个具体的时空条件中只能扮演一种角色,这种正在扮演着的角色称为活跃性角色,而该个体在其他条件下扮演的角色在此时此刻就成为潜隐性角色。活跃性角色和潜隐性角色是相对的,会随着个人所处情境的转换而互相转换。

二、领导角色的含义和特征

(一) 角色理论在领导科学研究中的意义

"角色"概念的引入为我们提供了研究个体行为与社会期待之间联系的纽带和媒介。"领导角色"是角色理论中重要的研究范畴。在历史演进过程中,领导者总是扮演着各种各样的角色。他们是领导工作的组织者、指挥者、策划者,是领导事业发展至关重要、举足轻重的"重量级"人物。因此,领导者角色认知是否准确、角色定位是否合理、角色行为是否科学、角色扮演是否成功,不但直接影响能否建立良好、和谐的领导关系,而且最终决定着领导目标的实现和领导事业的发展。

在组织或群体中,领导角色始终处于显著位置,受到研究者的普遍关注。特别是近年来随着行为主义科学、社会心理学等学科的发展和介入,角色理论日益成为领导科学研究中具有重要研究意义、鲜明研究特色和广阔研究前景的一个领域。

(二) 领导角色和角色集

仔细分析"领导角色"这一名词,发现它实际上会有两种解释。其一,泛指作为领导行为主体的领导者在进行领导行为选择的过程中需要承担的多种角色的总称,它不但包括领导者角色,还包括领导者在一定条件下扮演的传播者角色、问题处理者角色以及服务性角色等。其二,特指领导者在领导活动中担当的具有权力和权威的领导性角色。这里,我们选用的是领导角色的广义概念,代表领导者在领导活动中所扮演的角色集。

社会角色往往不是单一的、孤立的,而是多种角色在一个人身上的集合,称为角色集。在领导活动中扮演好各种不同的角色,是领导者处理好各种复杂关系的前提和基础。

从角色所占据的社会地位是否经过角色扮演者的主观努力来看,领导角色一般都需要通过个人的活动和努力才能取得,因此属于自致角色。从心理状态的角度来看,领导角色一般具有自觉的特征,对自身角色的明确认知和系统的角色学习,是成功扮演角色的基本前提。从社会角色规范程度上分,领导角色是具有严格职能行为规范和个人行为标准的规范性角色。从追求目标上分,领导角色虽然也具有追求效益和利益的目标,但是其表现性角色特征则更为突出,特别是行政领导活动的社会性和政治性需要领导角色具有强烈的道德性、价值性和公共性色彩。因此,一般而言,领导角色属于表现性角色,要求领导者奉公守法、廉洁从政。从角色表现的隐显状况来看,活跃性角色和潜隐性角色具有相对性,需要根据不同领导活动的需要进行转换。一个领导者在特定领导情境中,往往需要扮演多种不同的角色。领导者对活跃性角色和潜隐性角色的转换能力,不但是影响领导关系的重要因素,也是考量领导者领导能力的重要标志。

(三)领导角色的特征

1. 导向性

领导角色的主要特征是率领和引导下属朝着一定目标前进,即发挥导向性作用。在领导活动中具体体现为领导活动目标的科学制定、领导方法的把握、领导决策的追踪修正、领导过程中的变化调整等。

2. 服务性

领导角色的服务性特征,不仅要求领导者全心全意为本群体成员服务,而且要求领导者通过为下属完成任务创造有利条件来实施领导。在美国的企业界有一种"经理助手说",认为经理如果把帮助下属工作视为重要职责去考虑,他就是一个有效的经理。下级要完成上级的任务,往往必须有上级给予的支持和帮助。

3. 感染性

领导者的领导效力,不仅取决于权力的运用、才智的发挥,而且领导者的一些习惯、嗜好也会在群众中产生很大影响,因此,英国萨里大学的教授约翰·艾德欧认为,领导就是榜样。领导角色的感染特征,一方面要求领导者必须敏于行、慎于行、善于行;另一方面也要求领导者时时努力提高自己的素质,借以形成自己的人格凝聚力、渗透力、组合力和向心力。

4. 非我性

领导者要想胜任领导角色,必须首先完成自我的超越。任何一个领导者,并非天生的领导者,当他们走向领导岗位伊始,只能说是一种社会角色的变化。领导角色要求他在才能、气质、作风等方面,都必须超过以往的"自我",不断进行自我完善和提高,对领导过程中的各种情况做出科学的反应。领导活动既体现领导者个人的意志,又不以领导者的个体意志为转移;既允许领导者个性的存在,又不容许危害群体的个性存在,否则将被群体所淘汰。

5. 多重性

领导角色的本身,是一个"角色丛":当他与下属成员发生联系时,他的角色是"领导";当他与其他社会成员发生联系时,他的角色是"公民";当他与上级发生联系时,他又成为"被领导者"。即便在与本单位群体组织成员发生联系的过程中,也是一个"角色丛",同时充当多种角色,每种角色对领导者都有着为社会心理所接受的独特的规范要求。

一是指与个人的某种社会身份有关的、规定了的行为模式;二是指在一个相对较大的社会体系内的附属体系、附属组织或附属结构所具有的功能。由此,总结出角色的两个基本特征:首先,它代表了一套与之相关的特定行为模式;其次,这套行为模式具有特定的功能规定性。

我们可以把角色理解为个体在群体或社会中的一种功能，这有助于对个体在群体中的特定行为模式做出解释。同时我们也可以将角色理解为一种人格状态，或完整人格的一个侧面，由此可以解释角色学习的必要性和重要性，一个人对于社会角色的学习就像他在社会生活中学习各种习惯和掌握各种品行一样理所应当和至关重要。

三、角色学习

角色学习是指组织成员掌握社会理想角色的行为准则、技能，提高角色认知水平，缩短与理想角色的差距的过程。

（一）角色学习的内容

角色学习的内容是由扮演角色所需要的知识和技能来决定，主要包括角色义务、角色权利、角色行为规范，以及角色的情感和态度。其中，角色义务、角色权利和角色规范称为角色学习中的“硬件”，而角色情感和角色态度称为角色学习中的“软件”。

1. 角色义务、角色权利和角色规范

角色义务、角色权利和角色规范是构成角色的基本要素，也是角色学习的主要内容，并且特性比较稳固。角色义务、角色权利和角色规范具有不以角色扮演者的意志为转移的客观性，它们是由社会分工及其他社会因素规定的，不受角色扮演者本身素质的影响。

领导者的角色义务内容广泛，可以简要地概括为下面几大类型：决策方面的角色，包括：领导者、故障排除者、资源分配者、谈判者；信息方面的角色，包括：信息接收者、信息传播者、发言人等。领导者的角色权利则是以领导权力为基础建立的，在领导活动中体现的权利的总称，如决策权等。领导者的角色规范是对组织内部的分工情况、组织制度、组织目标以及领导者的领导层级等多种因素的一种综合体现，随着情况的变化领导者的角色规范也会出现不同程度的改变，因此，领导者在学习和运用角色规范的时候，要结合具体的领导情景、准确掌握它的变化。

2. 角色情感和角色态度

任何社会角色，社会不但规定了其角色义务、角色权利和角色规范，社会还期望角色扮演过程具有应有的情感和态度。

人在社会实践中，在认识世界和改造世界的过程中产生了情感。所谓情感，是指人的喜、怒、哀、乐等心理表现，是人的需要是否得到满足时所产生的一种内心体验。人的情感是一种比较高级的、复杂的情绪，情感的表现伴随人的立场、观点和生活经历的变化而变化。角色情感集中反映在个体对于所扮演角色的角色义务的责任感。组织中的每个成员都需要对组织具有强烈的责任感、荣誉感和主人翁意识,积极的角色情感是促进组织发展的有效动力。领导者不但自身要培养和强化角色情感,而且要营造良好的环境氛围引导组织中的其他成员建立和增强角色情感。

角色态度是角色扮演者在角色行为中的心理准备。人们在社会生活中要与他人交往,在交往活动中会有一种心理上的准备。当人们在以一种角色和他人交往时,必然会产生一种角色交往所需要的心理准备状态,形成角色态度。19世纪末,心理学家朗格在研究个体反应时间的实验中发现,当被试者心理上对自己需要做出的反应有所准备时,他做出反应的时间就会比心理上没有准备的其他被试者要快。此后,心理学实验进一步证明,被试者心理上的准备状态即角色态度支配着个人的记忆、判断、思考、选择,对被试者的行为效能、目标达成具有影响。所以,调整和改善自身的角色态度,是包括领导角色在内的角色扮演者在实施角色行为之前必须进行的准备工作。

(二) 角色学习的特点

1. 实践性

社会角色是社会规定的个人行为模式,角色学习的内容具有很强的实践性和操作性。角色学习的内容是来自于实践的需求,而角色学习的成果和效能也必须在具体的实践中进行验证。

2. 互动性

社会角色是简单社会关系两端位置上的由社会所规定的个人行为模式。简单社会关系的两端相互依赖、互为条件。任何一种角色都是在与其他角色的相对状态中体现它的存在意义的,同时角色实践的过程也必须是在与其他多种角色的交流和互动中完成的。因此,角色学习,不仅要学习该角色的角色内容,还要学习与之互动的角色的角色内容。

角色学习的目的,是为了正确进行角色交往。了解交往双方的角色内容,是保证角色交往顺利进行的重要条件。

3. 连续性

角色学习的连续性主要包括三个方面的含义:一是社会成员在社会活动中需要扮演多种角色;二是随着社会实践舞台的变化,角色本身也在不断地发展变化,体现为角色自身发展的连续性;三是社会的发展变化使新的角色层出不穷。

4. 综合性

角色学习的内容不是彼此割裂的,它们统一于角色交往的实践过程,在指导个人行为的过程中有机地联系在一起。因此,角色学习具有综合性的特点,需要全面掌握角色学习规定的内容。此外,在进行角色学习的时候,不但要分别学习角色内容的不同方面,而且要善于把几个方面联系起来进行理解和学习,做到融会贯通。

（三）角色知觉和角色性格

1. 通过角色学习建立角色知觉

领导者是进行领导活动和建立领导关系的行为主体，领导者扮演的角色是一种特殊的社会公众角色。领导者不是天生的，领导者要想成功地扮演领导角色集，首先要"入戏"，即要有明确的角色知觉。所谓领导角色知觉，就是在取得领导地位以后，领导者对领导角色在权利、义务、职责和社会期望等方面的自我意识和自我认识。

角色行为的效果，很大程度上取决于角色承担者对角色内涵意义的自我意识和理解，也就是说：角色知觉在一定程度上影响甚至决定了领导者的角色行为选择。不同的角色行为选择引起不同的行为后果，必然形成不同形态的领导关系。因此，领导角色知觉的建立是维系和优化领导关系的前提和基础。同时，友好和谐、积极进取的领导关系也有利于领导角色知觉的发展和提升。

2. 角色性格的价值取向

领导关系是领导者在特定情境下扮演不同角色的过程中，发展和建立起来的一种工作和感情交往的关系。在领导行为理论中，把领导行为分为工作绩效和团体维系两个维度。由于领导关系的确立和发展是通过领导角色的领导行为选择实现的，因此可以把领导关系相应分为工作绩效和团体维系两个层面。

领导角色是领导活动的主体，根据不同层面上领导关系侧重点的不同，领导角色在角色性格上也需要有所区别。比照对领导关系层面的划分，可以把领导角色性格分为工具性和伦理性。工具性指领导者作为领导活动的主体，为了完成组织工作、实现领导目标而需要具备的潜在状态和行为选择；伦理性指领导者作为与人交往的个体，为了融洽气氛、增强团体凝聚力而需要具备的潜在状态和行为选择。

领导角色的不同性格与领导关系不同层面的关系如下：

首先，工作绩效的层面，是完成团体目标的职能。领导关系的这个层面需要领导者在实施领导行为的过程中根据工作性质和工作目标，制定周密的工作计划和明确的职责规范，建立和完善严格规范的领导关系。这种领导关系又称为刚性领导关系，可以为随后的领导活动提供技术层面上的支持，它主要需要体现领导角色的工具性角色性格。

其次，团体维系的层面，要求通过对下属的关怀体恤和激励支持，缓和工作中的对抗，增强成员之间的交流沟通，建立和发展友好和睦的情感性领导关系，又称为柔性领导关系。在一定条件下，这种柔性领导关系还可以进一步发展成为独立的组织文化。柔性领导关系主要为随后的领导发展提供人文意义和文化意义方面的支持，它主要需要体现领导角色的伦理性角色性格。

总之，领导角色的工具性体现了领导角色对组织发展的工具性价值，这种价值使组织得以维持;领导角色的伦理性则侧重于领导角色对组织发展的伦理性价值,它确保社会组织的持续发展和良性运转。在建立和优化领导关系的角色实践中,工具性和伦理性是紧密结合的。

【思考题】

1. 何谓行政领导关系?与其他关系相比,它具备何种属性与特点?有何种地位与影响?
2. 如何促进领导关系的良性循环运动?
3. 如何充分发挥非正式群体的正面作用?
4. 领导关系有几种运动形态?其基本内容是什么?
5. 简述领导角色的含义与特征。
6. 如何通过角色学习优化领导角色的行为?

第六章　行政领导决策

在第二次世界大战期间，美国总统罗斯福曾面临着是否参战的两难处境。由于美国国内反战情绪强烈，美国人宁肯花钱帮助盟国，也不愿意拿自己的生命去冒险。罗斯福的政敌塔夫托、胡佛等也不断地向他发难，说他是好战分子，若破坏美国的中立地位，就要弹劾总统，罗斯福总统受到国内孤立主义思潮的强烈掣肘。尽管如此，罗斯福总统从来没有放弃参战的准备，他一面表示美国要“置身其外，不受牵连”，另一方面却在考虑：“用什么办法来让美国人同意支持国家参战呢”？

1941 年日本偷袭珍珠港前夕，美国政府得到了消息。罗斯福认为，美国的参战机会到了。他说：“我所担心的不是日本，而是美国人民。日本人不会永远不犯错误，一旦他们攻打我们，犯下了激怒美国舆论的错误，我们就可以参战，直打到东京”。事态正如罗斯福总统的预料那样发展，日本对珍珠港的袭击唤醒了美国人，美国参战得到全国上下的热烈支持，罗斯福总统终于可以利用“珍珠港事件”的契机，摆脱政治孤立，使美国上下同仇敌忾，同爱好自由、民主的国家结成反法西斯同盟，义无反顾地向日宣战，最后打败日、德、意法西斯国家。历史证明罗斯福总统这一决策是伟大及成功的，表现了其超人的政治智慧和政治勇气以及坚决果断的决策能力，也使自己获得了美国人民的支持和拥戴。

此例说明了，领导者面临的决策问题是极其复杂多变的，除了那些照本宣章、固定不变的问题之外，还时常要面对着一些突发、危急和棘手的事件，领导者如果没有高屋建瓴、审时度势、随机应变的决策能力与决策艺术，就无法取得事业的成功；领导者必须能够对事物的未来发展规律做出客观的预测并能够利用种种看似不可能的条件来帮助决策；成功的领导者不仅需要具备丰富的知识、经验和智慧，而且还要有坚韧不拔的“忍”与“决断”的能力与素质。

第一节　决策与行政领导决策

一、决策

（一）决策的含义

决策的含义十分广泛，有的说，决策就是下决心、做判断；有的说，决策就是拿主意；有的说，决策就是领导“拍板”，就是管理……

“决策”一词最早出现在我国秦汉古籍,意思是决定某种策略或计谋。例如《韩非孤愤》“智者决策于愚人”,《史记·高祖本纪》“不如决策东乡(向),争权天下”。还有“贤良对策”“策问”“策术”“将之道、谋为首”等都是讲类似决策的问题。“决策”作为现代管理学上的一个术语,最早是从英语 Decision Making 翻译过来的,意思就是做出决定。现代决策科学理论奠基人美国著名的管理学家赫伯特·西蒙提出:“管理就是决策”,把决策看成组织目标和组织存在的依据,从而把决策提到极其高的地位。理查德·施乃德(Richard C. Snyder)将决策界定为:决策是一个过程,它指决策者为达到想象中未来事务的状态,从社会所限制的各种途径中,选择一个行动计划的过程。①

而易君博教授则将决策界定为:决策乃是指一个人、团体或政府,在特殊的环境下,为达到某种目的,而选择最佳途径或政策的一种行为的过程。

一般说来,决策是指为了解决当前已经发生或未来可能发生的问题时,从两个以上的可以互相替换的行动方案中选择一个可以达到目标的最满意方案的过程。因此,决策是一个动态的过程,它绝不是一次完成的,它是一个不断从自身以及对象中获取决策依据,从而不断修正、不断自我调整的运动过程。

的确,决策活动存在于社会各个领域,可以说只要存在人类活动就会有决策活动。决策活动是一个极其复杂的动态过程,是主观见于客观的实践过程,决策活动构成了人类社会活动中最重要的一个关键环节。

当然,由于决策的主体和目标大小的不同,决策的方式和内容的难易不同,所以决策过程并非千篇一律的,而是丰富多彩的,是科学和艺术的高度结合。

(二) 决策的特征

一般说来,决策具有如下特征:

1. 目的性。目的是人类实践活动的前提,是主体的主观能动属性,无的放矢不是决策,任何决策都是为了解决特定的问题,目的是决策活动的萌芽阶段。可以说,目的是一切决策活动的源泉。

2. 可预见性。决策是一项背靠历史、立足现实、面向未来的主体活动,而这个未来必须是人们可预测的未来,即目标有限性。未来对任何人来说都是未知的领域,人们只有通过推理、预测来把握未来事物的发展趋势。因此,必须充分地发挥人的主观能动性去认识和利用客观事物的发展规律,使决策过程符合客观规律的发展方向。所以,决策活动是经验性和科学性的有机结合。

3. 选择性。决策是针对那些人们的能力可以控制的未来事物发展的可能趋势的选择,如果是人类无能为力改变的情况,也就谈不上选择。如地震、火山

---

① 洪秀菊:《危机决策处理谈判——美伊人质危机个案》,台北商鼎文化出版社,1999 年 11 月 1 日,第 9 页。

爆发、飓风等自然现象,人们可以预测却无法控制它们的发生,人们能够做到就是在它们发生之前采取自我保护措施,减轻生命财产的损害。因此,这种选择是在可能实现的几个有限的备选方案中的择优选择。

4. 实践的可行性。决策的目的是解决现实和未来的问题,即解决现实存在和未来可能发生的问题。因此,任何决策都必须是最终能够付诸实践的,否则它只能是在头脑里勾画的艺术幻想。实践是检验真理的唯一标准,任何决策都只有通过实践的检验,人们才能从中发现决策的正确与否,才能对发现的问题进行修补和对决策目标进行重新评估、修正,从而使决策目标达到满意的状态。

二、行政领导决策的含义

(一) 行政领导决策的含义

1947 年,美国管理学家赫伯特·西蒙在其《行政行为——行政组织中决策过程的研究》一书中认为,决策是最典型的行政活动,行政管理学应以研究决策为主;行政执行是行政管理活动的继续;决策之前的调查研究、分析判断也是决策活动的组成部分。这一理论克服了传统只注重执行而轻视执行前如何决策的片面性。

什么是行政领导者的决策呢?所谓行政领导决策,一般是指在国家行政机关中处于领导地位的个人或集体依据法定的职权在其管辖范围内,解决行政领导过程中出现的问题的活动。

(二) 行政领导决策的特征

行政领导决策除了有一般决策的共性以外,还具有自身的一些特征,主要表现在如下方面:

1. 决策主体的限定性,只有那些掌握行政决策权力的组织或个人才能成为行政领导的决策主体。并不是所有的行政机关工作人员都具有行政决策权,只有那些处于领导职位上的或经宪法、法律或行政机关授权的个人或集体才能行使领导决策权。

2. 决策内容的广泛性,行政管理的范围和对象的广泛和复杂,决定了行政领导决策内容是极其广泛的。它涉及国家的政治、经济、文化教育、外交和社会生活以及其他公共领域的事务。

3. 决策依据的法定性,依法行政是现代行政所必须遵从的根本要求和原则。行政机构是依宪法或法律的规定而设立,它的职权是由法律授权而产生的,必须在法律规定的范围内行使职权,越权行政是无效的行政行为。

4. 决策目的的公共性,行政机关的设立以管理社会公共事务为根本任务,以维护社会公共秩序和保障公共利益为出发点。目的是为社会提供更多、更好的服务和福利,调节社会利益、维护社会公正和提供平等的机会。政府是非营利组织,与企业的目的不同,应以提高人民的生活和服务大众为宗旨。

三、行政领导决策的分类

由于行政领导决策所要解决的问题非常广泛,涉及社会的各个领域,这决定了决策所采取的方法、程序、步骤不尽相同,因此,决策的类型也是多种多样的。行政领导决策的类型通常可以按如下几个角度来分:

(一)根据决策问题的重复出现概率的不同,行政领导决策可以分成程序性决策和非程序性决策

1. 前者称为常规决策、例行决策、规范化决策,它是针对那些经常重复出现、性质相近的问题进行决策,有一套可以遵循的程序,即有规可循、照章办事。处理程序决策不需要花费很多的时间和精力,依据惯例和规章制度即可以处理,行政管理工作中大多数的决策都是程序性决策。

2. 非程序性决策也叫非常规性决策,它是指过去没有出现过、偶然发生或突发的问题。非程序性决策是无规可循、没有先例的决策,这就需要行政领导决策者有过人的胆魄、超人的智慧以及沉着冷静的头脑。

(二)根据决策的层级不同,行政领导决策可分成宏观决策、中观决策和微观决策

1. 宏观决策是一种战略性、全局性的高层决策,是影响整个国家乃至国际的政治、经济、军事和外交事务的重大决策。如邓小平同志的"三步走经济发展战略""建立社会主义市场经济体制"以及第三代领导人的"西部大开发"战略、我国国务院制定的实施国民经济和社会发展十年规划以及"十五"计划纲要等都是高层宏观决策。

2. 中观决策是带有地区性、局部性的策略决策,是为了保障战略决策顺利完成的中层领导决策,中观决策具有承上启下和上传下达的桥梁与纽带的功能。

3. 微观决策是在中观决策的指导下,为完成宏观战略任务而进行的比较具体、基础的决策。它的决策覆盖范围比较小,决策目标相对细化、明确、可操作性强,具有较强的灵活性和战术特点以及地方色彩。

(三)根据决策本身所依据的条件,行政领导决策可分成确定型决策、非确定型决策和风险型决策

这三种决策类型,最早是由美国管理学者鲁斯(B. D. Luce)和莱伐(H. Raiffe)提出来的。

1. 确定型决策是对所要决策问题的条件、情况、发展趋势等有完备的认识,可选择的方案的目标相对明确,决策者所依据的决策信息完备充分,环境和条件变化不大,通过方案的计算和比较易于择优的决策。

2. 非确定型决策是决策者在决策时可供利用的信息依据相当稀少,决策者

不能预先确知决策的环境条件,决策者虽然了解决策问题的性质,但是,无从估计未来将要发生的哪几种情况和状况的概率,决策者对决策无章可循,无任何经验可依据,任何决策都要冒一定风险的决策。对于这样的决策,决策者必须谨慎小心稳步前进;及时、客观地总结经验;注重信息反馈;大胆假设,小心求证。

3. 风险性决策又称随机性决策,决策者对决策备选方案大致能够估计出产生决策风险后果的概率。由于决策的风险可以预知,决策者可以对可能出现的风险状态预先采取事前的补救措施,做好应变准备,从而把决策可能产生的风险限定在决策者能够承受的范围内。风险性决策一般都同时潜在着比较大的收益可能和损耗可能,通常通过损益率的比较来选择比较合适的备选方案。在风险和收益并存的情况下,需要决策者全面收集、分析有关信息资料,冷静、科学地做出方案抉择。

(四) 根据决策主体的决策方式不同可以分成经验决策和科学决策

1. 经验决策也称个人决策,是依据过去的经验,凭借个人的智慧、工作能力、社会经验、知识水平等个人素质进行决策。人类历史上绝大部分的决策是经验决策,经验决策使少数决策者掌握国家或政府的绝对权力,形成了极权统治中心,从而也容易造成“人存政举、人亡政息”的政策断裂。

2. 科学决策是指通过建立科学的决策体制和科学的决策程序,运用科学理论、科学思维、科学预测和科学计算以及科学模拟实验的一种现代决策方法。科学决策具有严谨、客观、可靠、及时、高效和可量化等特征,带有强烈的理性色彩。

但是,科学决策不是万能的,经验决策也不是一无是处的,在许多行政管理活动中科学决策还不能取代经验决策。我们只有把二者有机地结合在一起,才能更有效地协助行政领导者进行决策,提高领导者的决策水平。

第二节 行政领导决策的要素与模型

一、决策要素

决策一般由决策者、决策目标、决策信息、决策备选方案、决策情势、决策后果六个因素组成。

(一) 决策者

也就是决策主体,是决策活动的首发者、决策活动中主观能动意志的体现者,他贯穿于决策活动的整个过程中,表现在决策目标的选择、决策方案的制订、决策实施的监督、决策结果的最终评价和验收,可以说没有决策者就没有决策。由于决策者在决策系统内、外处于枢纽地位,是决策系统中最积极、最活跃的因素。所以,决策者的素质、能力、水平、状态如何,对决策的质量具有十分重要的影响。

(二) 决策目标

是决策者所要达到的目的,也是决策活动的原始动力。决策的目的总是为了解决需要解决的问题,即为什么而决策。因此,决策目标是否明确可行直接影响决策的后果,它是科学决策的起点,为决策提供了行动方向,体现了决策者的价值取向和价值判断。一般说来决策目标的制定需要满足如下几条标准:1. 目标具有针对性。即有的放矢,所要解决的问题必须明确;2. 目标必须是具体的。即要有实现目标的具体衡量标准,一般说来目标要能够划分层次结构以及量化分割;3. 目标必须是切实可行的,不能凭空臆想,决策目标必须建立在自然、社会、政治、经济等内外环境条件可能允许的基础上;4. 目标应该是合理、规范的。

(三) 决策信息

信息是指一切客观存在的事物通过特定的物质载体反映出的具有价值意义的信号、消息、图像、数据、指令等表征事物内容的情报。信息是决策的物质基础和根本依据,也是沟通决策者和决策对象的桥梁。信息和决策的相互关系主要表现在如下几个方面:1. 决策是接收、分析、判断、处理信息的能动过程。任何决策都是以各种各样的信息为基础,决策者作为信息的受体之所以能够做出决策,其根本的原因在于受体对通过物质载体发射出来的信息所做的反映。信息是产生决策意识的萌芽阶段,任何决策目标都是对信息进行总结、归纳、判断的结果,没有信息就没有科学的决策。2. 信息是决策的导向因素。正确的、高质量的信息指引着正确的决策方向,决策的科学化程度和信息质量成正比。决策者占有的信息资源的真实程度和质量越高,决策的科学化程度就越高。因此,利用信息进行决策必须坚持完整、及时、准确、有效的原则。

(四) 决策备选方案

所谓备选方案的意思就是指不止一个方案,即可供选择的方案至少有两个或两个以上。西方管理界有句名言:"如果看来似乎只有一条道路可走的话,那么那条路可能就是一条走不通的路。"说明了"单方案决策"的危险性。单方案决策在决策学中被称为"霍布森选择",即意为只允许有一个方案而无其他选择余地的决策。当今社会发展日新月异,网络信息革命、经济全球化、世界政治多元化的发展使国际、国内的各种问题相互交错影响,单方案决策已经显得难以适应行政领导决策的要求。备选方案是多目标决策的基本方式,是及时、有效地实现决策目标的根本途径和可靠保证。

备选方案是决策者或分析者用来达成目标的选择或手段,备选方案的发现、创造和确定依赖于多方面的分析工作:首先是搜寻或发现、设计工作;其次是检查和筛选的工作;最后是方案的抉择,也包括经过反馈后附加的选择。备选方案是进行现代领导决策所必须也应该具备的决策要素。

（五）决策情势

所谓决策情势是指决策所面临的时空状态，即我们平常所说的决策环境，决策环境是指影响决策产生、存在和发展的一切因素的总和，包括自然环境和社会环境两大部分，具有复杂性、多样性、差异性和变异性等特点。一个决策方案能否顺利进行并达到预期的目标，不仅取决于决策方案本身是否切实可行，决策的目标是否具体明确，同时还取决于决策环境。在决策环境的诸多因素中，以下列两个因素最为重要：

1. 国内环境。即一国的社会经济状况、体制或制度条件。社会经济状况是领导制定决策的基本出发点，是决策制定和实施的基本物质条件，是一定历史时期的决策体系特别是大量经济社会决策得以确定的主要根据。决策总是在一定经济和文化体制或制度下制定和实施的，无论是决策的制定还是实施，都需要一个合理而健全的体制环境，体制制约决策并为之服务，同时适应决策的变化。

2. 国际环境。国际的政治、经济、军事、外交和科技文化方面的条件是一国或地区的决策制定与执行必须认真考虑的因素，特别是当代全球化、市场化和信息化浪潮的出现，使得国际环境在一国或地区的决策制定与执行中的地位和作用日益加强。

（六）决策后果

是指一项决策所产生的效果和影响。每一项决策的目的都是为了获得预定的结果，决策后果是决策实施过程可能产生的结果，这种结果可能达到预定的目标，也可能沿着决策预定目标相反的方向演变或者出现出乎意料的情形。因而在做出最终决策之前，必须对各个备选方案进行客观公正的评估，对于每一项决策可能产生的各种后果应该做到心中有底，并尽可能地对不良后果采取必要的防范、补救措施。对于具有风险性的决策，不仅不能盲目乐观而且还要有悲观态度，即对决策后果可能出现最差情形抱有肯定不回避的心理状态。悲观原则的决策方法虽然看起来趋于保守，但对降低风险、增强风险防范意识和决策者风险承受心理仍不失为上策。

二、行政领导决策模型

模型是人类用以表述、实现或检验理论思维成果的主要工具，是对现实事物的简化、模拟和抽象，又是理论的具体化和抽象化。它可以用于解释或证明，也可以用于描述或预测。决策分析模型的意义就在于，它可以使用成套的理论和方法，帮助决策者突破自身的局限性，在众多的变量极其复杂的相互关系中做出正确的选择。在此我们将选择以下几种经典的决策分析模型加以介绍。

（一）理性决策模型

理性的英文是（rationality），通常译成合理性、有理，意指行为人具有自我控制能力和理智。这种决策模型受传统的经济学理论“经济人”的假设的影响,认为决策者应该具备绝对的理性,拥有完备的知识和掌握充分的决策信息,能够设计所有的备选方案并预测所有的决策后果从而求得最优方案。

理性决策模型的基本内容是:1. 决策者面临一个既定的问题;2. 引导决策者做出决定的各种目的、价值或目标是明确的,并且按重要性排序;3. 决策者能寻找到所有的决策方案;决策者能准确预测每个方案的后果并按优劣排序;4. 决策者能正确地选择最优方案。

从理想的角度来看,理性决策模型的确很科学,但是,在复杂的社会生活中由于受各种现实条件的限制,理性决策模型并不能确保以纯理性的方式来进行决策,但它可以帮助我们发现限制决策的主要障碍,帮助决策者更为清晰地回应决策环境的限制。

(二) 有限理性决策模型

有限理性决策模型是美国管理学家赫伯特·西蒙在对传统的理性决策模型进行批判的基础上提出的一种比较符合实际的模型。西蒙认为,现实生活中决策者的理性是介于理性和非理性之间的有限理性,他们的价值取向和目标是多元性的,由于每一项决策的制定,都要受到决策者主观条件和特定的客观条件的影响与限制,因此经常处于变动状态而且表现出冲突特征。西蒙认为,决策不可能达到一种理想化的模式,而只能在现实中追求有限理性,他提出用满意原则代替最佳原则,并认为决策研究不仅应注重结果,更应注重过程,并提出决策过程可分为情报活动、设计活动、抉择活动、审查活动四个阶段。

(三) 渐进决策模型

美国著名经济学家和政治学家林德布洛姆针对传统理性决策模型的缺陷,建立了一套有特色的渐进决策模型,其特点是:摸着石头过河,走一步,看一步;渐进主义,积小变为大变,稳中求变。推行渐进决策的原因是:现实政治是渐进的,很难有大的变革;技术上的困难及现行政策的巨额成本决定决策是渐进的。林德布洛姆认为政府决策目标是逐渐明确的,是在现有的政策基础上根据以往的经验在决策过程中,把现有的方案同以往的政策进行比较,然后不断地对决策进行补充和修改。渐进决策的过程实际是不断地摸索和实验、不断地学习和反馈、不断地协调和调节的一个稳健的连续决策过程。渐进模型要求政府在制定政策的时候不要好大喜功,在决策目标尚未明确之前,先制定和实施一个与现实政策能够连续的大致方案,然后在摸索前进的实施过程中逐渐明确目标。这一模型一方面具有灵活性和现实可行性,但同时又失之于保守性,不适应剧烈变革的社会。

(四) 综视决策模型

这是美国社会学家艾兹尼提出的旨在同时避免理性模型和渐进模型的缺陷

的一种决策模型,其基本内容是首先运用渐进模型分析一般性的决策要素,然后在此基础上运用理性决策模型聚焦于一点,对最重要的问题做深入的科学分析。艾兹尼把战略决策分成宏观和微观两个层次,微观层次的决策就是把成本低和容易实施或便于更改的决策放在前头,首先实施,把成本高和近时不易实现或不易更改的决策放在后面实施。微观层次决策接近渐进模型,宏观层次决策接近理性模型,是兼顾理性决策模型和渐进决策模型的特点的一种决策理论。但是,艾兹尼在理论中没有具体阐述实际工作中如何运用这一方法,所以综视决策模型还缺少一定的可操作性。可是,这个模型考虑到了决策者的能力与环境的变化,不同决策在程度上存在的差异,使决策有了更大的弹性,它在实际中如何灵活运用,却只能是决策者自己去思索和把握了。

第三节　行政领导决策体制和基本原则

一、行政领导决策体制的含义与特征

(一) 行政领导决策体制的含义

所谓行政领导决策体制,就是承担行政决策的机构和人员所形成的组织体系,这里所说的组织体系,是指决策整个过程中的各个层次、各个部门在决策活动中的决策权限、组织形式、机构设置、调节机制和监督方法的整个体系。不同层次决策的重要性、复杂程度和决策方式有很大的区别,因而不同层次的决策体制也是不同的。

(二) 行政领导决策体制的特点

行政领导决策体制在不同的时代有不同的特点,近几十年来,随着决策的思想、程序、技术手段和方法的重大变化,决策体制表现出如下新特点:

1. 决策制定与决策执行相对分工。高层次的主要决策者应集中精力研究宏观上的重大问题,制定战略性决策,即“掌舵”。而决策的进一步细化与执行,即“划桨”则主要依靠中下层。

2. 决策研究与决策行动相对分工。即“谋”与“断”的分离。“谋”即指“智囊团”“思想库”等决策咨询机构或具体业务管理机构为决策者提供各种备选方案和论证资料的过程。“断”是指在“谋”的基础上,由决策者个人或决策集团做出选择和决定的过程,“谋”与“断”相对分工而又互相配合。

3. 决策系统与信息系统日益结合。现代社会是信息社会,人们日益认识到信息是一种重要的资源,信息系统已成为现代决策体制的重要组成部分,决策系统的决策必须以信息系统提供的信息为依据。

4. 人与科技日益明显地结合。现代科学技术广泛渗透于社会生活的各个

方面,决策的科学化要求具有较高的科学素养和技能的人同现代化的技术装备相结合。

5. 高度分工和高度综合的有机完整体系日益形成。现代决策体系在横向上以决策系统为核心,智囊系统、信息系统、执行系统和监督系统统一协同作战。在纵向上由高至低形成多层次决策系统,层层相连,各有分工,互相配合,进而形成完整的决策体系。

二、现代行政领导决策的智囊体系

随着人类社会步入21世纪,经济全球化浪潮的兴起、信息技术的广泛应用,整个世界被连成一个网状的整体。行政领导者已经难以单纯依赖个人的经验和知识对日益复杂的经济、政治、社会等事务做出决策。

现代智囊系统作为研究决策科学的专业机构,活跃在社会各个领域的重大决策活动中,成为现代行政领导决策体系中不可缺少的重要组成部分。

(一)古代智囊体系的发展

决策智囊系统,即所谓的"智囊团""思想库""思想工厂",是一种专门为决策机构或决策者提供决策咨询服务的现代咨询机构的形象称呼。然而,智囊作为一种社会活动,却有几千年的悠久历史。在中国古代,"智囊"系指足智多谋的人。《史记·樗里子甘茂列传》曾载:"樗里子滑稽多智,秦人号曰'智囊'。"《汉书·晁盖传》亦云:"太子家号曰'智囊'"。唐朝颜师古注释曰:"言其一身皆是智算,若囊橐之盛物也。"这就道出了智囊的主要特点。

智囊作为中国古代管理文明的一种形式,可上溯到春秋战国时期。《史记·吕不韦传》曾记载:"当时是,魏有信陵君,楚有春申君,赵有平原君,齐有孟尝君,皆下士,喜宾客以相倾。"他们号称有食客三千,这些门下食客既有偷鸡盗狗之辈,亦有挟术怀策的"智囊"人物,他们为诸侯争霸出谋划策,发挥了重要的作用。

秦末汉初,楚、汉争霸。项羽"力拔山兮气盖世"又手握雄兵四十万,可谓所向披靡。刘邦出身寒酸,手无缚鸡之力,手下仅有五万余人。然项羽有勇无谋,虽有一范增而不善用。而刘邦善用智士,拥有萧何、张良、陈平等谋臣,使汉军由弱变强。终逼得项羽陷入四面楚歌,落得霸王别姬、乌江自刎的下场。

三国时期,刘备三顾茅庐求得诸葛亮出山辅佐,"一记隆中对,三分天下计"成就了刘备的据西蜀而三分天下的一方霸业。足智多谋、神机妙算的诸葛亮也从而成为令后人敬仰的智囊人物的代表和象征。

在中国传统社会中,虽然有一些贤明君主,都比较重视"智囊"人物作用,但他们还有这样几个特点:首先,"智囊"的设置与发展具有随机性和随意性。中国几千年来,实行的是封建专制主义的集权统治,皇帝集政治、经济、军事大权于一身,在这种体制下形成的决策体制及决策意识具有很强的“独裁”特点,它在本质上排斥“智囊”机构制度化。其次,中国传统社会中的“智囊”机构或幕僚制度呈现出多功能的特点。他们不仅为统治者出谋划策,而且往往地位显赫身居“万人之上一人之下”的要职,直接参政、议政、主政,集决策研究和决策执行于一身。最后,“智囊”往往是凭个人的知识、经验和智慧进行决策,这使决策的成败系于某智囊于一身,经常出现“人亡政息”的现象。

(二)现代智囊体系的发展

如果说古代经验型“智囊”体系是与小生产社会相适应的,那么现代科学型的“智囊”体系则是现代社会化大生产的必然产物。在社会化大生产的条件下,“智囊”具有了新的内容和形式,这即是现代咨询机构。“咨询”一词,在中文里是“商量”“询问”的意思,在现代多指行政当局为进行某项重要的决策,向顾问之类人员或委托专门从事咨询活动的机构征求意见。现代行政决策智囊机构首先在西方建立并得到充分的发展和重视,已经成为现代行政领导决策中不可缺少的一个环节。

1. 现代西方的智囊体系

西方行政咨询机构最早是在15—17世纪的英国由贵族、高级官吏组成的枢密院的形式出现的。华盛顿总统首次在美国政府中设立了咨询机构,此后,行政决策智囊团在美国得到了蓬勃的发展。1918年创立的布鲁金斯学会,1919年创建的胡佛研究所,这两个综合性的研究机构,是现代行政决策智囊团的先驱。第二次世界大战后,世界各类咨询机构如雨后春笋般地出现,其中最著名的有美国的兰德公司、斯坦福战略情报所、福特基金会、普林斯顿大学国际问题研究中心;日本的野村综合研究所、三菱综合研究所、经济团体联合会、朝日银行综合研究所、大和综合研究所、富士综合研究所;英国的伦敦国际战略研究所、国际咨询公司以及1993年成立的英陆军智囊团—理论和训练督察署;德国的经济发展鉴定专家委员会等。与此同时,国际间还兴起了智囊机构间的合作浪潮,其中以美国和苏联等17国共同组织成立的“国际应用系统分析研究所”、由德国前总理勃兰特发起成立的“国际发展问题独立委员会”(又称勃兰特委员会)以及美国前国务卿基辛格开设的私人咨询机构“基辛格咨询有限公司”等等。目前,美国在世界上拥有的智囊机构的数量最多,有各类咨询机构8700多家,其中大型综合性的有500多家,它们不仅影响着政府的决策和企业的经营与发展方针,而且每年接受委托经营的金额逾几十亿美元;日本有智囊机构500多家,其中综合性的有100多家;法国有智囊机构1000多家,其中大型综合性的有30多家。西方各类咨询机构在第二世界大战后大量出现,尤其以美、日两国最为发达。美国以从事政策分析和战略分析的“思想库”最为出名,日本把智囊机构称为“脑库”,“脑库”不仅为政府提供政策咨询,还为企业提供人事管理、技术问题、生产管理等方面的咨询服务,对日本在短期内跃入世界经济强国之林,起到了不可估量的作用。

2. 我国现代的智囊体系

正如前面所述,我国曾有过闻名于世的“智囊”人物和借用“智囊”而建一世丰功伟绩的“贤圣名君”。但是,我国历史上的“智囊”组织始终没能上升到制度化的高度,充满浓烈的“人治”色彩和经验决策的特征。

现代行政智囊决策是从国外传入我国的。在新中国建立后,曾经有一段时间因忽视智囊团的作用,而造成的决策失误的例子比比皆是。特别是人们所熟悉的“大跃进”“洋冒进”以及史无前例的“文化大革命”给中华民族带来空前的灾难。据统计,三年“大跃进”造成的国民经济损失约1200亿元;十年“文化大革命”造成的国民经济损失约5000亿元,这两次重大决策失误造成的损失相当于新中国成立后30年的全国基建总投资。可见家长式、一言堂、个人专断独行的经验决策会给国家、人民、党的事业带来多大的危害是不言而喻的,这种决策失误的教训至今仍然值得人们深思和认真吸取。

十一届三中全会后,现代智囊团在决策过程中的作用受到党和国家领导人的普遍重视,并得到了蓬勃的发展,在国家政治、经济、社会各领域的重大决策中发挥了“参谋部”的作用,钱学森教授提出了建立“国民经济总体设计部”。目前上至国务院、国家计委、科委与中央各部,下至省、市、自治区,以及一些大型企业等都建立了相应的智囊机构。其中规模和质量都比较好的有:国务院经济、技术、社会发展研究中心、国务院农村问题发展研究中心、航空航天部710研究所、首都高校软科学联合研究中心等。另外,我国各级行政管理部门,如省、市、县领导机构都逐步地建立了政策研究室。随着我国现代智囊体系的逐步完善和发展,现代行政领导决策有了科学的依据和保障,同时也为建立科学的行政决策体系提供了智力和制度的保证。

(1) 现代社会发展和行政领导决策科学化需要智囊组织

回顾人类历史,行政领导决策的方式和能力是不断发展和进步的。从小生产的个人“拍脑定案”的经验型决策方式到生产社会化的群体“群策群力”的科学决策方式;从封建家长式的独裁决策形式到必须受法律、制度程序等制约的民主决策形式;从食客、幕僚的随机依附到建立智囊团、思想库的体制特征;从决策者集“谋、断”于一身的封闭、孤立的体系到“谋、断”分离的开放、流动的决策分工细化;从掐指心算到高速运行的人工智能的推广和应用,这个过程反映了社会、经济和科学的发展与进步。说明了智囊团的产生与发展同行政管理活动的是一个互动过程,是大生产、大科学、大企业以及现代行政领导活动的必然产物。

现代行政领导决策活动对社会、经济、政治等方面的生活影响甚大,一个决策的失误就可能给整个国家、社会或某一领域带来毁灭性的打击。随着社会交往、联系日益复杂和频繁,现代社会信息量剧增,仅靠行政管理机构已经无法完全承担起对巨量的决策信息的收集、储存、分析和处理的工作。同时,现代行政领导决策往往多目标决策,涉及政治、经济、军事、外交、文化教育、生态环境等众多因素,决策问题的综合性、复杂性及随机性,决定了它必须由具有社会科学、自然科学等多学科及掌握现代技术手段的专家组成的“智囊团”来承担决策的预测、分析、计算和决策方案的拟定以及决策信息的收集、储存、分析和处理的工作,现代信息技术的应用和发展为现代“智囊”运用现代技术手段处理信息提供了条件。

现在行政管理机构每天要处理大量的日常公务,不能面面俱到地对每一个问题都深入研究分析。另外,由于行政机构受人员设置的限制,也不可能把所有的专家都吸收进来。因此,利用“外脑”解决高难度技术和管理问题,符合“谋、断”分离的现代行政领导决策体制的要求和发展的趋势,也是现代信息社会发展的需要。

(2) 智囊团在现代行政领导决策中的作用

古往今来,凡举大事者,必有同谋;凡成大事者,必有善谋。这句话说明成功的决策离不开智囊团的帮助。在发达资本主义国家,智囊团被称为掌握除立法、行政、司法之外的“第四种权力”,智囊机构在现代行政领导决策过程中的作用可见一斑。智囊团的作用主要表现在:

第一,行政决策方面

行政领导决策需要咨询服务,因为行政领导决策的对象是社会系统,不仅规模大、联系广、层次结构纵横交错,而且变量系数多、信息量大而复杂。面对这样复杂的决策对象系统,领导者不仅要统筹全局而且还要照顾局部,从宏观到微观,从经济发展、社会公正、道德规范等方面进行周密的考虑、统筹安排;所需要的知识既要广博又要精深,这是任何个人的知识、智慧和经验都无法全部包容的。因此,必须借助外部的智力,以弥补行政决策机构的局限和决策者的能力及智力的不足,只有这样才能产生正确和成功的决策。

现代社会科学发展表明,社会各个领域的专业分工越来越细,大科学、大工程、大企业的兴起使整个社会发生千丝万缕的联系,国际交流与冲突日益复杂和频繁。面对如此复杂的决策对象,智囊机构越来越成为现代行政领导决策的主要依靠力量,而智囊团的发展也成为衡量一国现代化程度的标准之一。智囊机构在领导决策前,通过调查研究,在充分掌握情报信息资料的基础上,经过系统的分析,制定多种备选方案,根据决策目标进行各种可行性论证,并详细说明各种方案的利弊得失,然后供领导者选择;在决策目标选择后决策实施过程中,还要协助决策者对决策的实施情况进行跟踪检查,如果发现实施情况与决策目标发生偏差,就要及时寻找和分析产生偏差的原因以及与决策目标的关系,及时地进行修正和调整,最终实现行政领导决策的目标。

现代社会的特征使行政领导的每一项决策都可能对国家、社会产生巨大的影响,一项重大决策的失败可能危及国家的兴衰。拿破仑拒绝美国发明家罗伯特·富尔顿的汽船发明而丧失及时渡海战胜英国的机会,从而上演了滑铁卢的悲剧。二战期间,美国总统罗斯福采纳希拉丁、爱因斯坦等科学家的建议,批准了"曼哈顿工程",集中15万人,耗资22亿美元,历时3年,终于抢在德国之前制造出第一颗原子弹,为提前结束大战做出了巨大的贡献。20世纪50年代以后美国曾多次因不重视咨询的作用而造成重大决策失误。1950年朝鲜战争爆发时,美国朝野曾就中国是否出兵朝鲜在决策圈引起争议。美国著名思想库兰德公司对此进行研究,得出了中国将出兵朝鲜的结论。然而该研究结果没有得到当局的重视,后来朝鲜战争的发展证实了兰德公司的预见。美国政府对此后悔不迭,于朝鲜战争结束之际(1953年),以280万美元买下了这项已过时的研究成果,以示警诫。此后,美国历届政府都注意吸取教训,在重大决策上都非常重视智囊机构的建议。

美国现任布什政府能够不遗余力地推动导弹防御系统的建设,受智囊机构的影响不浅。在他上台之前,共和党保守派的思想库已为这个问题大造声势,其中包括传统基金会、华盛顿战略与国际问题研究中心和前里根政府官员弗兰克·加福尼创办的防务政策中心,它们不断地为导弹防御系统的建设制造舆论,影响政府的决策。此外,美国总统仍然保持"厨房内阁"的传统,即在身边还聚集一批"军师"式的智囊人物为其出谋划策。

第二,行政咨询方面

以公共政策研究为对象,以影响政策选择为目的的非赢利智囊机构,它不是政府部门,也不以赢利为目的,而且通常标榜自己不代表任何地区、行业或社会集团的利益,使其具备了相对"独立性"的特点,决定了智囊机构能够站在比较公正的立场,对决策问题进行客观、翔实地研究,从而为行政领导提供科学的、高质量的决策建议和咨询服务。智囊团不做象牙塔内的学问,只做经世致用的研究,并且以影响政府决策为其最大目标,因此它是不同于秘书班子的具有独立地位的决策问题研究机构,它不以领会和贯彻领导的意图为己任,而是以自己独立的研究成果为领导提供解决行政决策问题的智力服务。咨询只以事实真相为依据,用科学的方法对未来事物发展的客观规律进行研究预测,它提出的研究结论可能会与领导者的意图相左,但也不以领导的意图为转移,充分体现"谋、断分离"的特征以及相互独立相互联系的关系。正因为现代行政咨询的这一特征,使其对决策问题做出的分析、判断的可靠性更强,不受领导者主观因素的影响。从而使行政领导能够获得比较客观、公正、科学、有价值的决策信息、建议、方案的咨询服务,提高行政领导的决策质量,使决策获得成功。

行政咨询以向行政领导提供对客观事物发展规律的研究成果为根本任务,

具有强烈的超前性,对未来问题的研究是智囊机构提供的主要服务之一。“凡事预则立,不预则废”,智囊机构聚集了各方面的优秀专业人才,拥有广博、精深的智力支持系统,能够胜任对行政活动的未来发展趋势进行客观研究的任务,提出未来可能出现的问题及解决方案,以备领导者咨询或选择,做到防患未然、防微杜渐,避免仓促上场可能出现的疏忽或纰漏,造成决策的失误。

美国著名的智囊机构——兰德公司为美国政府提供了众多的内政外交方面的政策咨询。如在中美关系问题上,就提出了重要的研究报告,它从美国战略利益出发主张中美关系正常化。20世纪80年代就如何调整中美分歧提出了重要的研究报告,即《对华政策和美国公开的辩论:对寻求美中关系正常化的十种议论》,成为美国政府审视对华关系的重要决策依据,兰德公司运用专家的知识和现代化科学技术手段为政府决策提供咨询服务起到重要的作用。

众所周知的三峡工程的科学决策过程,是我国政府发挥智囊机构在重大行政决策中的作用的典型范例。

据有关资料记载,三峡工程的专题论证由来已久,从20世纪50年代提出三峡工程的设想,到1993年八届全国人大一次会议审议通过了兴建三峡工程的报告,其中构想、研究、论证等工作就陆续进行几十年。

80年代,国家对三峡工程的可行性论证工作进入攻关阶段,聘请了由中科院院士、教授、副教授、研究员、副研究员、高级工程师等40个专业的412位专家,还特邀了21位顾问进行可行性研究论证。1989年提出的三峡工程可行性研究报告的结论是:三峡工程对四化建设是必要的、技术上是可行的、经济上是合理的,建比不建好,早建比晚建有利。

三峡工程能够破土动工完全是建立在专家组——行政咨询机构的科学研究、论证的基础上。他们以自己的专业知识,独立地对三峡工程可行性进行研究,提出了各种方案和建议,经过反复的研究、论证,最后得出结论,为决策层提供了科学的决策依据。

第三,汇集人才并为政府培养、输送人才

现代智囊团不同于古代的智囊人物,它是一个聚集多领域、多学科专业人才的,依靠智力支持的专家团体。智囊机构的知识结构使它不仅是一个提供咨询服务的团体,而且是一个为前政府官员提供容身之所,为政府输送各种高级行政管理人才的“中转站”。如美国兰德公司的研究人员中,工程技术人员占28%,物理学家占12%,数学家占14%,计划统计专家占9%,经济学家占15%,社会学家占6%,运筹学专家占4%,其他专业占12%。其中取得博士学位200人,占36.6%,硕士学位178人,占32.5%,加起来近70%,极少数虽无博硕学位,也都是有丰富的实践经验的军人、官员出身的。

日本是第一个为智囊人物颁布法律资格的国家,在日本智囊机构中从事决策研究的高级研究人员被称为“技术士”，是由国家颁布资格、待遇丰厚并享有很高荣誉的智囊人物，必须通过每年的技术士资格考试才能获得该殊荣的。而日本技术士法规定，只有毕业于正规大学并有7年以上实践经验的人、已取得博士学位的人或具有丰富工作经验的教授(含助教授)，才可成为技术士。由17个国家参加的国际应用系统分析研究所的人员中，工程技术人员占10.3%，计算机科技人员占10.3%，数学家占11%，物理学家占9.6%，生物学家占3.4%，生态学和环境学家占9.6%，社会学家占8.2%，经济学家占21.2%，运筹学家占7.5%，系统分析学家占8.6%。从智囊团人员的构成中可以看出，智囊组织聚集着各行各业的精英人物，是一个真正的人才储藏库。智囊团还承担为社会和组织培训人才的任务，如美国兰德公司在1970年就成立了兰德研究所，为政府和有关部门培养政策分析人才；美国的胡佛战争、革命与和平研究所是美国保守主义总统胡佛成立的智囊机构。里根从1975年起任胡佛研究所的名誉研究员并在竞选和就任总统前后一直与胡佛研究所保持着较密切的联系。里根总统在不同场合曾多次称赞胡佛研究所已经成为国家的一笔无与伦比的财富、为使华盛顿正在发生的变化成为可能建立了知识基地。据统计，从1981年里根出任总统到总统卸任，该所共有六七十名学者进入里根政府的立法和行政机构工作(专职或兼职)。卡特总统依靠布鲁金斯学会为他出谋划策，1976年在他就职以前，该学会有20多人帮助卡特进行人事安排、机构调整和组织政府班子。卡特把其中一些人安排在白宫一些重要岗位上，作为他制定经济、外交政策的参谋。现正在小布什政府里任国防部长的拉姆斯菲尔德，当年在跟随老布什下台后就曾经在传统基金会里“韬光养晦”过。有意思的是，现在的布鲁金斯学会副会长兼对外政策研究所所长吉姆·斯坦伯格，曾在克林顿政府担任国务院政策规划室主任。而在小布什政府担任国务院政策规划室主任的理查德·哈斯就是前任布鲁金斯学会副会长兼对外政策研究所所长。这两个人的职位转换过程中的巧合生动地反映出了智囊团在政府中的独特地位。

此外，智囊团还具有教育功能的作用。智囊机构的教育功能既是针对普通公众，也是面对决策者和社会精英的。以美国的智囊机构为例，其教育功能主要是经过如下途径来实现的：一是出版书刊。美国主要智囊机构每年出版大量的专著、期刊、研究报告、背景分析、简报等都是政府官员和研究人员必读的刊物。二是在主流媒体上接受采访、发表评论，举办媒体吹风会。三是举办各种讲座、报告会、培训班，提供各种长期或短期的访问学者资助。四是出席国会听证会，参与政府决策咨询。凭借其对某些领域的深入研究，影响政府的决策。

智囊团不仅是现代行政领导决策的智力支持，而且是政府选拔高级行政管理人员的人才储备库，充当人才“中转站”。善用智囊机构帮助行政领导进行决策是建立现代科学、民主的行政领导决策体制的基本要求，也是改善和提高领导艺术与方法的途径之一。

三、行政领导决策体制的结构与原则

(一) 行政领导决策的结构

现代决策体制在宏观上完整的结构,一般由以下五大系统所组成:

1. 决策中枢系统

决策中枢系统是决策体制的核心部门,由拥有决策权并负有责任的决策者及其所设立的决策机构组成,其主要任务是根据信息系统提供的大量情报和智囊系统制定的若干可供选择的方案,从全局出发,权衡利弊得失,最后做出决策。

2. 智囊系统

智囊系统是专门为领导决策服务的研究咨询系统,由各种不同专业的专家与学者组成,其主要任务是利用由信息系统提供的各种资料,综合运用各种分析与预测方法,对决策问题进行系统研究,最终提出高水平的可供领导决策者选择的比较方案。

3. 信息系统

信息系统是设立在各级决策系统周围,专门搜索、统计、储存、检索、传布、显示有关情报资料信息的组织机构,它充分利用现代科技手段,对来自各方面的信息进行综合处理与分析,经济有效而及时地为各级决策系统提供适用、准确和足够的情报信息资料,为正确的决策奠定坚实的基础。

4. 执行系统

执行系统是指执行决策系统的各项决策指令的系统,是决策体制的一个有机组成部分,执行系统由低级到高级保证决策逐步实施,并将执行情况及新的信息反馈到决策系统,以便决策系统修正完善决策。由此循环前进,保证决策活动顺利进行下去。

5. 监督系统

监督系统是根据党和国家的方针政策、党纪、法规,对执行系统贯彻执行决策系统的指令情况进行各方面的检查监督,并帮助决策系统实现自我调节,以保证指令的顺利贯彻执行和决策目标的胜利实现的系统。

依据以上五个系统建立起来的决策体制进行决策,具有以信息为据,广泛咨询,集中决策,分散执行,独立监督,及时反馈,不断调节之特点,有利于实现决策的民主化和科学化。

(二) 行政领导决策的基本原则

行政领导决策是能够对社会公共利益产生深远影响的权力运用过程,是一把双刃剑。它给人类带来的,可以是幸福,也可以是灾难。历史证明,由于领导决策的错误造成的后果,不仅使人民深受苦难,而且,统治者因此丧失统治权的例子也是不胜枚举。以经验决策为主的历史已经过去了，面对现代化的发展趋势，行政领导者在决策过程中必须遵循一系列原则和规范。这些原则贯穿于决策活动的整个过程，对帮助领导者做到科学决策以及取得决策的成功都具有重要的意义。

1. 民主化原则

民主是一种国家统治以人民为主体的政治形式。它承认国家权力的唯一源泉在于人民，国家权力的行使体现人民的意志，维护人民的利益、服从人民的需要。决策民主就是要使决策充分反映人民群众在国家和社会各方面当家做主的地位。决策民主化受到不同历史时期的特点及社会政治、经济和文化发展的影响与制约，其自身也有一个发展变化的过程，我国目前决策民主化的具体要求体现在以下几个方面：

(1) 进一步完善各种规范的民主政治制度。

民主表现为一种制度、一种组织形式，把各种有利于民主的有效机制和程序规范化，形成一定的法律和制度，是决策民主化的基本保证。我国的人民代表大会制度，共产党领导的多党合作和政治协商制度是我国民主政治的基本形式。我们在肯定其积极作用的同时，要根据实际情况采取进一步的改进措施，包括进一步提高人民代表的素质；进一步加强人民代表大会特别是加强人大常委会的职权，进一步加强政治协商会议的作用。

(2) 创造良好的政治环境，进一步扩大民意表达的渠道。

民意的充分表达是决策民主化的重要基础，这就要求决策者努力创造一个宽松的政治环境，进一步开辟与社会各阶层公民联系的渠道，努力增加决策过程的透明度，使广大公民有更多的机会和途径表达自己对政策的意见、建议和要求，影响和参与决策过程。

(3) 加强对决策过程的监督。

在现代社会条件下，随着决策的日益复杂和专业化的程度提高，实际参与决策的只能是少数人。因此，决策民主化就更加需要加强对决策过程的监督和控制。我国已形成由党的监督、国家的监督、法律的监督和社会监督相互联系的有效监督机制，在决策监督中特别是保证各项决策贯彻落实方面发挥了重要的作用。

(4) 有效地强化民主决策的权威性。

决策民主要保证广大公民的意志和要求能够迅速、有效地集中起来，上升为国家意志，形成各项政策。因此民主基础上的集中和民主决策的权威性就是决策民主化的必然要求。由于我国是一个幅员辽阔、人口众多、发展不平衡的大国，决策不仅要充分考虑到各地区、各方面人的不同利益的需求，还要求有一个强有力的决策中心，在综合协调各方面利益的基础上制定出权威性政策。

2. 科学化原则

决策科学化就是要在决策过程中努力运用反映事物客观规律的各种科学理论知识和方法，这主要表现在以下三个方面：

(1) 决策体制的科学化。

决策体制反映决策系统内部的结构和功能的配置，决定决策的运行方式。现代社会条件下的决策，需要的是由精干和权威的决策中枢、灵敏和完善的信息反馈系统，掌握和运用现代科学理论和方法的参谋系统组成的科学决策体制。

(2) 决策程序的科学化。

决策程序是决策过程各个环节和步骤的逻辑顺序，科学的决策程序揭示了决策活动的必然过程，是决策固有规律的重要反映。科学的决策程序一般包括问题分析、目标确立、方案拟订、方案抉择、方案执行和反馈修正等环节。

(3) 决策手段的科学化。

现代社会既使决策面临的困难和问题远甚于过去任何一个时代，同时也为决策提供了更加有力的方法和手段。因此，对各种科学理论和方法的运用是决策科学不可缺少的一个重要因素。

3. 依法决策原则

依法行政是现代法治社会的本质特征和民主政治的前提条件，同时也是现代社会对政府提出的基本要求以及政府合法性的基础。依法行政的要义在于政府在履行管理社会事务的过程中必须以宪法和法律为依据，法律没有明文规定的权利对于政府而言都是禁止行使或享有的。依法行政的前提在于"治国者先受治于法"，即政府行为首先要以法律为依据。维护法律的权威是政府的根本任务，法律的权威不是体现在强制力和制裁力上面，令公民信服的不是法律或政府的强制力，而在于政府对法律的普遍遵从，如果法律得不到政府的遵从，也在民众心中失去了权威。欲使国家达到长治久安的目的，令人服从的力量是说服力而不是强制力。

法律是主权者的意志的体现，政府的权力来源于法律，行使主权者让渡的权力，政府行为必须受到法律的约束和控制。依法行政是建立社会主义法治社会的根本要求，也是新世纪社会主义政治体制改革的首要目标。

依法决策是依法行政的内在要求，二者在形式与内容上是一致的，即都必须在法律规定的权限范围内履行行政管理活动的职责。

新世纪行政领导依法决策的基本要求：1. 通晓党和国家的政策、法令，违背国家政策、法令的决策是无效的决策，甚至还会受到党纪国法的制裁；2. 建立决策制度化机制。即必须建立一个有序的决策体制，防止领导决策的随意性；3. 加强决策民主化，发挥群体决策的作用和地位，杜绝领导个人独断专行；4. 提高决策透明度，扩展社会参与决策的渠道，使行政领导决策处于人民的监督之下；5. 建立决策的制衡机制,遏制政府滥用权力和腐败,提高行政领导决策的公信力。

4. 系统性原则

系统性原则即在决策时要围绕问题或机遇,对相关因素与环境做出系统分析与综合,以掌握时机,提高效率,做出高质量的决策。

系统论与信息论、控制论被称为现代科学方法论中的"三论",是一个横跨自然科学和社会科学的综合性学科。它打破了过去人们在科学研究中的狭隘思路,给人们指明了一条全面地、动态地、定量地、辩证地认识问题、分析问题的崭新途径,使人们能够用系统观念、层次观念、信息观念、反馈观念等新的方法论观点来研究解决问题,从而使行政领导的决策建立在牢固的科学基础上。

任何决策的对象都是一个特定的系统,系统是由若干相互联系和相互作用的要素组成的具有特定结构功能的有机整体。系统论具有整体性、相关性、层次性、有序性、动态性等特征。系统是一个由多个并行或形成层级的子系统组成的整体,但不是部分的简单相加,各子系统(或部分)共处于一个总系统中,服务于系统的目的。古希腊著名哲学家亚里士多德曾经提出一个命题"整体大于部分之和",说明了部分之间必须形成相互联系的统一整体,才能发挥系统的功能。

系统论在现代领导决策中被广泛地应用,如系统分析就是领导者在决策中经常采用的一个重要方法。这种系统方法要求:1. 用逻辑的、条理清晰的方式来表达自己对情况的理解;2. 提出这个系统为达到目的所必须满足的一组目标和标准;3. 提出解决该情况的多个选择方案;4. 依据自己的目的和标准,审查和分析每个可选择的方案。

系统性原则要求行政领导者在决策时要从全局观念出发,从整体把握部分而不是孤立地从局部出发看问题,不能把某一部分、某一指标作为总体决策的依据,而要考虑决策所涉及的整个系统和相关系统的联系关系,这样才能实现决策的总体化、综合化。但是,全局观点并不是要无视局部利益,而是要更好地发挥局部特点和优势。

在新世纪我国要进行政治体制改革,进行政府机构改革,就是从系统观点出发,目的就是为建设有中国特色的社会主义市场经济体制服务。政府机构改革是一个伟大系统性的工程,各级政府必须服从机构改革这一大局,谨防本位主义、分散主义和部门或地方保护主义,只有这样才能实现建立社会主义市场经济体制的任务。

5. 信息流通原则

21 世纪扑面而来的是信息社会的春风,国际互联网技术的成熟,使信息的全球性传递和即时共享成为可能,从而宣告人类社会进入了一个新的时代——信息社会时代。信息社会是新的信息技术革命的产物,同时也是知识革命的产物。因此,从某种意义上讲,信息不仅是生产力,而且是第一生产力。

信息革命不仅引发生产方式、管理方式的变化，也将引起政府治理方式的改变，从而使行政领导决策方式发生革命性的变化，掌握信息成为实现科学决策的最基本的条件。如果说领导决策目标是一座大厦的话，那么信息就是垒造这座大厦的基础材料，没有信息也就无从决策。决策所依据的信息绝不是静止不变的固体，而是处于不断变化的流动过程。只有使决策系统中的信息从吸取、储存、传输、加工到输出畅通无阻，形成信息流，才能使决策系统有序运行，产出高质量的决策方案。

信息是客观事物存在的一种普遍形式，具有鲜明的特征。主要特征有：1. 共享性。信息不同于一般物质的属性，它可以同时供多人使用而不被消耗。随着国际互联网技术的蓬勃发展，互联网将成为人们获得信息和共享信息的主要工具和渠道。电子网络成为信息流通的主要载体，通过电子网络人们在世界各地几乎可以即时共享同一条信息，用这种互动式信息网络来实现信息交流和信息共享，将会深刻地影响人类社会生活的每一层面，同时也将极大丰富行政领导决策的信息来源。2. 无限性。在人类社会存在和接触到的一切领域，都随时产生着信息。随着互联网技术的普遍应用，信息在无限地产生和发展，社会信息量发生了“爆炸”式的增长。这就要求行政领导者要有高度的时代敏感性，跟上时代的步伐。3. 时效性。信息具有强烈的时间性，信息的功能、作用、效益都是随着时间而改变的，这种功能即信息的时效性。时效性既表明了信息的时间价值，也表明了信息的经济价值。随着互联网技术的广泛推广和应用，信息流通已经突破传统的时间概念，信息流通速度已经小于“秒”的单位，从而更加强烈地显现了信息的时效特征。它提示行政领导者必须及时利用信息，提高工作效率。4. 开发性。信息、能源和人才被称为21世纪的三大财富，在信息社会中，信息已成为最重要的战略资源，信息的生产加工与处理成为了创造财富的基础。信息产业已经成为现代社会的主导产业，可见信息作为一种资源、产业，是具有可开发性的。5. 流通性。信息是一种价值信号，是通过信息的流通来实现其价值的，并且使用的人越多，价值越高，同时还会产生新的信息。所以信息流通速度越快、范围越广，其增值就越快。互联网技术的兴起，将极大改变决策者获取信息的渠道单一，流通不畅以及由于被信息传递的中间层级因利益倾向或选择性传递而造成的信息失真的缺点，使领导者能够迅速获得更加完整、真实或原始的有效信息。互联网技术的应用不仅改变了传统的信息流通方式，同时也有力地推动行政领导决策的科学化进程。

21世纪是信息的社会，世界每天都在生产着巨量的信息群，面对诸多的信息流，领导者应该怎样处理和应用这些“看似无序却有序”的信息群呢？一般来说，归纳法和演绎法是处理信息的两种基本方法。之所以要采用信息归纳法，这是因为在行政领导决策过程中所收集的信息，并不都具有决策价值。领导者如果不对众多的信息进行归纳加工“去伪存真、弃糟粕取精华”,就很容易陷入信息流的漩涡中,造成“泥石俱下”“鱼目混珠”的信息混乱局面,妨碍决策者做出正确的决策从而造成决策失误的后果。信息归纳方法是圈定决策信息的首要方法,只有正确地运用信息归纳方法才能找出真正有决策价值的决策信息。

行政领导者运用信息归纳的方法求得具有决策价值的信息后,并不是说就可以一劳永逸,据此就能做出最后的决策选择。还需要决策者运用演绎的方法,从已基本确定的现有信息中推导出客观事物未来可能的发展趋势,预测决策的未来性和展望性,然后再进行归纳使信息达到决策目标的统一。即对待决策信息通常要经过“归纳—演绎—归纳”三个步骤,才能最终确定决策所依据的信息。

6. 调控优化原则

行政领导决策是面临着多种备选方案的选择过程,追求优化是行政领导决策的本质所在。备选方案的优化选择只是领导决策整个过程的步骤之一,还必须在决策实施过程中对决策的实施步骤、进度、行动效果进行适时调节控制。把决策实施过程中反馈出来的信息,即把行动效果同预选目标进行比较,当行动效果接近预定目标时,就可以按原来的行动计划进行;当行动效果偏离预定目标时,就要修改行动方案和步骤,使行动效果逐渐接近决策目标,当行动效果达到与预定目标一致时调控的过程就完成了。

在行政领导决策中要贯彻调控优化原则,必须做到:1. 建立追踪评价机制。行政领导者在方案选定后,不可能事无巨细、事必躬亲地对方案实施过程的每一个细节都进行过问。因此,必须建立一个及时反馈的调控优化体系,以通盘考虑,全面比较,去劣择优,使择优的方案在实施中产出更多、质量更高、效果更好。2. 确立客观公正的调控标准。调控的标准是衡量决策方案、计划、行动效果是否达到决策目标的客观尺度,同时也是由决策目标、方案、实施计划和步骤来决定的。调控标准一般应该是可层次分解和量化分割的,即必须是具体、层次分明、数量明确的,因此应该与决策的层次目标相适应。

7. 求实创新原则

求实创新原则是现代行政领导决策者必须具备的基本素质之一,是坚持实事求是、解放思想的思想路线在领导决策活动中的具体运用。科学决策首先要坚持实事求是的思想路线,进行可行性研究。任何领导决策都必须以事实为依据,以解决现实和具体问题为前提。同时,决策所面临的问题和机遇总是不断更新的,因此决策者还要敢于坚持解放思想的路线,发扬开拓创新、勇于进取的精神,及时发现新问题和挖掘潜在的问题,把求实与创新有机结合起来,在求实的基础上勇于开拓创新。

第四节 行政领导决策的程序与方法

一、现代行政领导决策的程序

决策程序指的是决策过程中的决策环节或决策步骤，是基于科学思维规律、行为规律和认识规律，对决策行为进行适当的阶段划分，以力求避免经验决策状态下的主观性和随意性。科学决策程序主要包括以下环节：

（一）发现问题

爱因斯坦曾经说过：提出问题是解决问题的一半。问题作为决策的逻辑起点，即所谓的"决策什么"？"为什么决策"？决策问题是事物的应有状况与实际状况之间的差距。行政组织的存在以发现社会问题和解决社会问题为前提，如果没有社会问题，那么政府也就没有存在的必要，也就不需要行政领导决策这一组织功能。行政领导决策中所说的"问题"，是指需要领导者研究并加以解决的现实或未来可能出现的矛盾，这些矛盾是由事物的应有状况和实际状况之间的偏差引起的，即期望状态与现实状态之间的差距而产生的结果。

实际状况是现实社会的客观状态，如：人口多、底子薄、地区发展不平衡、经济比较落后是我国在社会主义初级阶段的客观现实状况。如果领导者不能发现这一特殊国情，就发现不了现实存在的问题从而也找不到问题的症结所在。

应有状况是行政领导者在一定的环境和条件下，在主观上希望未来事物达到的一种结果。如：要把我国建成富强、民主、文明的社会主义现代化国家是社会主义初级阶段的根本目标。但是，应该看到我国现阶段社会发展状况与目标之间还有很长的一段差距。解决二者之间的差异，就是行政领导决策要解决的问题。

发现问题并不是一件容易的事情，特别是由行政领导者发现并需要解决的问题比一般社会问题都要复杂得多。这就要求行政领导决策者不仅要有立足于现实的实事求是的思想意识，而且要有捕捉、发现未来事物发展趋势的超前意识，即立足现实放眼未来的逻辑思维意识。因此，问题意识也可以说是衡量领导者决策水平高低的主要标志，领导者应该极其敏锐地意识和觉察并预测领导环境中存在的各种问题，并通过调查研究，进一步诊断、提炼问题，建立问题系统。

（二）确立目标

问题发现后，解决现实问题和期待问题之间的差异就是行政领导决策所要达到的决策目标。这就要分析其性质、类型、大小及其产生的原因条件，并结合领导者自身条件及组织环境，确立具体可行的决策目标。目标要具备以下几个基本条件：一是明确性。决策目标必须准确、清晰、具体，绝不能含糊不清，模棱两可，模糊的目标常常延误决策，导致决策失误。目标要与所要解决的问题相一致。二是期限性。要规定实现目标的期限，为一个没有实现期限的目标而决策，是毫无意义的。三是责任性。有权无责，是对民主的最大讽刺，也是“胡夸风”“数字政绩”现象的根本原因，所以必须确定实现目标的责任者和确定目标的责任者，即目标不能完成应由谁负责，目标失误应由谁负责的问题。四是量化和层次性。目标总是通过一定的数量指标体现出来，一项重大的行政决策目标，通常不会立即实现，一般都要经过量化和分阶段进行，这样也容易对目标偏差现象进行调整、修订和跟踪评估。此外目标还要符合系统性、可行性和规范性的要求。

（三）拟订方案

有了决策目标，就要在科学预测的基础上，多方面寻找实现目标的有效途径，也就是为最后抉择拟制多种备选方案。拟订方案，就是决策者依靠专家和智囊集思广益，综合运用调查研究、分析综合等各种技术手段和方法，对未来行动提出具体设想和安排。国外有关专家表明，方案在 2 个至 7 个之间为宜。

拟订方案还要遵循以下原则：即目的性、排他性。所谓目的性是指决策者必须明白拟制方案是寻找达到目标的有效途径，拟制出来的方案必须符合目标的要求。所谓排他性是指各个备选方案之间不能雷同，要有原则的区别，否则备选方案的拟制就毫无意义。提倡从不同角度、立场出发围绕决策目标这一中心，通过不同方法、技术和途径来拟制备选方案。

（四）分析、评估与优选

备选方案拟制出来后，就要对备选方案进行分析评估，最后由决策者在权衡利弊的基础上，选其一或合为一，以达到择优的目的。这个工作叫“决策行动”，是决策过程中最关键的环节。

评估比较工作主要是组织各种专家和咨询机构对备选方案进行充分论证，在充分对照、比较的情况下，将评估结果交决策者定夺。决策者对方案的选择不能凭主观经验、想当然就拍板定案，还要有一个统一的选择标准，方案选择标准应符合下列原则：

1. 全局性。所谓全局性就是行政领导决策者要有整体观念，特别是宏观决策和高层决策，更要充分考虑这一标准。因为全局和部分并不是绝对的统一，一般情况下全局有利，部分也比较好。在某些特殊情况下，从局部来考虑是合理的、有利的，但对全局却是不合理的、有害的。这种情况下领导者就必须立足全局，以全局为重。

2. 长远性。行政领导决策不是一般的社会决策，它所要解决的是重大、复杂的问题，所以必须有战略眼光，要把解决现实问题和长远问题结合起来。比如在资源开发问题上，就要把开发利用和可持续发展结合起来。因此，从根本上说长远性就是发展的问题。

3. 合理性。所谓合理性就是指抉择的方案要符合事物发展的客观规律,即在政治上要顺乎民意,经济上坚持效益,技术上确实可行。当然,合理也是相对。

4. 效益性。所谓效益性就是指对各个备选方案要从经济上进行评估和比较,注重经济效益,优选的方案在经济上要合算。

5. 伦理性。所谓伦理性就是指抉择的方案应该兼顾社会效益和经济效益,以增加社会经济效益和人们的幸福为前提,那种以邻为壑,以局部的、目前的利益危害全局的、长远的利益的行为,不符合社会主义的道德规范,决策者绝不能选择这些不讲社会主义道德的方案。比如照顾弱势群体的利益、防止环境污染等就是体现这种伦理特征。

(五) 决策的实施与反馈

没有或不能付诸实施的决策,是没有意义的决策,决策不付诸实施就不能实现决策目标,当然无法解决实际问题。决策实施是一种实践活动,是检验决策方案是否确实可行的标准,只有在实施过程中才能进一步调整和修改方案,使其更加完善并逐渐达到决策目标。因此,决策实施一般要安排好下列工作:

首先,重大决策在普遍实施之前,要进行局部试验,以验证其实施的可靠性,通过试点,如果确实可行再进行推广。我国社会主义改革开放道路就是采用了局部试验方法,从经济特区的设立到沿海城市的开放;从农村改革到城市经济体制的改革;从有计划的商品经济到社会主义市场经济体制的建设等等,无不体现这一方法的特点。

其次,要做好实施决策方案所需要的物质力量的准备,所谓“兵马未动,粮草先行”亦是此道理。

实际上决策实施,就是调整、修改和反馈决策方案的过程,只有在实施过程中才能检验决策方案的真实情况。因为任何决策方案都不可能是十全十美,所以必须建立修正方案的信息反馈系统和跟踪系统,使其能够及时、迅速、准确地把决策在实施过程中发生的问题,反馈到决策中心,从而使决策中心能够及时、有效地对决策方案进行相应调整、修正和完善,逐渐地达到决策目标。

二、行政领导决策方法

科学决策是领导决策的首要要求,它直接关系到领导决策的成败。在社会实践过程中,人们积累了诸多的决策方法,这对提高领导者的决策艺术和决策水平提供许多有益的参考和借鉴作用,以下介绍几个比较典型的决策方法以供参考。

(一) 头脑风暴法

“头脑风暴”(Brainstorming)最早是精神病理学上的用语,是用来形容精神病人头脑错乱毫无逻辑的胡言乱语。1939 年美国学者奥斯本把该词引入创造学,应用于广告设计,通过思维共振达到智力放大,目的是产生新的广告创意。后来被逐渐引入决策领域,形成了一种可以自由地发表自己意见的会议畅谈法。

头脑风暴法的特征:在会上可以自由畅想随心所欲地发言,不受限制;无批评原则,对他人的任何发言、见解和意见不做反驳和否定的判断;欢迎与会者畅所欲言,多提意见或建议,多多益善;充分发挥个人的独立思考和创新思维,广开言路,以便集思广益;与会人员地位相同不分尊卑,有同等的发言权;禁止会上私下交谈,以防止受他人的意见相左,破坏个人独立性。

在这样的一次会议上,所产生的设想中,只有少数是比较现实的。但很多设想都比较有创意,即使没有产生有现实价值的设想,由于与会者多是有关方面的专家,信息量大。通过多个专家的信息交流,经过相互启发和提示引发思维共振,也能在较短的时间开创许多引人深思的新想法、新思路。

(二)德尔斐法

德尔斐(Delphi)原是古希腊一处遗址,传说中神谕灵验、可预卜未来的阿波罗神殿所在地。后人借用德尔斐来比喻高超的决策能力。20 世纪 50 年代,美国兰德公司与道格拉斯公司合作,研究一种如何通过有控制的反馈更为可靠地收集专家意见的方法时,以"德尔斐"为代号的德尔斐法就此诞生。德尔斐法是一种对传统专家会议法的改进和发展。德尔斐法采用匿名通信和反复征询意见的形式,通过书面的方式向专家们提出所要预测的问题,得到专家的不同的意见答复后,将意见集中整理和归纳,然后匿名反馈给专家,再次征询意见和反馈。就这样被征询的专家在互不知晓、彼此隔离的情况下交换意见,经过多次循环,最终得到一个比较一致的预测结果。德尔斐法具有如下特点:

(1) 意见具有独立性。被邀请参加预测的专家彼此不见面,消除了相互之间的心理顾虑,排除了"随大流""从众"的倾向,保持了专家们的意见独立性。

(2) 匿名性。不公开群体成员的姓名,消除了人们对权威的敬畏心理;同时被邀请的专家可以在后几轮的征询中修改自己的意见,而不必公开说明修改的理由,无损自己的威望。

(3) 多轮反馈沟通。德尔斐法在运用时,一般都要经过多轮的征询和反馈。预测小组要对每一轮专家提出的意见进行统计和汇总,将意见比较集中的问题再反馈给各位专家,供下一轮预测参考。一般讲,经过三或四轮调查后,专家们的意见将会比较集中,这时就可以把最后一轮的调查所得的结果作为专家小组的意见,作为决策者的决策方案。

(4) 预测结果的量化特征。德尔斐法对专家意见汇总和处理采取了统计方法,能够用定量方式表示预测的结果,所以最终的结论具有很强的科学性。

(三)鱼缸法

鱼缸法是一种通过领导者宏观智能结构效应的发挥来进行决策的方法。运用这个方法时，所有决策人员围成一个圆圈，通过某个中心人物同其他成员之间的互动来进行决策。因其形似鱼缸，故得名“鱼缸法”。这里所说的中心人物是指某个特定时间发布信息的人。他既可以是确定的，也可以是不确定的，并坐在圈子的中间，只有他才可以讲话。他可以提出自己对所讨论问题的看法，或者附议别人已讲出的某项建议，并且提出问题的解决方案。这种做法不仅能够将所有会议参加者的注意力都集中在中心人物身上，而且还可避免插话干扰和不切题的讨论。

（四）模拟决策法

模拟决策法是人们为取得对某种客观事物的准确认识，通过建立一个与所需要研究和领导的关系系统的结构、功能相似的模型，即同态模型，然后运行该模型，并对各种不同条件下的模拟运行结果进行评价、分析和优选，从而为领导决策提供依据。

模拟主要针对某些事物的结构和功能，并不包括对事物各个细节的模拟。一些复杂庞大的实际系统，往往找不到有效的分析方法，而实地测试与研究不仅费用大而且花费时间长，一旦出错将会造成重大的损失。模拟决策方法本身带有实验性质，其功能主要是在模拟中对事物发展的各种可能、趋势、结构和功能进行大胆的实验和探索，然后进行分析和比较，找出较为切实可行的方案，为决策者提供决策依据。随着现代科技的发展，特别是高功率、高运转的计算机在模拟实验中的运用，模拟决策法在诸多的领域中得到了广泛的应用。如气象预测模拟、地震预测模拟等都是利用高能计算机对自然界复杂系统的模拟再现，值得一提的是现代军事科技中已广泛应用该方法，如核子爆炸模拟实验、推盘演习、电子模拟战等都引进该方法，科技的发展使模拟实验的精密性、准确度和可靠性越来越高，模拟决策法成为现代行政领导进行决策的重要方法。

（五）决策树法

“决策树”法比较适合风险型决策。所谓风险决策，并不是说在选择行动方案时，对未来可能出现的情况一无所知，凭抽签来决定命运的赌博式选择。决策者对决策备选方案大致能够估计出产生决策风险后果的概率，这些可能出现的概率值都不等于1，即每一个备选方案都存在着风险。假如某种决策可能出现的结果概率值是70%，那么就意味着只有70%的成功概率，而失败风险的概率则是30%，即决策者至少要承担30%的风险。

“决策树”法就是把决策过程用树状图来表示。树状图一般由决策点（常用方块表示）、方案枝（常用细线表示，一个方案枝代表一个方案）、状态结点（常用圆点表示）、概率枝（常用细线表示，每条概率枝代表一种自然状态）、结果点（收益值或损失值）几个关键部分组成。决策树分析步骤是：

（1）绘制决策树图。决策树形不像自然界的树那样从下向上生长和展开，而是由上述几个部分从左向右展开,组成一个树状网络图。如图 6-4-1 所示。

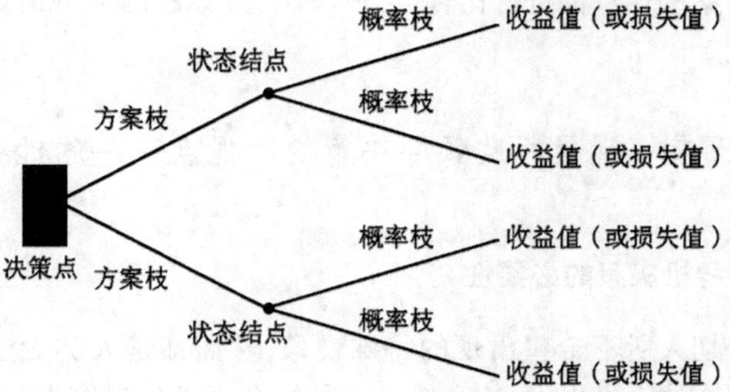

图　6-4-1

(2) 计算收益期待值。计算各状态结点的收益值,将各分枝的收益值(或损失值)分别乘以各概率枝上的概率,最后将这些值相加,求出状态结点的期待收益值。

(3) 修枝。这是方案的比较选优过程,根据不同方案的期待收益值(或损失值)的大小进行方案优选。若以最大期待收益值为准则,则逐级淘汰较小期待收益值,生成一个最终决策点的决策。下面举一例子进行说明。

某电视机生产厂家为改进生产技术计划引进一条电视机生产线。现在有两种方案供决策者选择:假设甲方案从国外引进一套生产线,成功概率是 75%,失败概率 25%,成功就能节约费用 300 万,失败则会损失 550 万;乙方案在国内购买,成功概率 60%,失败概率 40%,成功则节约费用 500 万,失败则会损失 400 万;其决策树状图如图 6-4-2 所示。

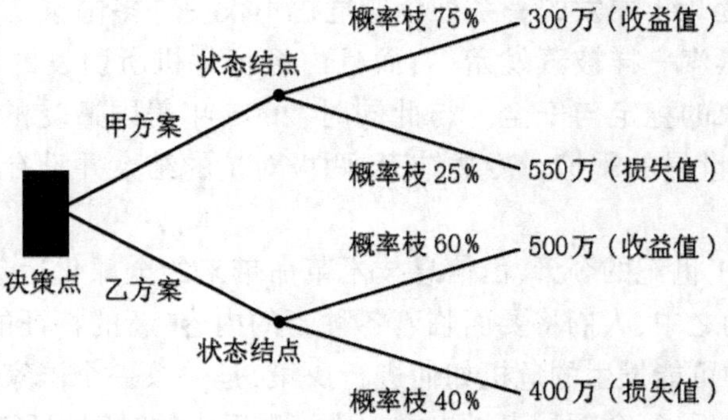

图　6-4-2

决策树中状态结点①的期待值:

$$300 \times 75\% + (-550) \times 25\% = 225 - 137.5 = 87.5$$

决策树中状态结点②的期待值:

$$500 \times 60\% + (-400) \times 40\% = 300 - 160 = 140$$

把两种方案的期待值进行比较，可以看出，方案乙的期待值更高，应该选择方案乙。

第五节　现代行政领导决策的新视点——危机决策

一、研究危机决策的必要性

危机是一切人所不希望出现的特殊现象，然而却是人类无法躲避的现实。自从人类出现在这个世界上，冲突作为一种社会现象就贯穿在整个人类社会的各个发展阶段，冲突及由冲突所引发的危机是人类社会不可避免的现象。人类进入20世纪后，科技革命使人类可挥动的"武器"的威力越来越强，威慑的范围可以扩展到地球的每一个角落。在20世纪短短的100年中就爆发了两次世界大战，几乎使世界的所有国家都卷入这场战争中，使各国人民遭受了空前的灾难。

第二次大战后，人类并没有因为战争带来的灾难而寻找到一条通往和平天堂之路，人们从战火中刚喘过一口气，国际关系又陷入两大超级大国争霸世界的冷战漩涡。随着苏联的解体，冷战虽然结束，但是世界上各种不确定因素依然存在。世界人民所热盼的和平与发展两大主题仍然没有得到解决，世界又出现了新的矛盾热点。恐怖事件、人质危机、地区冲突、局部战争层出不尽，宗教和民族冲突不断、金融危机、能源危机的规模不断扩大，每一个危机都会造成世界局势的动荡，引发一系列国际、国内的政治、经济及社会的危机，进而威胁整个国家的安全。近几年爆发的一系列金融危机不仅使许多国家几十年积累的财富在一夜间像蒸汽一样被蒸发殆尽，而且由经济危机所引发的国内政治冲突严重影响了国家的稳定与安全。与此同时，2001年美国遭受的"9·11"恐怖袭击，引起整个世界的震惊。冷战结束、两极对抗的结束并没有给世界带来多大的安宁。

人类迈入21世纪的今天，由信息技术革命带来的全球化运动，使世界各国处于空前的互动之中，人们将要面临着各种新的内容、新的特征的危机的挑战。行政领导对各种可能发生的危机如何进行决策，是关系一个国家兴衰成败的大事。而危机发生后，行政领导者做出重大决策和反应的时间相当有限，仅依靠领导者的随机应变能力还难以满足处理现代危机的需要。因此，研究危机状态下的决策已经成为各国政府共同关注的一个焦点，也是现代行政领导必须面临的一个新的决策研究课题。

二、危机

（一）危机的含义

一个国家的生存发展到了今天最离不开安全，各种重大事件引发的危机是危及国家安全的主要原因。随着两极对抗的结束，国际旧秩序被打破，而诱发危机的因素并没有因此而减少，目前影响国家安全的各种新危机层出不尽，在质和量的方面都发生重大的变化，行政领导正处在越来越复杂的环境中去应对危机决策的挑战。美国前国防部长麦克纳马拉曾说过“今后战略可能不复存在，取而代之的将是危机管理”。那么现代人对危机又是如何界定的呢？人们可以从众多的文献中找到一大串与危机相关联的词汇，冲突、革命、暴力、政变、动乱、战争等等。就私人领域而言，人们常说到感情危机、家庭危机；就大的方面而言，人们经常说政治危机、环境危机、能源危机、金融危机、人口危机、文明危机；就国际关系而言，有外交危机、国际危机等。可见危机存在于社会的各个领域，是人类无法避免的一种现象，也是行政领导者无可逃避的沉重课题。

人们对危机的界定是众说纷纭，各执一词，以致罗宾逊（James Robinson）在《国际社会科学百科全书》（*the International Encyclopedia of the Social Sciences*）评价到：“危机有时定义得太精确和专门，以致不能广泛运用到每一种情况、组织和主题。有时又定义得太宽泛，以致不能区别什么是危机，什么不是危机。”①

赫尔曼和李伯两位教授对危机的界说是：1. 威胁主要利益或造成严重后果；2. 时间短；3. 事出突然、惊讶。格林施乃德和狄辛在《国际冲突：国际危机的谈判、决策和系统结构》一书中提出：危机指两国政府之间互动，发生严重的利益和行为冲突，几乎引爆战争者。

台湾学者洪秀菊女士在其《危机决策处理谈判——美伊人质危机个案》一书总结到：“危机界说所应具备的基本要件是：1. 一系列或一连串互动。2. 行动者限于主权国家的政府。3. 利益的冲突。4. 务必是实际行为的冲突。5. 可能爆发战争，却没有实际战争行为。”②

应该说到目前为止，人们对危机的定义都没有一个统一的界定，上述论述都是从国际关系的角度把危机界定为两国政府之间的利益冲突。一般说来，危机是因为冲突发展到一定程度或阶段的特殊现象，是冲突的激化、减弱或持续酝酿的转折点和敏感地带，是积量变到质变的临界点，它并不仅限于政府之间的利益冲突所引发的危机。

---

① 洪秀菊：《危机决策处理谈判——美伊人质危机个案》，台北商鼎文化出版社，1999 年 11 月 1 日，第 8 页。

② 同上。

危机的定义依照所使用的研究方法、理论结构、适用领域和侧重点不同而各具特点。危机定义通常具有利益和价值两方面的含义,其利益概念侧重于危机现象的客观方面对国家生存和安全造成的影响。价值概念侧重于危机心理的主观方面在意识形态、信仰系统、文明差异中的感知。从系统的角度看,危机是改变或破坏系统当前平衡状态的现象,危机可能使一个或若干个子系统突然发生变量的变化,从而引起系统内外产生互动变化的特殊情况。从时间角度看,危机是可能对国际、国内社会产生长远影响后果的短期失衡现象。从信息角度看,危机是信息沟通产生断裂,情报来源不充足,使事件的产生让人惊讶或出乎意料的非常规现象。危机的升级可能是引发战争的最后一级台阶,它可能导致新的不稳定或混乱,但危机也可能使长期得不到解决的问题得到解决甚至可能成就一个新的和平与长期稳定的环境,危机有时也意味着机会和转折点。

(二) 危机研究的趋势

危机研究的重要性在国际政治学研究中有一个逐渐认识的过程。20 世纪五六十年代的危机研究偏向危机决策之研究,比较著名的有施乃德(Richard Snyder)外交决策模式 、佩己(Glenn D. Paige)和赫尔曼(Charles F. Hermann)之韩战决策、古巴导弹危机决策之比较研究。

早期危机研究注重某一时期危机数量的统计,强调类比分析的重要性,考察变量之间的关系。后来危机研究转向概念、通则、模型、理论的建构。如阿利森为研究古巴导弹危机,建构了以下几种模式:1. 理性行为模式;2. 官僚组织过程模式;3. 会部政治运作模式。赫尔曼和布莱迪(L. Brady)从二百个假设中建立:1. 个人压力模式;2. 组织反映模式;3. 敌对互动模式;4. 成本计算模式。

1962 年古巴导弹危机是危机研究的转折点。古巴导弹危机发生后,由国际冲突引发的国际"危机"备受世人关注。自此各国政府、研究机构和学术界开始携手合作,探讨危机研究和危机处理,并且建立了相应的研究机构。七八十年代以后,世界各国专家学者,加入危机研究行列,堪称盛举。国际政治学会(International Political Science Association)曾多次举办危机研究的学术大会,就情报、资讯和危机处理的实证研究以及集体安全、联合国、区域和解、中东谈判、核子危机处理和区域的危机等问题进行了探讨。

危机研究在 70 年代以前,比较侧重于欧美国家的危机研究,到 80 年代以后,开始转向中东、南亚、非洲的国家危机的研究。冷战结束后,随着超级大国之间因军事冲突而爆发核大战的危机下降、经济全球化与信息化进程加快以及综合国力竞争日趋激烈,非传统安全(相对军事安全而言,包括经济、科技、信息安全、网络安全、跨国毒品走私、国际人口走私和各种恐怖活动)危机,尤其是恐怖活动造成的危机格外突出。但却从未被视为主要的威胁,对恐怖主义造成的危机也没有在实践中予以认真的对待。

2001 年的“9 · 11”恐怖事件,是美国本土自立国以来第一次受到的最大规模的袭击,国际恐怖组织以极低的代价给美国造成重大的人员和物质损失,其后果被称为超过“二战”时日本对珍珠港的偷袭。“9 · 11”恐怖事件惊醒和教育了美国以外其他国家,使它们重新审视安全危机和战略安全的轻重缓急,对恐怖主义的行为、背景、定性、情报沟通交流、国际协作、预防和应变措施的研究成为各国政府危机研究的重要课题。

从危机研究的发展趋向来看,其研究范围逐渐从理论概念向实际操作层面扩展,从只关注政府间的冲突行为向重视非国家行为体对国家安全影响的方向发展,从传统安全领域向非传统安全领域扩展,重视行为科学和实证研究成为现代危机研究的主流。

三、危机决策

当今国际社会各种冲突不断,而且出现了新的热点和形式。在传统安全危机依然存在的情况下,非传统冲突引发的危机已经成为危及国家安全和利益的主要威胁,由非传统冲突引发的国家危机开始成为各国政府进行危机管理决策的重点对象。在传统与非传统危机的交错影响同时并存的情况下,行政领导者所面临的决策环境愈发复杂多变。

危机的出现对现代行政领导者的决策能力提出了极大的挑战和考验,此时有关国家的重要利益和安全受到威胁,突发事件或不确定前景造成高度紧张、压力、焦虑和恐惧,严重的对抗形势可能因失控而导致暴力冲突或升级为战争,领导者做出重大决策和反应的时间相当有限。领导者被迫处在时间的压力下对危机进行迅速、稳妥、客观、正确地处理,这不仅需要领导者有超人的决策能力和临危不乱的应变能力,还需要具备畅通无阻的信息沟通渠道以及建立起一个科学、坚定、团结的危机处理领导机制。

什么是危机决策呢?目前学术界中并没有统一的界说,有人称之为危机处理、也有人称之为危机管理。危机处理的界定主要是从字典对“处理”含义的解释出发,在牛津字典里,“处理”就是“控制”;在社会科学字典里的“处理”,使用在行政、企业,则指“计划、组织、指导、协调和控制”。危机处理就是“控制事件,使不要失手”。[①] 而危机管理则从隶属关系出发,认为:行政因“上下统属”,企业因“所有权”,而取得对人、事、物的管辖权,故在管辖范围内所发生的危机,常属危机管理。二者皆是从不同的角度对危机决策的特征进行界定。

在本文中的危机决策主要指:行政领导者利用科学的危机预警机制,通过危

① 洪秀菊:《危机决策处理谈判——美伊人质危机个案》,台北商鼎文化出版社,1999 年 11 月 1 日,第 10 页。

机的预防和危机的控制，尽可能地采取和平的方式，解决争端，防止冲突升级，避免战争或政治动乱；并尽可能地维护国家的主要利益、基本价值以及政治稳定，使冲突双方都能达到满意的地步为止。

这个界定的主要特点有：一是强调和平的解决途径，和平共处五项原则是我国处理外交关系的基本准则。和平与发展已经成为当今世界的主题，以往“以战止战”“以暴制暴”的方式，已经过时。当今追求建立国际新秩序，我们要求用理性、文明的方式解决冲突，不到万不得已，不可触及战争。二是照顾国家的主要利益和基本价值。国家利益、国家目标、国家基本立场和国家基本价值，这些都必须坚持和维护到底。维护国家的领土完整和主权独立；坚持走有中国特色的社会主义道路；坚决贯彻“一个中心”“两个基本点”的路线是我国社会主义国家的基本利益、目标、立场和价值，这些必须坚持而不能放弃。三是追求“满意原则”。危机是当事者之间冲突升级的结果，如果一方坚持“最佳”结果，那么另一方就可能是“最劣”结果，这将无助于解决危机。“满意”是心理学上的名词，美国著名的管理学家赫伯特·西蒙把它引入决策学中，用来表示程度的问题。在危机决策中“满意”有折中的含义，即必须把危机处理到双方各有所得、各有所失，禁忌谋求绝对利益或绝对优势。这需要领导者有高超的危机决策技巧、艺术和超人的智慧。

此外，危机决策还包括危机的预防、危机的控制和危机的消除。危机预防也是一种对危机的管理和控制的过程。国防大学国际政治与经济教研室的顾德欣在他的《国际危机的预防和处置》一文中认为：危机预防是指当事国设法防止一般国际冲突演化为国际危机。根据他的观点，由于危机具有普遍性、突发性、互动性的特点，决定了危机预防的可能，这种可能性表现在以下几个方面：

（一）危机的预测

行政领导的重要职责之一，就是对未来事物的发展规律进行客观研究，预测事物可能发展的趋势，并据此做出决策，危机已经成为现代行政领导重要的决策对象之一。如果行政领导不对可能发生的危机进行客观的分析、研究和预测，当危机发生后，将无应对之术，最终可能造成决策的失败而危及国家的安全和利益。因此，行政领导必须依靠科学的危机预警机制，从长期或短期的角度来准确预测危机的爆发。长期预测是对潜在对手在较长时期内的战略地位、发展目标、综合实力、政策趋向、利益诉求和挑起危机的可能性做出预测；短期预测是对潜在对手在较短时期挑起危机的可能性以及可能采取的方式、事件的借口、策略、具体措施等做出估计。

（二）危机的控制

危机的失控可能导致战争、严重的暴力冲突或政治动乱，如此高昂的代价和恶劣的后果影响，是所有人所不愿意见到的结果，所以冲突双方都尽可能努力避免失控的局面出现。为此冲突发生后,能否首先控制事态,使其不扩大、不升级、不蔓延、不恶化,是处理整个事件的关键。要达到这一点,要求行政领导者在处理危机时,就必须要遵循以下控制原则:1. 保持当事国之间的沟通管道的畅通;2. 危机发生后高层次领导者不宜马上公开发表定性结论,以保留足够的回旋余地;3. 避免威胁对方的核心利益和价值;4. 寻求广泛的支持和同情;5. 互相承认非零和游戏规则;6. 情报和大众媒介应适当地管制,报纸、电视的过分渲染,可能引起群情激荡,政府囿于国内舆论和民情的压力,可能被迫采取极端的手段;7. 为双方保全面子、尊严、荣誉、声望和形象;8. 适当地保持克制,不要过分逼迫对方或轻易动武,以非军事手段推行政策。

(三) 危机的消除

当危机得到有效的控制之后,行政领导者首先要根据危机的性质、产生的原因、造成的后果、受影响的范围等进行分析、评估,及时做好善后工作,领导人民走出危机造成的心理阴影,使社会尽快恢复生产和稳定,消除危机"后遗症",防止反弹现象的出现。

在危机状态下进行决策,对于行政领导者的领导活动是一个极大的挑战。因为一旦面临冲突和危机的局面,国家安全就处于十分危险的境地。这不仅需要领导者要有良好的领导素质,而且在平时,国家应该建立发达、科学的情报机构和信息网络系统以及危机预警机制,为领导者提供科学、正确、快速的决策依据,把即将或已经发生的危机和冲突化解于无形或把危机带来的损失减少到最小。

四、危机与契机

所谓"不打不相识",虽然未必完全正确,但却也是实情;韩信的"背水一战"虽有悖常理,却能出奇制胜;《孙子》指出"置之死地而后生,投之亡地而后存";老子说:"祸兮福所倚,福兮祸所伏",大概是在说危机也并不可怕,因为"危机"与"机会"并存的道理吧!

我党在新民主主义革命时期曾多次险遇危机,若在紧要关头不能掌握机会又岂能转危为安,取得革命的胜利;十年"文化大革命"给国家造成空前的灾难和危机,若无十一届三中全会的伟大转折,又岂有今日的中国特色社会主义的伟大事业。

交往——冲突——危机——契机,这也是人类社会发展的规律之一。现代行政领导者除应该具备危机处理能力,还要善于从危机中捕捉和创造机会,促使某些久悬未决、长期得不到解决的矛盾和问题或通常条件下难以达到的目的得到解决。因此,危机不仅意味着契机,同时从中可以得到诸多经验的启示,这对强化和树立领导者的危机防范意识,建立科学的危机预警机制也具有重要的意义。

所谓契机,是指由一定事态带来的某种转折变化的机缘。能够给行政领导决策者带来契机的事态一般都是那些对国际、国内的社会、经济、政治产生重大影响的事件,能否有效地利用危机可能产生的机遇或转折点,开创新的工作局面,成为衡量现代领导者的领导素质、创新意识、决策能力和领导艺术等水平高低的标准之一。

在世界历史上,由危机引发出契机的例子不胜枚举。本文想从美国"9·11"事件发生后,美国在对恐怖主义进行"合理报复"的同时,实现了其长久以来未能实现的对中亚地区的战略渗透和控制的目的的例子来做分析,希望从中可以得到某些启示。

"9·11"事件发生后,美国政府立刻认定本·拉登为恐怖袭击的主谋并凭借国际社会的普遍同情和对反恐战争的支持,寻找"合乎道义"的报复,对阿富汗塔利班政权实施军事打击,其实是明修栈道、暗度陈仓,借机对其觊觎已久的中亚地区进行渗透和控制,以实现美国的地缘战略目标。事实上美国对中亚里海的石油觊觎已久,美国政府为减少过分依赖中东地区石油的供应,一直寻找新的能源开发地,而中亚里海正蕴藏着美国所需要的丰富能源。由于中亚是俄罗斯传统的势力范围,以及随着上海五国扩员并发展为上海合作组织,美国尤其苦于难以插手中亚事务。"9·11"事件为美国提供了借口和契机,美借助反恐名义发动对阿富汗塔利班政权的战争在军事上立足中亚。从目前来看,美对阿富汗的战争已经结束,但美并没有兑现战争初期所声称不长期滞留中亚的承诺,借口支持中亚各国改革,向中亚各国提供经济、军事和安全援助,发展与中亚各国的"新型、长期关系","透明地开发里海能源"。可见,美国的战略意图是不言而喻的,美国积极地利用了该事件产生的机会,实现了其长期以来未能实现的对中亚的战略渗透。美国在中亚这场地缘战略大争逐中已明显占据上风,这将会对全球地缘政治的变化产生深远的影响。

"9·11"事件发生后,美国的决策者能够从中发现契机并迅速加以利用,实现了其中亚战略意图,将来会对世界的地缘政治和美国产生怎样的影响和后果,并不是本文所要讨论的问题。正如有位名人所认为的那样,在国际关系上,没有永远的朋友,也没有永远的敌人,只有永远的利益。一种危机所产生的契机结果,也只能与一定的历史相联系,它的影响可能是深远的,也可能只在一段时间内产生影响,这取决于危机的性质以及在当时历史条件下的地位和作用。

美国前总统尼克松说:"领袖人物一定要能够看到凡人所看不到的眼前利害以外的事情。他们需要站在高山之巅极目远眺的眼力。"[①]契机有时也存在于

① 〔美〕理查德·尼克松:《领导者》,世界知识出版社 1983 年版,第 68 页。

危机之中,只有善于从危机中捕捉契机才能掌握机会,危机是突发的,而契机也是稍纵即逝的,即所谓“机不可失,时不再来”。辩证唯物主义认为,必然性存在于偶然性之中,当某种机遇出现时,往往以偶然性的形式表现出来。危机虽然不是经常发生的,但却往往孕育着巨大的机遇和历史转折点。正如俄国古典主义文学奠基人罗蒙诺索夫所说:“机遇总是偏爱那些有准备的头脑”。

【思考题】

1. 何谓行政领导决策?行政领导决策有哪些特征?

2. 行政领导决策有哪些要素和模型?

3. 行政领导决策要遵循哪些原则?联系实际,谈谈如何加强领导决策的民主化与科学化?

4. 什么是行政领导决策程序?科学决策程序主要包括哪些环节?

5. 如何认识智囊机构在现代行政领导决策中的地位?

6. 什么是危机决策?领导者在危机状态下决策应遵循哪些原则?

7. 如何认识危机与契机的关系?

第七章 行政领导选才用人

“治国之道,唯在用人”,选才用人是行政领导者的基本职能之一。行政领导者能否做到知人善任是领导工作成败和事业兴衰的关键。在经济全球化和社会信息化的冲击下,国际化的竞争说到底是人才的竞争,更是领导人才的竞争。因此对现代行政领导选才用人的研究就显得格外重要。

第一节 选才用人的理论基础

行政领导制定的战略决策目标以及各种方针、政策,必须通过一定的人去贯彻执行才能得以实现,因此可以说选才用人是行政领导的最基本的职责之一。然而在行政领导实践中如何真正做到知人善用,即实施有效的选拔人才的方法,确立正确的用人基本原则,避开常见的用人误区等,却需要首先深刻理解并掌握选才用人的理论基础。概括地说,现代行政领导选才用人的理论基础就是人力资本理论。其基本内容主要表现在如下几个方面:

一、人力资源概说

行政领导的人力资源观,就是领导者在组织领导过程中,对人力资源和人力资源管理问题的总观点、总态度。它是随着社会历史条件的变化而不断变化的。现代行政领导者必须对人力资源和人力资源管理有正确的认识和态度,这是进行选才用人的前提。

(一) 人力资源的含义

总的来说,一个国家或地区的经济资源可以分为三种:自然资源、人工资源和人力资源。自然资源是指大自然赋予人类的、可供人类利用并能为人类造福的各种自然物的总称,主要包括生态资源(如水、阳光等)、生物资源(如各种动物、植物和微生物等)和矿产资源(如煤、石油和天然气等)三种;人工资源是指经过人力加工的物质和精神产品的总称,如粮食、书籍以及各种艺术作品等;而“人力资源是指以人的自然生命机体为载体的,能够满足生产性、建设性或创造性需要的某种手段或东西。”①从概念的界定中可以看出,人力资源就是指劳动力和人才资源,也就是凝集在劳动力和人才身上的某种生产能力或生产手段。

---

① 郭庆松主编:《现代人力资源管理》,文汇出版社 2002 年版,第 3 页。

（二）人力资源的特点

人力资源与自然资源、人工资源相比，有自身十分明显的特点：

1. 能动性。一方面，人力资源、自然资源和人工资源是人们开发和利用的对象和客体；人们对它们的开发和利用主要是为了提高社会生产力，增加物质财富，更好地满足人们的各种需要。另一方面，与自然资源、人工资源不同，人力资源又是开发和利用各种资源的动力和主体，只有作为人力资源载体的人或人口，才能对各种资源进行开发和利用，并能在开发和利用各种资源的过程中发挥自己的主观能动性。这种主观能动性主要表现在三个方面：一是自我强化。就是通过教育和培训等手段，可以提高人们的工作能力和素质。二是选择职业。在市场经济条件下，人们可以自主选择自己的职业，人力资源主要靠市场来配置。三是积极劳动。人们在劳动过程中可以创造性地工作，发挥自己巨大的潜能。

2. 时效性。时效性是指人力资源的作用的不可保留性。这就是说，人力资源是蕴藏在人体内部的能力和手段，随着时间的推移，人力资源的浪费和不适当利用所带来的损失是不可挽回的。因此，对人力资源的存量要最大限度地、最合理地进行开发和利用。

3. 再生性。一般说来，经济资源又可划分为可再生和不可再生资源两大类。人力资源是属于可再生资源。它通过人口的再生产和劳动力的再生产得以再生。通过人口的再生产，人力资源在个体上得到不断的更新；通过劳动力的再生产，人力资源在个体和总体上得到不断的恢复和提高。但需要注意的是，人力资源的再生性与其他可再生资源不同，它除了要遵循一般的生物学规律外，还要受人类活动和人类意识的影响和支配。

4. 社会性。人力资源的社会性，一方面是指它具有随着社会生产方式的变化而在其量、质和结构等方面发生变化的特性；另一方面是指它的开发和利用程度决定于社会生产方式尤其是经济技术发展水平。一般说来，人力资源的开发和利用程度与经济技术发展水平有着正相关性。但在同等的经济技术发展水平下，人力资源开发和利用程度有时是不同的，甚至是大相径庭的，这主要根源于社会对人力资源开发和利用的重视程度。

二、公共人力资源及其管理

（一）公共人力资源及管理的含义

所谓公共人力资源是指在公共部门（与私人部门或私营企业相对）工作的人员，尤其是指在国家、政府部门从事公共事务管理的人员，特别是指国家公务员。公共人力资源作为一种政府资源，区别于其他一般的人力资源概念，有其自身的本质特征：第一，公共人力资源行使公共权力，这是公共管理的基石；第二，公共人力资源追求公共利益，这是公共管理的宗旨；第三，公共人力资源只对公共事务起作用，这是公共管理活动的客体；第四，公共人力资源具有公共责任，这是公共管理的灵魂所在。

人力资源管理是一个有争议的概念，但对于一个组织而言，是指“在合理制定人力资源计划的基础上，运用相关手段和方法，实现组织岗位与员工的合理匹配，并通过一系列管理手段，提高员工的素质，激发员工的工作动机，协调各方面的关系，充分调动员工的工作积极性，以保证组织目标的实现。”①从概念的界定中，可以看出，人力资源管理观念不仅适应于私人部门或私营企业的人事管理，而且它的基本精神和方法也适应于公共部门尤其是政府部门的人事管理。在当今社会，这种新的管理观念已被引入公共部门，公共人力资源管理取代传统的人事管理已成为一种趋势。而“公共人力资源管理是指对从事公共事务管理的人员从招聘、录用、培训、升迁、调动、评价直至退休的全过程管理。目的是通过科学管理，谋求人与人、人与事、人与组织、人与环境之间的协调，达到事得其人，人适其事，人尽其才，事竟其功。”②

（二）公共人力资源管理与传统人事管理的比较分析

一个政府的有效性和合法性以及其在国际竞争中的实力和地位，在很大程度上取决于该国的公共人力资源，取决于该国公共人力资源管理的效率和效益。因此，在我国实现经济体制和经济增长方式两个根本性转变的过程中，应努力实现由传统的人事管理向整体的人力资源管理的转变。

将公共人力资源管理和传统的人事管理比较，可以发现它们之间的几个基本差别：

（1）在对待人的态度上，传统的人事管理把人看做是成本，把人事管理工作看做是日常人事行政工作；而公共人力资源管理则把人看做是“第一资源”，是世间最宝贵的资源，把对人的管理放在重要位置。

（2）在管理原则上，传统的人事管理注重以事为中心，恪守“进、管、出”管理模式，陷入了“调出调入天天找，工资考勤统计表，学习培训探亲假，生老病死办劳保”的窠臼；而公共人力资源管理则以人为中心，重视采用各种激励手段来调动人的积极性。

（3）在管理方法上，传统人事管理主要是靠纪律和监督，是强制型、被动型的“管家式”管理；而公共人力资源管理实行主动开发型、有预见性的方法，既注重管理的科学性，也注重艺术性。

（4）在管理内容上，传统人事管理主要是为自己的组织招募新人，填补空缺，监督执行“进、管、出”等各个环节的有关规定；而公共人力资源管理不仅注

① 郭庆松主编：《现代人力资源管理》，文汇出版社 2002 年版，第 7 页。
② 陈振明主编：《公共管理学》，中国人民大学出版社 1999 年版，第 447—448 页。

重于本组织,而且还注重于全社会人力资源的开发和利用,着眼于地区、国家,甚至国际上人力资源的规划和生产,重视人和事、人和环境的协调配合。

(5) 在对国家公务人员的管理上,传统的人事管理把他们与其他行业的员工一样对待,采用同一种管理模式,运用同样的管理手段;而公共人力资源管理则重视现代国家公务员制度的建立和完善,走制度化、规范化的道路,把加强公务人员的预测与规划、培训与教育、选拔与使用、配置与管理看做是开发公共人力资源的重要措施。

三、树立正确的公共人力资源开发新观念

公共人力资源开发是指为科学、充分和有效地发挥公共人力资源在工作过程中对社会进步和经济发展的积极作用而进行的资源配置、素质提高、能力利用、开发规划和效益优先等一系列活动相结合的有机整体。因此,行政领导者为了科学、充分和有效地发挥公共人力资源的积极作用,就应当树立正确的公共人力资源开发新观念:

(一) 确立人力资源是第一资源的观念。在自然资源、人工资源和人力资源这三种资源中,人力资源,尤其是高层次的人力资源是科学技术的载体,是把科学技术转化为现实生产力的中介。应把其当做是第一资源,即最宝贵的资源。

(二) 确立人力资本的观念。人力资源作为特殊的主体性资源,不仅有认识其他资源的能力,还有自我认识的能力;不仅有开发其他资源的愿望和动机,还有开发自我的愿望和动机。因此,人力资源也可以被认识并被作为开发对象,从而转化为人力资本。而人力资本的重要性正如美国学者所说"所有资本中最有价值的是对人本身的投资。"①

(三) 确立人才商品化的观念。在计划经济体制下,人才不是商品,是不允许进入市场自由流动的,一次就业就定了终生,这就造成了人力资源的巨大浪费;而在市场经济体制下,必须要确立人才是商品的概念。人才不仅具有一般商品的属性,可以进入市场按照价值规律自由地交换,而且有其自身的特殊性,即人才作为一种特殊的商品,所有权和使用权可以相对分离,所有权始终属于个人,而使用权可以由买方以一定的方式拥有。

(四) 明确人力资源开发的特殊性。由于人力资源具有能动性,所以衡量人力资源开发的程度如何,就要看它对人的能动性、积极性调动发挥得如何。人力资源的开发不仅是使用与消耗的过程,也是一个发展与提高的过程。

① 〔美〕加里·S.贝克尔:《人力资本》,北京大学出版社1987年版,第5页。

第二节　行政领导选才

领导人才是最重要的人才，其能量和品位常常直接构成一个群体、组织、民族、国家或社会的核心竞争力和关键性实力。在当今现实社会生活中，群体、组织、民族、国家或社会之间的相互较量和竞争往往最终体现在领导者之间的相互较量和竞争中。因此，对于一个社会系统来说，领导人才问题是决定其兴衰成败的决定性因素。

一、领导人才的含义和特点

（一）领导人才的含义与属性

所谓领导人才就是在组织和管理社会活动的各行各级领导岗位上，用自己的创造性劳动，为社会发展和人类进步做出显著贡献的人。按领域可分为政治领导人才，行政领导人才，企业领导人才及业务领导人才；按层次可分为高层领导人才、中层领导人才、基层领导人才等。

领导人才有别于其他人才，它有自己专有的属性。上述界定全面而科学地反映了领导人才的三个属性：

1. 社会性。领导人才主要是参与组织和管理社会活动，包括各种政治活动、生产活动、文化活动、军事活动等。他既是社会活动的组织者和管理者，又各自处于一定的生产关系和社会关系之中，受到各个不同历史时期特定的生产关系和社会关系制约。因此领导人才具有鲜明的社会性，在阶级社会里更集中表现为阶级性。

2. 创造性。作为社会活动以及其他人才的组织者和管理者，领导人才的创造性显得尤为重要。领导人才的创造性主要表现为：一是能够顺应事物发展规律，结合实际，科学决策，二是能够积极地、创造性地贯彻执行各项方针、政策及决定；三是能够用自己的聪明才智，开创某项工作的新局面；四是能够充分调动各类人才的积极性和创造性；五是能够顺时应变，大胆实践，勇于开拓，为后人摸索出一套可贵的行之有效的改革办法；六是将理论与实践相结合，对实践中的经验进行理论分析与概括，进行理论创新。

3. 进步性。判断一个领导人才是否具有进步性主要看他能否为社会发展和人类进步做出显著贡献，即看他的实践活动所产生的社会效果如何。不论领导人才的出身如何，只要他的创造性劳动为提高人类物质文明和精神文明做出较大较多的贡献，那么他就具有进步性。

（二）领导人才的特点

领导人才除具备以上三种本质属性外，还具有以下几种具体的特点，主要表现为：

1. 领导人才具有特定的领导范围和领导职能，这是由领导人才的职位所决定的活动区域和所承担的职责以及必备的能力。

2. 领导人才拥有一定的权力和权威。这二者是实施领导的最重要的资源和工具。

3. 领导人才拥有或支配各种社会资源，比如信息、智能、知识、技术、人力、资金和物资等资源，这是实施领导的必要条件。

4. 领导人才拥有特定追随者，这是从事领导事业的特定现实基础。

5. 领导人才具有特定的素质基础，如高尚的品德、优良的作风、高超的能力等，这是领导人才掌握领导资源并发挥领导作用的内在基础和先决条件。

二、行政领导选才的原则

领导选才的目的，是为了选到组织事业所需要的各种人才，并把他们合理地安置在相应职位上，实现人与事的科学结合，以推动事业的发展，达成组织的目标。为此，在领导选才的过程中，应遵循以下原则：

（一）因事择人

所谓因事择人，就是以事业的需要、职位的空缺为出发点，根据职位对人员资格的要求来选拔人才，由此做到以事定职，以职选人，人事相宜。否则，如果因人设事，为人择官，就不能保证事得其人，人尽其才，造成大材小用，小材大用或者机构臃肿，人浮于事的结果。

（二）公开公平

所谓公开，是指在选拔人才时要公告通知、公开进行。即将空缺的职位及其所需要的人才资格通过报刊、广播、电视等新闻媒介向社会公布，并将最终结果也晓之于人，并接受群众监督。公平是指凡具有应聘资格的公民，便具有平等的参与权利与机会，而不受其种族、性别、年龄、出身等诸方面的限制。坚持公开公平原则，一方面可扩大选拔人才的范围，另一方面可增加选拔工作的透明度，便于实施民主和公开监督，防止不正之风的产生与蔓延。

（三）竞争择优

在领导选才过程中，坚持竞争择优的原则，就是指在公开公平的前提下，让求职者依靠自身的素质进行竞争，用人单位择优选拔人才。遵循这一原则，拓宽了选才的视野，使用人单位能够在更广阔的范围内享有充分地挑选人才的权利，在选才中坚持这一原则，应将竞争贯穿于选才工作的各个环节中，即从报名、资格审查，到笔试、面试、考核以及体检等，要使求职者“过五关，斩六将”，始终处在一种激烈的竞争状态，层层筛选后根据工作的需要，择优选拔合适的人才。

三、行政领导选才的对策与方法

为了珍惜领导人才的能量和作用,最充分地开发利用这种宝贵资源,尽量避免领导人才的浪费,防止和消除组织人事工作的主观随意性和腐败现象,确保领导者和领导人才始终朝着正确的方向发展,必须实施正确的领导选才对策与方法:

(一) 行政领导选才的对策

1. 着眼于赢得新世纪的挑战和竞争,以非凡的改革勇气、信心和决心制定并实施选拔领导人才的核心竞争力发展战略。

2. 从领导素质入手,运用领导素质理论和领导人才理论,促进领导素质的提高和优化,将教育培训同实际工作结合起来,建立一套完整高效、科学规范的领导人才生产程序,不断提高研究和应用领导素质理论的实际水平。

3. 从整个社会的大系统到每个分系统、子系统,都建立科学有效的择优机制和"汰劣机制",并将其制度化和法制化,把传统的组织人事管理工作变成科学、严格的领导系统清理维护过程,形成一个稳定的、不以意志为转移的领导人才化趋势。

4. 以科学、认真、严肃的态度,依照科学的现代领导理论,改革和优化领导制度,消除不利于推进领导工作科学化的一切外在束缚和障碍;高效强力地推进组织人事工作的科学化、法制化与规范化。

5. 严格按照领导人才规律和公共人力资源管理的规律和原则,积极利用现代公共人力资源管理的一系列科学手段,包括领导测评和考核等科学手段,把传统的组织人事工作提高到科学的公共人力资源管理层次上来展开,积极培养、选拔、开发和使用领导人才,确保领导人才得以发挥出最大的作用,真正增强群体、组织、民族、国家或社会的实力和竞争力。

(二) 行政领导选才的方法

选拔人才是用人的前提和基础。领导者能结合自己组织的实际情况,灵活正确地使用选拔人才的方法,无疑能挖掘、招揽大批人才。以下简单地介绍几种选拔人才的方法:

1. 竞争考试法

利用考试来发现识别人才可以说是中国古代的一种创举。自隋唐开始采用的科举考试连绵延续了1300多年,"开科取士"为各朝各代沿用不废。考试体现了择优录用、公开平等、内行管理的原则。西方一些国家选用文职人员的一个重要方法——考试录用制,以及我国近几年来开始的公务员录用考试制度,就是借鉴了古代科举考试的基本精神。虽说考试本身具有较大的弊端,但从实际情况看来,存在着一定的合理性,依然有着重要的现实作用。

2. 竞争上岗法

这是我国近几年来采用的选拔人才的方法，就是将一部分空缺的司、处、科等级别的职位面向全社会进行公开的竞争上岗。中国共产党在第十五次代表大会上指出："深化人事制度改革，引入竞争激励机制，完善公务员制度，建设一支高素质的专业化国家行政管理干部队伍。"根据这种精神，我国加快了干部制度改革步伐，扩大民主，完善考核，推进交流，加强监督，破除一切不适合发展的观念，营造有利于人才竞争的氛围，特别是在干部能上能下、能进能出方面取得了较大的进展。

3. 绩效考核法

这种方法从最终社会效益出发，对人才实绩的大小好坏进行客观的评价，同时也是对预测结果的检验。绩效考核法有排列法、比较法、成果对照法、尺度评定法、个人申报法和行为考核法。在具体的实施中，应把握住以下几个要点：考核量表的设计要科学、合理；应选择对被考核人熟悉的人充任考核者；最后的汇总统计要认真、准确，以便作定量比较。此种方法将考核与学习有机地结合在一起，容易进行定量比较，能正确地反映出人才的实绩。

4. 荐举法

其中包括自荐、领导推荐、专家推荐和群众推荐等多种方法。①自荐。对于自荐，应严格地区分它与伸手要官的情况：伸手要官者多是挖空心思地投机钻营，从歪门邪道入手获取位置；而自荐者往往是经过深思熟虑，权衡才能，认为自己能为社会做出一定的贡献，并有施政措施，才向领导和群众提出。历史上战国时期的毛遂自荐已是千古美谈，所以，应当允许、鼓励这种行为，给人才创造脱颖而出的环境和条件。②领导推荐。这一形式主要通过两个途径实现：一是领导深入基层，通过接触群众，发现人才；二是领导在所属下属中推荐人才。对于领导的这种意见，应充分重视，因为各级领导比较了解自己下属的基本情况。但为防止个别领导的主观武断和裙带之风，应通过严格的组织程序操作进行。③专家推荐。如要选拔从事某种专业方面的人才，可请这方面的专家和同行来推荐和评议。因为他们能够对他的业务能力和水平做出富有见地的恰当的评价。但这种评价不应公开，应该严格保密，才能达到预期的效果。④群众推荐。这种方法具有涉及面广、信息量全的优点，是对以上三种荐举法的有效补充。

5. 群众评议法

在识别和考察人才的过程中，应广泛地征求大多数群众的意见，以求对人才取得全面、深刻的了解。群众评议法分为民意测验和民主选举。在实施当中，应注意将群众评议和组织考察结合起来，防止民意的偏差和被扭曲。

6. 领导亲自考察法

领导通过面对面的谈话、组织座谈会、一起从事某种具体工作等各种方式，对被考察者的德行、工作实绩、才识智慧、气质性格、身体状况等各方面的情况，进行直观式的考察和评议。这种方法简便、直接并且易操作，信息由于不需传递，因此具有失真较少的优点。

7. 信息网络法

这是信息网络社会识别人才的一种特色方法。由于我国国情的特殊性，各地的人才情况存在着差异性和不均衡性，有的地区的人才素质要求高，有的地区要求低；有的地区的人才资源丰富，而有的地区的人才匮乏。建立起人才信息网络，使人才在更大的范围内流动，不仅大大提高了人才的利用率，而且使人才资源得到最优配置，也极大地提高了工作效率。

第三节　行政领导用人

一、行政领导用人的含义和特点

（一）行政领导用人的含义与作用

行政领导用人是指行政领导者科学合理地使用公共人力资源中的人才资源，以做到人事相宜，相得益彰，这主要包括两个方面：一是用得准确，即用当其位，使其担负的职责与其才干正好相匹配；二是用得及时，即用当其时，使其能在年富力强，能够发挥最佳作用时，担负起本职工作。

用人的作用在于：一方面人是一种唯一能够扩大资源的资源。由于人具有创造力，所以人是唯一能增长和发展的资源。因此，如何发挥人的创造力，便成为领导的关键。领导主体的根本任务就是要充分开发和使用这种最宝贵的资源。领导客体的基本形式是人、财、物等，但这些基本形式并不是平行的、并重的。在领导客体的系统中，人是最主要的因素，是生产力和整个管理中最活跃、最能动、最积极的因素。组织活动的源泉在于劳动者的创造力、知识、智慧和积极性。财和物之所以也能够成为领导客体，是因为有了人这个因素。是人创造了财和物，并将它们用于生产和生活当中去。正是由于人的活动和人对自身需要的追求，财和物才能作为社会系统的组成部门，成为一种社会生活。

另一方面，领导活动与组织目标之间具有间接性，即制定和规划目标的领导者本人并不是目标的实现者。相反，他是通过调动下属的积极性使目标得以实现的，于是领导者下属的行为便成为实现领导目标的中介环节。

（二）行政领导用人的特点

行政领导用人主要有如下几个特点：

1. 关键性。领导在考虑人事问题的时候，应着眼于关键层次、关键岗位、关键任务、关键时刻的人事安排上，力求保证这些关键性的人事安排能够及时准确。而对于非关键性的人事安排,则应该让具体的组织人事部门来处理。

2. 覆盖性。领导要对组织的整体加以调控,不能有调控不到的“盲区”。

3. 破格性。由于人才具有层次性,因此领导在对人才的使用过程中,应当进行区别对待。对一般人才的使用,宜采取“阶梯式”,即从基层工作做起,一级一级台阶地提升上来。而对于特别优秀的人才,则应当打破那些关于台阶的陈腐观念,要敢于大胆地破格提拔。这样既能有效的保护和使用优秀人才,也能更好地促进工作的进行。

4. 争议性。领导在重用优秀人才的时候,往往会引起人们的不同看法,使之成为有争议的人物。特别是对于破格提拔的人才,争议性更大。所谓“木秀于林,风必摧之”,说的就是这个道理。但有争议并不就是坏事情。不要只是在那些无争议的人物中去物色干部,也不要因为有争议就不敢使用。对于那些确有真才实学、德才兼备的优秀人才,纵然争议很大,也应该大胆地使用。

5. 动态性。组织是一个动态的系统。从组织外部来看,周围的环境处于不断变化之中;从组织内部来看,组织的规模可以扩展也可以收缩,组织的结构可以调整,组织的目标也可以改变。因此,组织的用人问题,也应该是一个不断调整的动态过程,不应该是凝固不变的。用人要做到能上能下、能进能出。

6. 准确性。关键性的人事安排,对全局的工作起着至关重要的作用。用人得当,可以使工作进展顺利,得到加强;反之,用人不当,则会给工作带来巨大甚至是毁灭性的损害。因此,领导在用人的过程中,不但态度要积极,而且做法更要慎重,要能够做到知人善用。

二、行政领导用人的原则和方法

(一) 行政领导用人的原则

用人原则是领导用人成败的关键。因此,领导者在用人过程中应坚持以下几种用人原则:

1. 峰区年龄原则。人的才能和人自身一样,从萌发到鼎盛再到衰退,整个过程表现为一个抛物线过程。人的一生中存在着才能最佳期,一般来说,是30—45岁之间。这一时期,是人的精力最充沛,才华最横溢,体格最完善的时期。所以,在这一时期起用人才,就能避免人才的浪费,使投入产出比达到最优化。

2. 扬长避短原则。一方面“金无足赤,人无完人”,看准人的长处加以利用,是合理用人的真谛所在。唐太宗《帝范·审官篇》中的一段话“智者取其谋,愚者取其力,勇者取其威,怯者取其慎。”便生动地说明了这一道理。另一方面,避人之短不是说不看或看不到人的短处,而是说在用人时不要老盯着人的短处,要想方设法在限制其短处起作用的同时尽量弥补其短处,从而促使其长处得到正确而充分的发挥。

3. 量才任职,职能相称原则。做到这一点的前提是首先对各种职位的具体要求、任务和职责等,有一个明确详细的规定,为量才任职设立一个客观的标准和依据。然后正确鉴别人才的类型、特点、层次,并按能力大小分别安排相应的职位。如发现职能不对应者,应果断调整,该升的升,该降的降。同时,要做到职、责、权三位一体,互相统一,使人才在其位,有其权,负其责,尽其能。

4. 诚信不疑原则。既然根据人才的特点把其放到了合适的位置上,就应该对其给予充分的信任,让其大胆地展开工作,创造业绩。心理学研究证明,每个人都有自尊心,当他的自尊心受到尊重时,他的才智将能够得到充分的发挥。尊重和信任是使用人的前提。如果领导者既要使用一个人,而又不充分信任他,就会使下级在工作中缩手缩脚,并导致下级产生离心倾向。同时,信任下级也是领导者自信的表现。

5. 明责授权原则。明责授权就是明确责任,并根据其所担负的责任授予其相应的权力,从而使每一个层次的人员都能有其职,尽其责、使其智、成其事。领导者在授权时应首先考虑单位或组织的规模,授权范围应视领导者能够弄清问题并做出正确决策的范围而定。其次,要看单位或组织业务活动的性质,专业性越强应授予更大的权力。

6. 环境原则。人总是生活在一定的自然环境和社会环境之中,任何人才的创造力的发挥程度都要受到外部的客观环境的影响和制约。这一原则首先要求领导者在用人时要审时度势,视环境而异,如曹操在《论史士行能令》中指出"治平尚德行,有事尚功能。"其次要求领导者要为人才作用的充分发挥创造良好的环境即要创造一个尊重知识,尊重人才的环境;要创造一个民主的宽松的政治环境与彼此信任、关怀和友爱的人际环境,要创造一个人才能够施展才能的平等的机会和权力的环境;要创造一个能够提供继续学习、进一步发展机会的环境。

7. 数量原则。领导用人的数量原则,就是领导宽度原则。领导宽度即用人的数量标准,就是指领导者直接领导的人数,或者领导者可直接下达命令发出指示并直接向他汇报,对他负责的人数。领导宽度有一定的变化幅度,称为领导宽度的弹性,其大小取决于组织的目标是单目标还是多目标,组织的功能是单一的还是多样的,领导者个人素质的优劣,以及组织的完善程度和规范化程度。领导宽度可用以下公式概括:

$$I = N(2^{N-1} + N - 1)$$

公式中 I 表示各种联系的最大可能数,N 表示领导宽度,这一公式表明,N 以算术级数增加,I 则以几何级数增加。因此,领导宽度宜窄不宜宽,否则将导致失控。

8. 用养并重原则。即领导者不仅要用才,更要爱才、护才、养才,以避免人才的浪费与搁置。这就需要建立一套完整、配套的人才保护培养制度,这一制度应主要包括鉴别系统、监督系统、服务系统、使用系统、培训系统和保障系统,以解决人才的后顾之忧,为其不断成长与成熟创造条件。同时,在用才养才的过程中,要注重对潜人才的培养与开发,使人才辈出而不会后继乏人。

9. 流动原则。在现实的工作环境下,人才如果长期被固定在一个单位、一种位置,这就很容易使人故步自封、因循守旧,产生惰性和习惯势力,甚至造成错综复杂的关系网络,助长不正之风。比如有的单位就形成了“儿子开车,老子坐车,媳妇送文,公公批阅”的不良现象。人才的合理流动,有利于增强人才活力,形成人才优势效应;同时可以有效地防止不良现象的发生。

(二) 行政领导用人方法

人才选拔出来后,如何使用,是领导者在用人过程中最关键的环节。要达到使用人才的目的,就要采用正确的用人方法。我国目前在政府人才使用中主要采用以下几种方法:

1. 试用法

在政府干部经考核合格,在正式任命之前,必须经过一个试用期。在试用期里进一步考察。这种考察,具有双重意义:一是经过考察,该人符合上岗的要求便可以正式任命。反之,经过一段时间的实际考察,如不能胜任,便可辞退并改选他人;二是对于被考察者来说,通过试用期,来调整自己的心理、生理状况,以检查自己能否适应新的岗位。如能适应,则在这个岗位上干下去,为组织干出一番事业来;如不适应则可另谋岗位。建立新任职的干部试用考察制度,对领导者来说,可以避免考察人才不周全的错误。

2. 委任法

就是指领导者和组织人事部门经过一系列考核后,决定人选并安排其上岗任职的方法。这个方法容易受主观因素影响,较多地反映了领导者的意图。如实施不当,易造成用人的失误。但只要领导者和领导机关的工作人员工作认真负责,坚持实事求是的作风,坚持实施正规的制度流程,那么这种方法是有成效的。

3. 聘任法

这个方法是以人的工作实绩来衡量人的实际能力,有利于打破“铁交椅”和“铁饭碗”,有利于开展人才竞争,以充分发挥人的潜能。如果人才受聘后在岗位上干得出色,便可以继续聘用。如果政绩平平,则可解聘。

4. 选举法

这种方法能比较好地体现人民当家做主的权利和反映人民的心愿,尤其是对选拔任用基层干部更有优越性。但由于受到人民群众文化素质和民主意识等方面的制约,就会产生这样一个问题:得票多少并不一定说明领导者的优劣。有时一些德才兼备、坚持原则、实绩卓著的人,不一定得票多。因此,在对选举方法进行改进与完善的同时,要逐步提高人民群众的文化素质与民主意识。

5. 晋升淘汰法

晋升是指提高人才的职务和改变人才原有的级别,使其职责加重、地位提高。其具体的种类有:一是提拔在原工作岗位上表现突出、成绩卓著的人才担任领导干部,这样可以调整领导班子的合理结构,促进领导群体内的更新;二是聘任人才担任专职职务,有明确的权责和一定的任期,在任期间领取相应的职务工资;三是提高工资级别,由人才管理部门根据人才的成绩和资历来确定新的工资等级;四是提高人才的政治待遇。科学的健全的晋升方法,能调动干部的积极性,主动性和创造性。

与晋升相对的是淘汰,也就是将不称职的干部罢免,降职。如果只任不免,只升不降,就会形成死水一潭,导致干部队伍缺乏生机与活力。

所以晋升与淘汰的方法要同时运用,要形成一种能上能下、能出能进的良好局面。

三、行政领导用人的心理误区分析

用人,是一种艺术,是领导者在用人活动中,面对复杂多变的领导客体,充分发挥主观能动性,巧妙选择最佳行为方式的计谋和策略。然而,由于艺术的发挥具有强烈的主观能动性,领导者在用人时一方面可能慧眼识英才,更好地促进工作的发展;另一方面也可能由于认识上的偏颇与情感上的倾斜或习惯势力的干扰,而陷入用人的心理误区以致人事双失。概括地说,领导用人的心理误区主要表现为:

(一) 晕轮效应

晕轮效应也叫感认上的印象概推,亦即“哈罗效应”(halo effect),在社会上是常见的现象。

所谓晕轮效应,是指人们在判断别人时,容易产生一种倾向:首先把人分成“好的”和“不好的”两部分。当一个人被列为“好的”部分时,便把一切好的品性加在他的身上。相反的,如果一个人被归于“不好的”部分时,又容易把一切不好的品性加到他的头上。

感认上的印象概推,可能是以“个别”推“总体”,也可能是以“总体”推“个别”(如一旦听到“商人”这个“总体”,就认为“无商不奸”,每个商人都有一双势利眼,满身铜臭味。)不论采用哪一种方法,都有可能产生感认上的偏差,即晕轮效应。美国著名的心理学家阿希曾做过一个实验:给被试者看一张列有聪明、勤奋、灵巧、坚定、热情等五种品格的卡片,要求被试者想象一个具有这五种品格的人的形象。被试者普遍认为这种人是一个理想的友善的人。然后又把表格中的热情换成冷酷,要求被试者再设想一个合适的形象。结果发现,被试者普遍推翻了原有的形象,并想象出了一个截然相反的形象。这说明,热情—冷酷起着“晕轮”的作用,它掩盖了其他品格,决定着人们看待别人的总体印象。

(二) 投射效应

所谓“投射效应”(projection effect),是指人们往往有一个强烈的倾向:当他不知道别人的情况(如个性、爱好、思想等)时,就常常认为别人具有与自己相同的特性。或者说,当他需要判断别人时,就往往将自己的特性“投射”给别人,想象其他人的特性也和自己一样。亦即常言所说的“以己之心,度人之腹”。

“投射效应”是一些人用来判断别人、处理信息的简单方法。但很显然,这种看法容易产生两个缺陷:

第一,可能高估了别人与自己看法和想法的相似性;

第二,可能高估了别人在个性、爱好、品德等方面与自己的一致性,甚至于是“以小人之心度君子之腹”。

当领导者个性品质较好、品德高尚时,容易把别人想得过好,而放弃对部下的教育、督促,或提拔一些不太优秀的人。当领导者个性品质较差、品德低劣时,容易忽视那些值得提倡的好人好事,甚至把这些看成虚假的表现,从而导致在奖惩上失度或者是非颠倒,使真正优秀的下属得不到鼓励和提拔。

当领导者进行决策时,投射效应会导致主观主义地认为不会有不同意见,而不去与其他干部进行必要的沟通,从而损害了决策的民主程度,并挫伤了其他干部的积极性。

(三) 相互回报心理

相互回报心理也叫相互回报行为,它是指社会上的人往往有一种倾向:即喜欢那些他自认为喜欢他的人,讨厌那些自认为讨厌他的人。

相互回报行为的前提是人们对于信息的感认。由于人们的行为是十分复杂的,人们透过信息对别人的动机和行为的感认,有时候可能正确,有时候也可能是错误的。如下图所示:

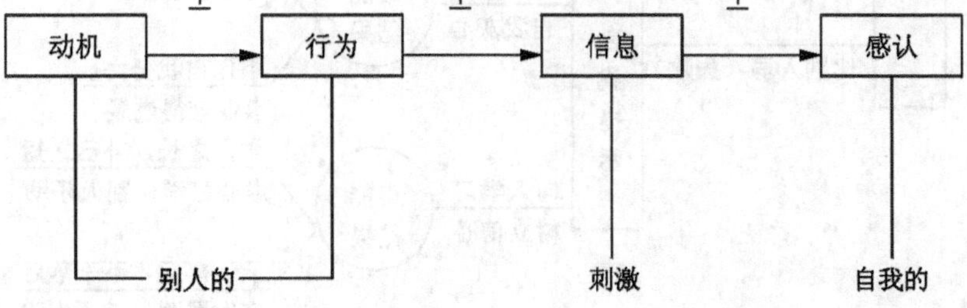

图 7-3-1

上图中3个±±±并不一定是一致的。当行为反映动机时,通过信息所产生的感认,其正确性可能较大,否则,其出现错误的可能性较大。由于主观感认与他人动机的不一致性,以及对信息判断的着眼点(短期或长期)的差异性,因而在相互回报行为中,常会出现"一厢情愿"、"以怨报德"或"以德报怨"等例外现象。

相互回报行为具有两重性。积极的相互回报行为,有助于人们相互关心、相互爱护、相互帮助、相互支持,有助于领导班子的团结和人际关系的和谐。值得警惕的是消极的相互回报行为。例如:进行权钱交易,你给我贿赂我给你官做;拉帮结伙,你对我封官许愿,我对你无原则跟随;或互开后门,我安插你的儿子,你安排我的女儿;或别有用心地相互吹捧,你投我以桃,我报你以李……这一切,都是市场经济等价交换原则侵入人际关系和劳动人事工作领域的典型表现,轻则产生不正之风,重则导致领导班子的腐败。

(四)嫉妒心理

嫉妒心理是人们在相互类比中产生出的一种消极有害的心理,即对才能、名誉、地位或境遇超过自己的人心怀怨恨。"同类互比"行为是人类的天性之一,不论是对个人还是对团体,也不论对自己还是对别人,都会进行同类对比,即通

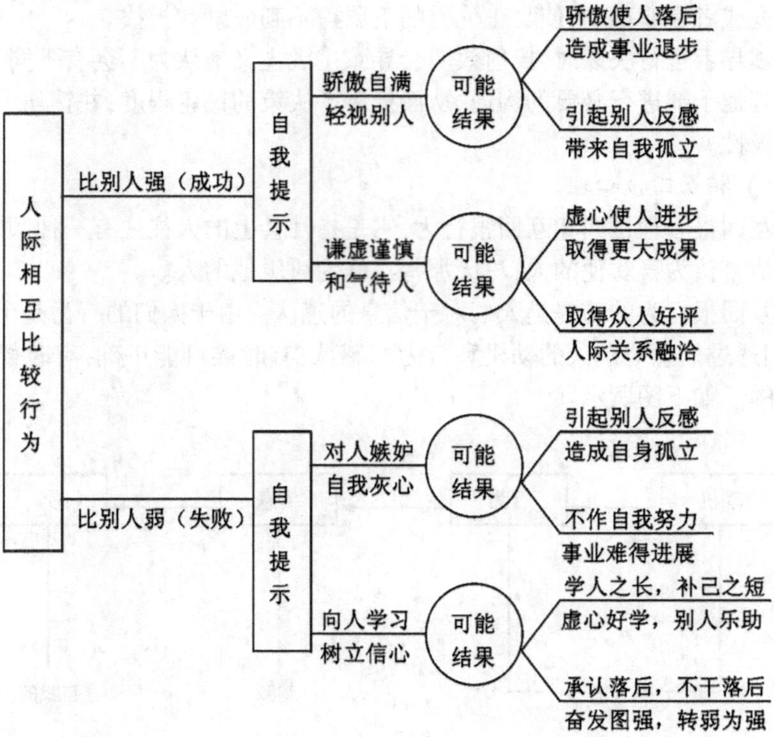

图 7-3-2

过与其他同类人的比较,来确定自己的现状和社会位置。这也叫人际相互比较行为。当自己比别人弱,别人比自己强时,正确的自我提示,会导致找出差距,进而向别人学习的积极行为;而错误的自我提示,会导致灰心丧气或诱发出强烈的嫉妒心理,结果引起别人反感,造成自身孤立。

嫉妒心理是十分有害的:一是影响领导班子团结;二是影响优秀人才脱颖而出,如“武大郎开店”,容不得功高(才高)盖己;三是会导致嫉贤妒能,排除异己,打击先进,压抑人才,破坏人力资源的合理开发;四是会导致奖惩不公,升降失准,该奖者不奖,该提拔者不提拔,失信于民,损害人力资源的管理;五是会形成对改革者的压力,所谓“枪打出头鸟”,反对冒尖,排斥对领导提出不同意见的人等等,往往使领导者自觉不自觉地被嫉妒心理驱使,而成为阻碍改革的人。

(五) 首因效应

所谓首因效应,指对人的看法过多地依赖第一印象,因此往往形成错误的心理定势。

心理学家曾做过一个实验,给两组大学生看一个人的照片。在看照片以前,对其中一组大学生说,照片上的人是一个屡教不改的惯犯;对另一组大学生说,照片上的人是一位著名学者。然后让这两组大学生分别从这个人的外貌来说明他的性格特征。结果大学生对同一张照片上的同一个人做出截然不同的解释:第一组大学生说,此人深陷的目光隐藏着险恶,高耸的额头表明他死不悔改的决心。第二组大学生说,这个人深沉的目光表明他思想深刻,高耸的额头表明他在科学道路上探索的坚强意志。这一实验说明了第一印象对于社会知觉的重要影响。

显然,仅从第一印象看人,带有很大的表面性、片面性和“先入为主”的特点,它产生于人们的知觉因素与情感因素的结合,并形成心理定势,从而影响以后对人的评价。

(六) 近因效应

所谓近因效应,指过多地依赖最近的表现对人做出评价,而不考虑他的全部历史和一贯表现的一种现象。

比如,平时工作积极、认真负责的职工,近来经常出现迟到早退等反常现象,领导不经过周密的调查,就把原来准备提拔其为科长的机会给了他人。而实际上,此职工是由于近一段时间身体不适,每天都在医院治疗,所以每天都出现了迟到早退现象。

这就是近因效应所带来的误差,它容易被别有用心、投机钻营的人所利用,积极表现于一时,取得领导好感,谋求个人的晋升或其他实际利益。

（七）偏见效应

所谓偏见效应，指从某种错误的观念和偏见出发，纯主观地做出对人的判断的一种现象。

偏见效应容易产生偏见，诸如："年轻人都富有激情，老年人都是保守的"；"小偷都是穷人"；"小孩子不会是骗子"；"老干部都觉悟高"等等。这在人才使用中往往使决策失误。

（八）马太效应

所谓马太效应，是指对已有相当知名度的人给予的荣誉越来越多，而对那些尚未出名的人则往往忽视他们的成绩，或不承认或贬低其价值这样一种常见的不合理现象。

马太效应是由科学史研究学者罗伯特、莫顿在1973年首先提出的。之所以叫"马太效应"，是因为"马太福音"第25章中有这样两句话："因为凡有的，还要加给他，叫他多余。没有的，连他所有的，也要夺过来。"

在社会中，马太效应处处可见：名家的末流之作，刊物也予以发表；而不出名的小人物的血汗结晶，即使有真知灼见，也往往明珠暗投。在组织内部，往往在领导头脑中只有几个突出的知名人物，选劳动模范是他，选积极分子是他，选优秀党员是他，选人民代表还是推荐他；而一些尚不知名的普通员工，尽管做出了相同或更好的成绩，也往往得不到承认和重视，在领导者视野中见不到他，因此无法脱颖而出。

（九）戴维现象

美国化学家戴维发现了订书匠法拉第在化学上的潜能，并将其精心培育成才，使法拉第名声大振。但此后戴维却开始贬低法拉第。他身为英国皇家学会的会长，是唯一投票反对法拉第参加皇家学会并成为会员的。

伯乐由识别和培养千里马，转而处处限制和妨碍千里马奔驰，带有一定的普遍性，被叫做"戴维现象"。

在我国现实情况中，由于利益上的冲突，或者价值观上的扭曲，或者人际关系的失衡，也存在着类似的现象：领导从提携青年干部到压制青年干部；学者从指导和培养高才生到贬低和排斥这些崭露头角的新秀。这种现象成为人力资源开发和利用方面不可忽视的问题。

凡此种种，都是违背了科学合理的用人原则，最终导致人才的流失与事业的失败。而要走出这些误区，我们应从以下两方面着手：一是不断提高与完善领导者的自身素质，如通过自我学习或组织培训，提高其道德修养，端正其思想认识，规范其领导行为等；二是将人才使用原则逐渐制度化，以减少领导用人的主观随意性。

第四节 行政领导用人中的激励理论和方法

一、激励的含义与作用

所谓激励,就是组织的领导者采取有计划的措施,设置一定的外部环境,对组织成员施以正强化或负强化的信息反馈(借助于一定的信息载体),引起其内部的心理和思想的变化,使之产生领导者所预期的行为反应,以期正确、高效、持续地达到组织预定的目标。

"激励涉及需要、需求、紧张、不安、期待。在行为背后有一种趋向行为的推力或拉力。这意味着在个人与周围环境的关系中存在着某些不平衡或不满意的情况。他认定目标,并感到有从事某些将会达到那些目标的行为的需要。"①可见,激励对激发人的积极性与创造性,满足人的需要,实现组织目标,从而推动社会的发展与进步,具有至关重要的作用。

二、激励理论简介

自20世纪二三十年代以来,管理学家、心理学家和社会学家们就从不同的角度研究了应如何激励人的问题,并提出了许多激励理论。可以按其所研究的激励侧面的不同及其与行为的关系不同,把这些理论归纳和划分为内容型、行为改造型、过程型和综合激励等类型与模式。虽然这些理论在开始基本上都是以企业为背景而提出的,但对于行政领导在用人过程中激励下属时也有重要的借鉴和启示作用。

(一) 内容型激励理论(Content Theory)

这是研究需要这个激励的基础的理论,它着重对激励的原因与起激励作用的因素的具体内容进行研究。

1. 需要层次理论

这一理论是美国心理学家马斯洛(A. Maslow)于1943年出版的《人类动机理论》一书中,首次提出的。其基本内容是:他假设每个人内在地存在着5种层次的需要,从低到高依次表现为:

生理需要:包括饥饿、口渴、住宿、性和其他身体需求;

安全需要:包括免受生理和心理伤害的保护及安全需要;

社会需要:包括情感、归属、接纳和友谊的需要;

---

① 〔美〕弗莱蒙特·E.卡斯特、詹姆斯·E.罗森茨韦克:《组织与管理》,中国社会科学出版社2000年版,第346页。

尊重需要：包括内在尊重因素如自尊、自主和成就；外在尊重因素如地位、认可和关注；

自我实现需要：一种追求个人能力极限的内驱力，包括成长、发挥自己的潜力和自我实现。

五类需要像阶梯一样从低到高。一般情况下，个体沿着需要层次呈现阶梯状前进，但也有例外情况，例如有理想、有崇高社会标准的人，能牺牲其他需要而为真理献身。在同一时期内，可能同时存在着几种需要，但总有一种需要占支配地位，称为主导需要。而需要在获得满足后，便不再是激励力量。

这一理论从人的需要出发，研究人的行为，这是抓住了问题的关键。它在一定程度上反映了人类行为和心理活动的共同规律，为领导激励指出了方向和内容。它对领导激励工作的启示在于：要实施有效激励，达成组织目标，就必须重视、了解人的各种需要，并根据不同人的不同需要，同一个人在不同时期的需要，采取不同的激励方式与方法。

2. 双因素理论

这是美国心理学家赫茨伯格（F. Herzberg）提出的一种理论，原名为“激励因素——保健因素的理论”，简称为“双因素理论”。

他通过一系列调查研究提出激励因素有两类：一类是保健因素，它是指只能消除职工不满，但不能激发其积极性的因素，它只起保持人们心理平衡、维持正常工作的作用。这类因素主要包括公司政策与行政管理、工作条件、上下级关系、地位、安全、薪水等。这就类似医学上的保健因素，意即可以预防疾病，但不能增进健康。

另一类是激励因素，是指能够改善、调动人们积极性和激发工作热情，从而提高生产效率的因素，主要包括工作富有成就感，工作成绩能得到社会承认，工作本身具有挑战性，负有重大责任等。这些因素类似人们通过锻炼身体可以改变身体素质，增进健康，因此称之为激励因素。

根据上述双因素的分析，他提出一个重要观点：满意的对立面不是不满意，而是没有满意，不满意的对立面则是没有不满意，激励者若消除不满意因素，并不能带来满意，而只能是使职工没有不满意，只起保健作用。要使职工满意，就必须进一步强化激励因素。

双因素理论由于其调查对象的局限性以及缺乏实证性而招致了许多批评，但它依旧是有一定的创见和启示作用的。它让领导者认识到，要起到真正的激励作用。就必须既注重外在的物质奖励，更要注重内在的精神奖励，这包含有辩证法因素，但在客观实际中，我们要根据自己的具体情况，正确地区分保健因素与激励因素，灵活地使用这一方法。马斯洛的激励理论和赫茨伯格的激励理论的比较可用图 7-4-1 表示。

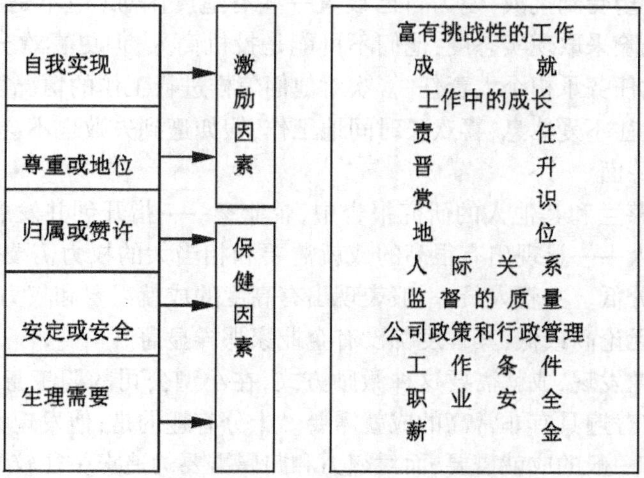

图 7-4-1

3. 成就需要理论

麦克莱兰(D. C. McClelland)在《成就需要理论》中阐明了三类基本的激励需要,对理解激励做出了贡献。他把这三种需要分为权力的需要、归属的需要和成就的需要,对检验人们关于这三类需要的方法,已经作了大量的研究,特别在成就的需要方面,麦克莱兰和他的同事们已经作了实质性研究。因为任何组织起来的企业和企业的任何部门,都是为实现某些目标而在一起工作的个人所组成的集体,所以成就的需要就有首要的意义。

所有这三种动力——权力需要、归属需要和成就需要——都与管理紧密相关,因为人们必须认识了这三种需要以后,才能使一个组织起来的企业运转良好。

(1) 权力的需要

麦克莱兰和其他一些研究者发现,具有高度权力需要的人对发挥影响力和控制都特别重视。这种人一般都追求得到领导的职位,他们往往是健谈者,还常常是好议论的;他们是性格坚强,敢于发表意见,头脑冷静和敢于要求的;而且他们爱教训别人和公开讲话。

(2) 归属的需要

有高度归属需要的人通常从受到别人喜爱中得到乐趣,并往往避免被社会集体所排斥而带来的痛苦。作为个人,他们既能关心并维护融洽的社会关系,欣赏亲密友好、理解的乐趣;也能随时地抚慰和帮助处境困难的人,并且乐意同别人友好交往。

(3) 成就的需要

有高度成就需要的人,既有强烈的求得成功的愿望,也有同样强烈的失败的恐惧,他们希望受到挑战,爱为自己设置一些有适度困难(但不是无法达到)的目标,并对风险采取现实态度;他们不可能是投机商人,但更喜欢分析和评价问题,能为完成任务承担个人责任,喜欢对他们怎样进行工作的情况得到明确而迅速的反馈,往往不爱休息,喜欢长时间地工作,假如遭到失败也不会过分沮丧,并且喜欢独当一面。

在麦克莱兰和其他人的研究报告中,企业家——指开创并发展一个企业或其他企业的人——显现出有很高的成就需要和相当大的权力需要的动力,但归属需要则十分低。主管人员,一般表现出有高度的成就需要和权力需要,而归属需要低。但无论高或低,其程度都没有企业家那样显著。

麦克莱兰发现,成就需要这种激励方式,在小型公司的职工身上最为明显,那里的总裁,普遍具有非常高的成就需要。十分有趣的是,他发现大公司的总经理,他们只有一般的成就需要,而对权力和归属需要的追求往往较为强烈。大公司的中上层主管人员,在成就需要上却要高于他们的总裁。或许,如麦克莱兰所指出的这种情况是可以理解的,总经理已经到达顶峰,而那些下面的人物还正在拼命地向上爬。

(二) 行为改造型理论(Behavior Modification Theory)

这是着重研究激励目的的理论,激励的目的正是为了改造和修正行为。这种理论主要包括挫折论和归因论。

1. 挫折论

挫折理论或许可追溯到20世纪极负盛名的奥地利心理学家弗洛伊德(S. Freud)创立的精神分析学说。该理论着重研究人因挫折感而导致的心理自卫。

在日常生活中,人们为实现目标所做的行为努力无非会产生两种行为结果,一种是在实现目标的过程中,没有遇到大的困难或虽然遇到了但依然能够战胜困难去实现目标;一种是在实现目标的过程中,遇到难以克服的困难,行为受阻,目标无法实现,需要无法满足。而由后一种行为所引起的心理反应和行为反应,就是我们要研究的挫折。挫折是客观存在的,但挫折感是主观的,即挫折的产生是不以人的意志为转移的,然而由此导致的挫折感及其对行为的影响却是因人因情景而异的。

因为受挫折的人各有特点,所以受挫折后因心理自卫而导致的行为表现也存在差异。一般情况下有两种类型:一类是建设性的心理自卫,即采取积极进取的态度;另一类是破坏性的心理自卫,即采取消极甚至是对抗的态度。这两种类型的具体表现分别为:

(1) 建设性的心理自卫,主要包括以下几种行为:

一是增强努力,指坚持原有目标,加倍做出努力,尝试其他方法或途径,最终达成目标。

二是重新解释目标,指当个体达不到既定目标时,则延长完成期限或修订即调换目标。

三是补偿,指当个体追求实现某一目标受挫时,则改为追求其他的目标,以取代或补偿原来未能实现的目标。

四是升华。指个体遭受挫折后,把敌对、悲愤等消极情绪转化为积极进取的动力,从而取得更有意义的成就,这种是建设性最高的。

(2) 破坏性的心理自卫,主要包括以下几种行为:

一是推诿,指人们遭受挫折后,会找出各种理由原谅自己或为自己的过失辩解。

二是逃避,指人们遭受挫折后,不敢面对现实,而是逃避到较安全的地方或者幻想。

三是忧虑,指一个人连续遭到挫折,便慢慢失去了自尊和信心,不知所措,终于形成一种由紧张、不安、焦急、恐惧感交织而成的复杂状态。忧虑严重者生理上还出现头发昏、心发慌、冒冷汗、胸闷和脸色苍白等反应。

四是攻击,这是一种无理智的、消极的、带有破坏性的公开对抗的消极行为。这种攻击可针对受挫折人所认为的挫折源而发,也可泄怒于无关的旁人或折磨自己甚至自杀。前者称为直接攻击,后者称为转向攻击。这是破坏性程度最高的。

五是冷漠,当一个人受挫折后压力过大,无法攻击或攻击无效,或因攻击而招致更大的痛苦,于是便将他愤怒的行为压抑下来,采取冷漠行为。严重者甚至会变成忧郁型精神病人。

以挫折理论为指导,领导者可采取下列方式方法对待人们因挫折感而导致的破坏性心理自卫行为,以将其引导到积极光明的方向上来:

一是采取宽容态度,即对受挫者给予理解和谅解,耐心疏导,帮助其树立“进取心”与“平常心”,做到乐观豁达,坚定顽强。

二是改变环境,即或者将受挫者调离原工作与生活环境,或者为其创造适当的环境与气氛,使其感受同情与温暖,逐渐变消极为积极。

三是精神发泄法,即为受挫者提供一种环境或氛围,使他们可以自由而痛快地发泄受压抑的情感或不平情绪,然后恢复理智状态,达到心理平衡。

四是心理咨询,即对于受挫者,心理学家可以通过与其进行有效磋商和交换意见,以提高他们的认识水平,帮助他们消除心理上的痛苦,从而在工作上取得更大的成就。

2. 归因论

在日常生活中,由于我们通常难于直接获得有关人们内心状态的信息,于是便只好凭借外在的线索所获得的间接信息去推知人们的内部状态,简单地说,这个推论过程就叫归因(attribution)。所谓归因,指的是:"一个观察者根据外在的行为做出有关行动者或他本人的内部状态的推论过程。"

归因理论的研究主要包括三个方面:一是心理活动的归因,即人们各种心理活动的产生应该归结为什么原因;二是行为的归因,即根据人们的行为和外部表现对其心理活动的推论,这是社会知觉归因的主要内容;三是对人们未来行为的预测,即根据人们过去与现在的行为表现,预测他们以后在有关情境中会产生什么样的行为。

将归因理论应用于激励的实践,主要是研究人们获得成功和遭到失败的归因倾向,从而鼓励人们再接再厉或正视失败,重新再来。

美国心理学家韦纳(Weiner)提出了成功和失败的归因模型。他将人们获得成功或遭到失败主要归因于四个因素:努力、能力、任务难度和机遇。这四种因素可以按照内外因、稳定性和可控性三个维度来划分。从内外因来看,努力和能力属于内部原因,而任务难度和机遇属于外部原因。从稳定性来看,能力和任务难度属于稳定因素,努力和机遇属于不稳定因素。从可控性来看,努力是可控制的因素,而任务难度和机遇都是不以人的意志为转移的。

人们把成功或失败归因于何种因素,对于以后的工作积极性有很大的影响。在激励的实践中,一般情况下,应把成功归因于内因、稳定性与可控性因素,这样有利于强化自信,但同时也要防止其骄傲自大。反之,则应把失败归因于外因、不稳定及不可控性因素,这样有利于使失败者恢复信心,正视困难,但同时也应启发其正视自身,以避免逃避问题或推诿责任。

(三) 过程型激励理论(Process Theory)

这是着重研究动机的形成和行为目标的选择,即激励过程的理论。主要包括以下几种类型:

1. 期望理论

(1) 弗洛姆模式

这一理论是美国心理学家弗洛姆(Victor H. Vroom)提出的研究需要与目标之间规律的一种理论。这一理论认为,一种行为倾向的强度取决于个体对这种行为可能带来的结果的期望度,以及这种结果对行为者具有的吸引力。这一理论可用公式表示为:

$$激发力量(M) = 效价(V) \times 期望值(E)$$

其中,激发力量(motivation)是指调动一个人的积极性、激发人的内在潜力的强度。效价(valence)是指一个人对他所从事的工作或所要达到的目标的估价,即某一事物对一个人的重要程度或价值大小,期望值(expectancy)是指根据个人的经验判断实现目标的可能性大小。从这个公式中可以看出,要使被激励对象所受激励最大时,效价值和期望值也必须高。为使激励充分发挥作用,弗洛姆提出了人的期望模式：

个人努力——个人成绩——组织奖励——个人需要

这一模式提醒领导者，为对职工实施有效激励，必须正确处理下面几种关系：一是努力与成绩的关系，即制定目标一定要切合实际，不宜过高或过低，使被激励者认为通过个人努力可达到预期目的，从而有信心和决心去奋斗并取得成绩。二是成绩与奖励的关系，即既要求人们做出贡献，又要采取行之有效的物质奖励或精神奖励，以调动职工的积极性。三是奖励与满足个人需要的关系，由于人与人之间在年龄、资历、社会地位、经济条件方面存在着差异，需要也会有所不同。因此，奖励只有符合个人需要才能有真正的激励作用。

（2）波特和劳勒激励模式

莱曼·W.波特和爱德华·E.劳勒（Edward E. Lawler）以期望理论为基础，导出了一种本质上更完善的激励模式。他们把研究所得的模型主要应用于领导者的活动中，如下图所示。

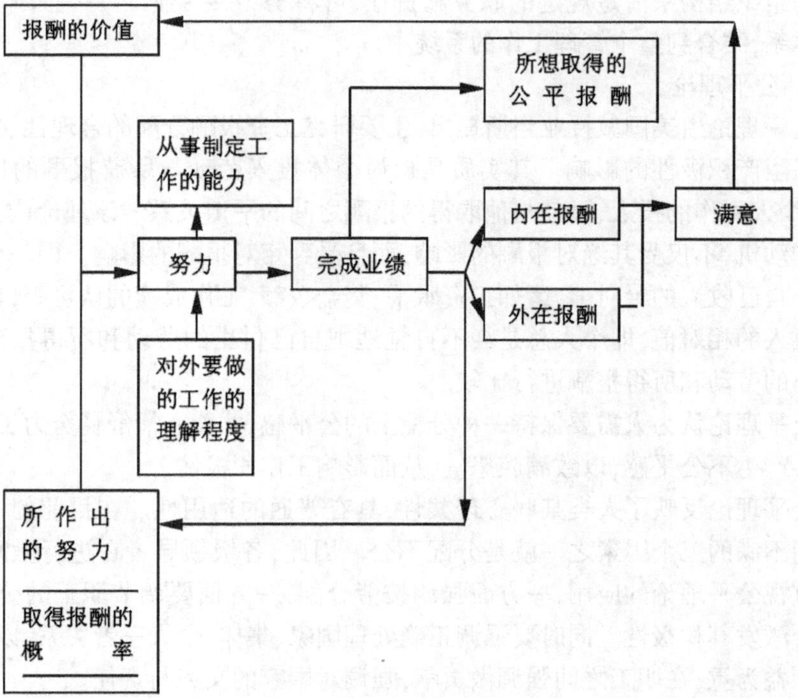

图 7-4-2

如这个模式所示，努力的程度（激励的强度和发挥出来的能力）取决于报酬的价值，加上他个人认为需做出的努力和获得报酬的概率。但所需做出的努力和实际取得报酬的概率，则又反过来受到实际工作业绩的影响。显然，如果人们知道他们能做或者曾经做过这样的工作,则他们便可更好地判断所需的努力并更好地知道报酬的概率。

一项工作中的实际业绩(任务的执行或目标的实现)主要取决于所做的努力。但它也在很大程度上受到个人去做这项工作的能力(知识和技能)和他对所做工作的理解(对目标、所需进行的活动和有关任务的其他内容的理解程度)的影响。而工作业绩又可以带来内在报酬(诸如成就感或自我实现感)和外在报酬(诸如工作条件和地位)。这些报酬,用他个人的观点,如果他认为是公平的话,就导致满意。但是业绩的大小,又会影响他想要取得的公平报酬。这就是说,个人认为什么才是对他所做努力的公平报酬,必然会影响到所得到的满意程度。同样,报酬的实际价值,也会受到满意程度的影响。

波特和劳勒激励模式,虽说比较复杂,但它更恰当地描述了激励的系统。对从事于实际工作的领导者来说,这个模式意味着激励不是一种简单的因果问题。它还意味着,领导者应谨慎地估价报酬结构并通过周密的规划、目标管理以及由良好的组织结构来清楚规定的职务和责任,可将努力——业绩——报酬——满意的体系,结合到整个管理工作的系统中。

2. 公平理论

这一理论由美国教授亚当斯提出,主要研究工资报酬分配的合理性、公平性对职工生产积极性的影响。其实质是探讨个体投入劳动与所获报酬的比值概念,即个人所作的投入、贡献与他取得的报酬之间的平衡关系。该理论认为职工的工作动机,不仅受其绝对报酬的影响,而且受到相对报酬的影响。即一个人不仅关心自己收入的绝对值,诸如工资水平、奖金数额、工作成绩的认可等,也关心自己收入的相对值,即个人总是会不自觉地把自己付出的劳动和所得报酬与他人付出的劳动和所得报酬进行比较。

公平理论认为人需要保持一种分配上的公平感,才能心情舒畅努力工作,否则就会产生不公平感,以致满腔怒气,从而影响工作积极性。

公平理论反映了人类某些心理共性,具有普通的适用性。在目前的中国社会人们不满的三个因素之一就是分配不公。因此,各级领导者在进行激励时要高度重视公平理论的应用,一方面强调按劳分配,一方面要调节职工的公平感,以充分激发其积极性。同时要强调正确处理国家、集体、个人三者关系,以国家、集体利益为重,在职工之间强调做贡献,强调对国家的义务与责任。

在了解基本的激励理论的前提下,领导者要充分发挥激励的作用,还必须遵循一定的原则,掌握并灵活运用各种方法。

3. 强化理论

哈佛的心理学家 B. F. 斯金纳(B. F. Skinner)所提出的一种有趣的、但却是富有争议的激励技术——正强化或行为修正理论。这种理论认为可以通过对人们工作环境的专门设计,并对他们的业绩加以赞扬,而对成绩差的加以惩罚,来产生相反的结果,使人们受到激励。

斯金纳及其追随者做的工作远不止对成绩好的加以赞扬而已。他们分析工作情况以确定工人按他们的方式行动的原因,而后他们着手去改变这种情况,以消除工作中困难的地方和障碍。于是,在工人的参与和帮助下设置具体的目标,对工作成果迅速而又经常地进行反馈,对工作的改进用赞许和表扬来给予报酬。甚至当成绩还没有达到目标时,要设法帮助他们并对他们所做的好事加以赞扬。他们还发现,让职工充分了解关于公司的问题,特别是那些涉及到他们的问题,是十分有益的而且富于激励性。

这种技术听起来几乎过于简单,因而许多行为科学家和主管人员对于它的有效性表示怀疑。然而许多著名的公司都已发现这种方法是有益的。例如埃默里航空运输公司已经看到这种方法的好处,他们仅仅从诱导工人尽力确实做到在装运前先将小包裹填满装箱的办法,就使公司节省大量的运费。

4. 目标激励理论

美国著名的管理学专家彼得·F. 德鲁克(Peter. F. Drucker)认为,过去的领导理念和方法及激励方法都是只强调一点,而不顾其他。他的目标管理则把以工作为中心和以人为中心结合了起来,能激励起职工的工作热情和发现自身的价值,从工作中满足自我实现的需要,而同时组织的目标也因而得以实现。

(1) 组织中目标的性质

一个组织的目标,可分战略性目标、策略性目标以及方案和任务,分别由组织中的各级领导管理人员和一般职工来制定,如下图所示:

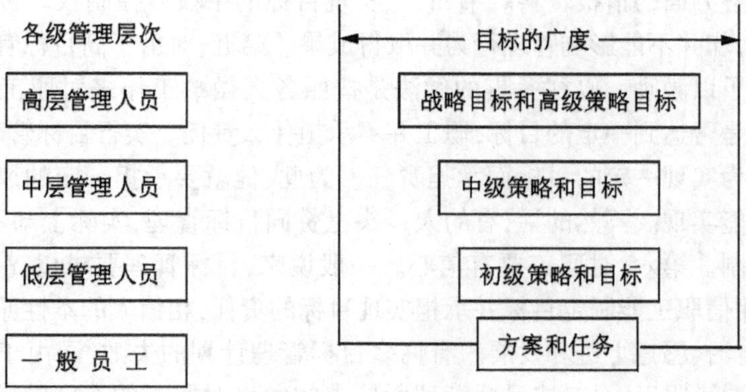

图 7-4-3

上图显示,战略目标主要由组织中的高层人员来制定,如一个企业的利润、市场地位、劳工关系、技术、人员培训等。战略目标可能是长期的(涉及今后数年),也可能是短期的(一年或几个月)。它们之所以成为战略目标,是因为它们的成就是组织取得成功的关键,并可用来使广大员工了解组织取得成功的意义。

策略目标是同战略目标相比较而言的,是次一级的目标,是为实现战略目标服务的。例如,在某一个会计年度中把公司的利润从50万元增加到65万元。这显然是一个应由公司高层领导来制定的战略目标。在该会计年度内,要把职工的每月离职率从4%减到3%。这是为前述的战略目标服务的,是一项策略目标。策略目标有复杂程度和层次高低的区别。例如,上述降低职工离职率是一个高级策略目标。为了达到它,可以再制定以下一些次级策略目标:一是修改工资报酬制度,以便稳住职工不离职;二是提高一线管理人员的人际关系技术,使他们了解如何解决职工离职问题;三是通过对职工态度的调查和访谈来找出职工离职的原因;四是对雇用资料进行分析,以便在雇用职工以前就能对职工离职情况作出预测;五是改善组织的物质环境。策略目标有时并不复杂,并且易于完成,但在整个目标系统的实现中起重要的作用。

方案和任务是指一般职工为他们本身的工作制定的目标。

(2) 目标管理成功的先决条件

德鲁克认为,要使目标管理成功,必须有以下六项条件:第一,高层领导人员的参加。组织的高层领导人员必须积极参加制定和实现单位的战略目标和高级策略目标。第二,下级人员必须积极参加目标的制定和实现。目标管理计划之所以能起到激励作用并改善人际关系,就因为它能吸引各级管理人员和广大职工参加制定目标并为目标的实现承担责任。第三,有充分的情报资料。要制定有效的目标就要求有充分的精确的情报资料。各级人员如果不了解高层领导制定的目标,就不能合适地制定他们自己的目标。此外各级人员还必须掌握与组织有关的各方面的情报资料。第四,对实现目标的手段有控制权。否则目标虽然制定了,却并不能影响管理行为并取得成果。第五,对由于高目标管理而带来的风险要予以激励。以往一贯的做法是按照各人做的工作来对职工进行评价的。至于是否达到一定的目标,职工并不承担什么责任。实行目标管理以后,每个人都要为实现一定的目标而承担责任。为此,他就要承担一定的风险——目标不一定能实现。不然的话,有的人口头上赞同目标管理,实际上却不积极,甚至暗中抑制。第六,对职工要有信心。一般说来,目标管理要求以Y理论来看待职工,相信职工能制定目标并承担实现目标的责任,相信人的本性愿意承担责任、能够自治、愿意上进和发展。有许多目标管理计划的失败,同由于领导者用X理论来看待职工,而未按目标管理所要求的做出对职工的态度的转变;也有的是由职工习惯于在X理论的环境中工作,不能迅速适应目标管理的要求。所以,组织的领导者和职工两方面都应在态度上有所转变,才能使目标管理获得成功。

(3) 目标管理的三个阶段

目标管理的三个阶段如下图所示：

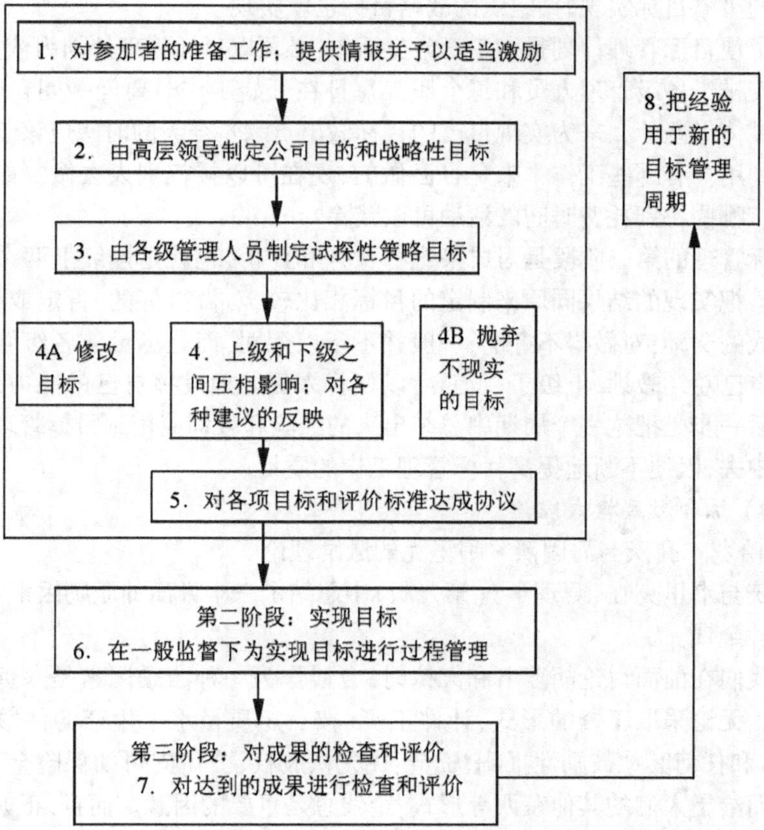

图 7-4-4

目标管理的第一阶段是制定目标。整个单位制定一年或一个时期的战略目标,各级管理部门制定本部门要实现的策略目标,每个职工制定自己的目标(方案和任务)。这样就形成了一个目标体系。这一阶段十分重要。目标愈是明确、具体、数量化,则实现目标的过程管理和对成果的检查与评价也愈容易。这一阶段又分为五步:1. 准备。2. 由高层领导制定战略目标。3. 在各管理阶层制定试探性的策略目标。4. 各级管理人员提出各种建议,相互讨论并修改。5. 对各项目标和评价标准达成协议。

目标管理的第二阶段是实现目标的过程,也是连续第一阶段的第六步。它是在一般监督下为实现目标而进行的过程管理。这种过程管理同传统的管理方法不同,主要由职工自主管理或自我控制,上级只是根据例外原则对重大的问题才过问和干预。因为每个职工都有由他自己制定的目标,能充分发挥其积极性、创造性和主动性来实现他自己的目标。由于职工的个人目标和各级管理人员的策略目标是以整个组织的战略目标为依据的,所以当职工的个人目标和各级管理人员的策略目标实现时,组织的战略目标也就实现了。

为了使目标管理计划贯彻于日常生活中,必须以目标管理计划为依据,做出逐日的安排。各级管理人员和每个职工每日在开始工作时要问一问自己:我今天能够具体做些什么来为实现自己的目标做出贡献?今天的时间应该怎样最好地予以利用?有哪些工作本来是自己做的,现在可以授权别人去做?如何防止干扰?有哪些特别耗费时间的活动可以减除?……

目标管理的第三阶段是对成果进行检查和评价,也就是连续上两个阶段的第七步。把实现的结果同原来制定的目标相比较,对做得好的,肯定成绩,予以各种形式的奖励;对做得不好的,一般并不予以惩罚,而是尽量使各级管理人员和职工自己总结教训,上级予以辅导,以便将来更好地发挥自己的能力,做出贡献。最后一步是把这一个周期中总结出来的经验和教训应用到目标管理的下一个周期中去,以便不断地提高目标管理工作的质量。

(四) 综合激励模式理论

1. 哈罗·孔茨与海因茨·韦里克的激励理论

孔茨与韦里克在《管理学》(第九版)中总结了三个方面的激励因素:

(1) 金钱

当我们在前面讨论胡萝卜和大棒时,金钱作为一种激励因素是永远也不能忽视的。无论采取工资的形式,计件工资(按一定质量水平生产的件数所取得的报酬)和任何其他鼓励性报酬、资金、优先认股权、公司支付的保险金,或在做出成绩而给予人们的其他东西等形式,金钱总是重要的因素。而且,正如某些作者所指出的那样,金钱往往有比金钱本身更多的价值。它也可能意味着地位或权力。

经济学家和绝大多数主管人员倾向于把金钱放在高于其他激励因素的地位。然而行为科学家则倾向于把金钱放在次要地位。也许这两种看法都不是正确的。但如果要使金钱能够成为和应该成为一种激励因素,则主管人员必须记住下面几件事。

a. 相比那些已经"功成名就"的、在金钱的需要方面已不再是那么迫切的人,金钱对于那些抚养一个家庭的人来说,就重要得多。金钱是获得最低生活标准的主要手段,虽然这种最低标准随着人们日益富裕而有提高的趋势。例如,一个人过去曾满足于一所小住房,而现在一辆豪华的轿车才能使他得到同样的满意,即使在这些方面,我们也还不能一概而论。对于某些人来说,金钱总是极端重要的。而对另外一些人可能从来就不那么重要。

b. 在大多数工商业和其他企事业中,金钱实际上是用来作为保持一个组织机构配备足够人员的手段,而并不作为主要的激励因素,这可能是十分正确的。各种企业在他们的行业和他们的地区范围内使工资和奖金具有竞争性,以便吸引和留住他们的职工。

c. 金钱作为一种激励因素,由于采取了确保在一个公司里各类主管人员的薪金适当类似的做法,往往多少有点减弱。换句话说,我们常常十分注意于确保人们在相应的级别上可以得到相同的或大体相同的报酬。这是可以理解的,因为人们通常参照同他们地位相当的人的收入来评价他们的报酬。

d. 如果要使金钱成为一种有效的激励因素,在各种职位上的人们,即使级别相当,但给予他们的薪水和奖金也必须能反映出他们个人的工作业绩。也许我们不得不实行可比工资和薪金的办法。但一个管理良好的公司绝不要求对相同的业务在奖金方面加以限制。实际上很明显,除非主管人员的奖金主要是根据个人业绩,不然的话,金钱便不会成为一种强有力的激励因素。

但是,金钱激励还有消极方面的作用,金钱的魅力和威力能够导致不适当的和非法的行动。伊万·博斯基(Ivan F. Boesky)曾以知内情的买卖取得巨大的个人收益而受到控告并罚款一亿美元。这是20世纪20年代华尔街的一桩最大的丑闻,曾使公众信赖受到动摇,他们害怕股票买卖可能受操纵。虽然金钱通常用做激励手段,它也能引起人们的贪心,昧起良心而造成不道德和非法的行为。

(2) 参与

作为激励理论和研究的结果而受到强有力支持的一种方法,就是职工参与管理。这一方法日益得到人们的认识和运用,毫无疑问,很少有人参与商讨和自己有关的行为(参与行动)而不受激励的。也不会有人怀疑:在一个工作中心里的大多数人是既知道问题之所在,又知道如何解决问题的办法。因此,让职工恰当地参与管理,既能激励职工,又能为企业的成功获得有价值的知识。

参与也是一种常识的手段。它能满足归属的需要和受人赞赏的需要。尤其是,它给人以一种成就感。但是鼓励职工参与管理不应该意味着主管人员削弱他们的职守。虽然他们鼓励下属人员发表意见,但对那些需要他们来决策的事情,仍然必须由他们自己来决定。

(3) QWL——工作生活质量

一种最有趣的激励方法是工作生活的质量计划。它是一种职务设计的系统方法,而且在工作丰富化的广阔园地里很有希望发展。它同社会技术系统的管理方法的基础结合在一起。工作生活的质量不仅是一种很广泛的工作丰富化的方法,而且也是一种内部纪律方面的探究与活动,结合理论与发展、激励与领导理论以及工业关系等。虽然工作生活的质量仅在20世纪70年代才崭露头角,但现在已有数以百计的案例研究和实践规划,并且主要在美国、英国和斯堪的纳维亚的一些国家成立了许多工作生活的质量中心。

工作生活的质量已经从许多方面受到热烈的支持。主管人员认为它是处理生产停滞的一种很有希望的方法,特别在美国和欧洲更是如此。工人和工会代表们也认为它是改善工作条件和提高生产率的一种手段,并且是确定较高工资的一种恰当方法。工作生活的质量对政府机关也有吸引力,认为它可以作为提高生产率和降低通货膨胀的一种手段,并作为达到工业民主和使劳资争端减至最低程度的一种方法。

无疑,工作生活的质量,可能具有如此重要的收益,所以传播得很快,尤其在我们一些较大的公司里更是如此。采用工作生活的质量计划的先驱,如通用汽车公司、普罗克特—甘布尔公司、美国铝业和美国电话电报公司等都是这样一些管理良好的公司,也就不足为奇了。

在发展工作生活的质量计划中,通常着手采取一些步骤,常见的是建立一个劳动管理指导委员会,通常有一名工作生活的质量专家或参谋,负责提出一些措施,通过工作丰富化和工作内容的再设计,以提高人的尊严、工作吸引力和生产率。在这其中,工人及其工会的参与(如果作业部门是成立工会的话),是很重要的。不仅因为工业民主的运用,而且也因为人们在工作中是最能识别什么将使他们的工作丰富化并使他们有可能生产更多的巨大的实际利益。这种典型的QWL技术,往往解决在许多工作丰富化的实例中所碰见的问题,例如错误地不去向工人请教什么将使工作对他们更有兴趣这一类问题。

由于委员会的深谋远虑,可能提出许多有关职务工作的设计和整个工作环境的改变方法。委员会的推荐还可能扩展到这样一些事情,如组织机构的改组,改善信息沟通的手段,有些在以前从未出现的适合他们的解决办法,通过技术上的改正来改变工作安排,诸如一条装配线的重新设计、更好的质量控制以及其他一些能够增进组织健全和提高生产率的事情。

2. 豪斯的激励综合模式

罗伯特·豪斯(Robert House)提出的这种激励综合模式,就是企图通过一个模式把上述几类激励理论综合起来,把内外激励因素都归纳进去。其代表公式是:

$$M = V_{it} + E_{ia}(V_{ia} + E_{ej}V_{ej})$$

公式中:

M——代表某项工作任务的激励水平高低,即动力的大小;

V_{it}——代表对该项活动本身所提供的内酬效价,它所引起的内激励不计任务完成与否及其结果如何,故不包括期望值大小的因素,也可以说期望值最大是1,所以可不表示;

E_{ia}——代表对进行该项活动能否达到完成任务的期望值,也就是主观上对完成任务可能性的估计。进行这种活动时,人们要考虑自己完成任务的能力,以

及客观上存在的困难等;

V_{ia}——代表对完成任务的效价;

$E_{ej}V_{ej}$——代表一系列双变量的总和。这些双变量中的第一个E_{ej}代表任务完成能否导致获得某项外酬的期望值;第二个V_{ej}代表对该项外酬的效价。在估计E_{ej}时,人们考虑完成任务后,有多大把握得到相应的外酬,如加薪、提级和表扬。

公式中下标的意思是:

i——内在的;e——外在的;t——任务本身的;a——完成。

如果把公式中的括号去掉,将其乘入,则公式右端则变为如下三项:

(1) V_{it}代表工作任务本身的效价,即这工作对工作者本人有用性大小。只要本人做那种工作感到有很大乐趣,很有意义,那么完成工作任务的期望值就为1,即完成任务的主观概率是百分之百,所以就不必再乘了。因此,这一项也代表做这件工作本身的内激励;

(2) $E_{ia}V_{ia}$代表任务的完成所起的内激励作用;

(3) $E_{ia}E_{ej}V_{ej}$代表各种外酬所起的激励效果之和,其中引入两项期望值是因为前者是对完成任务可能性的估计,后者则仅是对完成任务与获得奖酬相联系的可靠性的估计。

以上三项中,前两项是属于内在激励,第三项是属于外在激励。三者之和就代表了内、外激励的综合效果。

(三) 激励原则

为了取得更好的效果,领导在激励的过程中须遵循一些激励原则:

1. 实事求是原则。对下属的激励要从客观实际出发,经过科学的调查研究与考核评估,以实绩作为激励的依据,而不能掺杂私人恩怨。

2. 及时适度原则。激励及时就是让下属尽快看到成绩的利益与过失的结果,适度则是指功过与赏罚相适应。激励如果不及时适度,不仅会失信于人,挫伤积极性,而且还可能产生怨恨,造成混乱。

3. 适人性原则。由于不存在一种可以对所有人在同一时期内发生相同效应的激励方式,所以,激励必须因人而异。比如,对一些追求物质利益的人来说,给他们以精神方面的激励,明显是不太合适的;而对一些重视精神追求的人来说,给他们以物质方面的激励,可能会适得其反。同时,同一种激励方式中,又有不同的内容。比如,同是物质激励,既可以是货币激励,也可以是物质激励,而不同的激励对象对此又有不同的需求,乃至产生不同的效应。可见,领导在进行激励时,必须因人而异,对不同的对象采取不同的措施,以求取得更好的效果。

4. 一致性原则。一致性原则即个人需要同社会条件相一致的原则。由于社会现实条件的制约,人的某些合理的需要往往一时难以完全得到满足,这样就产生了个人需要同社会客观条件不相一致的矛盾。为了有效地达到激励的目的，领导在进行激励的时候，一方面要重视个人目标和个人需要；另一方面，也要认识到社会目标和社会现实条件，应当在两者的结合点上运用正确的方法和方式，使个人的需要符合社会客观条件。

5. 公平公正原则。一方面，使人们在激励面前享受平等的权利和义务；另一方面实施激励的领导和机关必须去私虑，避免激励人为地产生倾斜，畸轻畸重。

6. 讲求效应原则。效应是激励的核心，包括经济效应，即激励本身具有的经济力和转化的经济力；个体效应，指激励对被激励者产生的影响；整体效应，指激励对一个组织所产生的影响。为使激励发挥最大的效应，就要求把激励的事件、表现总结好；把激励的经验、教训宣传好；把激励的成果推广好。

7. 注重法纪原则。一方面，激励本身必须按一定的法定程序进行，如对激励对象的发现、观察、定性、审批、各种文书的填写、入档以及激励措施的发布等；另一方面，激励以后的确定，必须用相应的标准条件、纪律条令、规章制度、法律条令等来衡量。

（四）激励方法

正确运用激励方法往往能收到事半功倍的效果。一般来说，激励的方法主要有两种：

一种是外在的激励方法。它包括：福利、晋升、授衔、表扬、嘉奖、认可等。

一种是内在的极力方法。它包括：学习新知识和新技能、责任感、光荣感、胜任感、成就感等。

外在激励方法虽然能显著提高效果，但不易持久，处理不好有时会降低工作情绪；而内在的激励方法，虽然激励过程需时较长，但一经激励，不仅可提高效果，而且能持久有效。

以上是从较为抽象的、总体的层面来介绍激励的方法。但更具体的来看，激励方法可以分为十一种一般的方法：

1. 目标激励法

人的行为都有一定的指向性，这种有一定指向的、为了达到一定的目标的行为，往往是为了满足某种需要而进行的。这种为了满足某种需要，经过指向目标的行为而达到需要的满足，这就是一种目标激励的过程。

运用这种目标激励法，一方面要注意目标设置的适当，使职工意识到这种目标实现的可能性，另一方面，要通过职工参与制定目标，使企业利益、集体利益和职工利益统一，使职工从中发现自己的价值和责任，并能从实现目标中使自身的需要得到满足。

2. 荣誉激励法

这是一种对劳动者做出贡献(表现优秀者)的荣誉,这种荣誉主要是把工作成绩与晋级、提升、选模、评先进联系起来,以一定的形式或名义标定下来。其主要的方法是表扬、奖励、经验介绍等。把荣誉当成不断鞭策获得者保持和发扬成绩的力量,对其他人则可以引起感召力,产生比、学、赶、超的动力,从而产生较好的激励效果。

3. 自我价值实现激励法

人都有一种自我实现的需要,应该根据不同层次,不同知识水平、不同的技术特点,用其之长,善于发挥每一个职工的特长,发挥其作用。当其做出某项成绩、完成某项任务时,应该给予恰如其分的肯定,并给予表扬、奖励。例如,鼓励不同层次的干部,通过各种途径加强学习,更新知识,鼓励他们在本岗位上积极地创造性地工作,以实现自身的价值。

4. 尊重激励法

在满足人的需要中,有一种较高层次的需要,就是尊重,人都有受人尊重的愿望,希望在一个单位中能有更多的自我创造的机会,以实现自身的才能。如果这种愿望能充分得到满足,就会产生一种新的鼓舞力量。对人的尊重是多方面的。例如对职工的充分信任,就是一种尊重。企事业领导在规定的职、权、利范围内给职工以充分的自主权,不过多地干涉下属职工的具体工作,让其大胆地发挥自己的聪明才智。其次是以平等诚实的态度对待职工提出的要求。对正确的、合理的要求要给予满足,处理事情要一视同仁,不厚此薄彼。三是注意听取职工的意见,对职工提出的意见和建议,要进行认真分析,尽量采纳,以尊重职工的劳动。

5. 情感激励法

人都需要关怀与体贴。一句亲切的问候,一番安慰的话语,都会成为激励人们行为的动力。人都有情感,人的情感具有两重性:一种积极的情感可以提高人的活力;一种消极的情感可以削弱人的活力。一般来说,职工工作热情的高低,同领导与职工的感情交流多少成正比。领导可以和职工经常聊聊,内容可以是家庭、生活、婚姻、生产、娱乐、工作等等,相互交流感情,使团体内部产生一种和谐与欢乐的气氛。

6. 公平激励法

个人对于公平是相当敏感的,在产生公平感时,会心情舒畅,努力工作;而在产生不公平感时,则会怨气冲天,大发牢骚,影响工作的积极性。公平激励是强化积极性的重要手段。所以领导在工作过程中,对职工分配、晋级、奖励、使用等方面要力求做到公平、合理。

7. 宣泄激励法

人的思想状况是错综复杂的,矛盾众多,有些矛盾由于种种原因,不能及时发现和解决。为使矛盾得到缓和,要使职工的不满情绪能得到有效的宣泄。也就是人们常说的"发牢骚","牢骚"是客观存在问题的反映,因而具有鲜明的针对性和突出的尖锐性。如不进行正确的引导,则会造成相互猜疑和不团结,从而影响工作积极性,降低工作效率。"宣泄激励法"就是要领导主动去听听"牢骚",给职工创造"发泄"的机会与环境,以此相互沟通、消除隔阂、加强理解、相互支持、相互信任。

8. 危机激励法

在市场经济与竞争日趋发展的形势下,一个国家、一个单位发展的压力越来越大。其实,竞争的因素复杂多变的环境,往往潜伏着危机,没有压力感和危机意识,就有可能被击倒,被淘汰出局。因此一个明智的领导者,必须时时提醒人们审时度势,看到面临的不利因素,时刻心怀不安,或居安思危,战战兢兢,才能迸发出奋斗图存的努力。要善于把这种压力的危机感转化成为人们的动力,转化成凝聚力,由一人挑担变为众人承担。把人们的积极性调动起来,克服困难,群策群力,实现群体目标。

9. 领导行为激励法

一位群体领导者,必须身先士卒,处处率先垂范。领导者的一言一行会影响职工的精神状态,领导靠什么来树立自己在群体中的威信呢?靠加强学习,注意自我修养,放下架子,深入实际,善于决策,成为善于"经商理才"的高手,把群体带向彼岸的领航者。并应把自己的学识水平、品德修养、工作能力、个性风格贯穿于日常的处世与待人接物的活动之中。此举能对职工起到表率和鼓励作用。

10. 正强化激励法

人的需要是多方面的,而且每一个人在一定时期、在一定阶段其需要是不相同的。例如青年在职业理想方面有四种类型:①事业型,即希望自己的工作符合自己的志向,有事业可干,工作有前程;②福利型,希望工作岗位福利好,收入多;③轻闲型,希望上班方便,工作轻闲;④声誉型,希望职业在社会上声誉好。这些都反映了职工需要的不同层次。为了满足人们的这种需要,领导必须运用行为科学的有关强化理论,千方百计地为职工提供实现自身价值的舞台,培养职工兴趣,为职工创造"工作再设计"的机会,根据职工的特长适当变换其工种,发挥职工的一技之长,使之把工作看做是自己的事业而不是负担。

11. 全方位激励法

全方位激励法也称作综合激励法。它确立以人为本的思想,采取尊重人、关心人、理解人、信任人的激励原则去振奋精神,理顺士气,把人的积极性、创造性调动起来。人的积极性、创造性的挖掘与发掘是一个极其复杂的问题,需要建立一个完整的各角度的全方位的激励机制。既要有一套合理的恰如其分的物质激励机制,又要有一套实事求是的,适应当前人们思想的多层次的精神激励机制;既要有一套综合的、纵向的、多方位的激励机制,又要有一套横向的多向性的激励机制;这样形成每一个单位、每一个层次、每一个个人既是激励的主体又是激励的对象,构成一个立体交叉的激励网络体系。这是一个单位、一个个人始终具有活力的一个重要条件。

领导者只有在了解基本的激励理论的基础上,遵循一定的激励原则,并灵活运用各种激励方法,才能取得最理想的激励效果。

【思考题】

1. 简述现代行政领导选才用人的理论基础。

2. 行政领导选才的原则与方法包括哪些内容?

3. 如何在行政领导用人过程中避开心理误区,遵循正确的原则并采取有效的方法?

4. 简述激励理论的类型与主要内容。

5. 简述激励的原则与方法。

第八章　行政领导艺术与方法

马克思主义认为社会的经济活动方式和生活方式,决定了人们的思维方式,也决定了领导者的领导艺术与领导方法。

不同的时代具有不同的环境特征,对领导艺术和领导方法提出了不同的要求,随着科学技术日新月异的发展和以高新技术为核心,以知识和信息为基础的组织的出现,知识经济取代工业经济,已成为世界经济发展的必然趋势,知识经济与经济全球化的到来,对人类政治、经济以及人们的生产方式、思维方式、生活方式、行为方式必将产生巨大而深刻的影响。面对新时代的新特点,领导者如果不根据时代的需要改进领导方法,提高领导艺术就难以紧跟时代的步伐,把握时代的脉搏,因而也就无法实施科学有效的领导。

20世纪40年代以来,随着科学技术的快速发展,现代科学理论也取得了一系列新的成就。如贝塔朗菲的一般系统论,申农的信息论,维纳的控制论,普利高津的耗散结构论,以及运筹学、混沌理论,模糊数学、分形数学、集合论、拓扑说,概率论等诸多成果,从不同角度揭示了物质世界不同方面、不同层次的相互联系和辩证发展的规律,探讨了时间的多样性,空间的多维性,矛盾的多重性,量变质变的多极性,结构与信息的相关性等问题,这就为现代领导艺术的产生发展提供了科学的依据,注入了新的内容。运筹方法、系统方法、控制方法、信息方法、模糊方法等一系列现代科学领导方法,正是这些科学成果的结晶。

现代行政领导艺术与方法是适应时代发展的要求,以现代科学理论的新成就为条件产生与发展起来的理论与方法体系。

第一节　行政领导艺术的美学分析

领导艺术既然称为艺术,就意味着已经超越一般方法论的范畴,体现了它与美学、伦理学等学科之间具有内在的必然联系。随着现代社会的发展和需要,有关领导学研究理论有了蓬勃的发展,提高领导水平、领导艺术已经成为社会的普遍共识。但是值得注意的一个倾向是,在许多理论和实践中,大家通常都把领导艺术看成一种技巧或工具,甚至是一种驭人或控制他人的权术,而没有看到领导艺术背后隐藏着一种更深层的意义——艺术的审美价值范畴。

一、领导艺术的美学初探

"在希腊语中,艺术一词兼有两种含义:一是美的作品;二是创造、技巧、技艺。艺,在古汉语本义为植,为治。《广雅·释诂》中认为,善植善治者有技能,所以也有美和技巧的含义"[①]。因此,我们可以认为艺术必须是"美的",应该说美是艺术的最基本的特征。

那么,什么是"美"呢?美的本质是什么?亚里士多德曾指出:美是一种善,其之所以引起快感在于它是善。美是一种善(功利)的观念,不仅存在于西方传统美学的审美价值范畴之中,而且,早在我国先秦时代,美的本质与善(功利)就是密不可分的。如在《国语·楚语上》中记载的"伍举论美",比较明确地提出了美与善(功利)的关系。一次楚灵王与伍举共同走上"章华之台"(专供统治者享乐的华丽的建筑物),楚灵王问伍举说:"台美吗?"伍举回答:"臣闻国君服宠以为美……不闻其以土木之崇高、彤镂为美"。这就是说,臣听说当国君的以自己的服饰为美,没有听说,以土木建筑的高大雄伟,雕梁画栋为美的。伍举认为,"夫美也者,上下、内外、大小、远近皆无害焉,故曰美。若于目观则美,缩于财用则匮,是聚民利以自封而瘠民也,胡美之为?"[②]意思是说:美是对上下、内外、大小、远近的人都无害的,对老百姓有益有用的,才能算是美。若为"目观"之美,而劳民伤财,使民众贫困无以为生,即使再高大雄伟的雕梁画栋的建筑,也不算美。故"其有美名也,唯施令德于远近,而大小安之也"。只有施德政于民,使大小之家都能安居乐业,这才算真正的美。这里实际上已经对统治者的领导行为提出了一种标准,即对民有利的统治行为,才是美,对民有害的统治行为,就是不美。

再如墨子,在其主要著作《墨子》中,提出:"为乐非也"的观点,是对美持一种否定的态度,他认为"为乐""上考之,不中圣王之事,下度之,不中万民之利。"这种观点是对剥削者的骄奢淫逸的抗议和批判,但从反面告诉人们,"万民之利"才是美的标准。

孔子也认为美与善是密切联系而不可分的,如他所说的:"里仁为美","君子成人之美,不成人之恶","如有周公之才之美"等,都是在讲美与善、德的关系。此外,孔子提出的"尊五美,屏四恶"的"五美","实际上都是善,即统治者从事政治(治理百姓)的五种'美德'"[③]从上述的观点可以看出,美是有功利的,美与善密不可分,而且这种功利(善)是与统治者的领导行为和道德品质紧密联系

---

① 何新:《艺术分析与美学思辨》,时事出版社2001年版,第8页。

② 杨辛、甘霖:《美学原理》,北京大学出版社2001年版,第31页。

③ 同上书,第33页。

在一起的。可见,在传统美学中,一直存在着对领导者行为的美学评价,认为,统治者的统治行为要符合善的要求,必须有利于百姓,这样的行为才能算是美的。因此,道德品质对领导者来讲,具有决定意义的作用,是其自身的领导行为能否上升到艺术高度的主要标准之一。

由此我们可以认为,任何美的事物或行为,首先都必须是善的,艺术是美的,所以也必须是善的,可以说审美作用是艺术最基本的功能。从艺术本质上讲,艺术仍是创造美的技巧,同时它自身又是美的。因此,艺术是具有两重性的,一种体现艺术创造的技巧,另一种体现艺术的功利性,即表达善的道德观念。所以能够上升为艺术高度的领导行为,它首先也必须符合善的要求,即能够为国家、社会和人民带来利益或无害于民,也就是符合美的功利性;其次还要以一定的方式表现出来,即通过解决实际问题的技巧、方法等形式来体现。

领导艺术毕竟不同于美学中的艺术,它涉及哲学、管理学、伦理学、社会学和美学等多门学科的内容,是以解决实际问题为目标的领导实践活动,体现强烈的个体特征的一种行为,由于合乎正义与善的伦理原则的追求,显示个体内在性格的崇高或精湛的技巧和手法,而被赋予"美"的意义的特殊的领导方式。

二、领导艺术的审美价值

在美学中,"优美"和"崇高"是两个不同层次的审美价值范畴。优美的特点是:美处于矛盾的相对统一和平衡状态;崇高的特点是:充满了内在的张力和矛盾的冲突,它具有一种排山倒海的强劲气势。

如康德叙述说:"崇高必定是伟大的,而优美却也可以是渺小的。崇高必定是淳朴的,而优美则可以是着意打扮和装饰的。伟大的高度和伟大的深度是同样地崇高;只不过后者伴有一种战栗的感觉,而前者则伴有一种惊愕的感觉;因此,后一种感觉可以是令人畏惧的崇高,而前一种则是高贵的崇高。"①康德对优美感和崇高感作为美学范畴的分析是独特和深刻的。

中国早在先秦时代,就有"大"这一美的形态。即美学中的"崇高"。如孔子说:"大哉!尧之为君也。巍巍乎!唯天为大,唯尧则之。荡荡乎,民无能名焉。"意思是说:尧这样的君主,他的品德可以效法天,是多么的伟大啊!老百姓真不知道怎样赞美他才好。在孔子这里,把"大"与道德品质的完美混杂在一起。到了孟子的时候,"大"与伦理道德的意义已经有所不同,而且还和美的表现形式联系在一起,这就是孟子所说的:"充实之谓美,充实而有光辉之谓大。"所谓"充实",即充实仁、义、礼、智等道德品质,"使之不虚"。所谓"大",不仅充

① 转引自何新:《艺术分析与美学思辨》,时事出版社2001年版,第52页。

实道德品质,而且发扬光大,使之具有“光辉”的气势。[1] 在这里美是具有内容和形式的区别,道德品质是美的内容;美的形式就是品德的直接表现,也可以理解为借助某些外在的形式,即要通过处理一定事务的技巧、方法等才能展示人的品德。应该说道德品质在本质上是美的,但未必就是崇高的美,它需要通过一定的形式才能把它发扬光大,才能上升到“大”,即崇高的地位,这里已经把“美”做了不同层次的划分,即普通的美(优美)与“大”的美(崇高)。

著名学者何新先生在其《艺术分析与美学思辨》一书中认为,优美和崇高的区别不仅是一种程度(量)的差别。优美、崇高,它们所评价的,是对象的不同方面。优美所评价的是形式;崇高所评价的是道德价值。其实从孔子对“尧”的赞美中和“尧”在中华民族历史中的地位,我们就可以看出,“尧”的伟大,不仅仅在于其品德高尚,而且在于他用这种品德去善待他的臣民,安抚四海,使人民安居乐业,这已经体现了技巧和品德(善)的结合,而且这种品德能够在实践中给予体现,即能够解决实际问题。因此,作为一位领导者光有良好的道德品德还不够,他还必须运用一定的技巧、方法去解决特定的问题,这样才能使其行为上升到领导艺术的高度。比如,有些领导者虽然有良好的品德,有为国为民服务的情操,但真正处理起实际问题,却往往力不从心,在工作上表现平庸,人们很难对其领导行为产生一种艺术的感觉。

领导艺术的研究不应忽视艺术的审美价值,只有这样才能使领导艺术走出工具论的误区。从美学的角度出发,领导艺术已经隐含着两种审美价值观念在其中。一种是体现“优美”,这是从运用技巧、方法、手段的精湛和高超等来做判断的,是艺术的表现形式,属于浅层次的领导艺术;另一种则体现“崇高”,这是以社会的实际价值作为判断标准的,是形式和内容的统一,属于深层次的领导艺术。前者注重方法、技巧、手段的运用,体现较强的工具性;后者注重对象的意义、领导主体的品质德行、审美主体的价值认同,体现“真、善、美”这一人生最高理想价值。

邓小平的领导艺术能够为世人叹为观止,源于他那超凡、刚毅、明哲、坚韧、睿智的伟大人格魅力和那化复杂为简单、化腐朽为神奇以及实事求是、务实创新的领导魄力与精神。“文化大革命”给党、国家和人民的事业带来的巨大灾难、苏联和东欧剧变,给那些社会主义政党的事业造成的伤害和损失以及中国改革开放后,国家一片欣欣向荣的景象,通过这前后、内外的对照比较,从几者之间的巨大反差中折射出这位伟人崇高的领导艺术。因此,人们对真、善、美理想的认识,需要人类在不断的发展中,经过无数次的探索、实践,常常还要通过犯错误即“恶”的形式,才能不断地深化。

---

① 杨辛、甘霖:《美学原理》,北京大学出版社2001年版,第223页。

从邓小平的领导艺术中，我们可以发现，具有崇高感的领导艺术必定是技巧（形式）、对象（问题）、领导者的道德品质（内容）的“三位一体”的高度结合。如“怎样建设社会主义”的问题，在领导艺术表现形式上，邓小平提出了社会主义的初级阶段，必须坚持以经济建设为中心的论断；从对象的意义上看，解决的是关系社会主义前途命运的大问题，而实事求是的崇高品德，是其领导艺术的内容，这是“优美”与“崇高”、形式与内容的高度统一的领导艺术。

在历史上凡被认为是“大奸”“大盗”的人物，即使手段、技巧再高明也不为人们所推崇。秦桧虽不握强兵，却能谋害重兵在握的国家栋梁岳飞，其用谋用计不谓不高明，可后人又有谁推崇其“领导艺术”呢？希特勒的法西斯主义的狂热，让世界为之震动，其驾驭能力、技巧、手段又几人能比呢？但又有谁称赞其“领导艺术”呢？

综上所述，真正的领导艺术，必须满足两个基本条件：

第一，创造性地运用一定的方法、手段、技巧解决一般人无法解决的特定问题。

第二，必须具有审美价值，即符合善的要求。

三、现代行政领导艺术的审美特征

所谓行政领导艺术，就是领导者在其自身拥有一定的学识、经验、智慧、才能、胆略、辩证思维和创造性思维的基础上，综合运用领导理论、原则、方法，灵活地、创造性地、有成绩地处理领导活动中各种问题的才能和技巧，并符合一定社会审美价值的标准。

领导艺术在本质上属于领导科学的方法论范畴，但既然被称之为艺术，它的特征必然是与艺术的某些重要审美特征相联系的。领导艺术的这些重要的审美特征主要有创造性、形象性、伦理性、适度性等等。

（一）创造性

艺术的真正价值在于创新，雷同不是艺术。不断创新是艺术发展的内在动力，对于艺术来说，创新是打碎日常生活的陈腐和平庸，以别样的方式为人们提供新的视野和体验，同时，创新还意味不断地超越前人，创造出新的形式和新的风格，它是产生新事物的能力，它本身是在人的行为中展示出来的，是艺术的丰富多样性和独特个性的统一。

创造性包括创造性的产品、创造过程和创造者。“创造性的产品以其独创性、有效性和有用性而著称，我们往往使用诸如新鲜、新奇、精巧、独特等词语来对其进行描述；创造过程是用某种新的方式看待事物，构成某些关联和冒险，注意由矛盾和复杂性引起的眼前机遇，在不熟悉的事物中辨识出熟悉的东西，创造新的范式等；在创造者身上，我们可以发现一些共同的特征：隐喻或类比地，同时也是逻辑地思维的能力,判断的独立性(有时表现为非传统性、反叛性、革命性的思想或行动),抛弃不充分的简单性,以便寻找更为复杂和满意的新秩序或新综合。"[①]我国古代艺术家曾强调,艺术创造"法无定法",也就是说,艺术创作上没有完全固定不变的形式,它是随着时代的发展而发展的,是随着创作主体和创作对象的不同而变化的,艺术创作不应该教条式地受某些方法的束缚。真正的领导艺术也必须是创造性的,模仿无法成就一个成功的领导者。正如美国著名的领导大师戴尔·卡耐基所说:领导绝非只有一条正确的路,其实,优秀的领导人个性五花八门。他们有的好动、有的好静;有的滑稽、有的严肃;有的紧张、有的温和;有的热情、有的羞怯。他们不分年龄、种族与性别。重要的是,我们用不着找个最成功的领导人,设法去模仿他。因为不管你多么努力,也不过是个翻版。真正对你最有效的领导方式,必须是发挥你个人的特质所形成的适合你的领导风格。

创造性的事物并不是凭空而生或天外来客,它在本质上是对旧事物的继承和扬弃,我们都可以从其背后找到旧事物的影子。许多艺术家、领袖人物之所以伟大,很多都是从那些曾经无数次被他人使用过的旧题材或实践过的旧事物中,找到根本独特、超凡入圣的艺术形式表现,从而做到了化腐朽为神奇,茁灵芝于秀圃!

克罗齐曾说过:"诗人或画家若没有掌握形式,就没有掌握一切。因为他没有掌握他自己。同一部诗的题材可以存在于一切人的心灵,但正是一种独特的表现,就是说,一种独特的形式,才使诗人成其为诗人。"[②]邓小平同志的领导艺术,很多地方都体现了这一种超人的创造能力。如怎样建设社会主义的问题,曾经困扰了所有社会主义国家,苏联、东欧等社会主义国家实践过,我国在十一届三中全会之前的实践,都没有找到正确的道路和解决方法。邓小平同志在总结国际和中国社会主义建设问题上的正反两方面的经验和教训,创造性地提出了"以经济建设为中心"的理论,完满地解决了这个一直困扰人们思想的问题。而这简单的一句话却包含着多少历史的惨痛教训和一位伟人的人生智慧啊!这种化腐朽为神奇的"崇高"领导艺术就是一个划时代的创新。

现代行政领导者面对日新月异的时代发展大潮,如果没有创新意识,就无法进行有效的领导活动,就解决不了日益产生的新问题,就掌握不了时代的脉搏。现代行政领导者要提高领导艺术,进行创造性的领导活动,必须努力提高自身的综合素质,不断地增强创新意识,培养创新素质,提高创新能力,使自己成为一个充满创造活力的领导者。

---

① 转引自周宪:《美学是什么》,北京大学出版社 2002 年版,第 193 页。
② 转引自何新:《艺术分析与美学思辨》,时事出版社 2001 年版,第 52 页。

(二) 形象性

艺术的形象性,是以鲜明、生动、具体并逼近于真实的形象,去表现其艺术内容。形象性不同于象征性,一般来说,艺术形象,都可以在真实的世界找到它们的原形,甚至对抽象的、观念的东西,也可以找到形象具体的表现。

生动形象的艺术一般要具备三种功能,即认识的、教育的、审美的功能。生动具体而感人的形象是艺术存在的基本形式,审美主体正是通过对艺术形象的深刻认识,从而达到被教育、被感染的效应。领导者的形象对于被领导者同样具有重要的认识、教育和审美等影响作用。因此创造良好的领导形象,是现代行政领导顺利实现领导职能的重要方法和途径,也是评价领导者的领导艺术水平高低的重要标准。

领导形象包括领导者自身的人格形象和视听形象。

人格形象,是通过精神和内在性质的修养和陶冶,而获得一种崇高感的优美。日本经济学家、教育学家小泉信三对人格形象的内在性质作过精辟的论述:精于一艺或是完成某种事业之士,他们的容貌自然具有凡庸之士所不具有的某种气质和风格。读书亦能改变容貌。读书而懂得深入思考的人,与全然不看书的人相比较,他们的容貌当然不同。潜心研读伟大作家、思想家的巨著,的确会使一个人在仪容举止上变得与别人不一样。完成某种大业的人,自有其风度。即使不与他有所深谈,只要与他站在一起,就能让人感受到这一点。此即所谓人格魅力。这是一种通过人格的修养而形成的精神性格美。我国的政治文化历来都强调通过"修身养性",来达到人格的完善,尤其重视领导者自身的人格形象的教化作用,古人曰:"其身正不令而行,其身不正虽令不行",就是说这个道理的。人格形象是人的内在精神和特质的展示与感知,没有高尚的人格就不会产生良好的人格形象。现在我们党提出"以德治国"、强调加强思想建设和领导干部的作风建设,从一定意义上讲,就是要求各级领导干部重视提高个体的精神道德修养、塑造良好的领导形象,发挥干部人格形象的示范教育功能和领导功能。

视听形象,是人格形象的外在表现形式,伟大的人格形象总是在实践过程中被人发现的。领导形象得以树立是以领导者自身的行为表现、工作作风、工作成绩等一系列具体的事例来展示的。一位领导者可能具有高尚的品质,如果在工作上却平庸无奇,也难以树立起良好的形象,就不会得到群众的认可。焦裕禄同志的伟大形象能够产生教育作用并引起人们的共鸣,是通过他一件件全心全意为人民服务的具体事例为人们所认识和传诵的,应该说人们对他的形象的认识,部分是通过"视"来获得的,而更多的人是通过"听"而认识的。现在人们通常说一个领导干部在群众中的"口碑"如何,其实就是"听"的形象,是一种非权力的影响力,它往往产生难以估量的领导效力。因此要树立良好的领导形象,必须是人格与行为的统一,把高尚的人格同具体的行动结合起来,只有这样才会真正展示出领导者的风范和品德。

(三) 伦理性

艺术所表现的是人生。艺术所诉诸的对象是人,它只有在人心和人的情感深处求得回声和共鸣,才能算得上真正的成功,人们才能承认它是美的。每一个真正的艺术形象总是充满着丰富的情感,它是沟通艺术创造者与鉴赏者之间的心灵的桥梁,这种情感源于人们对"真、善、美"的理解和认识,是发自人类心灵深处最真诚的情感,是产生艺术"崇高感"的审美根源。所以,一个优秀的领导者必然是一个情感高尚而丰富,并且能出色地驾驭与表达自己情感的人。老一辈革命家不就是抱着满腔救国救民的真挚情感投入革命运动大潮中去的吗?我们说这是阶级感情也好,是被压迫阶级的反抗也好,总之这包含着人们对"善"与"恶"的伦理判断,没有对"恶"的理解,就不会去反对"恶",而"善"与"恶"都是属于伦理的范畴。被领导者的情感的认同,是一个阶级或政党取得政治统治合法性的基础。正如德国著名学者马克斯·韦伯所说那样,"一切经验表明,没有任何一种统治自愿地满足于仅仅以物质的动机或者仅仅以情绪的动机,或者仅仅以价值合乎理性的动机,作为其继续存在的机会。毋宁说,任何统治都企图唤起并维护对它的'合法性'的信仰,对于任何既定的统治者来说,都必须为自己的统治寻求合法性基础。判断某一政权是否具有合法性,并不在于统治者自己的宣称,也不在于统治者为自己的执政制定法律依据,而在于占人口绝大多数的民众是否真正认同"。① 确实如此,这种认同感既不源于法律的强制力,也不源于统治者自诩的"善良",而由民众的普遍信仰与信念决定,这种信仰与信念就是人类所普遍认同的"真、善、美"的伦理价值。

在新世纪,我们党提倡"以德治国",就是要求领导干部提高内在的道德修养,不断地净化灵魂,美化情感,规范行为,用高尚的品格和满腔热情去感染群众,塑造一个血肉丰满、情感丰富的领导形象。因此现代行政领导者在进行领导活动时,必须时刻地把群众的利益放在第一位,要以群众同不同意、赞不赞同为各项工作的出发点和依据。

(四) 适度性

世界上一切事物都具有一定的质和量,是质和量的统一体,作为质和量之统一的"度",就是事物保持自己质的限度、幅度、范围的数量界限。曾有好事之人尝试给"维纳斯"塑像装上两只手,然而这有完整两只手的"维纳斯"塑像在美感上却永远比不上没有手的"维纳斯",究其原因就是"度"的问题。在艺术创作中,若不能掌握一定的"度",就会出现"画蛇添足"的现象,即所谓的过犹而不及。

---

① 〔德〕马克斯·韦伯:《经济与社会》,商务出版社 1998 年版,第 239 页。

人们说，真与假，善与恶，美与丑之间，不过是一纸之隔，都是在说"度"在事物发展中的平衡作用，如果事物发展中超过度的界限，那么真、善、美的事物，就有可能向假、恶、丑方面转化。适度，就是主观的认识和行为同客观事物的度相适合，领导艺术必须掌握度的界限，在领导活动中能把握时机、掌握分寸、恰到好处。不掌握事物的度，就要破坏事物的质，破坏事物的稳定性。

第二节　现代行政领导艺术的实现途径

一、领导艺术的实现途径

领导艺术是具有审美功能的特殊领导方式，它与美学的功利性（善）一直是不可分的，这种善体现了领导艺术的内在尺度，是对领导者个体品德的认可，是一种静态的美。一种领导行为要上升到艺术审美的高度，它需要借助一定的方式表现出来，即通过领导活动中处理实际问题的方法来展示其善的本质，这种处理事务的技巧、方法、手段就是领导艺术的表现形式，它是一种动态的美，没有了它领导行为就不成其艺术。

就如歌德所说：对于每个人，素材都摆在面前，似乎只需对内容有所把握，就能抓住内容。而对大多数人来说，形式是一个奥秘。的确如此，一位领导者或许已经具备了良好的品德，但并不代表其领导行为能够上升到艺术的高度，对一个已经存在的同样问题，有的领导者解决起来就可能得心应手，成绩斐然，而有的领导者却无从入手，难有成就。究其原因，还是没有掌握好领导的技巧和方法，也就是没有掌握好领导艺术的表现形式，因为真正的领导艺术是形式与内容的统一，是静态美和动态美的结合，是对社会生活的直接实践，因此没有创造美的技巧，也就不可能创造出美的产品。

由此我们可以认为，艺术的形式是实现其内容的动态过程，同时也是实现领导艺术的基本途径，它是在具体的领导活动过程中来实现其自身的本质，它贯穿于领导过程的各个阶段和各个方面，在理论形态和实践中构成了一个非常庞大的体系。如决策、组织、指挥监督、控制、统筹兼顾、选才用人、授权、时间运筹、改革创新、语言和公共关系等这些动态的领导实践活动，都是现代行政领导者实现其领导艺术的基本途径。下文试从领导团队、领导沟通和领导协调的艺术来阐述实现领导艺术的途径。

二、领导团队的艺术

戴尔·卡耐基曾说："除非团队赢，否则都等于输。在现代的企业、机关等组织里，领导的作用更多体现在团体上，领导的成败与团体的成败紧密相连。在一个失败的团体中,不可能有一个成功的领导。”①

（一）团队的含义

越来越多的研究表明,传统的金字塔形的领导层级形式,已经无法适应现代组织应对社会发展的需要。社会越向前发展,社会分工就越细化,这样只会使组织机构变得越来越复杂,人们除了不断增设机构和人员,似乎对此已经束手无策了。复杂庞大的组织以及还在增加的领导层次,使组织的协调、沟通变得越来越困难,信息的传递越来越慢,严重地影响组织的效能。在传统的金字塔式的组织中,部属只要听从领导的指挥就行了,他们只和职位相同的人一起工作,对其上级的工作从来不会过问或者提出建议,人人各自为战,部门之间往往是老死不相往来。效益低下、人浮于事、机构臃肿,几乎成为大型组织的代名词。然而,越来越多的成功例子证明,人们可以通过组建团队,来超越权限、文化以及职别的限制,共同完成某一项工作任务,弥补了传统领导体制形式下的僵化、刻板、信息沟通不畅、决策缓慢等弊端。

著名管理大师彼得·杜拉克,曾斩钉截铁地说:“现代的组织绝不能只有老板与伙计、领导与部属的上下关系,它一定得以团体的方式重新组合”。

南美洲著名的桑达公司总裁安德列·斯格诺瓦对此表示赞赏。他说:“单打独斗的时代已经过去了。这个世界已经变得过于复杂,只有领导和下属通力合作才能完成某项艰巨的工作”。确实如此,一个领导者如果不能率领一支训练有素的团队,去迎接风险和挑战,就难以在激烈的竞争中取得胜利。

所谓团队,是在组织中存在的一群具有共同理想、追求共同目标的人,为完成组织的特定任务而进行合作,彼此认同某种组织文化的人的集合。

（二）团队的作用

迁移的候鸟,它们总是呈“V”字形飞行,科学家研究指出,候鸟的这种“V”字形飞行可以减低气流撞击造成的压力。领头的候鸟承受的压力最大,所以它们轮流领航,一只累了,由另一只跟上当“领航员”,团体飞行可以比单独飞行远70%的路程。这种团队效应受到了许多管理者的推崇并被广泛地应用到现代组织的行为中去。

以日本为例,日本在战后之所以能在较短时间内发展成为经济大国,除重视人力资源、技术资源外,一个重要原因就是日本企业具有深厚的团队协作精神。日本企业的经营者在传统上很自然地将属下员工视为他们企业的“家族成员”,而员工对企业也具有了完整的认同感,因为这样,“日本企业”就成为一个大家族,其成员之间的关系有如血缘亲属一样亲近。如在日本西武集团就实行一种BS制度:B是兄弟(brother),S是姐妹(sister)。也就是要求公司内的员工,在同

① ［美］戴尔·卡耐基:《卡耐基领导艺术》,内蒙古文化出版社2002年版,第137页。

一岗位，已参加工作两年以上的人，要同新来的刚参加工作的新员工结成一对兄弟或者是姐妹。前者不仅在工作上，并且在日常生活上都要为新参加工作的人作顾问，使新来的人既感到家族式的温暖，又迅速熟悉了业务。在西武集团，还有各式各样的"亲睦团体"，这些团体经常聚会，对促进员工间的沟通与交流起到了重要的作用，使员工有了一种归属感和团体荣誉感。这不仅减轻了劳资之间不必要的摩擦，也增进了劳资之间的团结和爱护精神。有人形容日本人的团体精神：同事间的和谐情谊是难以形容的，大家把公司看得比家庭更重要，而且同事互助互爱之情，几乎至死不渝。

彼得·圣吉在《第五项修炼》一书中，对团队整体功能做出非常贴切的说明："未能搭配的团队，许多个人的力量一定会被抵消浪费掉。……当一个团体更能整体搭配时，就会汇聚出共同的方向，调和个别力量，而使力量的抵消或浪费减至最小，发展出一种共鸣，就像凝聚成束的镭射光，而非分散的灯泡光；它具有目的一致性及共同远景，并且了解如何取长补短。"成功的团队使组织减少了摩擦和内耗，不仅有助于节省人力、降低成本，而且极大地增强了组织的凝聚力，使组织能够在激烈的竞争中取得优势；团队可以使成员获得安全感，一个人只有属于团队时，才会免于被排斥的恐惧；团队可以为成员提供社交满足，团队中的每一个人都与他人保持良好的关系，并相互获得友爱、支持、信任和信息；团队可以使成员体会到自己在组织中的价值，从而对组织产生归属感和集体荣誉感团队；可以增强成员的自信心和集体力量感，从而能够帮助成员克服单独面对新问题的胆怯和恐惧的心理等等。总之，一个成功的团队可以使组织保持强大的生命力和战斗力，是防止组织衰败、不断地实现变革的内生资源和再生资源。

正因为团队具有种种特殊功能和作用，所以成功的领导者都非常重视发挥团队的协作精神，积极培养自己的团队。

（三）创造成功团队的艺术

著名的军事家拿破仑曾说过：一只狮子领导一群绵羊，可以战胜一只绵羊领导一群狮子。这句话确实值得每个团队领导者深思，成功团队的作用尽人皆知，但如何创造一个成功的团队却是困扰许多领导者的难题。

1. 确定共享价值观

共享价值观是团队的核心文化，是建立真诚的工作关系的基础。团队成员是由不同动机、需求与特征的人组成的，他们虽然同在一个组织中，但他们在组织中的目的并不完全相同，当成员承认一种共同的价值观，就会给团队成员提供借以合作的一种共同语言。当个人、团队和组织的价值观相一致时，就会产生巨大的能量，团体的基本力量也就形成了。共享价值观是组织内部的指南，它使人们找到关心自己工作的理由，使个人的工作更加有效率，促使成员更加忠诚地服务于组织。共享价值观要有一个鲜明的主题，然后将其细化为具体内容，溶入团队的行动、学习等各个方面,使之真正成为团队的理念或精神,并成为团队成员的自觉行为。领导者可以定期在职业培训中,在组织内部培养和灌输一种清晰的主导价值观,使团队成员认识、理解团队主导价值的意义,引导成员积极参与主导价值的实践活动,激发团队的协作精神和团体智慧的效应。

2. 描绘远景,明确目标

类比设计公司董事长雷·史塔塔说过:作为领导人,你得有能力提供适当的环境与组织的目标,并给予大量的鼓励,使每个人与团队本身都觉得自己是最好的,胜于其他任何团队,关于这一点应常常给予肯定和反应。成功的领导者都知道如何向团队成员描绘前景,明确目标,帮助每个成员了解团队发展的方向,激发成员的热情和对美好未来的憧憬。领导者向团队成员描绘蓝图,就是要激起每个成员征服和挑战困难的欲望,领导者要使团队成员都明白,团队的目标和远景并非由领导者一个人决定,他们不是在执行命令,是为了一个共同的理想而奋斗。

3. 尊重个性,找出共同点

一个团队总是由许多个人组成的,他们虽然组成团队,但并不表示他们的个性已经消失得无影无踪,对于一个团队的领导者来说,困难在于如何做到如约翰·加德纳所说的融入多样性的整体性。他在斯坦福大学第100届毕业生的毕业典礼讲话中说道:“(你们的目标是)不要以压制多样性来获得整体性,也不要因推崇多样性而使整体性成为不可能,应该使二者都予以保留。必须尊重多样性的每一个因素,但每一个因素都得扪心自问:自己对整体能够做出什么贡献。我认为,把‘融入多样性的整体性’规定为我们这一代非同寻常的任务的说法,并不存在越出真理的危险。”①

不少领导者习惯用教条的思维模式去看待问题,往往把重视个性等同于个人主义,不能容忍和包容人们在个性上的差异,这样只会打击个体的积极性并降低团队功能的发挥。美国托尼·亚历山大德拉博士和奥康纳博士在《白金法则》一书中提出,领导者对人们个性上的差别要有敏锐的嗅觉和洞察力,真正地了解别人,能够适应不同类型的人不同的需要,在双赢策略中获取最大的成功。成功的领导者擅长于包容各种不同的观点,能够欣赏它们并将其融入团队中,把人们在个性上的差异和观念上的分歧化解为工作上的合力。尊重个性就是尊重别人,当一个人人受尊重、人人尊重他人的团队形成时,融入“多样性的整体性”也就自然形成了。

① 〔美〕詹姆斯·库泽斯、巴里·波斯纳:《领导者:信誉的获得和丧失》,方晓利等译,中国经济出版社2000年版,第112页。

4．建立透明式的信任关系

社会学家认为，社会资本是人们为达到共同目标在组织内部互相信任、互相依赖的一种社会资源。在组织内部，人力资本增值的一个重要条件是员工的合作能力，这种合作能力建立在相互信任，持有共同目标、共同道德准则的基础上。如果一个组织缺乏相互合作的基础、缺乏共同的道德准则，人与人之间不能相互信任，也就不可能形成社会资本，也就不可能产生团队效应。因此，团队之间建立起彼此信任关系是极其重要的，只有在团队中建立起相互信赖的关系，才能激发每个成员的主人翁责任感。

在这方面，日本西武集团的董事长堤义明提倡的"玻璃式"经营是对自己员工高度信任的楷模。在西武集团里，即使是刚进公司的新员工，公司也向他们公开秘密，这种公开最先由技术公开逐渐扩大到财务公开、经营方针公开、经营状况公开。刚开始，许多主管不理解堤义明这种做法，但后来的事实证明，堤义明这种公开性方针不但没有泄露秘密，反而使员工们觉得自己被老板深深地信任着，从而极大地团结了员工，大大增强了西武的凝聚力。对于这种公开性原则，堤义明晚年在他的回忆录中这样写道：

"为了使员工能抱着开朗的心情和喜悦的工作态度，我认为采取开放式的经营确实比较理想，开放的内容不仅仅是财务，甚至是技术、管理、经营方针和经营状况等各个方面、各个领域，只要有可能，都尽量让每一个员工都知道……总之，我深深地相信，一个现代的经营者必须做到宁可让每个人都知道，不可让任何人心存依赖，这样，才能在同仁之间激起一股蓬勃的朝气，推动整个事业的发展。"①

领导一个行政部门或企业，增强内部凝聚力非常重要，而增强凝聚力必须创造一个上下平行间的充满信任感的优秀环境，只有这样每个团队成员才会真心爱护团队，就达到了众志成城的效果。

5．充分授权，勇于承担责难

团队存在的条件是任务与权力，如果一个团队只有任务，而没有足够的权力和权威来保证团队的运行，团队也就名存实亡。管理工作者有一句至理名言："只有责任而没有权力，还不如下地狱。"这句话确实不错，你若是让团队担负许多责任以求成果，却没有给他应有的权力去实行，这便不是好领导。因此，要想创造一个成功的团队，必须将权力和任务同时授予，使团队具有相对的独立性，有自由运用一定权力的空间，而不必在自己职责范围内时时、事事向领导汇报。对一个已经建立起相互信任的协作关系的团队来说，授予团队权力，会使个人对权力的需要也相应减少，权力共享代替了权力斗争，授权于人们，就在于承认他们的基本价值，并鼓励他们去寻求持续的改善，这是一个创造支持的和有益的环

① 聂作平：《忍与决断——世界首富堤义明的传奇人生》，天地出版社1998年版，第190页。

境的过程。领导者把一定的权力授予团队,但仍有义务监督事情的如期完成,如果团队表现杰出、成绩斐然,领导者应该慷慨地与团队成员分享。如果责难来了,领导者应该采取完全相反的做法,要独自承担一切,而不是说:"这不是我的错,这不是我做的"。这不仅没有用,而且将会失去整个团队的支持。

6. 以人为本,发掘每个成员的潜能

"21世纪的竞争,是人才的竞争",这句话在现在谁都觉得不为过。重视人才的作用,已经成为许多领导者的共识,许多地方、组织都不遗余力引进优秀人才,制定各种人才政策,这是一种好现象。但是,也出现一些只引进人才而不懂如何使用人才的现象,有人说:"放错位置的人才等于垃圾。"这句话虽然刻薄,但不失一定的道理。现代人力资源管理不是数量规划,是素质规划;重要的是如何激发人的主观能动性,如何搞好人才的开发和培养。重视人才、尊重人才是一位领导者最基本的要求,而能否发掘每个人的潜能却是衡量一位领导者的领导能力和领导艺术水平高低的标准之一。

日本科学家曾对人的大脑细胞数量进行研究,人的大脑内有140亿个脑细胞。有数据表明要将140亿个脑细胞全部用完需要活到234岁。但据说人通常只用去它的10%,至多20%左右便结束了生命。我们很多人未能发现那些沉睡的巨大脑细胞内所蕴藏着的自己的才华与天赋便走完人生道路。每个人都是潜在的人才,一个人蕴藏着如此巨大的潜能,如果得不到有效的开发,确实是一种浪费。美国著名心理学家马斯洛在《动机与人格》一书中,提出人的需要层次理论,认为人的需要层次分为五级,即生理需要、安全需要、社交需要、尊重需要、自我实现的需要。自我实现的需要是最高层次的需要,每个人都希望在工作上有所成就,在事业上有所建树,实现自己的理想或抱负,有时候,让下属最大限度地发挥自己的潜能要比物质奖励更积极有用。因此,一个领导者在领导自己的团队时,应该避免"德塞(DECI)效应",由"外部激励"向"自我激励"转变,只有这样才能真正持久、连续不断地维持团队成员的工作热情和积极性,最大限度地发掘每个成员的潜能。

三、领导沟通的艺术

"全世界的人们就像隔着误会的海洋相互叫嚷的岛屿。——这句话告诉我们,缺乏交流是人类的痼疾……没有交流,我们就会在我们的岛屿上孤立无援,一筹莫展,相互分裂而不是团结一致……我们必须识别形成人类团结——而不是制造分裂——的各种力量,这些无形的力量能够征服'误会的海洋',使我们心心相印。"①现代化电子网络通信的技术问题业已解决,信息流通虽然以空前

① 〔英〕约翰·阿代尔:《领导艺术》,高志凯等译,东方出版社1988年版,第218页。

的速度传播,然而沟通技术手段的改进并不代表人们在交往中开始了良好的思想交流。任何人都需要沟通,没有沟通,人类只会陷在“误会的海洋”和相互猜忌的苦恼漩涡之中,只会生活在孤立无助、茫然无知的恐惧世界之中。沟通是使人们彼此消除误会和猜忌,排除恐惧和无助的无形力量,是建立一个良好的人际互动关系的开始,领导者掌握了沟通的艺术,也是掌握了开启事业成功之门的钥匙!

(一) 沟通的概念、特点、分类及意义

1. 沟通的含义

沟通 COMMUNICATE,最早来源于拉丁语,意指“一个以上人所平等共有的”。“目前,几乎完全是指通过讲、写或手势来给予、收受或交流思想、知识和感情——人类的思想、内心和精神的内容”。[①] 美国主管人员训练协会把沟通解释为:它是人们进行思想或情况交流,以此取得彼此的了解、信息及良好的人际关系。在行为科学中,沟通亦称“意见沟通”,指在一个组织的内部,领导与群众、各种人员之间观念和消息的传达及了解的过程。此外,沟通还被解释为用语言、书信、信号电讯进行的交往,是在组织成员之间取得共同的理解和认识的一种方法。可见沟通应具备以下三个基本条件:(1) 沟通必须在两个或两个以上的人之间进行;(2) 沟通必须有一定的沟通客体,即沟通情况等;(3) 沟通必须有传递信息情报的一定手段,如语言、文字等。

在这里,沟通也称为信息交流,由于它是在人与人之间进行的,因此也称人际沟通,是指发讯者把信息(也包括发讯者的思想、知识、观念、意图、想法等在内)按照可以理解的方式传递给收讯者,达到相互了解和认知的效果,从而把一个组织中的成员团结在一起,以实现组织的目标和组织计划的过程。根据山农和韦弗(Claude Shannon & Warren Weaver)的观点,沟通可分成七部分,它们是:(1) 发讯者:即信息的发送者。(2) 编码:发讯者要把自己的思想、想法、观点、资料等信息转译成接受者能够理解的符号形式,这种过程叫编码。人际沟通的主要编码是语言编码。(3) 信道:信息的传递渠道,如信件、电报、备忘录、面对面的交谈、演讲、电话、计算机网络信号互换、手势、面部表情等。(4) 译码:信息接受者接收到传递来的编码信息,按照相应的方法将此信息进行解释,就是译码。(5) 收讯者:即接受编码并解释信息的人。(6) 反馈:是检验信息沟通的效果和回馈,发讯者通过信息反馈回路来了解接受者的反应,以便调整自己的行动。(7) 噪音:干扰和扭曲信息完整、快捷、正确传递的因素。

2. 人际沟通的特点

(1) 主要通过语言和非语言渠道进行。语言是人际沟通的主要方式,但是

---

① 〔英〕约翰·阿代尔:《领导艺术》,高志凯等译,东方出版社 1988 年版,第 220 页。

由于语调、重音的正确性、节奏、读音正确与否以及语义的分歧等也会给沟通造成障碍。非语言沟通包括：眼神、身体触摸、外表（衣着、头发等）、姿势、亲近、面部表情、手和足的动作、头的位置和声调，在最近几十年，非语言沟通备受研究者的关注，对了解一个人的情况有重要的作用。在大多数情况下，这些是我们感情的自然而不自觉的流露，是同我们正在自觉地说或做的同时发生的。(2) 人际沟通不仅仅传递情报、交换消息，还包括思想、情感、观念、态度等的交流。(3) 人际沟通涉及双方的动机、目的等特殊需要。这使人际交流变得更加复杂，需要相应的沟通艺术和技巧。(4) 人际沟通过程中，会出现特殊的沟通障碍——心理障碍。如人的知识经验、职业、立场等的不同，往往会使人在沟通过程中出现特殊的心理障碍。

3. 沟通的分类

(1) 正式沟通与非正式沟通。正式沟通是指按组织明文规定的渠道进行信息的传递和交流。如文件、定期会议、汇报制度、指示等。

非正式沟通是指在正式沟通渠道以外进行的信息传递和交流。非正式沟通的优点是：方便、快捷、直接明了，能够弥补正式沟通渠道不畅引发的信息堵塞。

(2) 上行沟通、下行沟通和平行沟通。上行沟通是自下而上的信息沟通，即下属的信息通过一定的渠道向上司传递，即所谓的下情上达。

下行沟通是指上级的信息通过一定的渠道向下属传递。这种沟通的主要目的是向下属传递决策、计划、指示等，阐明组织目标，告知组织动态和意图等等。下行沟通是自上而下的沟通，可以采取召开会议、下达文件等形式。

平行沟通是指同级之间进行的沟通。它包括平行组织之间为了协调一致地执行上级组织的决策、计划等而进行的信息交流及不同业务部门之间为了协调关系，做好工作而进行的信息交流，也包括领导成员之间为了统一思想、统一行动，而进行的信息交流。平行沟通的形式有座谈会、碰头会和协商会等。

(3) 单向沟通和双向沟通。单向沟通是指组织之间、组织内部不同层次之间的信息，由一方向另一方传递。如作报告、演讲、指示、命令等，都是单向的。

双向沟通是指组织之间、组织内部不同层次及组织成员之间相互提供信息。如交谈、协商、会议等都属于双向沟通。

(4) 口头沟通和书面沟通。口头沟通是指沟通双方以口头语言进行的直接沟通。如谈话、讨论、会议、电话洽谈等都属于口头沟通。

书面沟通是沟通双方借助文字、图画、图表等文字符号进行的沟通。如通知、文件、报表、书信等都属于书面沟通。

4. 人际沟通的意义

从某种意义上说，整个领导工作都与人际沟通有关，领导者拟计划，进行组织工作时要和组织外部人士交流；在指挥、协调过程中要与部属、上司及左右同事交流和联络感情等等。总之,沟通贯穿在整个领导过程中。一般来说,人际沟通在领导活动中具有以下几个方面的意义。(1) 沟通有利于消除误会,确立互信的人际关系,营造良好的工作氛围,增强组织的凝聚力。(2) 沟通有利于协调组织成员的步伐和行动,确保组织计划和目标的顺利完成。(3) 沟通有利于领导者准确、迅速、完整地了解组织及部属的动态,获取高质量的信息,有助于提高领导工作的效率。(4) 沟通有利于加强组织与外部环境的联系,同外部环境进行物质、信息及能量的交换,保证组织与环境协调一致。(5) 沟通有利于激励下属的斗志,激发整体创新智慧,增强组织的持续发展动力。

(二) 有效沟通的艺术

如果仅有几个人的团体,做到有效沟通也许并不难,问题在于,现在的组织规模越来越大,需要沟通的对象也越来越多。一位领导者或许无法与所有的部属一一沟通,所有的部属也并不是每天都要与领导沟通,人们需要的是有一颗真诚与人沟通的心,有一个可以实现沟通的渠道。

1. 开动所有的沟通渠道

有效沟通是领导成功的基础,现在许多领导者越来越重视良好沟通的重要性。作为一位领导者怎样才能做到真正有效的沟通呢?许多领导者虽然重视沟通的作用,但有许多人总感到力不从心。现在有不少现象是,下属的信息传递到领导层,不是仅剩下一鳞半爪,就是面目全非已严重失真了,归其原因就是沟通渠道的问题。领导者仅依据这种被加工过的信息,很难了解其所领导的组织和部属的真实情况。因此,想要真正做到有效沟通,首先要建立畅通无阻的沟通渠道,只有这样才能掌握原始、完整的信息和得到真诚的建议。

福特汽车公司北美市场部处长理查德·芬斯特是善于建立有效沟通渠道的管理者。他常对下属说:"我办公室的房门永远是开着的,如果你经过时看到我在里面,即使你只想打个招呼,一样欢迎你进来。如果你有什么建议,也欢迎你!千万不要以为你必须通过上级才能跟我说话。"

这种开放、轻松、方便、廉价的开放式沟通渠道在不少成功的组织中都能看到。

在天津摩托罗拉公司中实行一种"Open Door"的沟通制度,即所有管理者的办公室的门都是绝对敞开的,任何职工在任何时候都可以直接进来,与任何级别的上司平等交流。摩托罗拉的管理者还预备出了多条这种"Open Door"式表达意见和发泄抱怨的途径如:(1) 我建议。以书面形式提出对公司各方面的意见和建议,全面参与公司管理。(2) 畅所欲言。这是一种保密的双向沟通渠道,如果员工要对真实的问题进行评论或投诉,应诉人必须在 3 天之内对隐去姓名的投诉信给予答复,整理完毕后由第三者按投诉人要求的方式反馈给本人,全过程必须在 9 天内完成。(3) 总经理座谈会。每周四召开的座谈会,大部分问题可以当场答复,7 日内对有关问题的处理给予反馈。(4) 热线电话。当你遇到任何问题时都可以向这个电话反映,昼夜均有人值守。

天津摩托罗拉公司是一个成功的在华投资企业,其成功离不开这些全方位、多渠道的沟通方式。

2. 树立积极主动的沟通态度

建立一些沟通渠道也许并不困难,然而能够进行有效沟通,从中获取有益的信息和真诚的建议,还需要领导者有一颗真诚与人沟通的心,取得每个沟通者的信任,这就要树立积极主动的沟通态度。

现在不少组织都建立了各种的沟通渠道,如有的城市就建立了市长信箱、市长热线、领导接待日等,有的组织还利用互联网建立了网上投诉等多种渠道的沟通方式,这种积极主动的沟通态度取得了不小的成绩。但应该看到这些沟通方式流于形式的也不为少数,如有的投诉、建议、反映的问题成了泥牛入海,杳无音信,严重挫伤了人们再度的沟通的积极性。因此,积极主动的沟通应该是双向的,即领导者不能仅仅是收讯者,而要兼任发讯者的角色,对接受的信息经过编码后要及时地反馈回发讯者,只有这样才能取得沟通者信任。

另外重要的一点就是美国康宁公司高级主管大卫·路德所说:一旦人们冒风险把真正的想法告诉你,千万不能给予任何惩罚。你绝对不能做任何事去打消他们愿意再度沟通的念头。正如詹姆士所说的那样:"人类本质最殷切的需求,是渴望被肯定",即使你不赞同下属提出的建议,也不能挫伤他们的良好动机,不然你可能不会听到第二次的建议。

(三) 克服沟通障碍的艺术

在沟通过程中,由于受噪音的影响制约及外界的干扰,会使信息的传递难以全面、快捷、准确地进行,从而导致信息被扭曲失真或丢失,造成了沟通障碍,就可能造成领导活动的失败,影响组织目标和计划完成。因此,必须对影响沟通的各种因素进行分析,找到改善、促进信息沟通的确实可行的措施,以提高沟通的有效性,这对促进领导事业的成功具有重要的意义。

1. 沟通障碍的含义

所谓沟通障碍,是指信息在传递和交换过程中,受噪音的干扰而失真或中断。沟通中的障碍可能存在于信息发讯者、收讯者、传递过程、反馈等方面。

2. 沟通障碍的分类

(1) 传送障碍。造成传送障碍主要有以下几方面:第一,是语言障碍。信息沟通大多数是通过语言进行的,人们在大多数情况下都习惯选择自己熟悉的词汇,而忽视听者是否理解该词汇。比如现在许多行业中都有自己特殊的语言词汇,即组内语言,又称黑话,其起源可能是为了保密、增加沟通速度、显示"自己人"的亲近感和内聚力。但对不懂组内语言的人来讲,却是严重的障碍。此外,一词多义的现象普遍存在,自然也会造成理解的歧义性。由于表述者的经历、知识结构、个人需要、社会背景、习惯等因素的影响,语言、文字更被赋予了丰富的个人感情在其中,可能会进一步造成语言沟通的障碍;第二,非语言障碍。人们在进行交谈时,常常伴随着一系列有含义的动作,这些非语言的动作包括身体、姿态、头的偏向、手势、面部表情、眼神等,它们往往比语言传递更多的资讯。比如沟通者双方的眼神交流,可能表示相互感兴趣、参与或攻击;面部表情会露出惊讶、恐惧、兴奋、悲伤、愤怒等情绪;身体动作可以传达紧张、松弛等心情。例如,在沟通时,下属可能在口头上虽然连声答应,但他们却可能表示出不屑的表情;有时候领导在语言上可能会表示某件事不是很要紧,但其眼神、表情、姿态却可能表示该件事很要紧等。如果不注意这些动作就会造成沟通障碍。

(2) 接收障碍。第一,接收者的个性特征造成的障碍。不同的个体由于生活经验及个性的不同,通常都会按照自己的参照系来解释信息,同一信息被不同的人解码,出现不同结果的情况是常有的事;第二,知识结构水平的差异。在信息沟通过程中,如果双方的知识水平差距过大,也会产生沟通障碍。第三,选择性接受。信息接收者出于个人的需要,总是有意无意对信息按自己的喜恶进行取舍,只注意那些证明自己观点的内容,而忽略了与自己信仰相冲突的内容。第四,价值判断。人们在接受信息之前就对这些信息预置一个总的判断,即先入为主的观念。它来自先前对发讯者的看法和评估,或来自对信息的预期期待。比如,沟通双方关系比较融洽或者对某个领导崇拜时,接受方对发讯者发出的信息的信任度就提高,反之亦然。

(3) 信道障碍。即外部环境的干扰,如在许多大组织中,信息的传递要经过特定的渠道,信息的传递经过的层次越多,信息的丢失或变形的可能就越大。一般情况下,信息的传递每经过一个中间环节就要丢失30%左右,这种情况在口头的信息传递中尤为明显。此外,噪音、仪器故障、时间压力等也会影响沟通。

3. 克服沟通障碍的艺术

到目前为止,完全消除沟通障碍虽然没有可能,但是,仍然有很多办法可以克服障碍。

(1) 领导者要善于倾听。

古希腊先哲有句名语:上天赋予我们一根舌头,却赐给我们两只耳朵,所以我们从别人那儿听到的话,可能比我们说出的话多两倍。这句话的用意告诉我们要多听少说,所以,在沟通中最难的部分不在于如何表达自己的意见、观点,而是如何听出别人的心声。

很多领导者大概都有一种体会,一位满怀抱怨或愤愤不平的部属找你评理,你只需认真地听他倾诉,当他倾诉完时,原先激动的心情就会平静许多,也许你不需要做出什么决定就能解决此事,这是倾听的一大好处,倾听还有许多好处;

第一,在倾听中能够学习到许多知识,了解更多的事情,做到"兼听则明";第二,善于倾听者使人感到你的谦逊大度,可以得到他人的尊重和信任;第三,倾听下属,在必要时还愿意倾听坏消息,这一点使领导不至于听不到别人的批评意见。

戴尔·卡耐基说过:"增强影响力的秘决不在表达,而在于聆听。"美国前总统约翰逊的国务卿鲁斯克总结几十年的政治谈判经验得出,"聆听,是用你的双耳去说服他人",一位曾协助大企业做巨额投资的银行老板,对自己成功经验的总结是,聆听他人。他说:"一切都由聆听开始。他心里到底是怎么想的?他为什么拒绝?真正的理由到底是什么?只有通过聆听才能了解一切,的确如此,拥有一个令人难忘的倾听技巧是可信赖领导的共同特点"①。

虽然许多领导者每天大部分工作时间都在倾听,但能够做到有效地倾听信息并不是一件容易的事情。人们常常不能抓住谈话者的中心思想;或者不能集中精神、专心倾听,或者为自己的情绪所左右,一听到不合己意或感到不重要的信息就马上反驳或漫不经心;或者讲者喋喋不休、内容枯燥无味,或者速度太快、太慢,使听者的思绪游离神外、自由飞翔等等,这即所谓的"听而不见",是大多数倾听者的通病。领导者怎样才能克服这些"听而不见"的毛病呢?有人认为,通过训练,可以将倾听信息的能力提高25%,这些建议是:

• 选择适当的环境。

• 集中精神,专心倾听,控制自己的思绪防止走神。

• 耐心倾听对方讲话,保持沉默,不要打断对方讲话,即使你可能认为它是错误或与话题无关,也要听对方把话讲完。

• 不能以个人喜好与否来决定是否倾听对方的意见,应该注重对方在说什么,而不是怎么说。

• 向讲话的人表示你在认真倾听,鼓励对方继续讲下去。

• 保持镇定的情绪,特别是与自己的想法有冲突的谈话,要谨慎地对待争论和批评,避免对事实的直接质问和争辩,切忌用"事情根本不是这么回事""我不这么认为,那只是你的看法""你有证据吗?"等等。

• 以同情的态度对待下属,但要注意语调保持中立,以免对方看出倾向性。

• 当你没有听清楚时,不妨用疑问的方式重复一遍。

• 当部属提出一些不错的建议时,不要吝啬你的赞许笑容。

不善于倾听的领导者无法获得真正有价值的信息,他可能还是领导者,但至少已经是不太合格的领导者。美国百货业巨擘潘尼的一番经验谈,或许值得渴望成功的领导者学习借鉴:聆听的艺术算得上无障碍沟通的关键所在,而无障碍

① 〔美〕詹姆斯·库泽斯、巴里·波斯纳:《领导者:信誉的获得和丧失》,方晓利等译,中国经济出版社2000年版,第173页。

沟通又是成功的企业管理之砥石。身为一个企业界的主管,你主要的职责不外乎是穿梭于形形色色的人群中,来达成某些既定的工作。换言之,你必须学会聆听各种不同的声音才能不辱使命。如果你还不是个中高手,奉劝你赶紧去弥补一番吧。

(2) 倡导直接、双向、面对面的沟通。

最有效的沟通莫过于直接的面对面的沟通,因为,信息传递链过长,会减慢信息传递速度并造成信息失真。面对面的沟通可以使领导者亲自看到信息被接受的情形,也可以看到对方的一些非语言的反应,因为在某些时候非语言动作发出的资讯可能比语言、文字更可靠;这种方式还可以让下属直接询问或回答问题,如此可以加快信息的传递速度,得到即时的信息反馈。

四、领导协调的艺术

马克思指出:"一切规模较大的直接社会劳动或共同劳动,都或多或少地需要指挥,以协调个人的活动,并执行生产总体运动——不同于这一总体的独立器官的运动——所产生的各种一般职能。一个单独的提琴手是自己指挥自己,一个乐队就需要一个乐队指挥。"①

(一) 协调的含义

为了保证组织能够顺利地达到预定的目标,组织本身必须随时保持平衡的状态。这就需要领导者来协调方方面面的关系,使组织内部上下级之间、部门之间、人与人之间、人与组织之间的关系达到和谐一致、步骤一致,使组织内的各种资源达到优化配置从而得到最大运用。领导协调是一名领导者所必须具备的能力和素质,也是领导者必须掌握的领导艺术,否则一个组织就如失去"指挥"的交响乐团。

1. 领导协调

协调是领导者的重要职责之一。协调,从它的内涵来看,含有和谐、团结、一致、统一、平衡、同步、配合、适当等意思。戴尔·卡耐基把协调定义为:"使群体的力量能够调和一致。要确定这些力量的行使合乎时宜,并且在质量上都完全正确。"也有的将协调定义为:"为使各部门、各单位及各类人员之间达到分工合作、协同一致以实现共同目标而进行的活动。"②

所谓领导协调,就是为了使组织保持一种平衡状态并实现组织的预定目标,对可能影响组织和谐的各种因素进行调整、控制,使它们能够最大限度地为组织的稳定运作服务,并促进组织持续、健康地发展。可见,协调工作除了静态协调,

---

① 《资本论》第1卷,人民出版社1975年版,第367页。

② 〔美〕戴尔·卡耐基:《优质的领导》,詹丽茹译,中国友谊出版社2002年版,第261页。

即维持组织平衡、和谐一致的状态;还包括动态协调,即引导组织持续、健康地发展,以实现组织目标。

2. 协调的分类

(1) 按照协调的对象划分有:协调群体中的个人;协调组织中的群体;协调不同的组织。

(2) 按照协调的内容划分有:纵向协调和横向协调。

3. 领导协调的意义

(1) 协调是积极的平衡。

平衡是事物存在的基本状态,事物要经过"平衡——不平衡——平衡"的无限循环发展,平衡状态在本质上是相对的,然而却是事物发展最和谐的阶段。比如保护自然生态平衡,就是为了可持续发展,协调人与自然的和谐关系;人体机能也必须保持平衡,如果生理失调,就会引发疾病。一个组织也一样,首先必须保持平衡,才能发展,即在稳定中寻求发展。领导者的协调工作,就是要化解组织内各种矛盾、统一思想、调节人际关系、平衡部门利益,这样才能使组织在稳定和谐中取得发展。这是一种积极的平衡,而不是那些用"和稀泥"的方法,遮掩、回避矛盾,以求大家相安无事的消极平衡。

(2) 协调是组合组织力量,实现组织目标的根本手段。

组织总是由许多个性各异的个体组成,他们的利益、需要、要求等都不一样,但每个个体都是一股力量。这些力量虽然可能会进行局部的自发组合,但却很难能够进行整体组合,这就需要领导者积极地因势利导,把这些分散的力量整合成团队力量,形成合力,以服务于组织的总体目标。

(二) 领导目标的协调艺术

领导科学大师华伦·丹尼斯曾说过:领导应具备创造令人殷殷企盼的远景,将之转化为行动,并贯彻达成的能力。领导者必须依靠组织的共同奋斗才能实现目标,他需要动员组织成员支持自己的目标,并转化为共同的行动和结果。

1. 领导目标

目标是指人们在一定时期内所要进行的主要活动内容及期望达到的目的和结果。

所谓领导目标是领导者为之服务并期望达到的目的或结果。在实施领导活动过程中,目标具有双重意义;一是对领导者来说,目标是进行领导活动的依据,实施领导的目的,就是为了实现预先确定的目标;目标不仅规定了领导活动的方向和任务,为领导活动提供了借以遵循的导向,而且为考核领导者的工作成效提供了客观的标准和尺度。二是对被领导者来说,明确适当的目标,可以激励人们的动机,引导人们的行为方向,协调人们的行动,使人们为实现统一的目标而奋斗。因此,制定正确的目标,是领导活动成功的起步。

2. 领导目标的特点

(1) 领导目标指明方向。

目标是领导活动前进的终点，是领导活动的航标。领导者对目标的清晰认识，对目标前途和集体价值观的清晰阐述，为那些对前途或理想没有把握、心存畏惧感、或仅凭个人力量难以成功的人提供了确定感、方向或勇气。

(2) 领导目标依靠追随者共同完成。

戴尔·卡耐基曾说过：一个领导者确实能把理想变成现实，但必须加入另一个关键因素——其他人。一个领导者不仅应通过自己努力，还应通过其他的人共同努力实现理想。美国前总统尼克松也曾在《领导人》一书中说过：作家、画家、音乐家不领导别人，同样能搞艺术。发明家、化学家、数学家可以独自发挥他们的天才，但政界领导人必须鼓舞拥护者。的确如此，科学家、艺术家等等非领导人可以不领导他人，靠自己的行为就能实现目标，而领导者的目标必须依靠追随者共同努力才能实现。

(3) 领导目标是近期目标与远期目标的统一。

任何一个健康、有活力、有发展前途的组织，必须做到长远目标与近期目标的有机统一。只有近期目标的组织，只能产生短期效应，最后失去后继发展动力；只有长远目标，只会让人感到目标的遥遥无期和空洞，就失去激励作用。因此，只有把近期目标与远期目标有机结合起来，才能促进组织的持续、健康的发展。

3. 领导目标的协调艺术

(1) 身先士卒、以身作则。

领导者要实现领导目标，不是总以居高临下的姿态对下属不断地指示，或者喋喋不休地对下属解释这目标是怎样的重要。领导者首先要服务于目标，并努力地以身作则，对于已获得一致通过的事情，他们必须首当其冲地去做。在为目标服务过程中，领导者以行动表明自己并非出于私利，而是出于对组织、部门、小组及其成员们利益的关心。领导目标不是某个领导者个人的目标，它是组织的目标，但它需要组织成员共同努力才能实现，要说服成员真心地为目标而奋斗，绝不是对部属下一道命令那么简单。在实现目标过程中，领导者决不能超然事外，他必须身先士卒，通过实际行动表明自己对理想、方案或目标的一种坚定的信念。身先士卒为领导者的尽职尽责提供了活生生的形象模范作用，这种力量决非命令所能取得的效果。

詹姆斯·R. 霍顿是 Corning 公司的董事长和总经理，他每年都要参观 40 至 50 个分布于全世界的 Corning 分厂。霍顿的目标是承诺：要在公司"敲起质量的警钟"。因此他尽可能同更多的人见面，而见面又几乎只谈怎样达到世界一流的质量水准。他几乎把 1/4 的时间用在与质量有关的活动上，对他日常安排的这一分析结果,使他获得了人们的信任。他以自己的行动向员工们发出了一条强烈的信息:Corning 公司的总经理对质量问题是非常严肃认真的——而他们也必须同样如此。①

领导目标的协调要从领导者自身做起,它不应该只是让别人怎么做,而是首先自己怎么做,通过身先士卒,以身作则,并在重要事情上倾注大量的时间和精力,他的行为自然会得到下属的拥护和仿效,领导目标也就转化成下属努力为之奋斗的目标,领导服务于目标是最有说服力的协调方法。

(2) 抓大放小、发挥两个积极性。

领导目标分配到下级去执行时就成为了部门目标,对于领导者来说,下级的目标是小目标,它必须为完成领导目标而协调一致;而对下级来说,这小目标却是本部门的大目标,下级在完成任务时往往较多注意自己的目标。所以,小目标与领导目标相偏离是常有的事。领导者必须注重目标协调,使之不与大目标脱节,至于部属执行目标的具体行为,领导者不应事事过问、干涉,而应该给下属充分的自主权,即应尽量避免"一统就死、一放就乱"的怪圈。这就需要领导者紧紧抓住大目标,及时、主动、科学地调整组织内部各种关系,使小目标同大目标协调一致,同时又要给下属充分的灵活机动的回旋余地,这样才能充分发挥上、下级的两个积极性,这样就既完成了领导目标,又照顾了部门利益要求。

(3) 通过目标管理协调领导目标。

目标管理是一种参与式管理,有"管理中的管理"之誉。是由美国管理学家彼德·德鲁克(Peter Drucker)在 50 年代发表的《管理实物》一书中首次提出来的,后来乔治·奥迪奥恩在 1965 年出版的《目标管理》一书中又作了进一步的阐述。

它具有如下的基本要求和特点:第一,工作目的和任务目标化。目标管理要求每个领域,每个人都有同战略目标或工作目的方向一致的策略目标或个人目标,形成一个自上而下的目标连锁。领导者通过这些目标对下级进行领导并以此来保证总目标的完成。第二,目标制定者就是目标执行人。工作目标可以由下级自行提出,也可由上级下级共同协商制定。第三,实现目标主要采取自主管理或自我控制的办法,以充分发挥每个人的积极性、创造性和主动性。第四,对目标完成情况要进行统一的检查和评价,兑现预先确定的奖罚条件。

目标管理最主要的特点就是"参与",实现了组织目标和个人目标的完美结合,下属部门通过参与目标制定,亲身的体验使他们认识到自己主人翁的地位,把下属由被动的执行转化为主动地参与,促使目标的实行成为其自觉的行动。

---

① 〔美〕詹姆斯·库泽斯、巴里·波斯纳:《领导者:信誉的获得和丧失》,方晓利等译,中国经济出版社 2000 年版,第 171 页。

目标管理带有预先协调的特征,领导目标在制定过程中,下属部门就已事先参与,部门的需要与利益可以提前呈现出来。这更便于领导者提前发现问题,在目标制定时就能够对目标进行事前协调,使其更趋科学性并为大家所共同接受;而下属部门之间也可以在目标制定时就进行平行沟通协调,促使他们在执行目标时能够更加紧密的配合。

目标管理为部属提供了自我实现的机会,它使部属能够自觉地协调行动并与领导目标保持一致,这是一种主动的自我协调,这种发自内在的动力,是实现领导目标最有力的保证。

(三) 领导关系的协调艺术

1. 协调与上级关系的艺术

(1) 协调与上级关系的准则。

第一,工作性原则。上下级之间的关系是组织关系、工作关系。坚持工作原则是处理上下级关系的首要原则,上下级之间虽然是领导与被领导的关系,但这种领导关系是建立在工作的基础上。领导者在处理与上级关系时,应当从工作出发,把工作摆在首位,这样就可以避免以个人之间的恩恩怨怨及凭个人的情感来处理问题,摒弃那种把上下级之间关系当成人身依附关系的错误观念,建立起一个良好的、理性的领导关系。

第二,服从原则。下级服从上级是一个组织维持正常运作的基本保证,是由领导的职责和权限来决定的刚性关系。对上级的命令和分配的工作任务,下级必须坚决地执行,不能搞"上有政策,下有对策"那一套阳奉阴违的做法。当然,服从不等于盲从,下级领导者必须坚持实事求是的思想态度,在服从的前提下做到:尊重而不阿谀奉承,服从而不盲从;不唯上,不唯书,只唯实。

(2) 协调与上级关系的艺术。

第一,主动接近,寻求支持。下级领导要开创工作局面,是离不开上级领导的体谅、理解和支持的。然而上级领导对下属的支持是建立在了解、信任的基础上的。下级领导应该主动地接近上级领导,这样才能让上级领导更多地了解自己工作的性质,因为没有了解也就无从信任,也就无法取得领导对自己工作的支持。为了让领导了解自己工作的重要性和可行性,可采取一些方法如:一是反复强调法。寻找适当的场合,反复强调、说明情况、提出要求,寻求支持。二是侧面疏通法。当"正面请示"还不足以改变上级态度时,可巧妙地请与上级情投意合的同级、深得上级器重的其他下级以及上级的老朋友等,来帮忙说情、疏通解释,传递信息,寻求支持。这种方法不宜太多太急。此外还可以用时势催逼法。此法主要是向上级施加一定的精神压力,使其引起重视,在行动上给以真正的支持。比如,展示更高层的文件、指示或者借助可靠的信息数字、事实材料等。

第二,换位思考,体谅理解。上级领导者虽然拥有比下级领导更大的权力,可以对管辖内的人、财、物行使支配权。但上级也有上级的工作难处,他行使权力既要照顾方方面面的关系、利益,同时也受到制度、客观条件等方面制约。因此,下级不仅要体谅上级的难处,而且要经常换位思考,互相理解苦衷,有利于消除分歧,增进了解,达到和衷共济的目的。

第三,勇挑重担,分忧解难。下级领导要大胆负责地开展工作,尤其要勇挑重担,无须上级分忧,这样才能取得上级的理解、信赖和支持。下级领导在关键时刻要经得起考验,在上级工作出现困难时,要帮上级出谋划策,当好参谋,而不是遇到困难往上推,碰到重担绕着走。正如有位管理大师所言:成功的领导者都曾经是聪明的追随者。因此,一位成功的领导者都曾经是上级领导的好帮手,而不是常常给领导惹麻烦,加包袱的人。

2. 协调与下级关系的艺术

(1) 宽容大度。

宽恕之心是领导者必备的品质,领导者要有博大胸襟和包容精神。在社会心理学中,把宽容大量解释为有权处罚而不加处罚、有权报复而不加报复。

领导者的宽容首先要有容人之心。容人之心不仅要容忍下属抱怨,还要容忍那些敢于提出与领导相反意见甚至诤言激愤,不注意工作方式方法,甚至顶撞得罪领导的、有争议的人才。容人就是容纳个性差异、容纳异己、容纳不同意见的人。

领导者的宽容还要有容错之心。"人非圣贤,孰能无过",所谓容错之心,就是容人之错,即领导者对下属的缺点错误给予容忍。用人之道,应用其所长,容其所短,克服吹毛求疵、挑短拣差的狭隘心理。西方领导学认为,如果下属在一年内中没犯任何"合理性错误",则说明他没有创造性、缺乏冒险精神,在事业上不可能有所建树。因此,一个成功的领导者不仅能容忍下属的缺点和错误,而且鼓励下属犯"合理性的错误"。这些观点是否科学暂且不论,但是,没有允许错误、失败这一条原则,敢干、能干的人就会畏首缩尾不敢创造性地开展工作,就会产生不求有功,但求无过的心理。所以领导者要有容人之量,宽以待人,严于律己,这是协调与下属关系的一种必备的品质。

(2) 关心、尊重和理解下属。

所谓"士为知己者亡",情感的力量永远超越强制与皮鞭产生的效果。关心、尊重和理解下属,并给予自我发展的机遇,实现自己的理想或抱负,使其铭记领导者的知遇之恩,这样就会得到最真诚的追随者。关心、尊重和理解下属就是"着眼于人的管理",把处理劳资关系、人际关系作为绝对重要的工作来做,领导者不要把下属简单地当做劳动力出卖者,而应看成共同事业的伙伴。理解下属的处境、心情和需求,尊重他们的人格和尊严,并为其提供自我实现的机会,便会换来来自情感深处的回报。

(3) 分工授权、用人不疑。

所谓分工授权就是大权独揽,小权分散,把职务、权力、责任、目标一并赋予合适的部属,这是领导授权用人的要诀。领导者在授权时,应明确指出他所要接受的工作任务、性质、达到的目标标准、应承担什么职责和享有哪些权力,就应该放手让他们大胆、独立地去完成,做到用人不疑、疑人不用。对于那些能力超过自己、有主见的主导型人才,要委以重任,不要怕"功高震主"。美国著名的钢铁大王安德鲁·卡耐基在总结自己的一生时说:"一个敢于使用能力比自己强的人",这是他取得事业成功的秘诀。因此,领导者要协调好与下属关系必须做到授权不疑、不信不用。

3. 协调与同级关系的艺术

(1) 相互尊重,友好合作。

同级领导之间是平行关系,互相之间没有隶属关系,遇到交叉、重复的问题,必须共同协商处理才能解决,不像上级的命令、指示等那么快捷,因而比较容易出现互相扯皮、互相推诿的现象。所以,在协调同级领导之间关系时,要各司其职,各负其责,把解决问题作为首要目的。对本职工作要保质保量完成,对别人职权范围内的工作,决不插手干涉,相互尊重对方的权利和地位,这样才能建立起良好的工作关系,保证组织目标的顺利完成。

(2) 顾全大局,分工协作。

同级领导之间应该从工作大局出发,按照优势互补的原则,进行科学分工,明权分责。同级领导者要打破部门分割的狭隘观念,要以整体利益为向导,支持部门之间进行横向联系,了解其他部门的工作情况,遇事共商量,办事不越权,做到相互支持、相互补充、协调利益、分工协作。

(3) 积极沟通,增进感情。

不同部门有各自的工作任务,不同类型的工作也比较容易产生"职能隔膜"。因此,同级领导者之间决不能故步自封,要积极主动地进行沟通,了解相互之间的工作特点,增进彼此的感情联系,获取同级领导的支持和理解。同级领导者之间不仅要进行积极的沟通,而且要为下属创造条件进行交流,这对打破部门封锁,促进部门间信息、人才的相互流动都具有重要的意义。

第三节 行政领导方法

一、现代行政领导方法的含义和特点

(一) 领导方法的含义

"方法"是指人们在认识世界和改造世界的过程中,为达到特定目的而采取

的思想和行为方式、途径、手段、措施、程序、步骤的总称。领导方法是指领导主体在领导活动中，认识和把握自己所领导的系统及环境，并组织系统为实现一定的目标，对领导客体与环境所采取的各种方式、办法、手段、措施、步骤等的总和。我国在长期的革命和建设中积累许多行之有效的领导方法，如群众路线方法、调查研究方法、思想政治工作方法、会议领导方法等，都是现代行政领导必须遵循的基本方法。

（二）领导方法的特点

领导方法千差万别，各具特色，但却具有以下共同特点：

1. 目的性

领导方法总是同一定认识和实践的目的相联系而产生存在的，它是实现目的、任务所不可缺少的条件和表现形式。离开目的的方法就失去存在的依据。

2. 中介性

任何方法都是认识和实践主体作用于客体对象的中介环节，在认识和实践中，人们必须通过一定的方法，才能把自己同被作用对象联系在一起，从而影响和改变被作用对象。方法作为中介，是主体和客体、目的和结果之间相互联系的桥梁。

3. 多样性

方法是无限多样的，不同的目的与任务要求使用不同的方法，相同的目的与任务也可以用不同的方法来实现，就方法的种类而言，既有认识世界的方法也有改造世界的方法，既有解决宏观问题的战略方法，也有解决中观、微观问题的战术方法。总之，方法无论从形式看，还是从内容看均表现为多样性。

4. 动态性

领导方法的动态性是指领导方法产生、发展的过程性。不同的生产方式，不同的社会制度，不同的科技发展水平，不同的经济体制，特别是在不同的领导体制下，领导方法是不同的，随着客观事物的不断变化，反映客观事物规律的领导方法必然在实践中不断发展和完善。

5. 层次性

领导方法的层次性，是指领导方法的适用范围和作用的差别，领导工作是一个极为复杂的系统工程，与此相适应的领导方法也是一个系统体系，与不同层次的领导目的和任务相适应，领导方法大概可分为四个层次，即马克思主义方法论，基本的领导方法、重要的领导方法和具体的领导方法。

6. 条件性

这主要是指领导方法的产生和运用同一定条件相关，领导方法作用的发挥受领导者、被领导者、领导环境等因素的制约。不同的领导者使用同一领导方法效果可能完全不同，这往往与领导者个人素质不同有关；同一领导者，运用同一领导方法，有时奏效，有时不奏效，这往往与任务和环境的不同条件有关，因此要求领导者根据条件变化，灵活运用不同的方法。

二、行政领导方法的重要作用

正确的领导方法，是领导者认识世界、改造世界，科学地分析形势、提出任务的重要条件。它对于改进领导工作，加速四个现代化建设具有十分深远的意义。

（一）正确的领导方法是确定目标，完成任务的根本保证

确定目标，制订计划，以及完成任务，都必须有正确的领导方法。实践经验证明，只要思想路线正确，工作方法对头，主观指导符合客观实际，领导工作就顺利，成绩就显著，反之就会受挫甚至失败。

（二）正确的领导方法是研究新情况、解决新问题、开拓新局面的强大武器

社会主义现代化建设中，新问题不断出现，而对它们的研究和解决，必须要以正确的思想方法和工作方法做基础，以促进社会生产力的发展，开创社会主义现代化建设的新局面。

（三）正确的领导方法是总结经验，推动工作的重要工具

在改革开放和社会主义现代化建设过程中，我们的方针、政策、体制、方法、措施都要通过实践，在实践中不断地进行总结，加深认识，逐步达到成熟的程度。而在这个过程中是否有正确的方法来进行指导是非常重要的，各级领导者都必须运用正确的方法，在实践中总结经验，提高认识，使我们的改革开放和社会主义现代化建设在正确的道路上健康发展。

三、现代行政领导的行为方式

（一）行政领导的行为方式的含义

行政领导行为方式，是一种具有权威性与结果性的组织行为方式和社会行为方式，是领导主体以其特定的作风、习惯、性格、态度、倾向、思想和教育素质在特定的领导环境制约下形成的、对领导客体做出反应并施加影响的基本行为定式。

（二）行政领导的行为方式的类型

所谓行为方式，是指那些成型的方法。就行政领导成型的领导方法来看，已构成多种类型。

按照权力的控制程度来分，可以分为：集权式、分权式和均权式领导；按照领导者所管理的重点来分，可分为：重事式、重人式和人事并重式领导。按照领导者的领导作风来分，可分为：专断式、民主式和放任式。

1. 集权式、分权式、均权式

(1) 集权式。其显著特点是：一切权力集中于领导集体或个体手中，下属没

有任何权力。按照这种领导的行为方式,领导者必然事无大小,事必躬亲。必然使下属的工作陷于请示汇报之中,同时下属的积极性、创造性、责任感无法发挥。

(2) 分权式。其特点是:按照各个部门和岗位职责,把行政权力下放给各个部门和岗位,领导者只决定重大事情。按照这种领导的行为方式,领导者有精力考虑一些全局性、战略性的问题,各个工作部门和人员由于做到了权责一致,易于发挥其积极性、主动性、创造性,增强了他们的责任感。

(3) 均权式。其特点是:领导者掌握一些重大的权力,把一些处理事务的权力分权于下属,领导者与其下属都有明确的职责权限的划分。这种领导的行为方式,下属能够独立负责地处理一些事务性的工作,而涉及一些重大问题的处理,则必须集中于领导层。这种行为方式,既可以调动下属的工作积极性,又使重大问题的处理权得到有效控制。

以上三种领导方式,均权式是一种较理想的方式。分权式的领导方式虽然也可以使领导者具有大量精力考虑全局性、战略性的问题。但是,它的前提条件是,下属的素质要好,独立工作的能力要强。如果下属能力弱、素质低,过分分权于下属,则不能使权力发挥应有的作用,还可能导致下属滥用权力,以权谋私,无法控制的现象。

2. 重事式、重人式、人事并重式

(1) 重事式。其特点是:以事为中心进行领导,领导者关心的是组织的目标,工作的任务和工作效率及质量。这种领导方式,深受"经济人"假设理论的影响。1960 年,美国工业心理学家麦格雷戈(D. Mcgregor)在其所著《企业中的人性问题》一书中提到关于评价人性和管理措施的理论,即"X"理论。这种理论以"经济人"假设为前提,所谓"经济人",又可称为"理性——经济人"或"实利人"。经济人的假设从一种享乐主义的哲学观点出发,对人性作了以下几个方面的假设:第一,人生来就是好逸恶劳的,只要情况许可,谁都不愿工作;第二,人生来就缺乏进取心,不愿负责任,宁愿听别人指挥;第三,人生来就以自我为中心,把个人安危看得高于一切;第四,人习惯于守旧,没有抱负,缺乏理性,易受外界或他人的影响;第五,多数人干工作是为了满足自己生理和安全需要,因此,只有金钱和物质利益才能激励他们努力工作。

"X"理论根据对人性的这些假设,产生了它的领导方法理论,即认为对下属的领导方法主要应采取专制独裁、强迫的方式,对下属要严格控制和指挥,甚至以惩罚相威胁。

持这种理论的领导者,认为在管理上必须以金钱刺激劳动热情,以严厉的处罚对待消极怠工者,即"胡萝卜加大棒"的管理政策,这样就会提高工作效率。实质上这种理论是一种以工作为中心的领导管理理论,它告诉领导者,任何时候必须关心组织目标的实现。这种理论的问题在于,把人看成是天生懒惰,认为经济利益的需求才是人工作的唯一动力显然是片面的。

(2) 重人式。其特点是:以人为中心进行领导活动,领导者关心的是如何建立和发展人际间的关系,如何给人们建立一个宽松、和谐的工作环境。这种领导方式受"Y"理论的影响,认为领导者只要有效地满足人的社会需要,就能调动人的积极性。"Y"理论也是麦格雷戈提出的一种与"X"理论相反的评价人性的观点。"Y"理论认为:第一,人并非天生厌恶工作,人们把体力劳动和脑力劳动看做如同游戏和休息一样自然;第二,外来的控制和惩罚的威胁不是实现组织目标的唯一手段,人们在工作中知道自我控制和指挥;第三,人们最重要的是自我实现的满足;第四,人不但能主动承担责任,而且多数人还具有相当的想象力和创造力;第五,一般人的才智只是部分得到了发挥。从某种意义上说,"Y"理论与同期梅奥的人际关系理论和马斯洛的需要层次理论有许多相同之处,都注重人的社会性和向上的追求。

由"Y"理论所产生的重人式的领导方式理论,主张采取以松弛柔和为主的领导方法,认为作为领导者应关心下属,应着力建立和发展人际间的信赖、亲密关系,注意满足人的社会需要,并认为满足人的自我实现的需要,比经济报酬和强制更能调动人的积极性。所以,持这种领导方式的领导者强调奖励手段,不主张轻易惩罚。这种领导方式的优点是,能够给人创造有利的工作环境,使领导者与被领导者之间的关系和谐协调。

(3) 人事并重式。其特点是:既要重视人,也要重视工作,两者不可偏废。既要改善工作条件和环境,充分发挥人的主观能动性,使部属有饱满的工作热情和主动负责的精神;又要对工作严格要求,赏罚分明,使部属保质保量地完成领导工作计划,创造出最佳成绩。

人事并重式领导方式是带有"权变"特点的一种现代管理理论,主要受日裔美籍管理学教授威廉·大内提出的"Z"理论的影响。这种理论融合了"X"理论和"Y"理论的各自优点,以"全面而自由发展的人"的假设为基础,认为在破除了"人身依附"观念的现代社会,由"契约"关系所形成的雇用观念已不足以充分调动人的工作积极性,实际需要的是一种真正的、全面的人与人之间的信任与平等关系。应该说"Z"理论同莫尔斯(John J. Morse)和洛尔施(Jay W. Lorsch)提出的"超Y"理论有许多相同的地方,都注重权变,认为人是复杂的,在不同的条件下会产生不同的需要,认为单纯的组织设计和管理方式是不可取的,应当根据本单位的工作性质组织管理,针对不同的工作特点而采取不同的管理方式和领导方式。很显然,人事并重式领导行为方式是应该提倡的,只有关心人,才能激发人的内在动力,同时也只有关心工作,才可能使每个人有明确的责任和工作目标。

3. 专断式、民主式、放任式

这由美国社会心理学家莱温(K. Lewin)提出的。他把权力行使作为基本变量,把领导者在领导动态过程中表现出来的极端作风分为三种类型:一是专制作风——权力定位在领导者个人手中;二是民主作风——权力定位于群体;三是自由放任作风——权力定位于职工个人手中。

(1) 专制式。这种领导方式强调指挥与服从,完全个人说了算,主要依靠其个人的能力、经验和判断来指挥组织的活动,领导者将决策权高度集中,独自做出决策,部属只奉命执行。领导者严格控制决策的执行过程,亲自或通过自己信赖的监督系统监督执行过程和执行结果。这种专断独行的领导作风,只会导致下属唯命是从、唯唯诺诺,逐渐失去了工作积极性和创新意识,严重制约了整体力量的发挥和利用,不适合现代组织的管理和领导。

(2) 民主式。这种领导方式注重下属的参与,强调民主作风,领导者在决策过程中吸收被领导者参加,决策的执行采取分权的方式进行。对执行过程和执行者的监督,主要依靠享有一定自主权的不同部门互相制约和执行者之间的工作竞赛来实现。这种组织以平等和相互尊重为基础,表现出较强的团体合作气氛,能够极大地调动组织成员的主动性和积极性,激发成员的"主人翁"精神,是为现代组织所推崇的一种领导方式。

(3) 放任式。这种领导方式注重无为而治,即领导者不把持决策权,对决策的执行过程及对工作人员的检查和监督,也没有严格的规章制度,领导者只是执行例行公务。只有当下级部门或工作人员之间发生矛盾,或者出现重大问题时才出面协调解决。这种组织缺乏团队凝聚力,成员的行动松散缺乏统一的步伐,但形成了比较轻松的工作气氛。这种领导方式一般只适合一些性质比较特殊的团体,如科研单位、文艺团体等。

莱温认为,在实际工作中,三种极端的领导方式并不常见,许多领导者采用的领导方式往往介于两种极端之间。莱温经过实验研究,认为放任式效果最差,放任式领导与生产效率成反比;民主式领导与生产效率成正比,而民主型领导与专制型相比,后者发生争吵比前者多三十倍,挑衅行为多八倍,专断式领导的群体士气最低。后来,许多心理学家也都进行了领导作风与工作效率关系的研究,结果都证明了莱温的结论。

(三) 现代西方领导方式的理论简介

早在20世纪30年代,西方心理学家们就对领导特质进行了大量研究,希望发现领导者与非领导者在个性、生理或智力因素方面的差异,以期预测具备什么性格特征的人当领导者最合适,形成了所谓的领导特质理论。

由于特质论研究未能取得预期的效果,随着行为科学的兴起,西方研究者开始把眼光转向对领导者表现出来的个人行为的研究,希望通过对领导者行为的研究,找出有效领导者的行为和方式的独特之处。从20世纪40年代起领导行为和方式的理论研究得到蓬勃发展,形成了多种的理论模式。除上面已经介绍的"X"理论、"Y"理论、"Z"理论以及莱温提出的专断式、民主式、放任式三种领导方式理论之外,这里着重介绍几种比较有代表性的领导方式理论。

1. 利克特的四方式领导理论

1961年,利克特在《新管理模式》一书中提出了四种领导方式。

(1) 剥夺式集权领导。权力集中于最高一级,下级无任何发言权。领导者不信任下属,决策和组织目标设置均由管理阶层做出,并强制执行。上下级之间缺乏有效沟通,彼此不信任;下属被不安和恐惧的心理所笼罩,难以满足各种的心理需求。在这种制度下,下属通常通过组成非正式组织与正式组织对抗。

(2) 仁慈式集权领导。权力控制在最高一层,由于上下级之间形成一种"主仆式"的信任关系,中、下层可以获得部分处理具体事物的权力,决策仍由管理层做出,管理层主要采用奖励法激励下属。但是,上下级之间仍然缺乏有效沟通,下级仍有恐惧感,交往时小心翼翼。这种制度下,非正式组织可能反对正式组织的目标,也可能采取支持的态度。

(3) 协商式民主领导。重要问题的决定权在最高一层,下属对低层次的问题可以做出明确的决定。上下级之间有较好的沟通渠道,上级对下级有相当的信任,采用奖励方式激励员工完成组织目标。在这种制度下,非正式组织极少反对正式组织。

(4) 参与式民主领导。让下属参与管理,上下级之间完全信任。决策权和控制权不是集中在高层,而是分散于整个组织中,较低层也能参与,整个组织纵、横向沟通畅通,团体气氛较浓。在这种制度下,非正式组织和正式组织的目标一致,共同为组织的目标而努力。

2. 领导行为四分图理论

这是美国俄亥俄州大学提出的一种领导方式理论,又称俄亥俄模式。从1945年开始,以斯多迪尔(Stogdill)等人首先展开了对领导行为的研究。研究组使用了1790多种刻画领导行为的问题以收集被试的反应,最后统计出两个基本的领导行为维度,即"关心人"(关怀维度)和"关心组织"(结构维度)。

(1) "关心人"的领导方式,是指领导者注重与下属建立互相信任的人际关系,尊重下属的意见,鼓励和支持下属的工作,关心下属的生活等等。

(2) "抓组织"的领导方式。就是以工作为中心,指领导者注重工作的组织和计划,明确规定员工的工作职责,建立明确的组织形态、信息沟通渠道、工作目标以及工作程序方法等等。

用这样的标准进行划分,可以非常容易地将任意领导者的行为投影在一个"四分图"上。

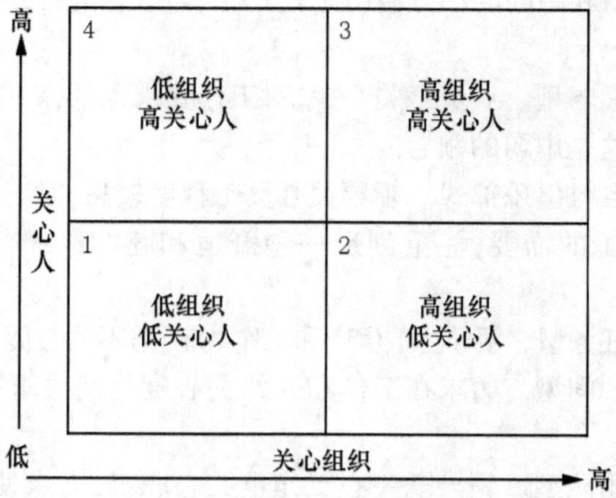

图 8-3-1

从图中可以发现,关心人和关心组织虽然是相互独立的两种领导行为维度,但领导功能的两个维度并不互相排斥,它们可以任意搭配。人们经过研究发现,越是在两个维度上的值均高的领导者,其领导效能越好。换而言之,既重视人际关系,又重视抓工作组织的领导行为将收到最佳效果。

3. 领导方格图理论

1964 年,美国得克萨斯大学的布莱克(Black)和莫顿(Mouton)在领导行为四分图理论基础上提出反映领导方式的理论。他们按照对员工的关心和对工作的关心的两个变量画成如下领导方格图。

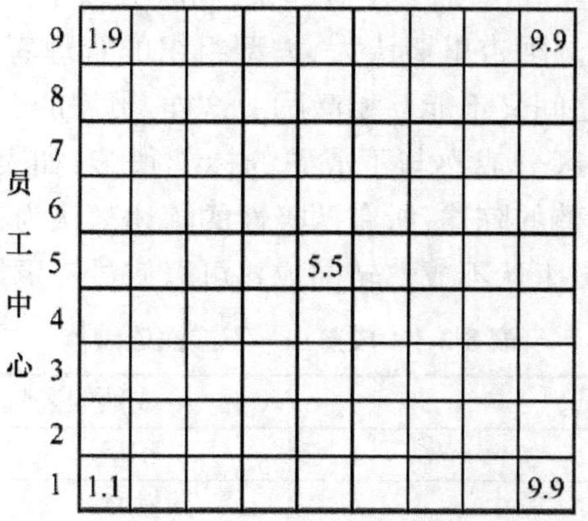

图 8-3-2

图中的横坐标表示领导者对工作的关心度,纵坐标表示领导对员工的关心度。每个坐标分为 9 等份,共组成 81 个方格。每一个方格表示一种领导方式,取4个角的下方格和中间的小方格(1·1,1·9,9·1,9·9,5·5)代表5种典型的领导方式。

(1) 1·1—虚弱型。对员工关心少,对工作要求也低,对员工的工作成绩和感情都不关心。这是虚弱的领导。

(2) 1·9—乡村俱乐部式。领导关心员工程度较高,对工作任务要求不高。虽然可以满足员工的需要,注重创造一种舒适和睦的组织气氛,但工作效率甚低。

(3) 9·1—任务型。领导注重生产和工作效率,但不关心员工的需要和感情。

(4) 5·5—中间型。力求在工作和人的关心度之间寻求平衡,维持一定的满意程度。

(5) 9·9—团队型。领导既关心工作也关心职工,力求使职工个人的需要和组织目标有效地结合起来。领导和部属之间能够互信互尊,建立"命运共同体"的关系,整个组织的团队合作气氛浓厚,因而工作效率高。

在5种领导类型中,9·9型的领导方式最有效,因此,领导者应客观地分析自己的领导方式,将自己的领导方式转化为9·9型。

4. 领导生命周期理论

该理论由美国俄亥俄州立大学心理学家卡曼(A. K. Karman)于1966年首创。卡曼认为,领导者采取什么样的领导行为,应与领导者的年龄、知识经验、技术水平和自我控制能力的发展水平相适应,否则将影响领导效果。后来,荷西(Hersey)和布兰查德(K. Blanchard)于1976年发展了该理论。生命周期理论是在"领导行为四分图理论"基础上发展起来,同时吸取了阿吉里斯(Argyris)的成熟——不成熟的理论。阿吉里斯认为,大型组织的管理者常常忽视员工的社会和自我需求,而员工之间又不能互相激励。这样,员工的个人生活就可能表现出许多不成熟的特点。区分成熟与不成熟的标准很多,如表8-3-1举例的一些项目就是关于成熟不成熟的陈述,所有两极性的陈述都认为存在于一个连续体中。阿吉里斯认为,帮助员工从不成熟转向成熟可以使员工更好地为组织服务。

表8-3-1 成熟——不成熟连续体

不成熟的表现	成熟的表现
消极	积极
依赖	独立
有限的行为	多样的行为
对工作的兴趣肤浅	对工作的兴趣浓厚
目光短浅	目光长远
低的、从属的职位	高的、显要的职位
缺乏自知之明的	自我意识强的

生命周期理论的持有者在领导行为四分图的领导行为模式中加入了曲线维度——被领导者的成熟程度。认为领导的风格要与下属的成熟度相适应,在下属逐渐成熟过程中,领导的风格应当逐渐调整。“高工作”或“低关系”在什么时候最有效,这取决于下属的成熟程度。

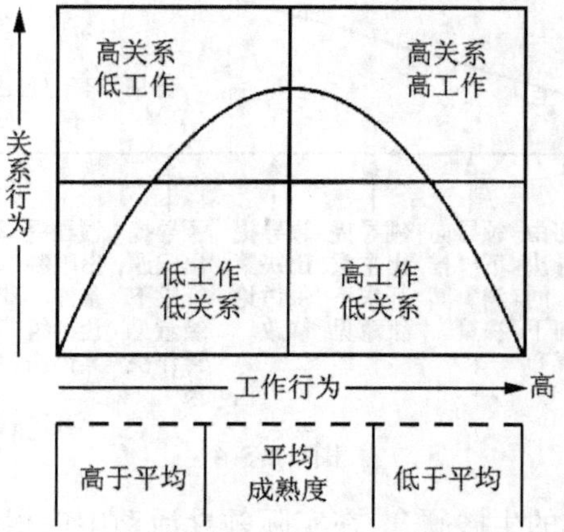

图 8-3-3

荷西和布兰查德所设计的曲线图中,横坐标代表以工作为主的工作行为,纵坐标代表以人际为主的关系行为,曲线维度则是成熟度。对图 8-3-3 可以做如下说明:(1) 工作行为表示领导者用单向沟通的方式向下属人员说明应该干什么,在何时、何地、用何种方法完成任务。(2) 关系行为表示领导者用双向沟通的方式,以心理培育和社会情感激发等措施指导下属,并且提高职工的福利。(3) 成熟度指职工的成就动机方面的成熟,职工乐于承担责任的意愿和能力、个人或小组具有与工作有关的学识和经验。成熟度是心理性指标。

5. 领导方式连续体

由坦嫩鲍姆(R. Tannenbaum)和施密特(W. H. Schmidt)于 1958 年提出的。这种理论认为,领导方式不是固定不变的,要根据内外环境条件、工作性质和时间等具体情况适当决定。从图 8-3-4 可见,从左至右,领导者的职权逐渐减少,部属的自由度逐渐增大。偏向于独裁一端的领导者重视工作关系,注重用权力去影响部属,他们是以主管为中心的领导者,这种领导方式对下属的意见和要求熟视无睹,下属缺乏任何自由度,因此,缺乏工作积极性。偏向于民主一端的领导者较重视群体关系,重视给部属相当的工作自由,这种领导方式能使下属获得较大的心理满足,取得较高的工作效率,但这种方式延伸下去就是放任型领导。因此,可以看出领导方式连续体的图像的两个极端上,该理论与莱温的作风理论重合,但在中间型上,则根据具体情况决定。

领导者到底要采取什么样的方式,应该根据领导的工作需要来决定,领导

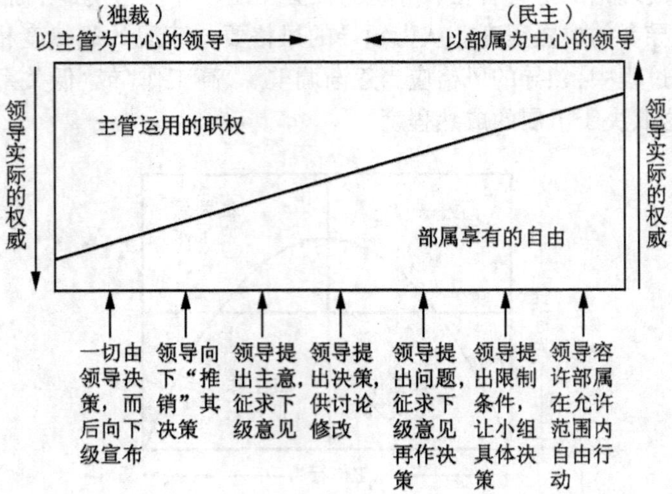

图 8-3-4

活动最忌讳是教条式的生搬硬套，在实际领导活动中应根据具体情况决定采取的领导方式：

（1）根据工作性质和内容的不同，采取不同的领导方式和类型。

（2）根据工作环境、工作机构的不同，采取不同的领导方式和类型。

（3）根据被领导者的素质的不同，采取不同的领导方式和类型。

（4）根据上下级关系的不同，采取不同的领导方式和类型。

【思考题】

1. 试从美学的视角对行政领导艺术进行分析。
2. 行政领导如何充分发挥团队的整体功能？
3. 行政领导如何进行有效的沟通？
4. 行政领导如何正确地协调领导目标与领导关系？
5. 领导方式包括哪些基本内容？
6. 行政领导如何在实践中正确运用各种领导方式？

第九章　行政领导效能与发展

在本质上而言,行政领导者是人民的公仆,其所进行与从事的各项领导工作的宗旨是为人民服务,其所追求的终极目的是社会生产力的高速发展与人民物质生活的极大丰富以及精神生活的逐步提升。然而在现实的阶段性的行政领导活动中,这些宗旨与终极目的的逐步实现是凭借什么体现出来的呢?答案是行政领导效能。在行政领导者为实现其宗旨与终极目的所进行的阶段性与周期性行政领导活动中,行政领导效能既是这些活动的出发点,又是这些活动的归宿,是反映行政领导者能力和行政领导活动成效的综合性指标。作为行政领导科学的核心内容之一,对行政领导效能的研究以及在此基础上进行的行政领导者的发展与培训,不仅具有深刻的理论意义,更具有重要的现实意义。

第一节　行政领导效能概说

一、行政领导效能的含义与特点

(一) 行政领导效能的含义

从一般意义上说,效能(effectiveness)是指事物所蕴藏的有利的、有效的、集体的作用和效应。从行政领导学的角度上理解,行政领导效能是指行政领导活动目标及其实现的程度,包括效和能两个部分。效是指行政领导在实现领导活动(服务)目标中所达到的效率、效果、效益的综合反映;能是指行政领导在实现领导活动(服务)目标过程中所显示的能力。因此,总体来说,行政领导效能就是行政领导者在实施行政领导活动的过程中,实现行政领导活动目标的能力与所获得的领导效率、领导效益以及所引起的组织状态、组织环境与组织关系的有效变化的系统综合。在这个系统中,主要包括以下三个要素:

一是行政领导能力。行政领导能力即行政领导者的行为能力。它以行政领导者的身体、心理、知识、经验等综合素质为基础,是行政领导者行使领导权力、承担领导责任、胜任领导工作、完成领导任务所必备的基本条件。

二是行政领导效率。行政领导效率一般是指行政领导者从事行政领导工作的产出同所消耗的人力、物力、财力等要素之间的比率关系。行政领导效率主要受行政领导者的能力、工作态度、行政领导环境以及下属的素质与能力等条件的影响。

三是行政领导效益。行政领导效益是指行政领导活动的最终效果，带有社会性、公益性与长远性，主要表现为政治效益、经济效益、文化效益、人才效益与社会效益等，是一个综合性的指标体系。

从以上对行政领导效能的含义及其内容的分析中，我们可以看出，行政领导效能是一个复杂的、广泛的综合性体系，这其中既包括定性的因素，也包括定量的因素。在对行政领导效能的研究中，我们要高度重视对其定量因素进行分解式的量化分析，以提高对行政领导效能的科学性与操作性研究；同时又要兼顾对其定性因素进行深入的理性分析，以强化对行政领导效能的历史性与社会性研究。

（二）行政领导效能的特点

行政领导效能作为一个复杂的、广泛的综合性体系，其特点主要表现在以下几个方面：

一是综合性。行政领导效能的高低优劣取决于多种因素：首先包括行政领导者的自身因素，如行政领导者的身体素质、心理素质、政治素质、能力素质、业务素质、认识水平、领导能力、组织能力、管理能力、协调能力、创新能力、自律与自控能力等。其次包括行政领导群体的因素，如在行政领导群体中，是否贯彻执行民主集中制，领导群体结构是否合理，集体领导与个人分工负责制是否健全，领导群体是否团结一心、步调一致，是否有健全的权力运作与监督机制，是否与人民群众建立了密切联系，思想政治工作与激励机制是否有效等。再次包括被领导者的自身因素，如被领导者是否明确意识到自己的主人翁地位并担负起相当的责任，发挥相当的作用；被领导者对领导的态度如何，即是否响应、接受并服从领导；被领导者能否正确地对待并评价领导者的功过是非，进而正确地对待领导者，理解、信任并支持领导者的工作；领导者与被领导者是否形成一种齐心协力、团结互助的良性关系等。最后包括行政领导活动得以进行的客观环境因素，如自然环境、政治环境、经济环境、文化环境、社会环境、机构环境等。

二是社会性。一方面，行政领导活动作为一种有组织的社会活动，是社会活动的有机组成部分，这就使行政领导效能不可避免地受到各种社会因素的影响与制约。另一方面，行政领导活动作为一种有目的的社会活动，其最终目标是为促进整体社会的发展服务。这就决定了行政领导效能具有很强的时代性特征，它不仅要适应所处社会与时代的发展要求，而且要反映并提升所处社会与时代的发展水平。

三是历史继承性。行政领导效能所反映和体现的，总是在某一特定的时间和空间里，某一个行政领导者或行政领导群体率领被领导者，在一定的环境与条件下改造客观世界所取得的工作成果与所释放的领导能力。然而，这些领导效能的取得，无不是建立在前人或前任已进行的工作或已创造的条件的基础之上的,同时现任行政领导者或行政领导群体在某一特定的时间和空间里所取得的领导效能,又会为后来者创造条件,提供契机。因此,行政领导效能一方面是阶段性的,另一方面又具有历史继承性,呈现出环环相接的螺旋式上升,经过日积月累,最后达成其终极目的。

四是主观与客观统一性。总体来说,行政领导活动必须首先在一定的自然与社会环境中进行,因而,行政领导效能的取得必然受到所处客观环境的影响与制约。同时,根据马克思主义的认识论,人具有改变客观世界的主观能动性,在一定的时期和一定的条件下,在人们认识并掌握客观世界规律的前提下,是可以利用并进一步改造客观环境因素的。因此,行政领导者或行政领导群体在充分调动被领导者与人民群众的积极性的情况下,实施科学领导,是可以使客观环境为创造良性的行政领导高效能而服务的。

二、行政领导效能的类型

行政领导效能根据不同的层次与标准,可以划分为不同的类型。之所以对行政领导效能进行分类研究,是为了能够对行政领导效能形成一个全面的、深刻的而清晰的认识。

首先,根据行政领导效能层次的不同,我们将行政领导效能分为宏观行政领导效能与微观行政领导效能。

所谓宏观行政领导效能是指行政领导活动在社会整体中所达成的效能,主要包括以下几种:

一是政治效能。即行政领导者以国家权力为后盾和威慑,并通过自身的努力,约束和率领被领导者与人民群众,达成既定的共同目标的效能。体现为维护既定的社会秩序,保障绝大多数社会成员的一定政治利益,包括保障社会生活的相对稳定和相应的政治权利,避免和消除异族或外来的侵略与压迫。

二是经济效能。即行政领导者能够对经济生活施以有效的影响,从而维护生产经营秩序,并通过对经济制度的维护和创新使社会生产率大为提高,社会生产力迅速发展。

三是文化效能。即行政领导者通过对意识形态的调控,增强整个社会的向心力与凝聚力,消除异端思想的过度发展,提升整个社会的文化水准和精神风貌。

四是社会效能。即行政领导者有效地保障绝大多数社会成员的社会利益,提升社会福利水平,改善环境保护设施等,从而满足绝大多数社会成员的需要。

所谓微观行政领导效能,是指行政领导者在行政领导活动的具体过程中所体现出来的效能,主要包括以下几种:

一是办事效能。即行政领导者在行政领导活动的各个环节中,包括指挥、计划、组织、协调、沟通等,处理事务的能力、效率和效益。行政领导者在任职期间的政绩如何主要取决于其办事的效能,它也是行政领导者综合素质的集中体现。现代行政领导者面临的社会问题极端复杂、变幻莫测,因此,行政领导者要善于抓住事物发展的主要矛盾,以经济建设为中心,以为人民服务为宗旨,提高办事效能。

二是用人效能。即行政领导者选配人才的科学性和使用人才的有效性。行政领导活动区别于其他社会活动的最为明显的特征就是行政领导行为与目标之间的间接性,由于这种间接性的存在,就使行政领导者的用人显得极为重要,"为政之要,贵在得人"。行政领导者如何选配、组织和使用不同部门的人员,不仅关系到每个组织成员的主动性、积极性和创造性,也关系到整个组织的整体效能。因此用人效能是构成行政领导效能的一个重要内容。

三是时间效能。即行政领导者在单位时间内所完成的工作量,是衡量行政领导者科学管理与利用时间的尺度。行政领导者时间效能的高低,不仅关系到个人贡献的大小,而且会直接影响整个组织的整体贡献。因此,行政领导者应制订科学而严谨的工作计划,区分各项工作的轻重缓急,大胆授权下属部门,尽量避免"文山会海",集中主要精力抓大事,努力提高时间效能。

四是组织的整体贡献效能。即行政领导者在率领本组织的全体成员完成工作任务过程中所做贡献的大小,以及整个组织的总体目标实现程度如何,是行政领导者的办事效能、用人效能与时间效能的综合体现,是衡量行政领导效能高低的最重要的尺度。行政领导效能最终体现在对组织的整体贡献的大小之上。

其次,根据行政领导效能的性质不同,可将行政领导效能分为正效能与负效能。无论是宏观行政领导效能还是微观行政领导效能,都有正负之分。

一是行政领导正效能。即行政领导者所从事的行政领导活动与社会经济沿着同一方向前进,并对社会经济发展最终起到促进作用。

二是行政领导负效能。即行政领导者所从事的行政领导活动与社会经济沿着相反方向行驶,并对社会经济发展最终起到阻碍作用。

行政领导效能一词虽然有正负之分,但我们通常意义上所说的行政领导效能一般是指行政领导正效能,而将行政领导负效能称为行政无能。

三、行政领导效能理论

对行政领导效能的研究,可以从不同角度去进行,比如从静态上研究行政领导者的个体素质或群体结构以及行政领导机制,从动态上研究行政领导者的行为方式,从系统论的角度研究行政领导效能与系统环境的关系等。总之,对这些不同方面的研究构成了行政领导效能理论的主要内容。

然而,比较客观地说,成熟的领导效能理论是产生于现代西方国家的,这其

中尤以弗雷德·E. 菲德勒在其专著《领导效能新论》中提出的三种理论最具代表性。其主要内容包括:

(一) 封建制领导效能理论

历史悠久的封建传统认为,领导是一种领导者与被领导者之间的个人关系。这种领导效能理论具有如下的鲜明特征:

首先,此种领导效能理论注重对领导者个人特质的研究,具有浓厚的宗教色彩。这一理论认为:领导者的地位是由"上帝的意志"决定的,领导者是生就的。封建传统中被领导者对领导者的忠诚程度,有着近乎宗教式的崇拜,这种感情的纽带大大地超越了理性的范围。这种封建的意识观念不仅存在于欧洲国家,同时也存在于美国。这种对领导者的近乎宗教式的崇拜,导致了这一时期的领导效能理论注重对领导者个人特质与领袖人物超凡魅力的研究,以便把领导者从他们的追随者之中划分出来。

其次,随着领导实践的演进与领导学理论研究的发展,早期的领导特质理论逐渐遭到质疑,其有效性被否定,而从行为主义的角度探讨有效的领导行为模式则成为领导效能理论研究的重心。沙特尔与斯道戈迪尔在俄亥俄州立大学的研究表明,基于群体成员对其领导者行为做出的评价,可将领导者行为分为人员取向的"关怀型行为"(considerate behavior)和任务取向的"结构型行为"(structuring behavior)。但随后的事实与研究却证明:关怀型行为与群体的内聚力和成员的满意感有关,与领导效能却相关甚微。

最后,到 20 世纪 30 年代末,人际关系方法被应用于领导学的研究之后,领导效能理论的研究也随之取得突破性的进展。麦戈雷格的 X 理论与 Y 理论以及利克特的系统理论的提出,拓展了领导学研究的视野与空间。他们根据下属的参与程度对领导方式加以分类,将领导方式分为独裁型、民主型与放任型,并进一步认为民主的、参与的行为可以使下属感到自己的责任,进而提高群体与组织的整体效能。

总之,封建制领导效能理论作为早期的领导效能理论,既对领导效能理论的整体研究做出了突出的贡献,同时又体现出严重的不足。即它只注重从人的角度,包括从领导者的个体特质与被领导者的表现,来对领导效能进行研究,却忽视了组织结构与制度以及组织环境的因素。

(二) 层峰式领导效能理论

恰恰与以个人关联为基础的封建传统相反,层峰系统反对以领导和从属个人关系为基础建立起来的组织。马克斯·韦伯在其系统著作中对层峰式领导做了很好的阐释。他认为在层峰系统中,领导者和被领导者都是可交换的网络中的一部分,领导者的作用、任务、责任和特权都有详细的规定,领导者和被领导者都要忠实于组织与组织目标,而这一原则不断地被各种旨在削弱领导者和被领导者之间关系的调动有轮换政策予以强化。

人类在古代就已经形成集团性的层峰系统了。古罗马和中国行政的体制在很多方面就是层峰式的,即晋升靠功绩,工作制度化,对组织而不是对个人忠诚。西欧产业革命的到来使层峰制得到了复兴。工作的机械化最终导致了装配线的发展,进一步使组织强调工作的重要性,而削弱每个工人的特性以及工人与领导之间的个人关系。由于人的个性差异被忽略了,所以层峰制主要关心的是组织结构,包括组织的沟通系统、工作与任务的设计等问题。领导者的职权被控制在一定范围之内。工作、工作条件、绩效标准和对工作不满的反映程度都有明确规定。对领导效能的评价是建立在实现组织目标的客观基础之上的。

当今最具代表性的层峰理论是结构理论,这一理论的代表人物是伍德沃德、普格与西克森、海宁斯与特纳以及西蒙等。他们认为,领导效能取决于组织的特性而不取决于组织中领导者的特性,组织中有各式各样的"领导替代物"存在。也就是说,组织中健全的任务与结构以及有职业文凭和受过专门训练的人员,可以完全取代领导者的作用,使其成为不必要。这些"领导替代物"的知识可以使我们能够创造一种这样的环境,如允许信息的畅通、有效地制定决策,并且在没有特定领导者的情况下运用权力。

这些不带任何感情色彩与偏见的办法对领导效能的贡献很大,毋庸置疑,在组织结构、工作任务明确划分的情况下,领导更容易出色地完成组织任务。然而,如果彻底否定领导人格特点的作用,不可避免地会影响领导效能研究的科学性与完整性。同时,层峰式领导效能理论也忽视了对领导环境的研究,以至于将领导者与组织结构完全分裂开来。

(三) 权变领导效能理论

权变领导效能理论实际上是一种试图将封建制领导效能理论与层峰式领导效能理论合二为一的领导效能理论。1964 年权变模型(contingency model)的问世,引起了领导学研究领域中各学派的强烈反响。这个模型描述了具有特定人格的领导者在一定的组织环境中发挥作用的条件,阐述了领导者的效能或者组织的效能依赖于(或者说"取决于")两个主要的因素:一是领导者的动机结构或领导者的风格;二是领导环境给领导者提供的控制或影响的程度。

此后的许多理论都是建立在权变领导效能理论这一基础之上的。其代表主要有豪斯于 1971 年提出的途径——目标理论。它从实质上阐述领导者如何引导下属走上一条能够使下属和组织双方都能满意和受益的道路。认为只有领导者的谋略或行为适应于工作的特点与下属的人格、能力和要求时,他们的领导效能才能达到最佳。结构性的工作需要关怀型和支持型的领导行为,关怀型的领导适用于自尊较差的下属,指导型的领导适用于经验不足的下属。

许多研究表明,领导者智能与内聚力强、气氛和谐的群体效能的相关要大于应激大、人员松散的群体效能的相关，除非领导者是指导型的，否则领导者的智能与工作相关的能力就不能反映出群体的效能。鉴于此，弗雷德·E. 菲德勒在他以前研究的基础上提出了“多屏”模型（multiple screen model），如图所示：

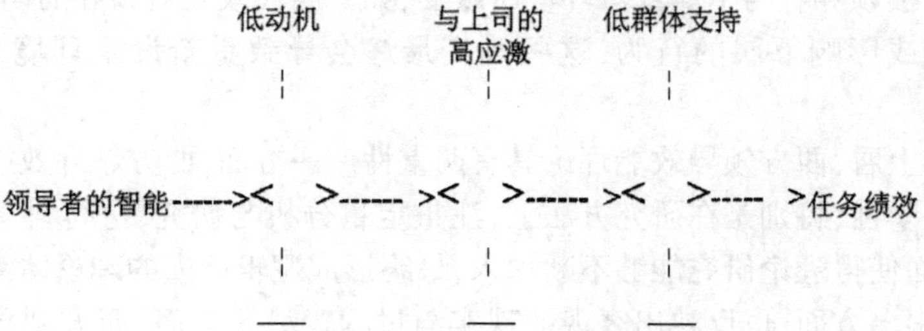

图 9-1-1

简而言之，这一模型假设，为了反映领导效能，领导者要凭自己的智能闯过一系列难关和障碍，即图中这类似半渗透的屏障。也就是说，领导者要有动力，要得到群体成员的支持，要与他的直接上司保持良好的关系，如此才能取得较好的效能。

综上所述，封建制领导效能的取得是建立在领导者与追随者个人关系基础之上的，这种观点在 20 世纪引起了对领导特质和领导行为的探讨。而层峰式领导效能的取得与封建制领导效能的取得是截然相反的，它忽视领导者与追随者的个人关系对领导效能的作用，而强调组织结构与条件对领导效能的影响。权变领导效能的取得则是建立在综合了以上两种效能的基础之上，指出在一定条件下，领导者与群体成员的能力及与工作相关的知识对有效的领导效能的作用。[1]

（四）交易理论

除了以上介绍的弗雷德·E. 菲德勒所提出的三种经典的领导效能理论外，还有一种领导效能理论在西方的影响也是比较大的，这就是交易理论。

交易理论认为，领导是一个领导者与下属相互影响，并进而实现使每个成员最大化收入和最小化成本的共同目标的动态过程。领导是一个交易，是对社会交换的反映，领导为下属提供收益，降低成本，并与之交换，使自己也得到相应的好处，以共同实现组织目标。

交易理论是建立在以下两个原理之上的，一是社会交换原理，这一原理强调社会各组成部分相互依赖，只要在一个相互关系中各组成部分所得到的收益大于交换的成本，那么，各组成部分就会维持在这种相互关系中。一是公平原理，实际上是社会交换原理的运用，即当需要一个人或一种力量公平分配社会稀缺

① 弗雷德·E. 菲德勒、约瑟夫·E. 加西亚：《领导效能新论》，三联书店 1989 年版，第 23—35 页。

资源时,领导者便成为分配者,所以公平原理是领导效能理论的要素。

交易理论重点在于强调在一个相互创造的环境中,领导者与下属相互作用和交易,而不是简单因素的组合。领导是一个复杂的相互平衡的交易过程,这一过程可以被领导者与下属或者环境所改变,如下属会改变对领导的期望,而领导又会改变或影响下属的行为,这些改变最终会导致重新设定环境,如此循环往复。

总体上看,西方领导效能理论具有两重性。一方面,西方领导效能理论具有一定的科学性,特别是在研究方法上,注重定量分析与研究,进行科学的定义与分类,从而使得理论研究能够不断深入,最终形成逻辑严谨的理论体系。从内容上看,在很多方面,也反映出客观的现实与过程。另一方面,西方领导效能理论具有一定的狭隘性,它绝大部分是对单个组织或部门的研究,而缺乏社会性的视角,没有深入到社会关系的本质。

而我国至今没有比较成熟的领导效能理论,我们应该在正确分析西方领导效能理论的基础上,结合自身的实际,去粗取精,扬长避短,着眼于整体,立足于局部,逐渐发展出有利于提高社会主义行政领导效能的理论与方法。

第二节　行政领导效能测评

严格考核和正确评价行政领导效能,不仅是提高行政领导工作水平的重要途径,同时也是行政领导科学研究的重要内容。伴随行政领导理论与实践的发展,行政领导效能测评在整个行政领导活动过程中已经成为一个相对独立的完整领域,拥有自成一体的测评内容与标准、科学方法与程序并形成制度化的体系,对行政领导效能的提高,行政领导活动的科学化以及行政领导科学的建设都具有重要的意义。

一、行政领导效能测评的含义与意义

(一) 行政领导效能测评的含义

"测评",从字面含义来看,"测"即"测量""测试","评"即"评价""评定",行政领导效能测评即特定的测评主体根据一定的标准,遵循一定的原则,按照一定的程序,通过一定的方法,对行政领导者实施行政领导活动的能力与效果进行综合测试与评价的过程。

在这里,测评主体即指设计与主持整个行政领导效能测评活动的人员或机构。测评主体可能是一个人、几个人,或者一个团体、一个机构。而行政领导者则是测评客体,是测评所作用的独立存在的实体。测评对象则是测评客体即行政领导者的某些属性特征,这些属性特征是多方面的,包括个人修养、工作绩

效等。

（二）行政领导效能测评的意义

《中华人民共和国宪法》第二十七条第一款明文规定：一切国家机关实行精简的原则，实行工作责任制，实行工作人员的培训和考核制度，不断提高工作质量和工作效率，反对官僚主义。

长期以来，由于多种因素的作用与影响，行政机关一直程度不同地存在官僚主义、贪污腐化等现象。因此，按照行政领导现代化与科学化的要求，加强对行政领导效能的测评，并使其日益规范化与制度化，便成为一项紧迫的任务。它对提高行政领导水平，优化行政领导结构，以至于最终提升行政领导的科学化程度都具有重要的理论意义与现实意义。

总体来说，对行政领导效能进行测评的重要意义主要表现在以下几个方面：

第一，行政领导效能测评是一切行政领导活动的出发点与归宿

行政领导者所从事的一系列行政领导活动，包括行政领导目标的确定，各项方针、政策的制定，各种领导方法与艺术的运用，领导集体结构的优化组合等，都是有组织、有目的的，而要保证组织目标的实现，就要首先力求提高行政领导效能，以追求行政领导效能为出发点，并将这一追求自始至终贯穿在行政领导的全过程和各个方面。

然而，对行政领导效能的追求不是盲目的，它是建立在对行政领导效能进行科学的测评基础之上的。只有以行政领导效能为中心，对各种相关因素进行综合分析，才能使对行政领导效能的追求建立在客观而坚实的基础之上，即良好的开始是成功的一半。从而在这个良好的基础上，及时对此后的各项行政领导活动进行总结与评价，以避免走弯路，而多出成绩。

第二，行政领导效能测评是衡量行政领导活动成败得失的标尺

行政领导效能测评最为显著的特征，就是测评主体根据一定的测评标准，对行政领导者在行政领导活动中履行其职责与实现其组织目标所取得的工作成绩与实际效果，进行客观而综合的考核，并进而做出事实或价值层面的评价。行政领导者能力的强弱与行政领导活动的科学化程度，最终都要通过行政领导效能测评这把标尺综合表现出来。

行政领导效能是行政领导者、被领导者以及客观环境等相关因素在内的相互作用的结果，要对诸如行政领导者的品德修养、人际关系、工作成绩等各个方面进行综合而客观的考核与评价，就必须借助于行政领导效能测评这把标尺，以避免只是抽象而笼统地做一些评语。

第三，行政领导效能测评是改善行政领导者素质和提高行政领导水平的重要环节

虽然每一位行政领导者的知识水平、业务能力、人格魅力与工作成绩是千差

万别的，但只要是有强烈的事业心与进取心以及高度的使命感和责任感的行政领导者，都会不断地自觉总结和反思自身的素质水平与工作绩效。然而，毕竟“人非圣贤”，并且容易“当局者迷”，要做到正确而及时地认识自身的不足并客观评价行政领导的工作绩效，就必须借助于制度化与规范化的行政领导效能测评。

通过科学的行政领导效能测评，行政领导者之间的效能差别就会客观公正地反映出来，进而就可以区分出先进与后进，优秀、称职与不称职，在行政领导系统内部形成激励先进、鞭策后进，淘汰不称职者的机制。这样，一方面使效能优良的行政领导者有一种成就感与荣誉感，以再接再厉；另一方面使效能不高的行政领导者有一种危机感、紧迫感与压力感，以奋起直追。如此下去，就会在全体行政领导者之间形成一种见贤思齐、学有榜样、赶有目标、积极进取的良好氛围，进而提高行政领导者的整体素质与领导水平。

第四，行政领导效能测评是正确使用与科学培训行政领导者的重要依据

一方面，现代行政领导体制在用人问题上都强调“效能原则”，即行政领导者在行政组织内的职、权、责、利等，都应与其效能高低挂钩，而不单纯依赖其个人身份，如性别、年龄、学历、门第与种族等。

任何一个行政领导者，将其放在特定的领导岗位上，赋予其相应的权力与责任，并给予其应得的利益，如果在任期内能够出色地实现组织目标，取得优良的效能，并得到被领导者与人民群众的公认，则他便是适合这一岗位并有进一步发展潜力的行政领导者。反之，则是不适合自身岗位甚至不称职的行政领导者。因此说行政领导效能测评是任人唯贤、用当其位，正确使用行政领导者的重要依据。

另一方面，伴随现代社会的飞速发展，人类已经进入知识经济与信息全球化的时代，终身学习观念日益深入人心。在这方面，行政领导者更应起到表率作用。一般情况下，行政领导者是通过科学培训来贯彻终身学习这一观念的。

对行政领导者进行科学培训，即针对行政领导素质与能力上的欠缺以及工作过程中的薄弱环节，针对现有状况与新的形势要求的差距，进行观念、知识与技能的更新与强化。然而这一切都是建立在对行政领导效能进行科学测评的基础之上的。培训工作的效果是与测评息息相关的。只有认真搞好测评工作，才能保证培训工作的针对性与有效性。

第五，行政领导效能测评是对行政领导活动进行民主监督的有效途径

现代民主政治的发展，对行政领导活动的公开化与透明度提出了日益迫切的要求，并认为有必要对其进行监督。而行政领导效能测评就是对行政领导活动进行监督的一种有效途径。

通过建立一整套科学合理的行政领导效能测评的指标体系，开展规范的测

评活动,并将测评结果公之于众,这无疑就对行政领导者形成一种无形的压力与促进,也使行政领导活动的公开化与透明度有了一定制度的保证。

因此,加强和完善科学的行政领导效能测评工作,是逐步推进和扩大社会主义民主的重要内容,是动员广大人民群众参政议政的制度化渠道之一。

二、行政领导效能测评的内容与类型

(一) 行政领导效能测评的内容

由于行政领导效能本身就是一个复杂的综合系统,因此,行政领导效能测评的内容必然也是广泛的、丰富的。在这里,我们将其归纳为行政领导者的德、能、勤、绩四个方面。

首先,对行政领导者之德的测评,即对行政领导者的道德、品质、作风、修养等方面的测评。主要包括:行政领导者作为党的干部与人民的公仆,在政治态度上,是否忠于党、忠于人民,是否认真贯彻党的各项路线、方针与政策,是否有效执行了国家的法律、法令、法规与制度等。在道德品质上,是否具有高度的使命感与责任感,勇于维护党和人民的利益,自觉遵纪守法,遵守社会公德,恪守职业道德。在工作作风上,是否实事求是、坚持原则、尽职尽责、公正廉洁、关心下属和群众等。在个人修养上,是否诚实、宽容、热情、乐观、坚强、积极进取等。

其次,对行政领导者之能的测评,即对行政领导者的文化程度、业务水平、工作能力以及身体素质与心理素质等方面的测评。主要包括:在文化程度上,行政领导者是否能紧跟时代的步伐,及时补充自己的知识,更新自己的知识结构,尤其是在信息化与网络化时代,行政领导者更应补充有关外语与计算机方面的知识。在业务水平上,是否精通自己所在领域的专门知识,以成为学者型与专家型领导。在工作能力上,是否能够果断决策,用发展的眼光制订具有前瞻性的计划,并在领导过程中进行有效的协调与沟通,勇于开拓创新等。在身体素质方面,由于行政领导者身肩重任,公务繁杂,就要求他们具有健康的体魄与充沛的精力。在心理素质方面,由于行政领导者面临瞬息万变的环境与错综复杂的矛盾,就要求他们具有稳定而从容的心态,果敢而乐观的精神,以及敏锐灵活的应变能力。

再次,对行政领导者之勤的测评,即对行政领导者的事业心与工作态度的测评。主要包括:在事业心方面,行政领导者是否具有强烈的事业心和恪尽职守、不懈不怠的勤奋精神。在工作态度上,是否任劳任怨、精益求精、勇于创新、密切联系下属与人民群众等。

最后,对行政领导者之绩的测评,即对行政领导者的工作实效的测评。对行政领导者之绩的测评是行政领导效能测评的内容中最重要的一个环节,工作实绩是行政领导者实际为社会做出的并得到社会承认的劳动成果,是行政领导者的德、能、勤的综合与最终反映。

对行政领导者之绩的测评,首先在宏观方面主要包括以下几种内容:一是经济建设方面,包括经济总量、经济发展速度和国民生产总值及增长率、人均生产总值及增长率,国有资产管理及增长率,财政税收及增长率,城乡居民人均纯收入及增长率,交通、能源、通信、城镇建设、农田水利等基础设施建设水平等。二是社会发展和精神文明建设方面,包括社会稳定和治安状况,环境与生态保护状况,人口与计划生育状况,教育、科学、文化、卫生、体育状况等。

其次,在微观方面主要包括以下几种内容:一是工作数量,即行政领导者在特定的时间内,完成的工作量,考评工作数量一般需要量化,以行政领导者在特定的时间内所处理的事务作为基础。二是工作质量,即行政领导者完成的工作在组织与群众间的满意度如何,是否具有创造性、科学性与艺术性。三是工作效率,即行政领导者所取得的工作成果与所消耗的人力、物力、财力的比率。在竞争激烈、变化迅猛的现代社会,行政领导者必须追求工作高效。

(二)行政领导效能测评的类型

行政领导效能测评可谓是一项综合性与系统性工程,可以根据不同的标准分为不同的类型:

首先,根据层次的不同,可将行政领导效能测评划分为高层行政领导者效能测评、中层行政领导者效能测评与基层行政领导者效能测评,以及各个层次内正职行政领导者效能测评与副职行政领导者效能测评。

其次,根据测评主体的不同,可将行政领导效能测评划分为行政领导者自我测评、上级测评、同级测评、下级测评与群体测评等。

再次,根据测评时间的不同,可将行政领导效能测评划分为平时测评、年终测评、任中测评、届满测评等。

复次,根据测评所用技术与手段的不同,可将行政领导效能测评划分为定性测评、定量测评以及包括模糊综合测评在内的中性测评。

最后,根据测评目的与作用的不同,可将行政领导效能测评划分为诊断性测评、鉴定性测评与评价性测评。诊断性测评是以服务于了解行政领导者效能高低的缘由为目的的测评,其测评内容十分全面而精细,测评过程则寻根究底,其结果仅供内部掌握与参考。鉴定性测评是以鉴定与验证某种结果或预见为目的的测评,这种测评十分注重测评结果的信度与效度,要求所做的结论有据可查,而且充分全面。评价性测评又称总结性测评,是一种全面考核评定行政领导者效能的测评类型。这种测评的内容一般比较全面,测评的时间常在月末、季末或年末进行,测评的内容以职责为主。①

① 萧鸣政:《现代人事考评技术及其应用》,中国人民大学出版社 1997 年版,第 9—12 页。

将对行政领导效能的测评划分为不同的类型,有利于具体问题具体分析,以节省人力、物力、财力,并增强行政领导效能测评的操作性与科学性。

三、行政领导效能测评的原则与程序

(一) 行政领导效能测评的原则

行政领导效能测评是一项十分复杂的系统工程,因为行政领导活动不仅有常规性的一面,更含有大量的创造性因素在内。要真正准确地对行政领导效能做出测评,是一项非常复杂而困难的工作,这就要求行政领导效能测评必须遵循正确的原则。

首先,行政领导效能测评必须遵循实事求是的总原则。

行政领导效能测评是测评主体对客观存在与表现出来的行政领导效能状态的主观反映与认识,而要尽量缩短主观与客观之间的差距,如实地反映行政领导效能的实际状况,就必须遵循实事求是的原则,以尽可能准确而全面地对行政领导效能进行测评。

实事求是原则首先要求测评主体必须为人正直、客观公正,能够抛弃个人的好恶恩怨,不用派系观念代替组织的整体观念,不用主观想象代替调查研究,不用道听途说代替事实依据,不用感情、偏见代替法规和正式的规定。其次要求测评标准要统一,过程要公平。最后要求测评的材料与数据要准确而完整,并对其进行全面而仔细的调查分析。

其次,在实事求是这个总原则的指导下,在具体的行政领导效能测评活动中,还应坚持以下几条分原则:

一是目标适当原则。即行政领导效能测评要以领导岗位目标责任制为基础与依托。领导岗位目标责任制既规定了一定时期内行政领导者的岗位职责与工作目标,又规定了行政领导者履行岗位职责与实现工作目标所应遵循的原则、规范与制度,还规定了行政领导权力运作的方式与程序。因此,它是一定时期内行政领导者履行岗位职责、做好领导工作、发挥领导作用的行动准则。

在行政领导效能测评过程中,坚持目标适当原则,要求不同的领导岗位有不同的目标,行政领导效能测评应严格依据领导岗位目标责任制来进行,而不要另定指标;要把是否实现了领导岗位目标责任制的各种指标,是否完成了领导岗位目标责任制中规定的各项任务,作为测评行政领导效能的依据;要把依据领导岗位目标责任制进行测评所获得的最终结果,作为行政领导者职务升降与奖惩的主要依据。

二是民主公开原则。行政领导效能测评的方法与程序对测评结果的影响极大,要保证测评结果的客观、公正和准确,并使行政领导者正确对待测评结果,就必须坚持民主公开原则。

所谓"民主"是指在行政领导效能测评的方法与程序等方面,走群众路线,让下属与群众参与测评,听取下属与群众的意见。由于行政领导者工作生活在下属与群众中间,他们的各方面表现下属与群众是最清楚、最了解与最有发言权的。坚持民主原则,既能使测评结果比较客观公正,又能促使行政领导者强化"公仆"观念,增强对下属的责任感,改善与被领导者之间的关系,融洽组织气氛。

所谓"公开"是指在行政领导效能测评过程中,一要将测评对象、时间、内容、标准、程序等事项在一定范围内公之于众,以便有关人员了解、参与并监督;二要将测评结果在告之行政领导者本人的同时,也在一定范围内公之于众,以便于防止测评过程中可能出现的主观偏见与误差,有助于行政领导者总结经验教训,提高领导水平。同时有助于下属与群众掌握情况,以便于对行政领导者及其活动实施监督,并激发其主人翁精神和工作积极性。

在行政领导效能测评的过程中坚持民主公开原则,有一点必须加以注意,即在给予广大下属与群众充分的民主权利的同时,也要加强对他们的宣传教育,使他们进一步明确自己的权利与责任,并掌握正确的理论与方法,以促进行政领导效能测评的制度化与科学化建设。

三是注重功绩原则。行政领导效能测评作为一项系统工程,包括德、能、勤、绩等几个方面,但在这几个方面中,要坚持以功绩为主,其原因有以下两个方面:首先,坚持注重功绩原则,可以增强测评的客观性。因为行政领导者在特定的任期内与岗位上所取得的工作成绩是客观现实,其内容、数量与质量都是有据可查的,是众所周知的。根据行政领导者在履行职责和实现组织目标方面的实绩,有利于对其进行客观的评价。其次,坚持注重功绩原则,可以将行政领导者的主要精力吸引到正确的发展方向上,改变那种"不求有功,但求无过"的陈腐观念,树立"无功即是过"的新观念,充分发挥自己的潜力和特长,用脚踏实地、开拓创新的精神去从事各项领导活动。

四是整体发展原则。即行政领导效能测评既要看到局部,更应关注整体;既要立足当前,更应面向未来。首先,在行政领导效能测评过程中坚持整体原则,一方面有助于行政领导者树立整体观念、全局观念,自觉地以整体利益和全局利益为重,在完成本部门、本组织的任务与目标的同时,促进整个社会主义建设事业的发展。另一方面有助于政令畅通、上下一心,克服地方主义与本位主义思想,改善"上有政策,下有对策"的局面。

其次,在行政领导效能测评过程中坚持发展原则,一方面是从行政领导者自身的角度来看,其知识、能力、素质等各个方面,是一个动态的发展体系,在行政领导效能测评过程中,既要客观评价其此时此地的表现,又要大胆预测其将来发展的前景,以利于对行政领导者潜隐性效能的挖掘与发挥。另一方面是从社会发展的长远角度来看,部分行政领导者为追求任期内的"辉煌政绩",却给整体社会的长远发展留下了深重的隐患。因此,在行政领导效能测评过程中,必须着眼长远,面向未来,防止和克服那些只看重眼前利益而忽视长远利益的短期行为。

(二)行政领导效能测评的程序

行政领导效能测评作为一项系统性工程,其进行必须遵循一套完整的程序与步骤,以确保其有效性与科学性。总体来说,行政领导效能测评的程序主要包括以下几个环节:

一是舆论宣传与组织准备。要想使行政领导效能测评真正成为一项科学化与制度化的活动,并成为每一位行政领导者的自觉行动而长期坚持下去,首先必须依赖于对这项工作的重要性的充分认识,而这就要借助于一定范围内的舆论宣传与思想动员工作。借此机会讲清楚测评的必要性与重要性,以端正行政领导者的思想态度,扫除一些不必要的顾虑。同时,也要将测评中将要运用的具体方法、手段、标准,以及时间安排等公布于众,以期相互的配合和监督。其次要进行组织准备,即将测评工作人员的组织方式、机构设置、工作纪律等确定下来,必要时需要对有关工作人员进行理论上与方法上的短期培训。

二是内容确定与方法设计。内容确定与方法设计即根据测评客体的不同情况,以及测评要达到的不同目的,确定测评的具体内容和指标体系以及采取的不同方法。在这个环节上,要避免测评内容和指标体系的同一性,即按照同一套内容和指标体系测评不同层级、不同系统、不同岗位、不同职务的行政领导者,使测评失去针对性与应用性。因此,我们要不断总结实践经验,在深入调查研究的基础上,制定出科学合理、具有针对性的行政领导效能测评的内容和指标体系,为测评的客观公正性和有效性提供充分的保证。从而在此基础上设计并使用正确而高效的方法。

三是自我总结与群众评议。自我总结即要求被测评的行政领导者按照实事求是的精神,将自己在测评所规定的时间内的德、能、勤、绩等方面的基本表现写成书面材料或进行口头汇报。在总结时,要重点说明工作成绩,同时也要客观地剖析自身存在的缺点与不足,并提出今后改进的办法和努力的方向。群众评议则是从被领导者的角度,根据特定的标准,给行政领导者在德、能、勤、绩等方面的基本表现做出评价并提出相应的建议。

四是综合分析并做出结论。综合分析即负责测评工作的组织和人员,本着客观、慎重、全面、负责的精神,将被测评的行政领导者的自我总结与群众评议同平时的日常表现与测评记录联系起来,进行综合的比较、分析和归纳,从定性与定量两个方面,对被测评的行政领导者在特定时期内的各方面表现做出全面、概括、准确的书面评语。

五是结论反馈与复核修正。测评结论一般应坚持反馈给被考评的行政领导者,之所以如此,首先从正面意义上,对行政领导者成绩的肯定可以激励其再接再厉,更上层楼的信心与勇气。其次从负面意义上,对行政领导者缺点与不足的暴露可以及时引起他的警醒并起到一定的鞭策作用。最后可以尽量避免可能发生的误评。复核修正则是一种必要的补充性程序,即将反馈结果与原有结论相对照,对有争议的部分进行更深入的调查与了解,以维持或修正原有结论。通过这一环节,可以进一步增强行政领导效能测评的全面性、科学性与透明性。

六是结果公布与资料存档。结果公布即负责测评工作的组织和人员根据初步结论和复核修正的结果,最终确定被测评的行政领导者的效能,并将这一结果公之于众,以便于群众监督。并将这一结果作为对行政领导者予以表彰、升迁、调整或者惩罚的依据。资料存档即将整个测评工作中最后形成的书面或电子资料做适当的技术处理后,分类归档,妥善保存,以便为此后的测评留作参考,使行政领导效能测评工作精益求精,形成日益完善而科学的系统。

四、行政领导效能测评的方法

行政领导效能测评系统的发展与完善,离不开行政领导效能测评理论的指导与研究,需要遵循科学的原则与程序,同时也必须借助于完善而先进的测评方法的支持,即行政领导效能测评需要有相应的手段、方式或途径。

行政领导效能测评方法内容丰富,种类繁多,根据行政领导工作的不同内容、层次和性质,不同系统和部门、不同地区和单位,应分别采用与之相适应的测评方法。我国行政的各级人事组织部门以马克思主义的唯物辩证法为指导思想,以实现行政领导效能测评的科学化、民主化与制度化为目的,在行政领导效能测评过程中,不断地进行实践探索与理论总结,逐渐形成一套融汇古今,兼采中西的测评方法体系,其主要内容包括基本的测评方法与具体的测评方法:

(一) 基本的测评方法

行政领导效能的基本测评方法主要包括以下内容:

一是领导测评与群众评议相结合。这一测评方法要求在行政领导效能测评的过程中,将领导测评与群众评议结合起来。首先,行政领导效能测评要在有关行政人事组织部门的领导人员主持下进行,并且他们对测评结果拥有最后决定权。有关行政人事组织部门的领导人员主持测评工作是行政首长负责制原则的具体体现,是最基本、最主要的测评形式。其次,行政领导效能测评还必须走群众路线,让广大群众参与测评。具体来讲,就是有关人事组织部门的领导人员在测评行政领导者时,要通过不同的形式向群众了解被测评的行政领导者的相关情况,听取群众的意见和要求,以防止测评的片面性,从而在更深层次上认识被测评的行政领导者的政治思想、道德品质、工作作风等方面的实际表现。让广大群众参与行政领导效能的测评,要特别注意充分发挥他们的积极性,并对这种积极性加以正确的引导。以真正地集中民智,反映民意,而避免走形式主义。

总之,实行二者的结合,就可以多方位、多角度地考核和评价行政领导者,有助于增加行政领导者的责任观念、整体观念与“公仆”观念以及服务意识,也有助于加强对行政领导者领导权力运作的监督与制约。

二是平时测评与定期测评相结合。这一测评方法也可以称之为动态测评与静态测评相结合。平时测评即动态测评,是对行政领导者的领导活动动态测评的积累过程,是通过经常性的实际观察,了解行政领导活动的全过程及其作用的一种测评方法。如了解行政领导者决策制定与贯彻执行的情况,组织与管理、指挥与协调的情况,自我调控与发挥被领导者积极性与创造性的情况等。总体来说,平时测评具有及时性和连续性的特点,相对比较具体而明确,可信度也比较高。

定期测评即静态测评,是按照月、季、半年或一年来测评行政领导者在特定期限内的行政领导活动的最终结果,包括领导目标责任制完成的情况及其所领导的地方、部门或单位的发展情况、各项社会发展指标的完成情况、生产力发展情况、人民生活水平提高情况等。

比较而言,定期测评重在把握现实状态,从而为行政领导效能的最终确定提供依据。而平时测评重在深入了解行政领导者的潜力,从而为正确使用行政领导者提供科学依据。实行二者的结合,要注意建立行政领导者工作纪实系统,注意对平时测评的结果进行综合分析,以力求客观与全面。

三是定性测评与定量测评相结合。定性测评是指测评主体在民意测评、问卷调查、个别谈话与查看资料的基础上,主要根据经验和印象,对被测评的行政领导者的素质与效能的质的方面进行评价和确定的一种方法。

定量测评则是指测评主体运用现代科学知识与方法,如采取系统工程学、心理学、模糊数学等学科的某些原理与方法,将行政领导者的德、能、勤、绩分解为若干个指标,并根据各种具体指标,对行政领导者的德、能、勤、绩进行计量论质、评级记分,从而在数量上相对精确地反映行政领导者的效能,并利用电子计算机对测评结果进行整理、计算、分析。定量测评方法只要使用得当,就会增强测评工作的严密性与可靠性,从而为行政领导效能测评工作逐渐从经验走向科学提供了可能。

在行政领导效能测评过程中,只有将定性测评与定量测评结合起来,才能得到对行政领导者的领导过程的整体认识。如果只有定性测评,就不可能对行政领导效能进行深入而确切的分析;而如果只有定量测评,就难以对行政领导效能得出完整而全面的认识。

在将定性测评与定量测评结合起来进行行政领导效能测评的过程中,要注意以下两点容易出现的问题：一方面，要根据工作任务与工作性质的不同特点，区别对待。能够量化的工作一定创造条件极力量化，而难以或根本无法量化的工作则不要人为地加以量化，相反要从质的规定上去进行评价。另一方面，在进行定量测评时，不要搞唯数字论，以防止出现"官出数字"与"数字出官"的情况；而在进行定性测评时，不要搞唯经验论，以避免出现凭印象取人的情况发生。

四是个体测评与群体测评相结合。知识经济时代与信息全球化时代，同时也是组织化与团队化时代，在这个时代中，对行政领导效能进行测评，就不仅要对行政领导者进行个体测评，同时也要对行政领导群体进行测评，如此才能对行政领导效能形成整体认识。

所谓个体测评，是指对行政领导者本人领导活动的效能进行测评。所谓群体测评，是指对行政领导班子的整体效能进行测评。个体测评与群体测评相结合，一方面有助于确切了解行政领导者个体的各方面情况，从而为行政领导者的奖惩与职位升降提供科学依据，以搞好个人分工负责制，充分发挥行政领导者个体的积极性、主动性与创造性。另一方面有助于准确了解行政领导班子的整体结构与素质、整体水平与能力状况，从而为调整充实行政领导班子提供科学依据，有助于强化行政领导班子的整体功能，增强其凝聚力与向心力，加强集体领导的作用。同时，也可以防止个人专断的现象发生。最终提高行政领导的整体水平与效能。

（二）行政领导效能测评的具体方法

行政领导效能测评方法体系中，除了以上所列的基本方法外，还包括如下的几种具体方法：

一是调查研究法。这是一种比较传统，大家都比较熟悉，也是我们党历来比较重视并经常使用的一种方法。在行政领导效能测评过程中，使用此方法，即测评主体通过各种方式，包括典型调查、走马观花、解剖麻雀、抽样统计等，对被测评的行政领导者的周围环境及其自身表现进行调查了解并做出一定的判断。

该测评方法适用的范围非常广泛，对各级各类的测评活动都是适合的，测评的成本也不是很高，既省时又省力。但运用此办法，要注意以下几个问题：首先，调查要有的放矢，不能心中无数，只是走过场；其次，调查要持之以恒，随时都要留心留意，因为一次调查往往不能真正说明问题，比如有的单位或个人可能事先为应对调查做一些隐瞒问题的工作等；最后，调查之后必须对有关情况进行细致的研究，并得出实事求是的结论。要具备发现问题与解决问题的信心与决心，而不能只是抱着完成任务的态度。

二是民意测验法。这是现代民主社会日益广泛使用的一种测评方法，即通过投票法、对话法与问卷法等方式对被测评的行政领导者进行评议，以获得其某一方面或总体情况的方法。其中投票法是指由测评主体对被测评的行政领导者的效能按照优秀、良好、较好、一般、较差等几个层次进行投票表决。这种方法可以在组织中的全体人员之中实施,也可以只在部分代表中进行。对话法是指找个别人谈话或找几个人开小型座谈会,以面对面的形式直接了解对被测评的行政领导者的评价。这一方法的明显优点是亲切、灵活、反馈及时。缺点是范围不够广泛,并且有可能引起紧张与顾虑情绪。因此必须具有一定的技巧,既不能给谈话者设框框,做暗示;又不能妨碍其表达真实想法。问卷法则是将测评问题分级分类列表后,做成规范的问卷分发给相应的组织成员,并在他们按照要求答完之后收回,由测评主体进行信息与数据综合。这一方法的有效性依赖于问卷设计的科学性与回答者态度的认真性与客观性,其明显优点是范围广泛,信息规范,可以避免对话法中可能产生的紧张与顾虑。其缺点是不容易了解回答者的认真程度与真实态度。

行政领导活动离不开广大的被领导者与人民群众的支持、配合与参与,坚持民意测验法,就可以将行政领导者及其活动置于广大的被领导者与人民群众的经常监督之下,有利于激发行政领导者的事业心与责任心,有利于密切与被领导者与人民群众的关系,有利于全面、客观、公正地评价行政领导者的是非功过,进一步准确地选拔和任用行政领导人才。

三是目标测评法。目标测评法也称目标对照法,即由测评主体按照行政领导活动中预先设定的目标或指标体系,检查其完成情况,从而评定被测评的行政领导者的工作成效的方法。目标测评法在整个行政领导效能测评的方法体系中具有基础性意义,渗透于各种测评方法之中。因为各种测评方法在本质上都是以不同方式、从不同角度去对照目标实现的程度,并在此基础上寻求实现目标的最佳途径。

由于目标具有可分性、层次性、阶段性与综合性的特点,所以目标测评可以从内容上、层次上和时间上分项、分层、分段地进行,以避免目标同一。使用目标测评法的前提条件是各个行政组织与单位不仅要为本组织与本单位制定规范、综合和全面的整体目标,还应为行政领导者制定分项、分层、分段的具体目标,以形成行政组织的目标体系。值得注意的是,在这个目标体系中,总目标与次级目标之间应该具有同构关系,即二者之间必须确有密切的内在联系,以证明次级目标的实现是为总目标的实现做准备与铺垫的。同时,在这个目标体系中,总目标与次级目标都同时既有质的方面的要求,也有量的方面的要求,而要使目标测评能确保客观性与科学性,就必须对各项目标做尽可能的量化。而无法量化的目标则要力求详细阐明其性质、特征以及完成期限和途径,以提高其可测评的程度。

在具备了上述的前提条件,即制定了规范、综合、明确和全面的目标体系之后,就要严格按照各项、各层、各段的目标进行测评。在测评过程中,具体可以采取成果汇报的方式,即由被测评的行政领导者做述职报告,或由测评主体汇集有关情况和统计资料进行通报,同时组织被领导者与群众参加评议,以取得真实、全面和公正的测评结果。

实行目标测评法,实际上就是观察和评价行政领导者制订和实现目标的能力与效果,这种测评方法能够促使行政领导者自觉地把制定和评价目标作为经常性的活动,不断检查工作进展情况,及时纠正偏差,以避免或减少行政领导活动过程中的损失与错误。

为在实际操作中有效地使用这一方法,有以下两个方面的问题要加以注意:一方面,在使用这一测评方法时,应当注意考虑那些行政领导者无法控制的因素对实现行政领导目标的影响,如不可预期的突发事件与重大的政治变故等,这样才能增加测评结果的客观性。另一方面,在使用这一测评方法时,一定要严防"目标替换"的现象发生,即以行政领导者决策范围之外的目标替换行政领导者所要追求的目标。要防止这一现象的发生,就必须如前所述,严格保持总目标与分目标的同构性,使得分目标的实现是为总目标的最终实现服务的,而不应有悖于总目标的追求。

四是比较测评法。比较测评法也称相对比较法,即在常规的测评中加入比较因素,通过选择一定的参照系来对比评价行政领导者效能的方法。

任何行政领导活动都处于纵横双向的广泛联系之中,因此,在使用比较测评法时,可以从纵横两个方向上进行。纵向比较主要包括现在与过去进行比较,现在与可预测的未来进行比较,此次测评情况与上次测评情况进行比较,完成任务的进度与既定目标进行比较等。横向比较主要包括在同类地区、部门或单位之间的行政领导者或行政领导集体之间进行比较,在不同地区、部门或单位的同类或同级的行政领导者或行政领导集体之间进行比较等。

综上所述,比较作为确定和评价行政领导效能的重要方法,可以从多视角、多层次与全方位进行,采用这一方法,既可以有说服力地评定行政领导效能,又能促进被测评的行政领导者或行政领导集体在相互比较中发现彼此的优点与不足,从而有利于取长补短,扬长避短,精益求精,最终提高行政领导的总体效能。

在使用这一方法的过程中,需要注意的一点是必须谨慎选择用来做比较的参照系,以增强可比性与科学性,而不可生搬硬套,牵强附会。

五是模拟测评法。模拟测评法是一种比较直观的测评方法,具体说来就是让被测评的行政领导者进入一个模拟的工作环境,要求他按照既定的条件进行模拟操作,同时运用多种方法观察他的行为方式、心理素质、反应能力等,并根据这些观察的结果来评价他的领导效能。这一方法目前已经成为流行于欧美等发达国家的挑选和训练领导与管理人员的重要方式。

模拟测评法的具体方式包括:

1. 公文处理。这是一种最基本的模拟测评法。公文主要由请示报告、调查报告、财务报表、电话记录、会议记录、备忘录、人事档案和信函等形式组成,其内容可以包括调整职能机构、协调人际关系、制定长远规划、处理日常公务、决定引进方案、分析财务报表、管理调度物资等。测评主体通过被测评的行政领导者完成工作的情况来测定其各个方面的能力。

2. 模拟会议。即将五至六名被测评的行政领导者编成一个小组,给定一个会议主题,进行无主持人方式的会议讨论。要求每个人都要发表意见,讨论结束后每个人均以主持人的身份做一个会议纪要,就讨论的主题做出决定并阐明理由。整个过程由测评主体在一旁观察评价,以对被测评的行政领导者分析问题与解决问题的能力做出判断。

3. 即兴发言。即通过答辩会或记者招待会等方式进行,即兴发言的题目应根据被测评的行政领导者的情况而精心准备,每个人一般应选择两个以上的题目进行发言。通过即兴发言,可以了解被测评的行政领导者的知识面、思维能力、语言表达能力、外语水平以及对本行业的熟悉程度等方面的情况。

4. 情境模拟。这是心理测试中经常采用的一种方法,即测评主体根据相关的理论,设定一个有异于日常环境的特殊情境,这一情境一般情况下是封闭的,测评主体在这一情境之外对被测评的行政领导者的各种反映进行观察和评价。这种方法一般用来测评行政领导者的应变能力与心理承受能力等等。

使用模拟测评法的优点在于可以将各种工作难题集中起来,充分观察被测评的行政领导者的各方面能力。但在这一方法的使用过程中要注意解决好以下两个问题:一方面是测评主体的组成要合理,即不仅应该包括组织人事部门的干部与工作人员,同时要包括相关领域的专家与学者,以保证测评的科学性。另一方面是模拟测评内容的设计要科学合理,具有相似性、先进性、适用性和动态性,以切合实际,便于操作。

综上所述,行政领导效能测评方法是多种多样的,是一个丰富繁杂的有机体系,在选择和使用各种方法时,必须从实际出发,具体问题具体分析,讲求针对性、适用性与有效性,并在理论与实践总结的基础上不断发展并形成新的测评方法,以使行政领导效能测评方法体系日益充实与完善。

第三节　行政领导发展与培训

行政领导效能测评是改善行政领导者素质和提高行政领导水平的重要环节,同时也为正确使用与科学培训行政领导者提供了科学的依据。而行政领导发展与培训亦可为行政领导效能的最终提高做出巨大的贡献。二者之间是密不可分、相互促进的。

一、行政领导发展与培训的含义、特点与意义

(一) 行政领导发展的含义

现代社会是个迅速变革的社会,发展已经成为世界的主题,国家行政怎样获得可持续发展,公共部门如何在市场经济中发展自己,这些都首先有赖于行政领导发展。行政领导发展是指行政领导者对自身领导力的发展。即行政领导者根据时代和环境的需要,为提高自身的素质与能力所进行的有计划的训练活动。

从以上的定义中我们可以看到:行政领导发展的目的是提高行政领导者(包括行政领导集体)的素质与能力(主要是指有关的技能水平)。行政领导发展的手段是一系列有计划的训练活动。行政领导发展的实质是以相关的领导基础理论与领导训练理论为指导,所进行的行政领导人才资源开发。

由此可见,行政领导发展是一个全新的理念,它给行政领导研究提供了一个从理论转化为现实力量的思路,是关于行政领导研究与发展系列中的实践环节。正如马克思所说:"哲学家们总是在试图解释世界,而问题在于改造世界。"这句话也同时道出了行政领导发展的精神实质。

(二) 行政领导发展与培训的特点

行政领导发展是在知识经济时代对行政领导者提出的新的要求,因此具有其鲜明的特征:

一是时代性。行政领导发展就是对人力资源的开发,强调"人力资本是第一资本",这是知识经济时代的新观念。前工业社会,土地是主要的资本;工业社会中,货币资本是组织发展的动力;而在后工业社会中,人力资源是社会进步的决定资源。开发人力资源已成为世界共识。在这样的时代背景下,强调行政领导发展就带有鲜明的时代特征。

二是系统性。行政领导发展不仅包括行政领导者对自身素质与能力的提高,而且包括由此带动下属和组织的发展,它是一项系统工程,三方面都要统筹兼顾,共同发展,以追求行政领导效能的最终实现与提高。反之,如果行政领导者自身发展滞后,可能使发展出现方向上的错误,决策和计划的科学性也难以保证;领导下属发展滞后,可能造成人浮于事、办事不力、效率低下;领导组织发展滞后,可能使组织僵化,各部门发生冲突,不能有效整合组织各方面的人力、物力与财力。所以,行政领导发展是一个系统性发展。

三是长期性。现代社会知识更新期大大缩短,科技进步也是日新月异,以知识和科技发展为第一推动力的社会也是迅速变革的社会。而且,这种变革是长期的和持续的。它要求行政领导发展具有动态性,要求行政领导者和下属成为"终生学习的人"。要求组织成为"学习型组织",要求行政领导者不断根据时代和环境的发展,调整发展的方向和方式,保证发展的正确性和长期性。

四是灵活性。行政领导发展涉及环境、组织、人员等多方面因素,具体到每一个发展措施,都要考虑到当时的环境变量、组织变量、人员变量,要随时乘势,因地制宜,采用恰当的方法。而且,随着时代的进步,行政领导者也应该在行政领导活动过程中不断发展新方法,灵活多变。领导风格的选择、组织结构的设计,下属培训的内容,均应该合乎时势的要求灵活地确定,而不是墨守成规、抱残守缺、不知变通。

(三)行政领导发展与培训的意义

行政领导发展作为行政领导者的一项重要任务,在行政领导工作中具有重要的意义,对组织和下属来说,也很有意义。

首先,行政领导发展有助于提高行政领导者的影响力和行政领导效能,减轻领导负担。现代社会的行政领导者普遍感到责任大,担子重,付出了巨大努力,但效能却并不明显。而通过行政领导发展,却可以使这一状况大大改观。因为行政领导者自身的发展,可以直接提高影响力和领导效能;进一步通过领导下属发展,使下属有经验有能力,可以分担领导责任,使领导者的效率倍增;通过领导组织发展,设立明确正式的目标,制定严格科学的工作程序,或形成内聚力高的工作群体,都可以减少对行政领导者的压力,提高行政领导者的绩效。

其次,行政领导发展有助于提高部门效率和生产力。在许多行政部门,都不同程度地存在机构臃肿,人员冗余、效率低下、官僚主义严重的弊病,影响行政部门对社会提供公共物品和服务。而通过行政领导发展,便会带来变革与革新的观念与行动,以提高行政部门组织的活力,提高部门的生产力和效率。

最后,行政领导发展适应民主行政的要求,将有助于推动民主的发展。行政领导发展强调对下属的发展,强调授权,注意行政参与,让下属参与决策,这些对下属的职业发展将有很大帮助;同时,伴随行政领导发展,行政领导的组织设计也将趋于民主取向,由等级森严的金字塔形组织向扁平组织发展,以及进一步向网络型组织的发展,都会扩大组织内的民主。①

二、行政领导发展与培训的内容、原则与程序

(一)行政领导发展与培训的内容

在行政领导发展与培训的内容上,强调坚持政治教育与行政领导者自身素质以及能力的发展与培训相结合。

首先在政治教育方面,主要包括对建设有中国特色的社会主义理论、党和国家的路线、方针和政策的宣传与教育。

其次在行政领导者自身素质的发展与培训方面,主要包括体能、心理、观念、

① 参见朱立言:《行政领导学》,中国人民大学出版社2002年版,第207—209页。

思维、知识等行政领导素质的发展与培训。

最后在行政领导者自身能力的发展与培训方面，主要包括决策能力、管理技能、人际关系技能、协调与沟通等行政领导能力的发展与培训。①

（二）行政领导发展与培训的原则

总体来说，行政领导发展与培训应坚持以下几项原则：

第一，行政领导发展与培训要根据经济与社会发展的需要和职位的要求来进行。

第二，行政领导发展与培训必须贯彻理论联系实际、学用一致、按需施教、讲究实效的原则。

第三，行政领导发展与培训应根据对象和性质的不同，进行分类，对不同类型、不同层次的行政领导者进行不同内容与方式的培训。

第四，行政领导发展与培训应建立正规化的专门机构，由国家行政学院与地方行政学院以及高校的相关院系承担行政领导者发展与培训的任务。

第五，行政领导发展与培训必须与行政领导者的使用相结合，要与行政领导者的职务晋升等相挂钩。

（三）行政领导发展与培训的程序

行政领导发展与培训的程序一般包括行政领导素质与能力诊断、提出发展与培训方案、进行培训或训练，以及培训结果的反馈分析与再培训几个步骤。

首先，行政领导素质与能力诊断是运用有关测评技术与方法对行政领导者的素质与能力进行系统的分析，找出问题所在或需要提高的方面，目的在于明确发展与培训的目标。

其次，提出发展与培训方案是根据目标和条件，运用领导发展与培训的理论与方法，提出具体的发展与培训方案。

再次，进行培训或训练即对上述方案的有计划、有组织的实施活动。

最后，反馈分析与再培训是指对培训或训练结果进行评估，然后根据评估结果提出并实施新的发展与培训方案。

以上四个步骤构成一个不断循环与螺旋上升的链条，每一步都是至关重要与不可或缺的。

三、新世纪的行政领导发展与培训

人类社会已经进入一个新的世纪，世界经济发展呈现出新的变化，科学技术突飞猛进，知识经济已见端倪。以信息化、数字化和全球知识共享为基础的知识经济日益显露，全球化的竞争与合作逐渐加强。科学技术的进步、社会分工的

① 李雪峰、岳峥嵘：《现代领导发展与培训》，中国人事出版社1999年版，第4页。

深入和市场的扩大、跨国公司的发展进一步推动着经济全球化趋势的发展,各国在经济上的联系越来越显得密不可分。“我们已经可以清楚地看到超国家的、超国界的、全球性的力量在行动。”随着知识经济的发展,人类社会将进入一个崭新的时代,经济和社会结构、生产和生活方式以及组织行为和公众观念等等都将发生重大变革,各国行政都将面临许多全球性的问题。

经济全球化、公共行政现代化对行政能力提出了新的挑战,与此同时,由于文化的和历史的原因,当今世界依然存在着动荡和不安。因此,行政领导者作为行政行为的主导力量,其素质与能力的提高受到各国的高度重视。他们的素质与能力如何,直接影响着行政工作系统的效能。因此,大力加强行政领导发展与培训,是身处新世纪的中国行政应对“入世”与知识经济新挑战的重要战略措施。而我国要搞好行政领导发展与培训工作,就必须对照行政领导发展与培训的国际最新水平,找出自身的缺点与不足,并尽快制定与采取相应的改善措施。

(一) 行政领导发展与培训的国际趋势

随着世界经济与政治形势的发展,尤其是信息技术的迅速发展,西方国家行政领导发展与培训在培训机构、培训者、培训对象、培训内容和培训方法上都呈现出许多新的特点。

1. 培训机构从单一功能向多功能转变,行政导向与市场导向相结合

西方国家行政领导发展与培训机构按办学功能模式可分为三类:一类是短期、中期培训相结合,以短中期在职培训为主的独立培训机构,以英国和北欧诸国为代表,培训课程中往往穿插管理、政策方面的研究咨询活动。第二类是“招、培、考、任”相结合,以“招录—职前培训—考评—任用”一体化项目为主的独立培训机构,以法国国家行政学院(ENA)为代表,它以培养后备高级行政领导者为使命,把预选、招录、中长期培训、考评、任用结合起来,对新录用行政领导者进行在职前的定向培养,每个环节都按公平、公开原则层层选拔。第三类是以教育、培训、研究为主的大学研究生院,这些研究生院不仅开办全日制公共行政和公共管理(MPA)、公共政策(MPP)硕士研究生教育,还为公职人员开设非全日制的硕士学位课程和各种非学分制的短期培训课程。如美国锡拉丘兹大学马克斯维尔(Maxwell)公民与公共事务学院、德国施派尔(Speyer)学院等。这些机构都注重培训、科研和咨询三者的结合,呈现出从单一功能向多功能转变的趋势。俄罗斯国家公务学院(PATC)集第二学历教育、研究生教育、在职公务员短期培训、资格证书培训和科学研究于一体。

西方国家行政领导者培训机构如果按机构属性和运行机制又可分为三类:第一类是行政主导、财政支持的国家培训机构,如法国国家行政学院(ENA)、德国联邦行政学院(FHB)、日本人事院公务员研修所、韩国中央公务员教育院(COTI)、希腊公共行政中心、瑞士联邦公务员培训中心、西班牙国家行政学院

(IN AC)、加拿大管理开发中心(CCMD)等,这些机构中有些也在不同程度上依托市场机制运作。第二类是行政导向、依托市场机制运行的国家培训机构,如美国 FEI,以短期课程"培养优秀行政官员,保证联邦行政工作的行政效率",并"致力于为公众服务"为主要内容,其办学经费主要来源于学费收入。俄罗斯 PATC 经费的70%靠学费收入。葡萄牙国家行政学院(INA),办学经费的一半从培训市场获得。第三类是市场导向的国家培训机构,英国公务员学院(CSC)奉行"顾客至上"准则,以500门短期课程为"商品",每年举办2500项培训、研讨活动,参训3万人次。新加坡公务员学院(CSC)以220门课程、每人120新币/日的学费在培训市场上吸引着全国75%的公务员参训。中国行政领导者培训机构——行政学院基本上均属于第一类,即行政主导、国家财政支持,以短中期在职培训为主。中国国家行政学院隶属于国务院,主要负责培训高、中级国家公务员和培养高层行政管理及政策研究人员,学院经费由国家财政全额预算拨款。行政学院在举行短、中期在职培训的同时,也在积极努力开拓培训市场,独立或联合开展其他形式的培训,这类班次主要以市场导向为主,社会效益与经济效益兼顾,这些班次的举办,为学院今后部分培训班依托市场机制运行做了有益的尝试。

2. 专职教师与兼职教师相结合

作为独立培训机构的培训者或指导者,专职教师需要面对有实际工作经验的成人学员,起着组织、引导、协调、辅导的作用,必须具备管理项目、掌握研究班课程、主持专题讨论会的能力,要有丰富的阅历和公职经验。兼职教师一般是各相关学科专家、学者、知名教授,或者是相当一级的行政官员。由于培训项目类别、数量比例和在更高层次上的总体功能差异,大学研究院和独立培训机构,所拥有的师资力量和结构常常有很大差别。在机构规模有限、资源不足的条件下,从行政和社会聘用兼职教师和培训者已成为通行做法,也是提高培训课程实用性的有效措施。根据专、兼职教师的数量比例关系和专职教师占全校教职员工总数的比例,可以将行政领导培训机构分为"学院型""社会型"和"中间型"三类。"学院型"专职教师绝对数量多,而且相对于管理、服务人员的相对数量也多,在功能模式上大多属于研究生院类型;"社会型"专职教师不仅绝对数量少,而且相对数量也少,靠经常、有效的组织联络工作来维系庞大的兼职教师队伍,如法国 ENA;"中间型"则专、兼职教师数量成反比,在总体功能上有偏向于"学院型"的,也有偏向于"社会型"的。中国国家行政学院基本上属于"社会型",师资队伍建设坚持"专兼结合、以兼为主"的方针。专职教师队伍按照"优化精干、结构合理和专业配套"原则组成,兼职教师主要从具有较深理论功底和丰富实践经验的省部级、司局级国家公务员以及高等院校、科研单位的专家学者中选聘,学院还根据需要聘请有关专家学者担任教学顾问,聘请国外专家、教授为客座教授。教师队伍建设实行专兼结合，保持主要课程兼职教师队伍的相对稳定，吸收兼职教师参加教学、科研和有关学术活动，使专、兼职教师协作配合、优势互补。

3. 培训对象多元化

许多西方国家行政培训机构在培训中高级行政领导者、在职行政领导者的同时，也对非行政工作人员进行项目培训，同时还直接面向社会招录人员。在以短中期在职培训为主的独立培训机构中，主要培训对象是中高级行政领导者。在以中、长期培训为主的培训机构中，以法国ENA为典型，培训对象包括28岁以下的大学毕业生，47岁以下、有5年以上实际工作经验的在职行政领导者，以及40岁以下、有8年以上实际工作经验的非行政工作人员。在大学有关专业研究生院中，培训对象大都是面向社会，公开招录的人员，如MPP、MPA教育等。培训对象的多元化对于我国行政领导者的培训和队伍建设具有启发意义。中国国家行政学院除培训国家中、高级行政领导者和国有重要企业的领导干部之外，还面向各高等院校招录应届毕业生。根据培训对象和内容的不同，培训班可分为：省部级干部专题班、司局级公务员任职班、香港和澳门高级公务员培训班、国有重要企业领导干部培训班、稽查特派员培训班、青年干部培训班等。从全国范围看，到目前为止，大部分行政院校还没有做到直接面向社会招生。

4. 在职培训与学位教育相结合

西方国家行政领导者培训内容（项目）主要包括有：MPA学位项目、初任行政领导者培训项目、在职行政领导者培训项目和国际培训项目等。中国公务员培训则主要以初任培训和在职培训为主，相信MPA学位教育不久将成为中国行政领导者培训的一个重要的项目。国外开展的公共管理专业学位教育已有许多年历史，最早起源于美国。1924年，美国马克斯维尔学院（Maxwell）启动了美国第一个MPA计划，面向公共行政或管理领域创办了综合性的教育与培训课程。之后，美国越来越多的大学、专业学校开办了MPA教育。70年代以后，美国的MPA教育进入规范化的发展时期。有关院校开始建立共同的组织，加强联系，相互学习，建立统一的MPA课程标准，对开办MPA单位进行审核、评估。据统计，现在全美开设MPA课程的院校有220多所，在学学生有30000多人，而且发展势头很好。之后，MPA教育在欧洲也发展起来。欧美MPA教育的发展及其成功的经验，受到世界其他国家的重视，不少国家正积极学习、借鉴欧美这方面的经验。可以预见，MPA教育在不久的将来会很快在世界范围内发展起来，具有与MBA一样的地位与声誉。MPA教育是针对广大管理者，特别是行政领导者的，它重视实际能力与素质的培养，教学内容面向社会实际，尤其是行政管理中所面临的实际问题。因此，学习国外MPA办学经验，尽快开办行政院校的MPA教育，就显得尤为必要。

5. 传统方式与现代手段相结合

西方国家行政领导者培训特别注重实践性，在方法上呈现出一些共同的特点：

一是强调"实践"，紧密联系工作实际，适应行政改革需要。

在培训内容上紧密联系行政工作的现实问题，或通过行政工作中的实际问题进行案例教学，或以行政当前面临的重大问题为研讨专题。法国、希腊行政学院还安排学员2次到行政部门或企业去实习，每次半年，法国将此比作培养"医师"的方法，因为高明的医生需要经历大量临床实践才能获得丰富的经验，而该学院的课程是让学员在不长的时间内获得大量经过提炼的、丰富的行政工作经验。

二是强调"实用"，重视能力培养。

国外著名行政院校虽也重视知识的学习与教育，但更重视以问题为中心，强调运用现有的知识、特别是新知识解决实际问题，重点培养学员分析问题与解决问题的能力。在职行政领导者知识更新培训以专题为主，坚持"短而精"，每次只针对一个专题，时间1周左右，有的只有2至3天，突出专题性和时效性。

三是坚持"择优"。

这是培养高级行政领导者的首要前提。以法国国家行政学院为例，其生源来自大学毕业生、在职行政领导者和非行政公共机构工作人员。他们都被要求参加激烈的竞争性考试，取得优异成绩后才能被录取。每次考试都要组成一个考官委员会，由行政学院、人事、司法、审计部门的高级官员和公共部门的高级职员与行政院校的教授组成。考试程序一般分为笔试和面试，笔试以考核考生运用丰富的知识分析和解决问题的实际能力为主，面试则检验考生是否具有较好的心理素质和随机应变的能力。

四是实行"重用"，学成后凭成绩任职。

这一点在法国表现得最为突出，法国公职部每年为行政学院提供多于毕业生数的职位，由长期班学员凭分数排名依次挑选，一般排名在前的毕业生可得到副司级职位，排名最后的毕业生可得到处级职务。"重用"原则有利于增加招生的吸引力，可在更大范围和人数中选拔优秀人才，同时也给学院自身加大了压力，使其必须千方百计地改进课程和改革教学，真正能培养出名副其实的能够担当重任的毕业生。

五是方法"灵活"，实现传统形式与现代手段的相结合。

国外行政院校的教学适应公务员的需求与特点，采用灵活多样的方式和方法，除传统的课堂讲授、案例教学外，还比较广泛地采用了研讨班、研讨会、实习、现场观摩、角色扮演与情景模拟等方式、方法，这样既适应了行政领导者培训的特点，也有利于学员能力的培养，不仅更新知识、提高技能，而且还从能力、动机和态度等方面做全面的培训。作为一种新兴的培训方法,参训者“角色模式转换”,已经成为世界行政领导者培训改革与发展的动向之一。

（二）我国行政领导发展与培训存在的问题

1. 培训内容不规范

由于我国公务员制度推行时间不长,专司公务员培训工作的行政学院在各地的建设进度也不同,尚未形成一个强有力的培训体系。因此,培训目标不明晰,培训内容也不统一,缺乏长远规划和科学设置,也没有权威性的统编教材。培训往往是应急性的,上面需要什么,下面就培训什么;有什么教师,就上什么课;准备了什么就讲什么;随意性较大。加之培训者与培训对象之间缺乏沟通,对培训需求的调研不广泛、不深入、不及时,造成培训内容严重滞后,讲一般性、常识性的理论多,结合行政领导者岗位实际的能力培训少,与普通国民教育、党校教育区别不大,缺少行政领导者培训的特色。现有培训内容多为公共必修课,选修课基本未提上议程,使公务员参加培训学习的选择余地较小,培训层次不高,外语、计算机等现代行政领导者的工具课很少开或开不起来,难以满足那些素质较高、基础较好、求知欲较强行政领导者的需要。而且课程内容更新提高较慢,往往是几年一贯制,原理、例子总是那么几个,有的行政领导者任副职时来受训,任正职时来听的课还是那些东西,内容单一,知识陈旧,缺乏培训的吸引力。

2. 培训手段落后

我国目前的培训还是以课堂灌输、书本讲授为主,而根据行政领导者的具体情况采取“案例教学”“情景教学”“技能训练”“研讨式”“互动式”的现代教学方法较少。由于经费等条件所限,计算机、多媒体、远程教学等手段很少运用,组织学员赴省外、国外的考察更是遥遥无期。从而造成一定程度的教学与实际相脱节,使培训对象感到单调、乏味、不解渴、不实用、没印象、没提高。

3. 培训师资队伍不够稳定

目前,我国培训行政领导者的专门机构——行政学院的师资队伍都是“专兼结合,以兼为主”。实践证明,这样做的好处是能够比较灵活、全方位地调整教学内容,一定程度地满足培训需要,而且可以减轻人员经费压力,扩大行政学院与行政部门及其他教学、科研单位之间的合作交流,促进开放办学和教学改革。但由于行政学院普遍建院较晚,各地体制不一,专职教师的储备、培养乃至保证教学任务的完成需要一个过程,能及时搜集信息,掌握培训规律,构建学院主体教学框架,在主要学科建设上挑起门户,抓好相应的科研、咨询就很不容易了,况且并非所有的行政学院都有如此的专职教师队伍。而兼职教师主要来自于有实际工作经验的行政部门领导同志、普通高校和科研单位的专家学者。这些人对行政学院的公务员培训工作都给予了大力支持,做出了积极贡献。但他们毕竟不是行政学院的员工,各自都有一份“主业”,要他们过多地全面细致地考虑行政学院的教学工作是不现实的。由于角度不同,授课内容与教学需要有时不完全吻合,如调整不及时,教学效果也会受到影响。而且有时因时间交叉、工作"碰车",也不能时时处处满足培训需要。专职教师人手不够,应接不暇,兼职教师流动性大,不定因素多。如何使师资队伍相对稳定,保证教学效果,提高教学质量,这是行政领导者培训教学组织中应认真研究解决的重要课题。

4. 培训制度不健全

目前主要表现为有关的方针、政策、体制、规划、措施、机构等,还没有完全落实。特别是对行政领导者参加培训及培训成果的考核、质量的评价等,在制度上还缺乏刚性,行政领导者的培训与使用、晋升还没有挂起钩来,还没有真正把培训作为行政领导者完成职责、履行权利义务的一个重要组成部门。对于培训参加也可,不参加也可,闲了参加,忙了就不参加,业务工作是硬指标,搞不好要挨批评,而培训不参加或不认真,没有什么责罚。这样的想法和做法,在一些行政领导者中比较普遍地存在,并且事实上的确没有强有力的制度和纪律约束,这就给行政领导者培训工作造成了很大的被动和困难。同所有工作一样,缺少正确的权威和氛围,行政领导者培训工作是很难取得大的成果和质的飞跃的。

上述这些问题的出现,主要是由于国家公务员制度推行时间不长,对行政领导者培训尚未在社会形成统一认识,还缺乏必要的宣传和推动工作。此外,作为培训行政领导者的专门机构,各级行政学院虽已建立好几年了,但其发展建设仍没有得到各级行政和社会广泛、足够的重视;从培训角度看,缺乏经验、视野不宽、质量不高,还没有形成自己的办学特色。

(三) 我国行政领导发展与培训的改善

1. 确立正确的培训目标

要高质量地开展行政领导者培训工作,必须首先明确培训的目标和指导思想,这是搞好培训工作的重要前提。进入新世纪,我国的社会主义现代化建设事业更加迅速地发展,随着知识经济时代的到来,随着行政职能的转变和行政机构、人员的精简,行政领导者面临的社会环境和承担的工作任务发生了较大的变化,管理方式和管理水平必然也要有一个新变化。这就需要行政领导者具有更高的政治素质和更强的行政管理能力。因此,培训工作应以党的十五大提出的"完善公务员制度,建设一支高素质的专业化行政管理干部队伍"为总的指导思想,以提高行政领导者履行职责必备的素质与能力为总的目标。通过培训,应使行政领导者提高政策理论水平和政治鉴别能力,提高领导决策水平和科学管理能力,提高专业知识水平和依法行政能力,提高勤政廉政水平和抵御腐朽思想作风的能力,成为克己奉公、爱岗敬业、胜任本职工作、人民满意的行政领导者。根据这样的目标和指导思想,行政领导者培训应在政策理论培训的同时,侧重以补充和提高行政领导者的职业、岗位工作能力为核心,要以此为依据来设计培训课程和选择培训方式。全部培训工作都要努力与培训对象的身份、职业、岗位相联系,与培训的目标和指导思想相吻合。如此,才能使行政领导者培训区别于党校教育和普通国民教育,办出自己鲜明的特色。

2. 设置科学的培训内容

培训内容是由培训目标决定、为培训目标服务的。这一总的原则决定了培训内容中既要有基本的政策理论,又要有相应的专业知识,而且要适应各方面的情况,不断更新、完善。这个适应主要表现在四个方面:首先要适应行政工作的需要和行政领导者职位的需求。要紧密围绕行政的职能和中心工作以及受训行政领导者的岗位职责要求设置相关的课程和教学活动。只有使行政领导者真正感到培训是工作的补充和延伸,是履行岗位职责必要的组成部分,有了必要的责任感和紧迫感,才能够在有限的培训时间内收到良好的、事半功倍的教和学的效果。其次要适应行政领导者素质与能力的现状。不同级别、不同岗位的行政领导者,对培训内容的需求层次也是不相同的。如果都是一个口径、一个内容、一个知识量地授课,针对性不强,效果肯定也不会好。因此,要尽可能地区分不同的级别和层次,分门别类地因材施教,按需施教,才能确保培训质量。再次要适应社会进步和经济发展的需要。当今世界,科学技术发达,传媒手段先进,信息覆盖面广,知识更新加快。特别是我国社会主义市场经济体制的建立,极大地推动了社会经济的发展,生存环境的改善,促使人们的视野不断开阔,念不断更新。行政领导者培训工作要提高质量,就必须尽快适应这个变化,不断地发现新情况,研究新问题,总结新经验,运用新成果。要充分发挥科研在培训工作中的先导作用,广泛收集信息,扩大成果交流,瞄准学术前沿,跟上时代发展,不断地革故鼎新,去粗取精,使行政领导者通过培训总能得到新的提高,也使培训工作总能保持旺盛的生命力。最后要适应开放搞活,扩大国际交流的需要。对外开放是我国的基本国策,经过多年的实践,已取得了丰硕成果和丰富经验。进入新世纪,我国要加入世界贸易组织,经济管理、行政管理工作只局限于国内是远远不够的,必须迈出国门,走向世界,学习他人,宣传自己,全方位、宽领域地参与国际竞争与合作,学会与世界接轨,按国际惯例和规则处理涉外事务。这就对各级行政和行政领导者提出了更高的要求。要适应这一要求,行政领导者培训工作必须向这方面靠拢,增加这方面业务和知识的培训,特别是必要的外语、财经、外贸、国际金融、国际政治、主要国家和地区的社会、历史、文化、民俗以及国际通行的现代化办公手段等等。只有经过这样的高质量的培训,行政领导者才有条件在国际交流中增进友谊,促成合作,维护国家的政治、经济利益,展示中华民族的风范和国格。

3. 改革培训的手段与方式

成人培训理论认为,人的能力犹如一座浮在海中的冰山,冰山的 20% 露出水面,这是显示出来的各种能力;另外的80%则沉浸在水下,此为未被人们感觉和发现的潜能。培训的任务是使被培训者20%的显能趋于完美,80%的潜能尽可能多地开发出来。开发的方式、技巧多种多样,大体分为三类:第一类是传统的授课方式,只让学员看和听,教师一人在课堂上讲,这种方式对培训内容的吸收率仅为30%;第二类是讲授与提问、讨论相结合的方式,让学员看、听、说结合起来,这可以使培训内容吸收率提高到70%;最好的方式是第三类,让学员行动起来,看、听、说、做,即演示、传授、讨论、训练全面结合,使学员完全与培训事例融在一起,才能达到最佳效果,可使培训内容的吸收率达90%。因此,必须改革目前以传统授课为主的培训方式,才能适应行政领导者培训发展的需要。行政领导者的培训方式不等同于教学方式,而是包容了后者。在课堂上运用教学方式的重点是要解决是什么和为什么的问题,而在培训环境中运用培训方式的重点是要解决怎样做和谁去做的问题,重在能力的培养和训练。从这个意义说,能力主要不是教出来的,而是做出来的,培训方式应是行政领导者提高能力素质的基本方式。这里所说的培训方式,指的是通过培训者精心设计的一整套培训活动方案包括规则、要求及操作步骤,来激发被培训者的学习热情,开发其经验及潜能,提高其工作及生活能力的一种训练方式。它应是一种既紧张又愉快,既要全身心地投入又能在各种活动中充分展现各自才能的参与式学习方式。只有采取这样的培训方式,才能使行政领导者培训取得应有的效果。实践证明,案例式、行为式、问题诊断式、管理游戏式、拓展培训式,包括结合某些专题进行必要的考察、研讨等,都是非常有效的培训方式,它们是多种培训方法和技术的组合与并用,也包括对教学方式的整合与采用。面对众多的学员以及不同特点的培训需求,任何单一的方法都不可能使培训效果最大化,搞不好就会变成一种枯燥乏味的例行公事。有效培训的达成,在很大程度上体现为"功夫在课外",即根据培训目的和内容精心设计配置培训手段方式,并经过事先的预演和操练而预知各种可能发生的问题。在行政领导者培训中,根据不同培训目的和需要整理好一套从内容到手段方法的培训方案并灵活地加以运用,可以使学员处于一种高度自我组织的感悟、吸收和学习的氛围之中,而这正是培训所要达到的最高境界。

4. 加强师资队伍的建设

培训师资是培训质量的关键,要培养高素质的行政领导者,必须有高素质的培训师资队伍。行政领导者培训师资,尤其是专职教师队伍的建设,不能照搬普通国民教育和一般成人教育的做法。如果说在一般教育中,教师在课堂上所扮演的角色或履行的职责主要是传道、授业、解惑、引发问题、引导思考以及调节情绪、活跃课堂气氛的话,那么,相比较而言,在培训中教师所扮演的角色或履行的职责则应是:方案设计、指导(提出活动要求和规划,以及应急应变)、激发与促进、学习参谋、主题顾问、主题与时间控制、现实评估、经验的抽象。显然,作为培训者,他要履行的职责与一般传统意义上的教师是有很大区别的,这种区别在很大程度上是由教学与培训的不同特点和不同规律所形成的。以知识传授为核心的教学特点体现为以教师为中心,以课堂讲授为中心,所遵循的规律是学习、讲解、答疑、复习和考试,以此来达到对知识的记忆。而以能力训练为核心的培训特点则体现为以经验分享为主导,以提高能力和工作绩效为目的,以学员为中心,它所遵循的规律是成人学习循环圈,即:由具体经验——观察与思考——概念形成与整理——在新的情况中验证概念——再到具体经验,以此来达到提高能力的目的。这就要求一个称职的培训教师不仅要非常明确自己在培训中的角色与职责,而且要熟知培训理论与规律,能够熟练掌握运用现代培训方法与技巧,知识面要广,要熟悉行政行为。从这个意义上讲,准备一堂培训课要比准备一堂普通的讲授课复杂得多,要搞好一堂能力训练、心态调适方面的课程,需要进行内容、方法、环境、心理、工具等多方面的准备。总之,对培训师资仅按一般的教师要求是不够的,必须努力提高他们的素质,使其在政治思想、业务能力、知识层次和讲授效果诸方面都能适应行政领导者的求知需要。当然,这也并非一朝一夕、一蹴而就的事情。关键是要向这方面引导,专职教师要有意识地学习、积累这方面的知识,练就这方面的本领;兼职教师要相对稳定,尽量多讲课、多交流,将丰富的工作经验变成较规范的教学内容;科研工作要为专兼职教师提供广泛的交流领域和前沿信息,引导和指导他们把培训业务、本职工作和科研咨询有机地结合起来,拓宽培训思路,搞好教学改革。

5. 规范强化培训的制度

要建立和完善行政领导者培训的激励与制约机制,制定和落实相应的法规和制度,做到依法进行培训。没有硬性的切实可行的制度和政策,就难以激发和保持培训工作的活力和动力。各级党委、行政应进一步提高对行政领导者培训工作的认识,把它作为"完善公务员制度,建立一支高素质的专业化行政管理干部队伍"的一项重要任务抓紧、抓好、抓实,把参加培训及其成果作为行政领导者考核、任职、晋升的一项必备条件。各级人事部门、行政学院要密切配合,制订培训计划,选调培训学员,提高培训质量。要切实加强行政学院的建设,在人员、经费、科研、咨询、国际交流等方面给予必要的支持和保证。对现有的各类培训机构要进行整顿,加强宏观管理,进行合理分工,明确培训范围,消除多头培训、重复培训的现象。加强行政学院同党校、普通高等学校、成人院校及科研单位的联系和协作,建立培训信息网络,提高综合办学、开放办学的能力,真正发挥行政学院培训行政领导者的主阵地作用,把行政领导者培训办出质量,办出水平,办出特色,以有利于其重要作用的充分发挥。

【思考题】

1. 何谓行政领导效能？它具备哪些特点与类型？
2. 简述行政领导效能理论的发展与演变。
3. 行政领导效能测评的含义与意义是什么？
4. 简述行政领导效能测评的原则、程序与方法。
5. 简述行政领导发展与培训的含义、特点、内容与意义。
6. 如何立足实际，充分发挥行政领导发展与培训的作用？

第十章　行政领导与电子政务

如同以蒸汽机为代表的工业革命对社会生产力和上层建筑带来的巨大发展和变革一样,发轫于二战之后、初步形成于20世纪90年代的全球规模性的信息革命也为人类社会的发展带来了新的变革。与“电子商务”一样,电子政务(E-government)也是信息革命的产物,对行政领导产生了重要而深远的影响。联合国经济及社会理事会(ECOSOC)自1997年以来已经连续两年把通过信息化改进发展中国家的政府组织,重组公共管理,最终实现信息资源共享作为其工作重点。[①] 朱镕基总理也指出:“信息化是当今世界发展的总体趋势,推进电子政务建设对于提高国民经济总体素质,提高现代化管理水平,加强政府监管,提高行政效率,开展反腐倡廉等都具有重要作用。领导工作要加快信息化学习,利用信息化手段加强政府管理,促进政府职能转变、提高政府办事效率和管理水平,促进政务公开和廉政建设。”[②]电子政务利用先进的信息技术,通过网络实现信息共享,促进了上下级政府之间、政府的不同职能部门之间、政府与公民个体之间、政府与社会之间的互动交流。从而提高了政府的工作效率,增强了政府工作的透明度,有助于促进政府的廉洁高效以及政府决策的科学化和民主化。在此基础上电子政务承担了政府的部分管理和服务职能,简化了政府工作流程,打破了传统科层制的行政领导体制和领导方法,决策和控制权逐步分散化,分权化成为大势所趋,公共事务管理的主体由单一的政府逐步向多元化发展,从而构建了全新的公共管理体制,对传统的行政领导体制产生了颠覆性的影响。本章主要介绍电子政务的内涵和特点,以及其与行政领导的关系和对传统行政领导体制的影响,在此基础上介绍西方和中国电子政务的发展情况并提出政策性建议。

第一节　电子政务概说

一、电子政务的内涵

目前,电子政务已经成为当代信息化的最重要领域之一,据联合国教科文组织2000年对62个国家(39个发展中国家,23个发达国家)进行的调查,89%的

① 《中国电子政务报告》,《新经济导刊》2002年5月。
② 朱镕基总理2002年2月27日在国家科技教育领导小组科技知识讲座上的讲话。

国家在不同程度上开展电子政务。事实上,电子政务已经迅速地列入所有工业化国家的政治日程。关于电子政务,许多专家学者对此做出了不同的界定。

西方学者认为,工业化时期的政府,其特点是集中管理、分层结构来处理政务,其规模比较庞大,运行成本也比较高;相比之下,信息时代的政府,则采用信息技术的电子政务,它的核心是:大量频繁的行政管理和日常事务都通过设定好的程序在网上实施,而大量决策权下放给团体和个人,政府必须考虑重新确立自身的职能。从这个方面的差异出发,西方学者认为所谓构建电子政务,实质上就是把工业化时期的大政府通过引入信息技术转变为新型的管理体系,以适应虚拟的、全球性的、以知识为基础的数字经济带来的社会变革。

一些国内学者认为,电子政务是指运用信息以及通信技术打破行政机关的组织界限,建构一个电子化的虚拟机关,依据人们的不同偏好,向人们提供各种不同的服务选择,实现政府与公民之间有效的交互式沟通;而政府内部以及政府与社会各界之间也是经由各种电子化渠道进行相互沟通,从应用、服务及网络通道等三个层面进行电子化政府基本架构的规划,从而提高政府的工作效率。

另一些国内学者则认为,电子政务其实就是各级政府机构的政务处理电子化,主要包括政务电子化、信息公布与发布电子化、信息传递与交换电子化、公众服务电子化等等。

还有学者将其界定为,所谓的电子政务是面向政府机构的流程优化和服务扩展的基于 Internet 技术的综合信息系统。电子政务的目的正是以网络技术为基本手段,面向政府机构的业务模式、管理模式和服务方式的优化和扩展,将信息技术在政府机构的应用从简单的取代手工劳动提高到工作方式优化的新层次。

我们认为,在界定电子政务时不应只局限于技术层面,电子政务不仅包括各级政府机构和部门的政务处理电子化,而且应包括传统政府为适应这一趋势而进行的变革。关于电子政务,就是以提高政府办公效率和公事透明度,改善决策和投资环境为目标,以信息技术和网络为基础平台,实现政府与公民、政府与企业和其他社会组织、政府内部各不同部门之间进行有效沟通的一种方式以及由此方式而产生的政府管理体制的变革。它有助于提高政府的工作效率和政府决策的科学化。

二、电子政务的基础和主要内容

(一) 电子政务的基础

电子政务的基础设施是电子政务赖以运行的基本环境,即政府信息平台。政府信息平台包含数据通信网络、电子支付、电子记录、电子文件,以及电子签名这 5 个要素。其具体的技术基础在实践中包括从低到高的几个阶段:一是政府机构各部门实行电脑化、网络化和信息化。二是政府内部网络的建立,包括不同部门之间以及上下级之间。三是政府的网络化和信息化与社会公众网的“对接”:一方面,政府的网络化带动整个社会的信息化和网络化进程;另一方面,实现政府网络与公众网络的互动沟通。

(二) 电子政务的内容

电子政务主要包括以下几方面的内容:

1. 政府采购电子系统服务。通过网络,推动政府部门以电子化方式与供应商联线进行采购、交易及支付处理作业。

2. 社会保障电子系统服务。运用电子资料交换、磁卡、智能卡等技术处理政府和各种社会保障作业,直接将政府的各种社会福利支付、社会保险交付受益人。

3. 电子资料库。建立各种资料库,收集政府各方面的数据和信息,包括法规、法律、政策、咨询等,可以为政府部门或社会人事提供多种信息服务。

4. 电子邮递。建立政府整体性的电子邮递系统,并提供电子目录服务,以增进政府之间及政府与社会各部门的沟通效率。

5. 电子化公文。公文制作及管理实现电脑化作业,并透过网络进行公文交换,随时随地取得政府资料。

6. 政府数据处理系统服务。政府数据处理系统上政府业务的处理电子系统,它可以自动处理政府多种业务。如海关报单、单位和个人报税、政府批文、政府文告的分布等。使人们足不出户,在网络上就能向政府进行业务申办,并在网上直接获得有关批文。

7. 政府决策系统服务。政府决策系统是政府决策的重要助手。它为政府的各有关部门提供多种决策分析和方案的服务。

8. 电子身份认证。以一张智能卡集合个人的医疗资料、个人身份证、工作状况、个人信用、个人经历、收入及缴税情况、公积金、养老保险、房产资料、指纹等身份识别等信息,通过网络实现政府部门的各项便民服务程序。

三、电子政务的发展阶段和应用类型

(一) 电子政务的发展阶段

在20世纪70年代,人们提出办公自动化,利用信息和通信技术,处理办公室内部业务,主要偏重于文件的制作、传送和贮存,这可以看做电子政务的萌芽阶段;从20世纪80年代以后,管理信息系统又成为人们关注的焦点,管理信息系统是适应管理者决策和有效履行职能的需要而建立的信息加工和处理系统,重点是支援政府决策和满足政府管理职能,以及政府对适时、准确、相关信息的需求。但是电子政务真正的发展是在20世纪90年代以后。从国外电子政务的发展情况来看,电子政务的发展大致经历了四个阶段:一是起步阶段——政府信息网上发布;二是政府与用户(企业和居民)单向互动阶段:政府主动,用户被动;三是政府与用户双向互动阶段;四是网上事务处理阶段。网上事务处理的实现,必然导致政府机构的结构性调整,也必然导致政府运行方式的改变。

也有国内学者将电子政务的开展分为以下几个阶段:

一是网络政府(E-government),是指政府部门利用 Internet/Intranet 等通信技术,推动政府办公自动化建设,并向公民提供政府部门的各种服务,从而在互联网上实现政府在政治、经济、社会、生活等诸多领域的管理与服务职能。这是电子政务最普遍的形式,也是电子政务的基础。这个模式的根本目标就是建立电子政务,发展电子政务并进行真正的政府再造。

二是社会增值(B-government),是指政府机关合理利用自身资源优势,建立一个文件资料电子化中心开展网上办公业务,将各种证明文件和办事流程电子化、网络化,增加办事服务渠道,减少办事环节,提高办事效率。相对于电子政务而言,这些业务更能体现动态资源的再利用,并能以此拓展新的商务机会,所以称为电子政务的增值运营,它是电子政务的最大创收点。

三是电子社区(C-government),是指政府机关与社会各界建立广泛深入的网络服务连接,使得公民在网上可以享受政府全程服务,使社会资源各环节无缝连接的高度应用集成状态。电子社区是电子政务的高级应用阶段,是全民性的电子政务系统。

(二) 电子政务的应用类型

电子政务的基础是网络,但又不仅仅是一个政府上网的问题。在其发展的不同阶段也有不同的应用类型。

电子政务的第一种应用类型的特点是以单纯的信息发布为主,信息流向是单向的。我国目前的许多政府网站属于这一类型。

电子政务的第二种应用类型是实现交互式的数据和信息交换,特点是政府机构某些数据经过授权允许有条件的访问,例如工商、税务机关对授权用户提供相关信息的查询和申报处理。从单纯的信息发布发展到第二种类型的交互访问,这种类型最关键的因素是系统的安全性。

电子政务系统的第三种应用类型的特点是应用和业务流程的高度集成。这种应用类型的电子政务与第二种应用类型的区别是业务流程的集成,从第二种应用类型发展到第三种应用类型,需要妥善解决技术和业务流程。

四、电子政务与传统政务的比较分析

电子政务的核心在于政务,与传统的政务处理模式相比,电子政务具有政府信息资源透明化,办公流程无纸化,管理服务网络化等特点。与传统政务相比,电子政务在管理形态、决策权限、管理模式、组织结构、管理层次、运行基础、管理理念、管理方式、管理成本以及沟通模式等方面都有显著的不同,具体地说,有以下几个方面的内容:

表 10-1-1

	传统政务	电子政务
管理形态	实体性	虚拟性
决策权限	高度集权	权力下放
管理模式	政府实体性管理	系统程序式管理
管理层次	繁杂	简化
运行基础	传统经济	知识经济
管理理念	控制型管理	参与型管理
管理方式	多重审核	在线沟通
管理框架	科层式的官僚体制	标准化的中介工具
沟通模式	单向传递	双向互动

由此可见,与传统政务相比,电子政务有无可比拟的优越性,对传统意义上的政府行政管理方式将产生颠覆性的影响。电子政务的开展正是知识经济时代的必然要求,它有利于提高政府工作的效率并降低政府决策的成本。最显著的优势在于它有助于政府行政领导和决策的科学化,现代政府的管理离不开准确、及时和全面的信息,而电子政务的开展正可以突破时空的限制,利用现代信息技术改变行政管理方式,提高办公效率以及决策的科学化和民主化。

五、电子政务的作用和优点

从政府自身角度来看,电子政务的有效开展虽然将对传统的政府管理体制带来巨大的冲击,但更会给政府带来很大的收益:第一,电子政务的开展要求政府行政系统对信息的反应更为迅速,这有助于政府机构的精简,裁减冗余的部门和办事环节;第二,电子政务将使政府咨询与合作的双向渠道得以贯通,有助于政府决策的科学化。1998 年国家计划发展委员会在自己的站点开设了国家"十五"发展规划讨论,从 12 月 1 日到 5 日,有 1400 余人访问了发展规划,524 人次通过"网上论谈"参与了"十五"计划的讨论和编制。① 第三,电子政务有助于政务公开,增加政府的透明度,在诸如政府采购、公务员选拔等方面杜绝腐败,提高办事效率;2002 年在沪开幕的第三届亚太地区城市信息化论坛上,美国前副总统戈尔就指出,电子政务有助于提高政府效率和服务水准,并能有效地防止官僚主义和官员腐败。譬如,在美国,电子采购不仅大量节约了开支,而且避免了暗

① 杜永生:《1999 政府上网年》,《网络与信息》1999 年第 1 期。

箱操作,有助于建立透明的政府管理机制。第四,电子政务将通过提高政府的办公效率来大大削减公共行政成本。美国自推行“电子政府”以来,至1999年元月止,员工减少了24万人,关闭了近2000个办公室,取消了近200个联邦项目和执行机构,联邦政府的开支减少了1180亿美元。对于社会的服务,联邦政府的200个部局确立了3000多条新的服务标准,作废了16000多过时的行政规章,同时简化了31000多页的各种规定。①

从政府与社会公众的角度来看,电子政务的开展将有助于政府与公民的有效沟通:

电子政务的开展带来政府管理决策机制的巨大转变,使得政府更能贴近社会公众,扩大了公民的参政渠道。同时,网络技术的成熟和网络经济的实践探索,也为电子政务发展打破了许多技术和应用等层面的壁垒。使政府工作人员及时地了解民意,从而使政府部门制定出的政策法规目的性更加明确,能够提高政府的办事效率,树立政府廉洁高效的形象,拉近政府与百姓之间的距离。

电子政务有助于公民和政府之间的互动。政府信息化是社会信息化的基础,电子政务的开展推进了政府部门的网络化和信息化,通过营造运用信息及通信技术打破行政机关的组织界限的电子化虚拟机关,实现广泛范围意义的政府机关间及政府与社会各界之间经由各种电子化渠道进行相互沟通。社会公众可以从网上了解政府的大政方针,政府可以从网上不同的数据源快速获得具有权威性的群众的意见与呼声,根据反馈及时地对政策予以修正。此外,还可以依据公民的个体偏好提供个性化的服务。

六、电子政务对行政领导的影响

(一)电子政务对行政领导方式的影响

长期以来,在我国政府内部,跨越行政隶属关系的横向信息传递始终不畅,不同部门之间的信息壁垒和信息不对称的情况非常严重,信息资源无法有效地共享。而且,在信息传递的过程中,存在着大量虚假和冗余的信息。而电子政务的开展正可以消除人为的信息壁垒和信息封锁,进而对传统的行政领导工作方式产生重要影响。电子政务的开展将使政府行政领导方式由集权式向分权式转变。首先,电子政务的开展打破了信息壁垒,公民有更多的参政机会和更强的参政意识,随着政治偏好的多元化,过去简单一致的行政领导难以实现。其次,电子政务的开展,将极大地简化行政领导和行政决策的环节,避免了虚假和冗余的信息对行政领导的干扰,使行政领导能够了解自己专业领域以外的事物,减少对专家型技术官僚的依赖。

① 周宏仁:《展望21世纪的信息产业》,《网络与信息》1999年第4期。

（二）电子政务对行政决策的影响

电子政务对行政决策的最显著影响就在于增加了行政决策的透明度。传统政府按照区域、级别、行业划分，各部门各自为政，相互之间信息缺乏沟通。而电子政务的开展，打破了原有政府部门之间的界限，构建了一个全面电子化的虚拟政府，传统政府的金字塔结构将变成扁平化的网络结构。网络的虚拟性和流动性将打破原有的领导权威。此外，通过网络的沟通，政府与企业、政府与公民之间的时空界限和层级限制得以克服。在电子政务实施以后，政府与公民的互动加强，政府面对着大量的公民反馈信息同时也要将决策的过程和结果反馈给公民。改变了传统行政决策过程中存在的暗箱操作的政务运作模式，起到了透明行政和公开行政的作用。有助于行政决策的科学化和民主化。

（三）电子政务是行政领导创新的动力

"知识管理"之父的达文·波特指出，知识管理的关键在于：在充分肯定知识对企业价值的基础上，通过特定的信息技术，创造一种环境让每位成员能获取、共享和使用组织内部及外部的知识信息以形成个人信息，并支持、鼓励个人将知识应用、整合到组织产品和服务中去，最终提高企业的创新能力和对市场的反应速度。在知识经济的时代，行政领导更需要创新能力和创新意识。对于政府的行政领导而言，在信息社会里，随着电子政务的开展，通过不同的电子信息支持系统，管理者可以在更广阔的领域中借助网络迅速汲取知识，一方面形成了创新的意识，有创新的紧迫感；另一方面通过分类的电子处理系统适应环境的变化，从而释放自身的潜能，实现行政领导方式的创新。

第二节 电子政务与网络伦理

一、网络伦理简介

"每一种技术或科学的馈赠都有其黑暗面"。[①] 人们在享受网络带来的好处的同时，也承受着其带来的种种负面影响，如电脑黑客、计算机犯罪以及信息欺诈等。这就必然涉及网络伦理问题。

网络的发展对传统的伦理学观念带来了巨大的冲击，这主要表现在以下几个方面：

一是知识产权与个人隐私。法律要保障知识首创者或所有者的权利，这是一个涉及公平的道德问题。未经允许借用、移植、复制他人的程序和其他信息，这实际上是一种网上偷窃行为，但是由于这种行为很难发现，便使其成为一种普

---

① N. 尼葛洛庞帝：《数字化生存》，海南出版社 1996 年版，第 26 页。

遍的现象。因此,网络的普及越来越强烈地要求政府或社会处理好知识产权保护与知识公开合理利用两者相互矛盾的难题。

二是信息安全与信息垄断。由于因特网自身安全性差的弱点(跨时空跨地域的、开放性的、无主控的国际网络),网络上时常会非法潜入一些“黑客”进行破坏。常见的网络犯罪有网上盗窃、诈骗,电脑病毒的制作和传播等等。同时,信息网络的交流在不同国家、不同地区、不同组织、不同阶层、不同群体之间出现信息垄断,产生所谓的“数字鸿沟”问题。

三是信息欺诈与信息滥用。在繁杂的信息网络中,不仅存在无用的信息垃圾,而且存在危害性颇大的虚假信息。如何规范网络交易与交往行为?网络越普及,解决这一问题的迫切性也就越突出。从伦理学角度看,信息滥用与信用危机,实际上都是严重的伦理危机。

四是道德监督和评价问题。在现实社会中,与法律规范的刚性相比,道德规范的柔性特点更多地表现为非强制性,道德评价主要是内心信念、社会舆论和传统习惯;而在网络社会中(虚拟空间),道德规范是超柔性的,道德评价只能靠个人的内心信念来维系。尽管网络是开放的,网上的交往是超越空间和时间的,但网络的交往是间接、虚拟、符号化的,交往主体的身份很难明晰。交往主体的符号化、封闭化和部落化使社会舆论、传统习惯的监督和评价便难以发挥作用。

网络伦理研究的历史不长。到目前为止,其主要工作表现为将不断出现在电子信息网络中的各种社会问题揭示出来并赋予伦理意义加以讨论。在一些发达国家,较早成立了专门的研究机构。如美国华盛顿布鲁克林计算机伦理协会从1992年开始每年都召开关于计算机伦理的年会,美国乔治亚州律师协会计算机法律部设有的网络伦理研究会等。这些机构为网络用户制定了一系列相应规则。这些规则涉及网络行为的各个方面,如电子信件使用的语言格式,通信网络协议,匿名邮件传输协议,这些协议有的制定得相当具体,甚至对字母的大小写、信息长短、主题、电子邮件签名等细节也都有详尽的规定。其中较著名的如美国计算机伦理协会所制定的“计算机伦理十诫”①,具体内容是:(1) 你不应该用计算机去伤害他人;(2) 你不应该去影响他人的计算机工作;(3) 你不应该到他人的计算机文件里去窥探;(4) 你不应该应用计算机去偷窃;(5) 你不应该用计算机作假证;(6) 你不应该使用或拷贝你没有付钱的拷贝;(7) 你不应该使用他人的计算机资源,除非你得到了准许或作出了补偿;(8) 你不应该剽窃他人的智力成果;(9) 你应该注意你正在写入的程序和你正在设计的系统的社会后果;(10) 你应该以深思熟虑和慎重的方式来使用计算机。从计算机伦理十诫的内容看,它并没有新的内容,去掉其计算机网络的限定后仅剩传统的伦理概念,即

① 《计算机伦理十诫》,《信息经济与技术》1997年第5期,第26页。

不应该伤害他人、不应该影响他人的工作、不应该偷窃、不应剽窃他人的智力成果等。此外,美国南加利福尼亚大学网络伦理声明指出了六种网络不道德行为类型:(1) 有意地造成网络交通混乱或擅自闯入网络及其相连的系统;(2) 商业性的或欺骗性的利用大学计算机资源;(3) 盗窃资料、设备或智力成果;(4) 未经许可而接近他人的文件;(5) 在公共用户场合做出引起混乱或造成破坏的行动;(6) 伪造电子邮件信息。这六种网络不道德行为实际上是传统的不道德行为。即要求人们为社会和人类做出贡献;避免伤害他人;要诚实可靠;要公正并且不采取歧视性的行为;尊重包括版权和专利权在内的财产权;尊重知识产权;尊重他人的隐私;保守秘密等。网络伦理是把既有道德的运行机制引入网络领域、建立网络伦理。

网络伦理的建立使人在进入网络、使用服务器的网络行为中有了较确定的规则,在使网络为社会和人类做出贡献,尊重知识产权以及他人的隐私权、唤起行为主体道德感、树立合理价值观、形成网络秩序等方面,发挥了明显作用。随着国际互联网络(Internet)的日益大规模普及,网络伦理甚至已成为一些发达国家高等院校的教育课程,被正式纳入一种西方世界称为“计算机文化”(cyberculture)的文化现象中加以研究。

关于网络伦理,学者间有不同的看法。美国学者罗伯特·N. 巴格建议对计算机伦理学设定三条普遍的基本原理:第一,一致同意的原则,如诚实、公正和真实等。第二,把这些原则运用到对不道德行为的禁止上。第三,通过惩罚并且通过对遵守规则行为积极的鼓励来加强对不道德行为的禁止。通过共同原则使确立普遍的道德规范成为可能。台湾学者黄庆堂则指出,网络安全伦理就是公务人员或者信息需求者,在行政机构的网络设施或者追求信息的过程中,如何建立适当及正确的安全责任行为,以维护系统资料的隐私性、完整性以及可用性。电子政务开展以后,政府为了在服务公民、提高工作效率、增强政府的透明度的同时也应兼顾公民的隐私、财产以及知识产权,而这正是网络伦理所关注的问题。

二、电子政务背景下的网络伦理

(一) 电子政务背景下网络伦理的内容

Mason 提出了对网络伦理的分类,既所谓的 PAPA 模式,主要包括以下几部分内容:隐私权(privacy),准确性(accuracy)、所有权(property)和存取权(access)。

1. 隐私权

合理的个人隐私权,或称“私人生活的权利”,在传统上被理解为“独自享有权”,即不受干涉的权利或“私事不被擅自公开的权利”。当今在世界各国隐私权已得到公认。一方面,个人隐私权受法律保护;更为基础的另一方面,隐私权是一种天赋权利,尊重他人的隐私是自明的义务。保护隐私是对人性自由和尊严的尊重,也是一项基本的社会伦理要求。

相对于政府公务人员而言,就是有关个体的信息在何种情况或保障下才能够透漏给他人知道?

2. 准确性

如何排除网络信息中的虚假错误信息?谁应对信息的准确和真实性负责?同样,谁又对虚假和错误信息负责?政府如何有效地防范和打击信息欺诈行为?

3. 所有权

谁应当拥有信息?如何在保证信息公开的同时又尊重个体或组织的知识产权?信息如何进行公平的交易?政府如何通过电子政务的开展在保护知识产权的同时也促进信息的合理流动?

4. 存取权

组织及个人在何种条件和保障下可以有权利获取信息?

公民是公务人员的服务对象,随着电子政务的开展和普及,公民的基本资料和隐私信息都逐步掌握在政府手中,而公务人员正是操作和使用这些信息的一线人员。如果政府公务人员对网络伦理概念认识不清,违反网络安全规定或者发生一些有悖网络伦理守则的行为,则将直接侵犯公民的基本权利。因此,加强政府公务人员的网络伦理教育,将有助于防止公务人员给公民带来的潜在损失并提供公平的政府信息服务。

(二) 网络伦理的制定及公务人员网络伦理的培养

美国公共行政学会在1980年曾制定了针对公共事物的专业伦理标准,即"80年实用专业标准与伦理",提供给公务人员一个具有建议性的行政伦理规范指南。其主要内容有:了解法律的关系,行政伦理应当体现责任和服务原则,建立承诺守信的行政伦理,建立积极反应的行政伦理,以充实行政知识及行政技巧,使行政伦理与专业发挥相结合等等。这些对于我们确立公务人员的行政伦理规范有着重要的参考意义。

而相对于政府机构或者政府公务人员的个人而言,行政权力是公务伦理问题的主要来源,而公务人员所面对的多元化环境则是其所有伦理环境的基础。所以王维克(Warwick)在其所著的《行政裁量的伦理》中明确指出了5点行政原则:一是公共利益的考量,一方面能够为公共利益行动服务,另一方面能够在合法的范围内去管理私人利益。二是深思熟虑的决策。三是公正正直的行为。四是程序规则的尊重。负责的公务人员应当对机构组织间的程序规则予以充分的尊重,不能够为了目的不择手段。五是在手段上的限制。政府公务员在运用法律或者行政管制的时候,应避免将管制性的约束变成不公正或者不适当的程序,而造成社会的福利损失。

总的来说,政府公务人员的网络伦理培训应包含以下几部分内容:一是正确使用电脑操作技能的训练。二是网络安全等相关法规的教育与宣传。让公务人员了解相关的网络安全法规,避免因操作失误或管理疏忽而造成不必要的损失。三是政府公务人员的忠诚度和责任心的培养。四是宣传尊重公民的个人隐私权。保护和尊重公民的隐私权。五是对政府机密材料的维护责任,即保守政府的网络机密。

(三) 电子政务的开展与网络伦理

政府无疑是为公民和社会服务的,其承担的责任的本质在于回应和满足社会和公民的要求,那么政府的网上责任就是政府能够在网上积极地对社会民众的需求做出回应,并采取积极的措施,公正、有效地为公民服务。从这个意义上讲,政府的网上责任实质上就是"公仆的责任"。① 从网络伦理的角度来看,在开展电子政务的时候,除了对公务人员进行必要的网络伦理培训外,政府还应当从以下几方面采取措施关注网络伦理问题:

1. 加强网上道德教育与引导。"道德教育就是为了使人们履行某种道德义务,而由一定阶级和社会有目的、有组织、有计划地对人们施加系统的道德影响的活动。"②网上道德教育是极为重要的网上伦理活动,它的重要性尤其表现在能够积极提高人们的网上道德意识。我们知道,由于网络的特点,人们在进行网络活动中,行为主体对行为过程中所涉及的"人际"感淡化,他们似乎面对的只是电脑,而常常忘记他们也是和"人"进行社会交往。因此,强调网络行为的"人际"意识是提高网上伦理道德意识的前提条件,在这方面,利用网络空间进行的道德教育是一种重要的方式,也是政府一种不可或缺的道德责任。政府在确立社会意识形态培养目标上,应把网上伦理教育作为重要内容已是当务之急。具体行动可以由各级政府牵头,建立各级思想道德教育网站,形成全国性的网络教育系统,构成新型德育阵地,同时也加强对信息网络的监控和管理。

2. 尽快创建完备的网络法律法规,维护网络信息安全。网络的滥用已经对个人权利和国家安全构成新的威胁,政府必须采取措施,保障国家网络和重要信息设施的安全。对于电子政务而言,目前需要解决的问题主要在于以规范、明确的法律,保证政府快速有效地处理反馈信息和提供服务,以促进政府和公众在网上的双向互动,这需要尽快创建适合网络运行的法律法规。就目前情形而言,这部分法律法规应该有以下几种类型:一是关于信息网络规划、建设、经营和管理方面的法律法规。二是维护网络用户权利的法律法规。三是网络金融商业领域中的法律法规。四是维护信息网络的安全,惩治计算机网络犯罪的刑事法律法

① 金太军:《公共行政的民主和责任取向析论》,载《天津社会科学》,2000年第5期。

② 唐凯麟:《简明马克思主义伦理学》,湖北人民出版社1983年版,第255页。

规。五是有关计算机诉讼和计算机证据的程序性规范等。①

3. 保障公民的网络平等权和个人隐私权。在网络急剧扩展的同时,"数字鸿沟"问题也日益突出:整个社会日益分化为 knows 和 unknowns 两部分。前者是指那些能够娴熟使用信息技术,掌握网络技术和管理的专门知识的群体,主要集中在知识层次较高和收入相对丰裕的青年一代以及所谓的技术官僚。他们对政府网上管理的影响显然远远大于"信息贫困者",后者因为经济、知识结构以及时间或精力等方面的限制,并未成为信息网络的真正受益者,相反他们与前者在获取和支配信息以及参与政府管理能力的影响力上的差距不仅没有缩小,相反却扩大了,从而形成网络时代公民平等参政的一道信息鸿沟。对此,政府应该大力在平民中普及信息网络知识,并提供必要的经济资助;对网民提出的意见和要求等信息进行必要的分层调查、咨询,以切实保证全体公民"网络参政"的平等和公正。此外,网络的扩展还可能威胁到公民个人的隐私权。有关个人特征、疾病、习惯、偏好、加入工会、政党和各种组织的成员资格情况、宗教信仰和政治观点、财政状况以及其他许多数据一旦被贮存或处理后,就有可能被用于与该个人无关的一些目的。行政机关出于经济福利、公共秩序、社会安全等各种目的要求公民进行各种登记。企业为了解信誉状况和消费者习惯等也贮存各种数据。当个人数据在国际互联网上出现时,许多人还不知道自己的情况已被公开,而此种公开往往会影响到个人隐私或社会经济地位。为防止对个人隐私的侵入和公开,政府必须采取相应的措施如制定数据保护法和建立数据保护机构。②

第三节 西方主要国家开展电子政务的情况及启示

一、美国的电子政务建设

美国是最早开展电子政务的国家,政府的支持和良好的经济基础,再加上民众的广泛参与,使其在电子政务的开展上处于遥遥领先的地位,是开展电子政务的一个样板。

(一) 美国开展电子政务的环境和基础

美国是网络和信息技术发展最早和最快的国家,早在 1995 年美国的克林顿政府就提出了"信息高速公路计划",而在"信息高速公路"的五大应用领域——电子政务、电子商务、远程教育、远程医疗、电子娱乐中,电子政务(e-government)被排在了第一位。

---

① 严耕、陆俊、孙伟平:《网络伦理》,北京出版社 1998 年版,第 238—242 页。

② 金太军、施从美:《论政府的网上责任》,《政治学研究》2001 年 2 期。

美国的电子政务起步较早,早在1993年由副总统戈尔所领导的全国绩效评估委员会(National Performance Review, NPR)便针对行政过程与效率、行政措施与政府服务的品质进行了重新的探讨,提出了"运用信息技术再造政府"以及"创造成本更少,运转更好的政府"两份报告。其中,前者企图透过信息技术的运用让政府得到民众的信赖;后者乃利用信息技术来"革新"政府,提出电子化政府的概念以提升政府的生产力和效率。1994年12月,政府信息技术服务小组提出"政府信息技术服务的远景"报告,强调要建立起注重顾客导向的服务性政府。

1993年,NPR发表"运用信息技术改造政府"的报告,就指出应该通过信息技术改善政府的效率、产品与服务的品质,并让政府官员深入了解信息技术是下个世纪政府的基础建设,并强调一个现代化的"电子化政府"应给予民众更多机会以最有效的方式取得政府服务。该报告列出了政府应用信息技术的三点事项:一是强化信息技术的领导力。信息技术有助于消除各组织之间的界线,推动组织革新,而一个良好的领导机制,不但能够组合组织的远景与承诺,更能确保信息技术的投入足以完成组织再造的工作。因此,要设立领导机构,针对政府各部门的信息应用系统与信息资源加以整合,并增进组织的绩效与服务品质。二是建立电子化政府。通过整合下列七项电子化的机制,使得民众与政府、政府与政府间的沟通更快捷、更富有效率。其主要内容是建立全国性的电子福利支付系统;发展电子化支付信息及服务;发展全国性的执法及公共安全信息网络;提供跨越各级政府的纳税申报及缴税处理系统;建立国际贸易资料系统;建立全国性的环境指标系统;设立政府部门电子邮递系统。

在1993年NRP公布的报告中明显地看出美国政府利用信息技术以提高政府效率的构想,而后经由NII的相关建设作为支持"电子化政府"运作的基础,而其后的GITS的报告中计划建立起运用信息技术与顾客互动的政府机制,提出了18项服务重点,除了前述的电子福利支付系统、公共安全信息网络、国际贸易资料系统等之外,提出了电子化支付运作的支持机制,包括了保护隐私权和信息安全、整合政府服务信息基础建设、改善信息技术的取得、增强联邦人员的生产力与提高信息技术的素养等。

1994年12月,美国"政府信息技术服务小组"(NII小组)提出"政府信息技术服务的远景"(A vision for government information)报告。该报告认为,改革政府不仅仅只是人事精简、减少政府赤字而已,更需要善于运用信息技术的力量彻底重塑政府对民众的服务工作。因此,强调"利用信息技术协助政府与客户间的互动",建立以顾客为导向的电子化政府以提供更有效率、更易于使用的服务、提供更多取得政府服务的机会与通道,并达成下列三项目标:一是建立起政府资源共享的全国性远景规划,将政府机构的信息技术优先顺序加以排列,让各级政府间信息得以互通与合作，并促进政府与工商界的合作等。二是增进信息基础建设的发展以建立现代化的“电子化政府”，提供社会大众更有效率的信息与服务，快速回应民众的需求并保护隐私权。三是强化信息技术的领导能力，使得领导者能够善于运用各种信息科技的政策、程序并建立政府服务标准，以达成顾客导向政府的目标。

在“信息高速公路”工程启动以后，美国的克林顿政府将电子政务列为“信息高速公路计划”的重点。

在美国1999年电子政务互联网研讨会上，当时的商业部长达莱表示他将努力把他所领导的部门建设成为真正的电子商务部，并且呼吁美国政府在2002年全面实现无纸化办公。美国弗吉尼亚州州长哥尔摩也指出：政府往往采用一成不变的运作方式，因循守旧并且缺乏变革，总以为过去的规定已经十分完备。但是关闭大门、将新鲜的思路拒之门外的做法并不可取。各级政府应该全面展开电子政务，利用电子技术消除政府与普通百姓之间造成的距离与障碍，鼓励市民领袖和商界领袖加入到决策制定的行列中，以便充分施展各自的才干并充分获取应有的权益，共同迎接互联网时代的挑战。

在2000年6月，克林顿宣布“要在3个月内建成一个超大型电子网站——‘第一政府网’”，旨在加速政府对公民需要的反馈，减少“橡皮图章”，让美国公众能更快捷、更方便地了解政府，并能在一个政府网站站点内解决竞标合同和向政府申请贷款的机会。“第一政府网”内容丰富，分类详尽，一方面完成了全美50个州以及各地县、市的有关材料及网站链接，另一方面又按经济与商业、农业和食品、艺术和文化等行业进行归类。美国政府网的网上交易也已经展开，甚至可以在网上购买政府债券、网上缴纳税款以及邮票、硬币买卖等。

根据美国最近出台的《政府纸张消除法案》，美国将尽可能在2003年10月以前实现政府办公的无纸化作业，以使美国公民与其政府的互动关系实现电子化。马里兰州计划到2002年该州政府服务的50%要全部实现电子化，到2004年达到80%。其他州也有类似计划。据美国佛里斯特研究公司发表报告称，根据现在的情况，美国政府计划在最近两年之内仍将维持以民众为主的低风险网上服务，此后经过经验积累、调整和机构改革三个阶段后，到2006年时，美国各级政府就将能从网上接收3.33亿份来自企业和民众的各种申请和报告，并将在政府网站上推出1.4万种网上申请服务项目。

总的来说，美国电子政务的开展与政府的强力支持是分不开的。

此外，美国的电子政务发展还得益于其良好的基础设施。1996年美国政府投资400亿美元用于信息技术的开发和工程建设；1998年美国国内已有1/3的人上网，有1644个以上的政府机构在因特网上建有主页；其电话线路非常发达，网络的建设也领先于其他国家。例如，美国各地的星级宾馆和饭店的房间都有专门的联网接口,就连机场的公用电话上亦然,只要你手中有台电脑,便可随时上网。在美国911事件发生以后虽然一度电话通信中断,但是人们仍然可以通过网络及时地传递信息。其宽带网络现正在加速扩建和推广之中,同时还启动了无线上网技术,这为全天候网上办公提供了可能。目前,不仅白宫、国务院以及联邦政府一级机构已经全部上网,并拥有功能很强的网站,所有的州级政府也全部实现上网,而且几乎所有县市政府部门也已经建立起自己的网站,这是美国推行电子政务的硬件设施。

从公众的角度来看,据最新统计,美国2.8亿人口中大约有一半人不同程度地已使用互联网。从1985年到2000年,美国人在办公场所和家里使用电脑的比例从30%增长至70%,美国家庭的电脑拥有数从15%猛增到60%。这毫无疑问是推进电子政务的重要力量,因为政府与公民间的交互式的交流和沟通是电子政务的一个重要方面,而大量的民众上网则为电子政务的推广提供了可能。

(二) 美国电子政务的主要内容

美国前副总统戈尔曾主持美国电子政务发展,推出了名为"接近美国"的电子政务计划,成功地将美国的各个部门推上了互联网。具体来说,美国目前的电子政务主要在以下几个方面开展:

一是用于政务公开。美国各级政府都广泛利用功能强大的政府网站向社会公开大量政务信息。这些信息包括:政府领导人的重要活动及演讲,政府工作的最新动态,民众到政府办理注册、登记等事项的有关信息,与政府工作相关的研究、支持机构的有关信息等等。可以说,大部分与民众相关的政府事务,都能及时通过政府网站获得详尽的信息。例如在美国教育部网站,打开有关政府资助的栏目,就可以查阅到政府资助的项目及具体要求,包括标书如何填写、如何申请,以及以往资助项目的详细情况等。

二是提供网上服务。美国的政府网站,大都在首页头版位置设有网上服务(On line Service)栏目,用于为民众提供各种查询、申请、交费、注册、申请许可等服务。由于这些栏目充分发挥了网络的优势,将分属政府各部门的业务集中在一起,并与相应的网上支付系统配套使用,因而具有了"单一窗口""一站式""24小时""自助式"等特点,体现了网上虚拟政府的发展方向,极大地方便了民众办事。

三是实现资源共享。各级政府通过政府网站,向大众提供政府所拥有的公用数据库信息资源,从而实现公共信息资源的加值利用。例如,洛杉矶市政府将地理信息系统(GIS)用于为市民提供环境信息查询,市民只需键入自己的家庭地址,即可在地图上清楚地了解到周围政府部门、医院、学校等与市民生活相关的各种公共服务机构的信息。各种社会经济统计指针、地区经济发展状况、旅游资源状况、网上图书馆、网上地图也在政府网站提供的服务之列。

四是内部办公电子化。由于美、加两国的各级政府处理各种事务都是严格按照相应的法律法规办事,所以其政府部门没有层层下发的带有强制力的政府文件,机关内部的办公事务主要依靠电子邮件来传递信息,同时,传统的纸质文件、书面签名方式仍然在处理一些重要事务时使用。其政府机关内部办公软件主要包括文档处理软件和在网络安全认证基础上的电子邮件系统,以及各种专门业务处理软件。会议通知、信息传达、政策宣传、法规颁布、意见调查等,都以电子邮件方式处理,以加快信息的流通。

五是提供安全保障。政府部门的内部办公都建有专门的内网,内网与互联网之间有严密的隔离措施,有的还是物理隔离。政府机关工作人员的保密安全意识很强,其内部办公网一般都不许外人参观。

美国政府的 14 个部(下属上百个局级单位)、司法部门、立法部门(国会两院)、62 个独立的行政局、59 个委员会,以及 6 个准官办的局级机构早已全部上网。网上所包含的内容非常全面,不仅有立法(从提案产生、辩论过程直到最后法律的形成),司法及行政部门的日常动作和各种法规、制度,而且包括政府计划和正在实施的各种规划、项目的主要内容、进行情况、相关的文件、报告等等。访问政府站点,阅读有关信息,几乎可以对各部门的活动了如指掌。

从电子政务在美国的发展来看,目前其电子政务已经进入发展和推广阶段,通过网络和信息技术已经将县、市、州、联邦以及各行各业联系在一起。实现了政府内部各个不同的部门之间、上下级及不同层级的政府之间、政府与企业之间、政府与公民之间的便捷交流。美国的电子政务建设已经遥遥领先于其他国家。

二、英国的电子政务建设

英国的网络发展基础较好,仅次于美国,英国的互联网用户为 640 万户,占居民户数的 27%。这为电子政务的发展提供了良好的社会基础。但是因为上网的费用较高。英国国家统计局的报告显示,目前英国的成年网民中,虽然政府机构网站的总数已达 1000 多个,但仅有 18% 的人使用政府机构网站获取服务或官方文件等信息。不过政府很快意识到"数字鸿沟"的严重性,大力推广网络建设,以建立电子政务的硬件基础。英国在 1994 年进行"政府信息服务"的实验计划,1996 年 11 月公布"Government Direct"计划,提出动态的公共服务以符合未来社会的需求。并在"Green paper"中以电子形式传送政府服务给社会大众,这不但拉近了政府与民众的距离,更给予民众更多的与政府往来的管道,并经由策略性的规划将信息技术推广到整体政府结构,逐步构建其电子政务。英国首相布莱尔针对数字鸿沟问题制订了"在五年内使每个英国家庭都能上网"的计划,并且在信息时代特别内阁会议上提出,英国政府机构服务的上网率要在

2002 年达到 25%。

英国的电子政务建设主要来自于政府的推动。英国贸工部小企业和电子商务国务大臣帕特里夏 · 荷维特女士 2001 年 1 月 15 日访华时说:“英国政府的目标是,到 2005 年,所有的政府服务必须实现上网,目前这一目标已实现了 1/3。政府已责成每一个部门和机构制定自己的电子政务策略,并与有能力提供这些技术的公司建立伙伴关系。”另外,英国已于 2001 年 1 月启动政府的网关,该网关把公民网站、商业和部门网站与政府的办公室系统等安全地连接在一起,提供每年 365 天和每天 24 小时的“无缝”服务。

电子政务的一个重要基础就是政府工作人员的素质,尤其是对网络的熟悉和使用。为此,英国政府首脑在全面实施电子政务之前就决定针对政府部门人员的具体需要而全面及时地展开培训,而实施电子政务后备力量的储备则通过教育体系来进行长期培养。同时,英国政府领导人认为,英各级政府必须成为一个具有雄厚经济实力和政治权力的领导集体,它要足以高效地统率政府各个部门的负责人,促使他们能够通力协同合作。为达此目标,英国政府任用了“电子特使”、著名的电子政务专家 Alex Allan 来指导英国政府各部和机构实施电子政务。目前,英国已经有 40% 的政府服务可以通过互联网提供给公众,这远远超出了预先设定的目标,而且照此发展下去,到 2002 年,英国的政府上网率将可能达到 75%。并且其服务的范围也不断扩大,例如,英国气象局通过手机短消息方式向公众发送本地区天气预报,驾驶标准局开设驾驶理论网上模拟考试服务等等。

三、德国和法国的电子政务

总的来说,这两个国家的电子政务发展相对滞后。根据慕尼黑的福尔萨民意测验所的调查,德国至今仍有 3/4 的人“不知互联网为何物”。为了改变这一局面,德国政府从 2000 年开始提出了“全体上网”的 10 点赶超计划,这个计划强调“利用互联网如同学会读书写字一样重要”,具体目标是今年所有的学校都要与互联网实现联网;信息产业的职业培训岗位到 2003 年要扩大到 60000 个,学习信息技术的大学生尽快翻一番;全部公共图书馆都要实现联网;从去年 10 月开始,各地劳动局都要举办“互联网驾驶证”培训班,给失业者开办使用互联网的知识普及课。到 2005 年,德国联邦政府的一切公共服务都将能够从网上获取。此外,德国政府还鼓励社会各界联合加大信息技术的发展力度。经济界为此成立了以信息技术产业为核心的“德国 21 世纪”协会,施罗德总理亲任该协会的顾问委员主席,前总统罗曼 · 赫尔佐克担任名誉主席。该组织提出,要为社会转型创造最好的框架条件,国家行政机关要成为使用现代技术的表率。

从 1997 年起,法国开始逐渐接受因特网电子政务,目前已经在因特网上建成了大约60个政府机构站点,已入网的政府部门包括教育、电信、环境等部门。法国政府建有一个政府各部门站点的索引站点,各个政府部门站点都在左上角有一个该索引站点的标志,该站点提供了按名称、职能等等方式检索政府机构的功能。法国比较著名的有爱丽舍宫站点和总理站点,在这两个最高政府首脑站点中,用户可以发E-mail与总统联系,还可以了解政府内阁成员的个人情况、政府年度工作报告等等。但总的来说发展比较慢。

四、意大利的电子政务

意大利政府在2002年制定了2005年必须实现的10个电子政府目标:一是80个经过筛选的、政府向企业和居民提供服务的优先项目必须实现网上事务处理。二是发放3000万张居民电子身份证和全国通用服务卡。三是2003年年底前发放100万个数字签名。四是50%政府采购必须通过网上电子采购完成。五是政府部门之间的所有书面通信都应通过电子邮件完成。六是所有的政府支付过程都在网上完成。七是所有的政府雇员完成计算机扫盲。八是1/3的政府培训在网上完成。九是2/3的政府公务处理必须在网上向居民公开。十是在所有的政府部门引入客户满意系统,使政府和公民可以对政府服务的满意程度进行评估。

五、日本和新加坡的情况

日本政府于2000年3月正式启动了"电子政务工程"。这项电子政务工程的主要内容是通过因特网等网络系统办理各种申请、申报、审批等手续,实施政府网上采购计划。该工程预计将于2003年以前全面投入实际使用,届时,日本政府将在网上办理申报税金、递交有价证券报告、核电站建设、出口产品审批等政府各部门的3000多项业务,政府网上采购计划也将全面实现。为了保证电子政务的可靠性和安全性,日本政府于2000年3月向国会提出了《电子签名与认证法案》,从而使电子签名具有同本人签字、盖章同等的法律效力。按计划,日本政府将在2005年以前让政府各部门的主要业务全部通过互联网进行。

新加坡的电子政务发展非常快,新加坡从1981年开始发展电子政务,起步很早。目前其电子政务的发达程度已备受世人瞩目,甚至遥遥领先于一些西方发达国家。1999年,美国大众服务管理部将新加坡的电子政务网站评为世界上最先进的综合服务网站。

美国宾夕法尼亚州和加拿大的一些省都以新加坡为样板来建设自己的电子政务。新加坡的电子政务系统完全是受国家控制,没有私人的参与,政府每年要在这项工程上花费大量的资金,如今新加坡已经为未来3年电子政务的维护预留了8.7亿美元资金。但电子政务的实行也为政府节省了许多办公费用。以目前使用频率最高的个人所得税的上税服务为例，它每处理一笔非常简单的业务就会节约费用1.54美元，每年累计可节约34.3万美元的办公费用。现在，新加坡的电子政务估计每年可为其政府节省2300万美元，政府希望今后它能够每年节约的资金达到4600万美元。据介绍，到今年7月，新加坡电子政务可以为其公民提供200项以上的电子政务服务，届时，新加坡的公众们将从一个名为"电子公民中心"的站点轻松获取医疗保健、商务、法律法规、交通、家庭、住房、就业等各项网上信息和服务。

六、西方发达国家开展电子政务的启示

第一，电子政务的开展需要国家的强力支持，由国家投资，为公众服务。电子政务作为一种"公共产品"只能由国家提供。政府需要做什么？从西方国家的经验来看，一是建设好网络，不仅仅是政府内部的网络建设，更重要的是整个社会的网络基础设施；这是实施和开展电子政务的硬件基础；二是做好战略规划，根据自己的实际情况，在不同的阶段订好不同的目标；三是提高公务员的素质，将自己的本职工作与网络有效地结合起来，这是电子政务的软件基础；四是观念的转变，电子政务是一种为民服务、提高工作效率的手段。要将许多传统的政务处理通过网络来实现。五是政府管理体制的变革，以适应信息技术和网络的发展。美国前副总统戈尔就认为，电子政务不仅需要理念上的革新，更需要政府组织形式的再造，那种认为"新技术只要即插即用，就可使政府效率迅速提高"的说法是荒谬的。如果不改造旧的官僚机构，只是安装一些硬件设备是不行的。

第二，电子政务不仅仅是网站与软件的简单应用，应当全面展开电子服务，使电子政务、电子商务以及远程教育协调发展。电子政务并不只是简单的政府上网，发布信息，而是要通过网络为民提供更多更好的服务。作为信息技术的五大应用领域之一，电子政务应当考虑到与其他领域的协调。一个例子，就是电子商务与政府电子采购的协调问题。从政府方面来看，政府采购属于电子政务的范畴，而对企业来说，则是电子商务的开展。这其中就牵涉到了政府和企业间的技术、法规等方面的协调问题。

第三，电子政务的开展要有一定的社会基础。西方发达国家的网络建设尤其是网络基础设施都非常的好，尤其是相当高比例的"网络人口"。因为真正的电子政务需要政府与公民的互动，而没有一定数量规模的公民上网是不行的。除此以外，还要唤起公民的电子参政意识，使他们意识到电子政务能够切实地给他们带来方便。

第四，要有相应的法律法规支持和规范电子政务。比如对电子商务的征税以及电子采购的问题等等。

第四节　中国的电子政务建设及存在的问题

一、中国电子政务的初步建设历程

到目前为止，中国电子政务建设经历了3个阶段：

第一个阶段是20世纪80年代中期到90年代初，主要是摸索和实验阶段，这一阶段的电子政务主要是在政府部门内部开展，以办公自动化为主要目标，此时的政府信息化工程还不是真正意义上的电子政务，但是为以后的电子政务的开展奠定了基础。

中国电子政务源于1985年的"海内工程"。当时的建设目标为：在中央政府开展办公自动化建设，逐步实现决策与政府行政管理信息网络化，并为此项工程的实施成立了专门的领导工作组，划拨了专门的编制与经费。1991年8月"海内工程"国务院办公厅部分的建设通过了专家组验收。

1987年、1988年国务院先后召开了"全国政府办公厅系统办公自动化工作会议暨全国政府办公厅系统软件交流会""办公自动化研讨会"，对政务信息化进行了经验总结与探索。与此同时成立了"全国政府办公厅系统办公自动化工作协调小组"，开始为全国电子政务的实施做前期准备工作。

在整个"七五"时期，政府管理的信息化有了大的发展。我国建设了国家经济信息系统等十多个信息系统，43个部委局成立了信息中心，中央政府安装的大中型计算机达1300多台，终端有3万多个，微机超过5万台，数据库约170多个，联合国经济与社会发展部从1987年开始援助我国，向国家经济信息系统进行技术转让，并为其培训人员，使我国中央和省市的部分政府在信息系统、经济管理方面的技术水平和人员素质有较大提高。这是我国开展电子政务的重要基础。

第二个阶段是90年代初到90年代中期，中国的电子政务有了初步的发展。这一阶段的一个重大进展就是在开展电子政务建设时，国家不再仅仅简单地构筑政府内部的网络体系，而开始注意培育电子政务的社会基础。

在90年代初期我国即启动与实施了以"三金"工程为代表的"金字"系列信息网络建设工程。

1992年5月，国务院办公厅下发了《关于进一步加强全国行政首脑机关办公决策服务系统建设的通知》，《通知》确定了政务信息化的目标、策略和任务。1994年国务院办公厅组织全国所有的省、自治区、直辖市成立了"全国政府系统办公自动化协作网"，建立了理事会和技术咨询组。

从1994年开始，国家先后建立了教育科研网和邮电部公众信息网，上网人数从1997年年底的61万人发展到1999年6月底的600万人,上网计算机共146万台。我们在前面介绍美国开展电子政务的情况时就曾提到,广泛的公民通过网络的参与是电子政务开展的社会基础。虽然我国的网民数量不是很多,但是其呈现出加速发展的趋势,这为电子政务的开展提供了良好的社会基础。

第三阶段是90年代末期到今。伴随着电子商务的兴起,电子政务的开展也加速发展。以"政府上网工程"和1999"政府上网年"为主要内容的电子政务建设不再局限于中央和省一级的政府机构,地方政府对开展电子政务表现出了非常高的热情。

1998年4月,青岛市在互联网上建立了我国第一个严格意义上的政府网站"青岛政务信息公众网"。2001年以来,许多地方政府都将国民经济和社会信息化作为"十五"规划的重要内容,上海、深圳、广州、天津等沿海城市纷纷将电子政务的建设作为信息化建设的核心内容。有些地方政府明确地提出了建设电子政务的时间表,如北京市的具体目标是:力争用两年时间,到2002年年底初步实现政府面向企业和市民的审批、管理和服务业务在网上进行,政府内部初步实现电子化和网络化办公;在此基础上,再经过3年的时间,到2005年年底建成体系完整、结构合理、高速宽带、互联互通的电子政务网络体系,最终建成北京市政务系统共建公享的信息资源库,全面开展网上交互式办公。其次,专业化的政府服务网站也日益增多,服务内容更加丰富,功能不断增强,互动性得到很大提高。中央与地方的工商、海关、国税和地税等部门纷纷推出各种网上办公业务。例如,北京市工商行政管理局建立了网上办公平台——红盾315网站www.hd315.gov.cn,开办了网上专项审批、网上注册与年检、网上经营者身份及经营行为合法性认证、经营性网站备案核准、域名备案登记等业务。2001年6月1日,海关总署、对外经济贸易合作部、国家税务总局、中国人民银行、国家外汇管理局、国家出入境检验检疫局、国家工商行政管理局、公安部、交通部、铁道部、民航总局、信息产业部等12个部委共同参与的"中国电子口岸"(www.chinaport.gov.cn)在全国各口岸推广实施。"中国电子口岸"将上述部门分别管理的进出口业务信息流、资金流、货物流等电子底账数据集中存放到公共数据中心,在统一、安全、高效的计算机物理平台上实现数据共享和数据交换。国家各行政管理部门可根据执法和管理需要进行跨部门、跨行业的联网数据核查,企业也可在网上办理各种进出口相关手续。

2000年5月国务院办公厅又下发了《关于进一步推进全国政府系统办公自动化建设和应用工作的通知》。这表明中国在电子政务建设中走出了整合资源的重要一步。

而朱镕基总理2002年2月在中南海举办的科技知识讲座上讲话强调,信息化是当今世界经济和社会发展的大趋势。推进电子政务建设,对于提高国民经济总体素质，提高现代化管理水平，加强政府监管，提高行政效率，开展反腐倡廉等，都具有重要意义。中央各部门和各级政府都要高度重视这项工作。领导干部要加强信息化知识的学习，充分利用信息化手段加强政府有效管理，促进政府职能转变，提高政府办事效率和管理水平，促进政务公开和廉政建设。他还进一步指出：为了适应国际形势和我国经济建设与社会发展的需要，我国必须加快电子政务的发展。实行电子政务政府要先行，中央各部门要做好本部门的规划与实施步骤。发展电子政务要与转变政府职能相结合，要加快行政审批制度改革，为实行电子政务创造条件。实现由传统政务到电子政务的转变，是一个复杂的系统工程，我们必须积极、认真对待，做好规划，逐步实施。要强调利用信息化手段加强政府的有效管理，使政府的各项监管工作更加严密、有效，服务更加便捷、高效，把各级政府建设成为廉洁、勤政、务实、高效的政府。中国的电子政务开展得到了政府的强力支持，这是电子政务发展的重要基础。

二、中国电子政务标准化工作的启动

为有效支撑我国电子政务工程的建设，加快电子政务标准的研究和制定工作，国务院信息化工作办公室和国家标准化管理委员会于 2002 年 1 月在京成立了电子政务标准化总体组，全面启动电子政务标准化工作。

国家电子政务标准化总体组由来自各级政府部门、各行业主管部门、科研院所和企业的专家组成，其中北京航空航天大学、中国电子技术标准化研究所和中国标准研究中心分别担任总体组的组长单位和副组长单位。

电子政务标准化总体组的职责是提出我国电子政务的标准体系框架和实施计划，组织制定电子政务建设需要的标准，参与解决我国电子政务网络建设和应用过程中产生的互联互通问题和其他与标准有关的问题，完成国务院信息化工作办公室和国家标准化管理委员会交办的其他事宜。

电子政务标准的制定将遵循“急用先行、成熟先上、科学先进、切实可行”的原则进行。标准的研究制定将采取开放的方式进行，积极调动各部门尤其是企业的力量，充分发挥各方面的技术优势和积极性，有效利用现有的资源和标准化成果。

总体组成立后，组织专家进行了大量的调研和认证工作，按照优先解决共性问题和关键问题的思路，提出了我国电子政务首批 26 个标准研究制定项目。根据项目的不同性质，属于框架性、总体性和全局性的项目由总体组主持研究；属于与有关行业和部门有密切关系的项目由行业和部门牵头，并组织具备一定资质的单位共同研究；其余项目则根据申报内容，由若干具备资质的单位联合组成开发小组进行研究。

目前由总体组主持研究制定的《电子政务标准体系》和《电子政务标准化指

南第一部分》已完成第一版，不久将向社会发布。这些文件阐述了电子政务标准化的意义、电子政务标准化的组织结构和工作思路、电子政务标准体系和近期需要开展的标准项目，并给出了电子政务标准项目的管理办法。这些工作为我国电子政务标准化的有序和规范发展打下了良好的基础。这两个文件也将随着电子政务建设的发展而不断完善。

三、中国电子政务发展中存在的问题

（一）数字鸿沟问题

所谓数字鸿沟是指由于经济技术条件的制约以及观念的滞后，使得在信息社会中，一些人无法享受信息技术带来的好处，从而与网络等信息技术的受益者的差距越拉越大。数字鸿沟问题无论在发达国家还是发展中国家都普遍存在。在中国，数字鸿沟问题显得更为明显，经济发展的不平衡以及地区之间的软硬条件差异造成这样一个现象：绝大多数利用现代科技的家庭都是收入较高者，而相当多的人仍然没有能力、没有机会去认识和享受现代科技所带来的新鲜事物。以甘肃定西某学校为例，该校的电脑、软件、教师、教员虽然样样齐备，但电脑依然被锁着不用，学校之所以这样，是因为他们即使把一年几万块钱的全校预算都用在这上面，也依然不够电脑上网的费用。

（二）缺乏开展电子政务相应的法律和制度保障

在国外，为保障政府信息化发展，许多国家均制定并颁布了专门的法律、法规和行政命令。在美国有《政府信息公开法》《个人隐私权保护法》《美国联邦信息资源管理法》等一系列法律、法规，在德国有《信息和通讯服务规范法》，俄罗斯有《联邦信息、信息化和信息保护权》，在英国有《政府信息公开法》等等。这些法律对政府信息化发展起着重要的保障和规范的作用。事实上涉及政府信息的立法，范围十分大，它涉及：政府信息公开方面的法律制度，如政府信息公开法、政府公报法、行政程序法。政府信息保护方面的法律制度，如个人资料、隐私保护法、国家保密法、商业秘密法。政府信息存储管理与内部传递方面的法律，如统计法、档案法。政府信息获取方面的法律，主要涉及政府因行使管理权力向人民强制获得同意取得的相关信息的法律制度。而我国在这方面的进展明显滞后，只有一些相应的管理条例，对于电子政务本身没有法律规范，对于电子政务开展中相关的问题也没有解决法规的瓶颈。比如政府采购过程中的网上征税问题，电子签名问题等等。

（三）政府公务员的素质问题

电子政务的开展根本还在于人。如果公务人员的素质不能够提高，那么所谓的电子政务也只能是个空架子。长期以来，与文件打交道是我国政府部门的主要工作之一，政府机关浩繁庞杂的各种文件、计划、报告、通知、统计、信函、电文、备忘录等等，从拟稿、上报修改、定稿、批复等环节无一不是通过大量公务员及层层领导的手工撰写而完成，再由打字员打印、校稿，最后签发、存档，几十年如一日。而开展电子政务以后，许多原先手工处理的政务通过电脑来处理，政府的办公方式也要相应的转变。但政府办公方式的转变让很多人在心理上难以适应，尽管政府部门已经接入了内部的网络，许多人却不愿接受电子政务的洗礼，不愿利用网络完成文件的形成和实现它的功能。他们留恋并习惯于传统公务文书形式，宁愿手写文件并亲自呈送领导。在许多人看来，只有这种看得见、摸得着的方式才最可靠。在不少政府部门中这种传统政务方式使不少政府官员自觉不自觉地滋长了程度不一的衙门作风，而这种作风与具有平民化本质的现代信息网络经济社会格格不入。此外，由于年龄结构的问题，许多公务员对电脑和网络知识一无所知或知之甚少，这严重地制约了电子政务的开展。

(四) 网络基础问题

一是政府网站的维护问题，建一个网站不难，但其后续维护工作却要花很多精力。许多已建立的政府网站都存在着短期效应的弊端。一些地区为了赶时髦、走过场，仓促地建立网站、注册域名、配备硬件设备，但热过一阵子后，那投资几十万甚至上百万元的网站便再也无人问津。造成了人、财、物等资源的极大浪费。还有一些地区盲目投资兴建政府信息网络的基础设施，由于缺乏长远的战略计划，造成地区内网络基础设施的重复性建设，既给各政府垂直机构之间的信息沟通造成了不必要的麻烦，并增大了建设地区性统一政府网络的难度。

另外在政府网站的功能上也比较单一，主要是信息发布，没有实质性的办理“政务”的内容。信息的更新速度过于缓慢，根本无法保证让广大公众及时、准确地了解政府各部门的最新动向。有些网站的信息一个月才更新一次，还有些网站已开通了数月，而网上的信息却自开通以来从未更新过。这些政府站点的网页主要由简介与图片构成，所发布的信息基本都是关于政府职能机构的介绍、政策法规的讲解以及重要会议精神的传达等。这些信息固然应该发布，但作为面向社会、面向企业、面向公众的窗口，政府网站如果只是在网上发布一些陈旧过时、索然无味的信息而丝毫发挥不出电子政务所特有的高效、快捷的优势，那么企业将会对政府的网上采购失去兴趣，老百姓将会对政府的网上服务失去信心，从而使电子政务的推行变为一纸空谈。

二是安全与保密问题。这是一个非常重要的问题，假如政府在安全和保密问题上出现闪失，那么它们就将失去公众对政府的信任。美国电子政务之所以开展的非常成功与良好的安全保密工作是分不开的。但我国政府网站的安全性不高，比如在去年4月中美黑客大战的时候就常有政府网站被攻陷的消息。如何实现内部网和外部网的有效隔离，在方便政府与公民的交流的同时又保护好政府的机密材料是一个亟待解决的问题。

三是政府网络的有效整合问题。目前随着政府上网工程的深入,各地政府各个部门都建立了自己的网络,但是缺乏统一的规划,上下级政府,政府不同部门之间的网络缺乏有效的沟通。造成相同信息在不同数据库中的重复和冗余,并且彼此无法相互连接。在这种情况下,如果某一个人的数据稍有变化,就需要到政府的各个部门逐一进行修改,这不仅没有提高政府的办事效率,反倒给公众服务带来了极大不便。另外,政府网络与商业网络、社会公众网络的对接问题也是需要考虑的,如何在保密安全的情况下实现信息的有效交流,整合整个社会的网络资源?这就需要电子政务开展的统一规划。

(五)我国电子政务的开展缺乏社会基础

电子政务的开展需要社会公众的参与。这首先就需要有相当大规模的网络人口。美国2.8亿人口中大约有一半人不同程度地已使用互联网。从1985年到2000年,美国人在办公场所和家里使用电脑的比例从30%增长至70%,美国家庭的电脑拥有数从15%猛增到60%,这是其电子政务成功开展的网络基础。而西方其他国家的电子政务开展滞后于美国的原因之一就在于其开展电子政务的社会基础远远落后于美国。我国的网络人口虽然急剧增长,但其规模仍然不够。其次,光有一定数量的网络人口还不行,唤起全社会参与电子政务的意识才是开展电子政务的关键。但大多数的网民实际上并没有参与电子政务的意识或者愿望,观念的滞后是我国电子政务开展的最大瓶颈。而电子政务的社会基础正是大规模的有参政意识的网络人口,我国目前在这方面恰恰欠缺。

第五节　电子政务对行政领导体制的冲击及对策

一、电子政务对传统政府行政领导体制的冲击

“在任何制度中,不论其是否民主,在人民创造财富方式和他们管理自身方式之间,都需要有某种程度的一致。如果政治制度和经济制度差别太大,一种制度终将毁坏另一种制度。”①电子政务的开展也必将对原先传统的科层制的政府体制产生变革性的影响,这主要表现为以下几个方面:

(一)改变信息不对称的情况,增强政府的透明度

传统的政府管理体制的一个显著特征就是信息不对称。在政府内部,首先是在政府内部的不同部门之间缺乏有效的信息沟通,其次是上下级之间也缺乏必要的信息传递。下级无法知道上级的决策的过程,只能被动地接受上级的指令;而上级也无法清楚地了解下级的真实情况。下层官僚基于自己的利益,选择

① 〔美〕托夫勒:《权力的转移》,中共中央党校出版社1991年版,第268—269页。

信息向上传送。经过层层选择,信息的绝大部分滞留于各级官僚之手,导致官僚制对社会管理的严重迟钝,并使得对官僚的监督困难重重。在政府和社会公民之间,信息不对称的情况就更为严重。科层制的官僚体制的一个重要特征也就是控制信息。公民无法获知政府决策的内幕更难对其产生影响,在一些诸如政府采购、公务员招聘、政府税收、政府法令、政府的办事程序与其生活相关的方面处于信息弱势群体的地位。

而知识经济时代,信息爆炸,互联网为信息不受控制地传播提供了可能,正如尼古拉·尼葛洛庞帝所说的,每个信息可以经由不同的传输路径,从甲地传送到乙地。正是这种分散体系结构使互联网络能像今天这样三头六臂。无论是通过法律还是炸弹,政客都没有办法控制这个网络。电子政务的开展正是顺应了这一趋势,这种信息传播方式使大众易于接收到各种信息,加速政治社会化,对政府治理的合法性、行为等等形成挑战。而在政府内部,则有助于打破科层制对信息的阻碍,实现上下级政府以及政府内部不同部门之间的有效沟通。

(二)对政府决策体制的影响

实现由"官主"到"民主"的转变。传统的政府管理体制中,其决策权掌握在技术官僚手中,形成所谓的技术治国的情况。在韦伯所倡导的理性主导的官僚制中,根据纯粹的技术因素,把任务分配给经过专业训练,在永恒的实践中继续增加其经验的专职人员,在行政中实现劳动分工原则。在这种制度中,政府治理的决策权完全落入官僚之手,根据严格设置的规章制度和程序来办事。通过层次间权限的划分来制定社会所需要的一切决策。其潜在假定是社会大众无能力治理自己,应将权力委托给客观的技术官僚。但在政府决策的实际运作过程中,官僚作为理性经济人,他们会在公共官僚制中寻求利益的最大化。决策的结果是官僚集团与社会各集团间竞争的产物。其决策成本很高,随着政府上网、政务公开等电子政务的开展,大众的政治利益得到迅速的表达,政治社会化程度得到很大提高。决策能力与决策信息的相互结合,使民众具有了管理自己的能力,因而要求决策分担。"任何政治结构——即使有再多电脑——也只能处理一定数量的信息,不能再多了;只能产生一定数量和质量的决策,而今天的决策爆炸,已经把政府推到了这一临界点之外。"基于官僚制在决策方面所犯的日益严重的错误,米歇尔·克罗齐断定"官僚制组织是一种不能从错误中学习从而改正其行为的组织"。电子政务的兴起要求破除官僚对决策的垄断权,更多地实行分权,将权力由政府还给社会。实现决策的"民主"化。

(三)改变政治权力分配的格局

由"集权"走向分权。传统的官僚体制以集权为主要特征,是"机关等级制与各种等级赋予权力的原则,意味着一种牢固而有秩序的上下级制度,在这种制度中存在着一种上级对下级机关的监督关系。"并且"在官僚制模式得到充分发展的场合,机关等级制是按个人独裁的方式组织起来的。”在政府内部,上下级之间,权力集中在上级手中;而在一个部门内部,权力则集中在领导者的手中。除了信息不对称的原因外,更主要的是因为这有助于官僚制内部的稳定。

然而,信息化时代的到来使得集权的官僚制政府无力应付。权力过于集中,使官僚制缺乏灵活性,领导层的决策负担无法解决,权力与责任严重不对称。官僚制在剧烈变化的环境中越来越易于犯错误,变得不可控制,公共行动严重地偏离有关的公共目的和目标。而网络是一个没有边界的世界,它提供了一个无中心的自由领域,它使网络使用者跨越时空加强沟通与交流。这必然加速分权化的趋势。电子政务旨在建立政府与公众的互动机制,互联网便利了大众的表达,因而参与日益增多。可以预见在不久的将来电子政务的开展将对传统官僚体制产生颠覆性影响。原有的科层制下的金字塔式的权力模型被打破,平面化的权力结构将取而代之。它将使公民不相信权威当局而提倡分权,权力下放至公民个人或个人结合体,他们的参政基础是拥有知识、信息及向集权挑战的网络技术,他们的参政方式之一是上网。美国学者奈斯比特就曾预言信息时代需求的政治形式是“共同参与制”。①

(四)政府由“管理型”政府向“服务型”政府的转变

在传统的政府管理体制下,政府更侧重于“管理”,即通过制定和执行政策法规来加强对社会的控制。而随着信息技术的发展,政府对社会的控制呈现出了弱化的趋势。公民的个体意识不断增强。控制型的管理既无必要也不可能,而且成本过高。通过电子政务的开展,应用信息技术改变传统的层级化的公共组织架构,建立网络型组织,将建立一个在任何时间和地点都能提供服务的政府。从而实现政府管理体制由“控制型的管理”向“服务型的管理”的转变。

二、开展电子政务的政策性建议

作为最早开展电子政务并颇有成效的国家之一,美国的经验值得借鉴。不久前在上海开幕的第三届亚太地区城市信息化论坛上,美国前副总统戈尔就指出:“因为电子政务跟公民利益息息相关,所以政府在设定目标时必须聆听人民的意见,这是关键。”他还指出,世界各国在发展电子政务时都面临四个障碍:一是文化障碍,官僚主义的文化与电子政务是格格不入的,官僚主义害怕变革会对其既得利益造成威胁;二是政府的保密制度,限制了大众对信息资源和政府权力

① 〔美〕约翰·奈斯比特:《大趋势——改变我们生活的十个新方向》,中国社会科学出版社1984年版,第161页。

的分享;三是官员腐败,电子政务带来的公开性和透明度损害了某些有私心的官员的利益,他们会尽自己最大的努力来阻碍电子政务;四是公务员缺乏培训,缺乏相应的技能和知识,不懂得在自己的机构里如何做好电子政务。"一个新的政府机制设置应该是怎样的呢?那些一线的员工应该得到充分的授权,能够在现场做出决策,当然,这个决策要跟整个机构的价值体系一致。"戈尔补充说,发展电子政务需要解决好两个关系:一是与保护个人隐私权的关系;二是与消除数字鸿沟的关系。基于美国的经验,戈尔对电子政府中的领导人提出了三点建议:第一,要很好地阐述整个政府组织未来的目标,使目标具有吸引力和推动力,并且告诉大家朝哪个方向努力;第二,把远景目标转换成具体目标,并且根据重要性加以区别;第三,建立能帮助大家做出正确决定的价值观,兑现政府对人们所做出的承诺,向人们提供值得信赖的高质量服务。

电子政务的开展已经成大势所趋,在中央"以信息化带动工业化"的战略方针下,从中央到地方的各级行政领导和政府官员都已经意识到了电子政务开展的重要意义。但是一是缺乏必要的技能,比如一定的电脑操作知识;一是观念上还可能存在的某些误区,比如将电子政务仅仅当做政府部门的计算机化,在硬件设施上投入大量的资金却不重视办公流程的重组,或者仅仅将计算机当做打字的工具等等。因此加强对政府官员的培训成为当务之急。

在推动电子政务的过程中,政府公共管理的目标选择是另一个重要的方面。根据国情,可以将其目标定位为"追求效率、适度规模、科学管理、统一标准",所谓追求效率,就是要求通过电子政务的开展,增加政府办公的透明度,进而拓展政府提供公共产品的领域和质量,最终提高政府的工作效率。所谓适度规模,就是通过电子政务的开展,进一步精简政府机构,缩减政府的规模,实现"小政府、大服务"的目标;所谓科学管理,就是指电子政务的开展过程中要遵循管理规律,提高政府行政管理和决策的科学化水平。所谓统一标准是指在电子政务发展的新阶段,有必要制定和执行一个全国统一的电子政务标准,实现政府间资源的有效整合。关于这一点,我国已经起步,但可以借鉴其他先行国家的经验。

电子政务的开展需要统一规划以及领导的重视和支持。一是不同层级政府之间的网络建设规划需要协调;二是政府不同部门之间的规划问题;三是电子政务与全社会信息化发展战略的协调问题,比如电子政务与电子商务的对接问题。四是整个国家电子政务发展战略的规划问题。而这些都离不开政府行政领导尤其是高层领导的重视和支持。领导的决策和支持,样板工程的示范将极大地推进电子政务的开展。对电子政务的统一规划有助于整合分散的资源,提高电子政务开展的效率。这已被其他国家的经验所证实。

【思考题】

1. 简述电子政务的内涵和特征。
2. 电子政务和传统政务相比有哪些异同?
3. 西方发达国家电子政务的开展有哪些启示?
4. 简述中国电子政务发展的几个阶段。
5. 电子政务的开展对传统的政府行政领导体制有哪些影响?
6. 简述网络伦理对电子政务的影响和要求。

参 考 文 献

1. 〔美〕哈罗德·孔茨等著:《管理学》,经济科学出版社,1998 年。

2. 〔美〕约翰·科特著:《变革的力量》,华夏出版社,1997 年。

3. 〔美〕C. I. 巴纳德著:《经理人员的职能》,中国社会科学出版社,1997 年。

4. 〔美〕西蒙著:《管理行为》,北京经济学院出版社,1988 年。

5. 〔美〕戴维·奥斯本等著:《改革政府》,上海译文出版社,1996 年。

6. 〔美〕威廉·科恩著:《领导者的艺术》,光明日报出版社,2001 年。

7. 〔美〕克利斯托弗·霍金森著:《领导哲学》,云南人民出版社,1987 年。

8. 〔美〕理查德·尼克松著:《领导者》,世界知识出版社,1983 年。

9. 〔美〕华伦·本尼斯著:《怎样成为领导》,九州出版社,1999 年。

10. 〔美〕弗雷德·E. 菲德勒、约瑟夫·E. 加西亚著:《领导效能新论》,生活·读书·新知三联书店,1989 年。

11. 〔美〕戴尔·卡耐基著:《卡耐基的领导艺术》,内蒙古文化出版社,2002 年。

12. 〔美〕戴尔·卡耐基著:《优质的领导》,中国友谊出版公司, 2002 年。

13. 〔美〕詹姆斯·库泽斯、巴里·波斯纳著:《领导者:信誉的获得和丧失》,中国经济出版社,2000 年。

14. 〔美〕丹尼尔·雷恩著:《管理思想的演变》,中国社会科学出版社,2000 年。

15. 〔美〕维达著:《环境与文化行为》,自然历史出版社,1969 年。

16. 〔美〕丹尼尔著:《资本主义文化矛盾》,生活·读书·新知三联书店,1989 年。

17. 〔德〕马克斯·韦伯著:《经济与社会》,商务出版社,1998 年。

18. 〔英〕约翰·阿代尔著:《领导艺术》,东方出版社,1988 年。

19. 王浦劬主编:《政治学基础》,北京大学出版社,1995 年。

20. 张国庆主编:《行政管理学概论》(第二版),北京大学出版社,2000 年。

21. 贺善侃著:《领导科学和现代行政》,上海大学出版社,2001 年。

22. 孙钱章主编:《领导新方略》,人民出版社,2000 年。

23. 刘建军编著:《领导学原理:科学与艺术》,上海复旦大学出版社,2001 年。

24. 邱霈恩主编:《新世纪领导学》,经济科学出版社,2000 年。

25. 冯秋婷主编:《新编领导科学简明教程》,中共中央党校出版社,2001 年。

26. 陆德山著:《认识权力》,中国经济出版社,2000 年。

27. 王寿林著:《社会主义国家权力制约论》,东北财经大学出版社,1993 年。

28. 陈振明主编:《公共管理学》,中国人民大学出版社,1999 年。

29. 朱永新、袁振国著:《政治心理学》,知识出版社,1990 年。

30. 马起华著:《政治心理分析》,正中书局,1976 年。

31. 朱立言主编:《行政领导学》,中国人民大学出版社,2002 年。

32. 周晓虹著:《现代社会心理学——多维视野中的社会行为研究》,上海人民出版社,1997 年。

33. 洪秀菊著:《危机决策处理谈判——美伊人质危机个案》,商鼎文化出版社,1999 年。

34. 吴肇基著:《公共决策》,中国戏剧出版社,2001 年。

35. 贺善侃、黄德良著:《现代行政决策》,上海大学出版社,2001 年。

36. 陆忠伟著:《国际战略与安全形势评估》,时事出版社,2002 年。

37. 谢明著:《行政透视——细微之处见行政》,机械工业出版社,2002 年。

38. 陈尢文著:《领导者的艺术——从起步到成功》,上海人民出版社,2001 年。

39. 杨辛、甘霖著:《美学原理》,北京大学出版社,2001 年。

40. 何新著:《艺术分析与美学思辨》,时事出版社,2001 年。

41. 周宪著:《美学是什么》,北京大学出版社,2002 年。

42. 宋树发著:《领导多维协调艺术》,中国时代经济出版社,2002 年。

43. 尚水利著:《团队精神》,时事出版社,2001 年。

44. 周殿富、于新恒著:《领导艺术论》,吉林人民出版社,1988 年。

45. 徐晓林、杨兰蓉编著:《电子政务导论》,武汉出版社,2002 年。

46. 侯健著:《三种权力制约机制及其比较》,《复旦学报》2001 年第 3 期。

47. 张成福著:《电子化政府:发展及其前景》,《中国人民大学学报》2000 年 3 期。

48. 王颖著:《电子政府——中国政府改革的新取向》,《南京社会科学》1999 年 9 期。

49. 苏徐红著:《论电子政府治理及制度创新》,《探索(哲社版)》2001 年 3 期。

50. 李传军著:《电子政府的实现方式及其问题探析》,《求索》2001 年 6 期。

51. 王立臣著:《建立电子政务信息网络搭建政府与企业、公众之间的信息桥梁》,《首都信息化》,2001 年 1/2 期。

52. 庄峻著:《东南亚各国激励信息科技发展的战略举措及对我国的借鉴》,《世界经济研究》1998 年 4 期。

53.《新经济导刊》编辑部编:《中国电子政务报告》, 2002 年 5 月。

54. 张修学著:《公务员培训的国际借鉴》,《国家行政学院学报》2000 年第 3 期。

后　记

在本书即将付梓出版的时候，作者感慨万千。在教学和研究的日日夜夜，凝聚着作者对行政领导科学的"深情厚爱"。不管遇到什么样的挫折与困难，始终痴情不改，昂首前行。《现代行政领导学》的出版，是作者的心血铸就，然而，此时此刻最让作者不能忘怀的是，要感谢培养他的北京大学。北京大学作为中国最早设政治学系的最高学府，具有悠久的学术研究历史，尤其是在改革开放以来，使北大获得了前所未有的机遇，这就为学者们提供了一个难得的学术氛围与文化环境。同时，作者还要感谢政府管理学院为其提供了教授行政领导学课程的舞台，使作者有幸获得了点滴的成就。

在现代行政领导科学的教学和研究过程中，还得到了学界前辈和同仁的悉心指导和帮助，还有在领导科学、行政领导学的研究领域，国内外许许多多的学者专家发表了大量的成果，作者学习并吸收了他们的很多精华，在此一并向他们表示谢意。

北京大学政府管理学院陈庆云教授，在百忙之中，欣然为本书作序，给予作者很大的鼓舞，在此表示衷心的感谢！

在本书出版过程中，北大出版社杨立范主任和陈莉编辑对书稿内容提出了宝贵意见，付出了辛勤的劳动，给予了很大的支持，在此表示由衷的谢意！

最后，作者还要特别感谢李小明先生，他为本书的研究和出版给予了大力的支持和帮助。

当然，本书还存在着许多不足之处，敬请读者批评指正。

作　者

2002 年 7 月于北京大学